KB213042

신비한 동양철학 · 53

원토정비결

원공선사 지음

이 책에 실린 주역 토정비결의 비법을
크고 보람되게 후세에 비법으로 전하고자
저자(스님)가 처음으로 책자로 발표한 것이니
저작권법에 의해 본 저서의 내용은
복제 또는 전재, 인용을 할 수 없음을
밝혀두는 바입니다.

■ 이 책을 내면서

지금 시중에 나와 있는 토정비결에 대한 책들은 옛날부터 내려오는 완전한 비결이 아니라 반쪽의 책이다. 그러나 반쪽이라고 말하는 사람이 없다. 그것은 주역의 원리를 모르기 때문이다. 예를 들면 863의 괘로 전체의 괘가 144괘로 되어 있으나 주역은 상괘 8, 하괘 8, 동효 6으로 886으로 되어 있다. 그리고 생년월일이 같으면 남녀노소를 불문하고 모두 같은 괘로 되어 있다. 그러나 같은 날 같은 같은 시에 태어났어도 인생사는 천차만별이다.

저자는 오래 전에 어느 기인 스승을 만나 주역의 해설방법을 완전히 터득한 후, 같은 사주라도 열이면 열, 백이면 백이 모두 다르게 구분하는 방법을 터득했다. 그리고 반쪽으로만 전해오는 토정비결을 완전하게 해설하여 내놓기로 한 것이다. 늦은감이 없지 않으나 앞으로의 수많은 세월을 생각하면 그래도 다행스런 일이라고 생각한다.

독자들은 뒤에 나오는 「이 책을 보는 방법」을 정확하게 이해하고 터득한 후 활용하기 바란다. 그리고 주역이나 이 책의 비결에 대해 더욱더 자세하게 알고 싶은 분은 본 저자의 저서인 『주역육효의 해설방법』(삼한출판사)을 참고하면 많은 도움이 될 것이다.

이 책은 쌀이나 산대나 솔잎 등을 이용하여 본다.
★ 여자는 오른손을 먼저 사용하고, 남자는 왼손을 먼저 사용한다.

① 처음에 남자는 왼손으로 여자는 오른손으로 집는다. 집힌 숫자와 나
　이를 합한 후 8로 나눈다. 남는 숫자를 외괘(상괘)로 정한다.
② 다시 남자는 오른손으로 여자는 왼손으로 집는다. 집힌 숫자와 생월
　을 합한 후 8로 나눈다. 남는 숫자를 내괘(하괘)로 정한다.
③ 다시 남자는 왼손으로 여자는 오른손으로 집는다. 집힌 숫자와 생일
　의 숫자를 합한 후 6으로 나눈다. 남는 숫자를 동효로 정한다.

　예를 들어 43세 7월 17일생 남자가 처음에 왼손으로 15개를 집고, 그
다음에 오른손으로 11개를 집고, 그 다음에 왼손으로 5개를 집었다면
다음과 같다.

① 처음 집은 15개와 나이 43을 합하면 58이 된다. 이 58을 8로 나누
　면 2가 남는다. 이 2를 외괘(상괘)로 정한다.
② 오른손으로 두번째 집은 11개와 생월의 7을 합하면 18이 된다. 이
　18을 8로 나누면 2가 남는다. 이 2를 내괘(하괘)로 정한다.
③ 그리고 마지막 왼손으로 집은 5개와 생일인 17을 합하면 22가 된
　다. 이 22를 6으로 나누면 4가 남는다. 이 4가 동효가 된다.
④ 종합하면 처음에 계산하고 남은 2가 상괘로 첫글자가 되고, 두번째
　집어 계산하고 남은 2가 내괘로 두번째 글자가 되고, 세번째 집어 계
　산하고 남은 4가 동효로 세번째 글자가 된다.

⑤ 224괘가 나온 것이다. 바로 뒤에 나오는 「괘 찾아보기」에서 224괘를 찾아 해당하는 페이지로 가서 보면 된다.

⑥ 만일 남는 숫자가 없고 딱 떨어지면 상·하괘는 8로 보고, 동효괘는 6으로 본다.

예를 들어 25세의 남자가 처음에 15개를 집었다면 40이 되는데, 이것을 8로 나누면 딱 떨어진다. 이때는 8로 보는 것이다. 생월이나 생일도 같은 원리로 보면 된다.

⑦ 쌀이나 솔잎이나 산대나 어느 것을 사용하든 마음으로 축원하면서 집어야 한다. 축원하는 방법은 세수를 한 뒤 동쪽을 향하여 정좌하고, 마음을 고요히 한 다음 축원을 외운다. 축원을 외울 때는 마음에서 우러나오는 정성으로 해야 한다. 괘가 정해지면 본문에 나오는 괘의 내용을 찾아 살펴보면 된다.

⑧ 그러나 점괘가 마음에 들지 않는다고 다시 보거나, 같은 목적으로 한 번 이상 보는 것은 의미가 없다. 다시 말해 점불재성이라는 말이다.

이 책을 보다가 이해가 되지 않는 분은 본 저자의 저서인 『주역육효의 해설방법』(삼한출판사)을 참고하기 바란다. 주역은 변화를 보는 것이기 때문에 주역의 각 괘의 뜻과 그릇을 알면 훨씬 더 정확하게 설명할 수 있다.

예를 들어 횡재운이라고 할 때, 적은 그릇은 백 원을 주운 것도 횡재라고 할 수 있으나, 큰 그릇은 복권 한 장 주운 것이 수억 원의 당첨금으로 연결될 수 있다. 또 실물수를 볼 때도 적은 그릇의 실물수는 몇백 원이나 몇천 원을 잃게 되나, 큰 그릇의 실물수는 거액을 잃을 수 있다. 이러한 그릇을 알기 위해서는 주역의 근본을 알아야 하고, 각 괘의 뜻과 각 괘의 그릇을 정확하게 알아야 한다.

■ 이 책을 보는 방법 · 2

① 먼저 몸가짐을 단정히(예를 들어 세수하고 손발을 씻고 양치질하고 맑은 정신과 깨끗한 마음의 상태) 한 다음, 책을 앞에 두고 책 위에 손을 얹는다. 그리고 눈을 감고 마음으로 축원발원을 한다. 축원은 다음과 같이 한다.

② 어디에(주소)에 살고 있는 몇 살(생년월일) 먹은 아무개(이름)가 금년운수의 길흉을 알고자 하여 천지신명께 고하나니 감응하시어 바른 괘상으로 점지하여 주십시요. 천상의 풍운신장 벽력신장 둔갑신장님들과 복성신장님과 동서남북의 산왕대신 신장님들과 사해팔방의 용왕대신 신장님들과 선재동자 신령님들은 합의동신하시고 강림하시어 바른 괘로 밝혀주소서.

③ 축원을 마침과 동시에 남자는 왼손으로 여자는 오른손으로 마음에서 우러나는대로 책을 펼친다. 남자는 홀수 면을 여자는 짝수 면을 본다.

정월 : 부부의 근심이 생기거나 재물에 신경쓸 일이 생길 운이다. 새
　　　로운 일을 찾아 타관으로 나갈 운이나 노력의 댓가는 없다.

2월 : 하나를 얻고 하나를 잃을 운이다. 자손의 일로 산란할 일이 생
　　　길 운이요, 자손의 일로 말못할 일이 있거나 이별할 운이다.

3월 : 다른 사람의 도움으로 뜻을 이룬다. 문제가 생기면 윗사람과 상
　　　의하라. 문서나 부동산으로 횡재하거나 부모의 경사가 있다.

4월 : 어두운 밤이 가고 밝은 아침이 오는 운이요, 십 년 가뭄에 단비
　　　가 내려 고목에 꽃이 피는 운으로 만사가 길하리라.

5월 : 관재구설을 조심해라. 타인과 다투지 말고 이성을 경계해라. 시
　　　작은 좋으나 원한을 살까 두렵다. 모든 일이 시작은 좋으나 결
　　　과는 구설이 따를 운이다.

6월 : 뜻은 있으나 성사되기 어려울 운이다. 믿은 사람이나 가까운 사
　　　람과 멀어질 운이니 주의하라.

7월 : 봉숭아가 봄을 만나 꽃이 피고 열매를 맺을 운이다. 자손이 관
　　　록을 얻거나 자손의 경사가 생길 운이나 가정에 근심이 생긴다.

8월 : 만사가 뜻대로 되지 않을 운이다. 가족과 헤어질 운이요, 문서
　　　나 부모의 일로 관에 갈 운이다. 자손을 모함하는 사람이 있다.

9월 : 상가에 가지 마라. 자손의 일로 근심이 생기거나 아랫사람이 멀
　　　어질 운이요, 문서 사기를 당할 운이다.

10월 : 자손의 일로 희소식이 있거나 임신할 운이다. 실물수가 있으
　　　니 밤길이나 도적을 주의하고, 이성을 경계해라.

11월 : 만사가 뜻대로 이루어질 운이요, 동원의 매화가 봄비를 만나
　　　만발하는 운이다. 북쪽으로 나가면 길하리라.

12월 : 시작은 어려우나 결실을 맺을 운이다. 문서로 횡재하거나 부
　　　모의 경사가 생긴다. 윗사람의 도움으로 좋은 일이 생긴다.

圓空秘訣 １１２

정월 : 새로운 사업을 시작하거나 부부에게 경사가 생길 운이다. 부부
　　　의 인연이 생기거나 사업에 협조자가 생긴다.

2월 : 어두운 밤이 가고 밝은 아침이 오는 운으로 만사가 순조로우니
　　　매우 길하다. 그러나 갑자기 친절한 사람을 경계하라.

3월 : 계약이 파기될 운이요, 부부가 멀어질 운이다. 미혼자는 부부의
　　　인연을 만날 운이요, 학생은 학업에 어려움이 따를 운이다.

4월 : 말못할 재물로 구설을 들을 운이요, 재물이나 사업에 집착하다
　　　큰 일을 저지를 운이다. 떳떳하지 못한 이성과 인연이 생긴다.

5월 : 초목이 단비를 만나 꽃을 피우는 운이요, 봄꽃에 벌나비가 모여
　　　드는 운이다. 그러나 방해자가 따르니 조심해라.

6월 : 허욕을 버려라. 부부간에 이별하거나 믿은 사람이 떠나간다. 새
　　　것을 탐하지 말고 옛것을 지켜라. 과욕을 부리면 패가한다.

7월 : 친구의 도움으로 뜻을 이룰 운이요, 동료와 먼 길을 떠날 운으
　　　로 큰 재물을 얻으리라.

8월 : 하나를 얻고 하나를 잃을 운이다. 가족과 이별할 운이요, 큰 일
　　　을 계획하거나 문서를 잃고 말못할 근심이 생길 운이다. 그러나
　　　젊은 사람은 군이나 직장의 일로 타관으로 나갈 운이다.

9월 : 윗사람으로 인하여 자신의 의견을 잃거나 윗사람과 합자나 동
　　　업할 운이다. 말못할 문서를 얻을 운도 있다.

10월 : 고목이 봄비를 만나 새순이 돋는 운이다. 문서로 경사가 생길
　　　　운이요, 반려자를 만날 운이다.

11월 : 운수가 막힐 운이니 분수를 지키는 것이 상책이다. 북방은 불
　　　　리하니 출행하지 마라.

12월 : 만사에 근심이 따르는 운이니 무리하지 마라. 시작은 좋으나
　　　　결실은 미약한 운이다.

정월 : 다른 사람을 모방하다 낭패볼 운이다. 문서를 조심해라. 분실
　　　할 염려가 있다. 계획은 많으나 실천하기 어려울 운이다.

2월 : 공직자는 자리를 지키기 힘들 운이다. 부모나 윗사람의 일로 풍
　　　파가 따를 운이요, 문서로 인하여 관에 갈 운이다.

3월 : 부모의 경사가 생기거나 문서나 부동산으로 횡재할 운이다. 만
　　　사를 뜻대로 이루고 사방에서 활동할 운이다.

4월 : 모든 어려움이 사라지고 밝은 아침이 오는 운으로 문서를 잡거
　　　나 뜻을 이룬다.

5월 : 허욕을 부리지 말고 순리에 응하라. 용두사미격으로 시작은 화
　　　려하나 결실을 맺기 어려울 운이다.

6월 : 사기를 당할 운이요, 내것을 잃고도 말못할 일이 생길 운이다.
　　　식당업 등은 주의하라.

7월 : 남의 뒤를 밟는 운이다. 형사는 대길하고, 공부하는 사람은 손
　　　해가 없고, 연예인은 흉내내는 일로 이름을 얻는다.

8월 : 동료의 시기와 질투가 많을 운이요, 다른 사람을 모방하다 낭패
　　　볼 운이니 조심해라.

9월 : 새로운 일을 구상할 운이나 남의 흉내를 내다 의를 상할 수 있
　　　으니 조심해라.

10월 : 이성을 경계해라. 구설과 망신이 따를 운이다. 만사를 순리대
　　　　로 따르면 큰 해는 없다. 만약 내환이 없으면 구설로 다툰다.

11월 : 아랫사람의 일로 말못할 근심이 생길 운이요, 문서로 인하여
　　　　근심할 운이다.

12월 : 집안이 화락하니 이익이 그 가운데 있다. 동서 양방에 귀인의
　　　　도움이 있다.

정월 : 뜻은 크나 결과는 미미할 운이다. 말못할 인연이 있을 운이요, 의욕을 잃을 운이니 조심해라.

2월 : 직장이 불안할 운으로 옮길 수도 있다. 윗사람과 상의하면 길이 있을 것이다. 생각은 많으나 결실을 맺기 어려울 운이다

3월 : 상가를 조심해라. 자손의 근심이 생길 운이요, 부모와 이별하거나 문서를 잃을 운이다. 만사가 용두사미가 될 운이다.

4월 : 공직자는 좌천이나 파직이 따를 운이요, 동료의 구설이 있을 운이다. 윗사람 때문에 마음이 불안하고 산란할 일이 생긴다.

5월 : 귀인의 도움으로 명성을 얻을 운이다. 뜻밖에 뜻을 이루니 매우 길한 운이다.

6월 : 부모의 경사가 생길 운이요, 미성년자는 귀인을 만나거나 결혼할 운이다. 그러나 욕망이 좌절될 염려가 있다.

7월 : 관재구설이 따르거나 형제의 근심이 생길 운이다. 직장인은 구설로 자리가 불안할 운이요, 형제나 동료를 잃을 운이다.

8월 : 부모의 근심이 생기거나 혈육간에 이별수가 따를 운이다. 비장이 상하여 소화기관에 질병이 발생할 수 있으니 음식물을 주의하라. 가정에 풍파가 있으니 집을 떠날 운도 있다.

9월 : 작은 공으로 큰 덕을 쌓을 운이니 전력으로 노력하라. 문서나 부동산으로 횡재할 운이다. 뜻을 이루니 길하리라.

10월 : 물로 손해를 볼 운이다. 남자는 연상의 여인을 조심하고, 여자는 연하의 남자를 조심해라. 덕이 되지 않는다.

11월 : 한 번 기쁘고 한 번 슬픈 운이다. 원한을 맺지 않으면 횡재하거나 집안에 경사가 생긴다.

12월 : 자손의 근심이 생길 운이요, 자손과 멀어질 운이다. 관재도 따르니 조심해라.

정월 : 강한 기개를 보일 운이요, 큰 뜻을 품고 등용할 운이다. 동료나
　　　형제와 큰 일을 도모하기 위해 먼 길을 떠날 운으로 길하리라.

2월 : 시작은 어려우나 결실은 좋을 운이다. 등을 돌리고 떠난 사람이
　　　다시 돌아오는 운으로 해는 없다.

3월 : 관에 갈 운이나 해로운 일이 아니다. 윗사람의 도움을 받으면
　　　뜻을 이루리라. 좋은 일이나 말못할 일이 생긴다.

4월 : 어두운 밤길에 등불을 얻는 운이요, 추운 겨울이 가고 따뜻한
　　　봄이 오는 운으로 동료의 도움으로 뜻을 이룬다.

5월 : 형제의 일로 놀랠 운이요, 소득은 없고 심력만 허비할 운이니
　　　주의하라. 번뇌도 많고 고통도 많을 운이다.

6월 : 문서 사기를 당할 운이니 보증이나 카드 등을 조심해라. 가까운
　　　사람을 잃고 외로울 운이다.

7월 : 천천히 하는 일은 성공하나 크고 바쁘게 하는 일은 손해를 본
　　　다. 서두르는 일은 결과가 작으니 서서히 도모하라.

8월 : 윗사람의 일로 근심할 일이 생기거나 사기를 당할 운이다. 큰
　　　마음을 먹고 하는 일은 결실 또한 많으리라.

9월 : 시작은 화려하나 결과는 미약할 운이다. 문서나 부모의 근심이
　　　생길 운이요, 계약이 파기될 운이다.

10월 : 자손의 우환이 따를 운이니 조심해라. 욕심을 부리면 패가망
　　　　신할 운이요, 내것을 잃고도 말못할 일이 생길 운이다.

11월 : 다시 봄이 오는 운이요, 귀인을 만나는 운으로 주위의 도움으
　　　　로 뜻을 이룬다. 과욕을 부리지 않으면 재물을 얻을 수 있다.

12월 : 작은 일도 정성으로 임하라. 문서나 부동산으로 이득을 보리
　　　　라. 만사가 순조로우니 성공할 운이다.

圓空秘訣 116

정월 : 문서로 관에 갈 운이다. 신속하게 처리하라. 출세할 운이요, 가
　　　정에 경사가 생길 운이다. 만사가 순조롭고 심신이 편안하다.

2월 : 모든 일을 인내하면서 기다리면 길하리라. 그렇지 않으면 오히
　　　려 손재가 따른다.

3월 : 남의 말을 들으면 손해볼 운이니 자신의 주관을 확고히 하라.
　　　처음은 어려우나 나중에는 길하다. 새로운 변화를 찾을 운이다.

4월 : 문서를 잡을 운이나 원망을 들을까 두렵다. 그렇지 않으면 부모
　　　나 윗사람과 이별할 운이요, 방황할 운이다.

5월 : 만사에 구설이 따를 운이니 조심해라. 방해자가 따를 운이요,
　　　자신의 의사를 말하기 어려울 운이다.

6월 : 길운이 서서이 다가와 경사가 생기니 가정이 편안하다. 그렇지
　　　않으면 문서 사기를 당할 수 있으니 조심해라.

7월 : 형제에게 우환이 따를까 두렵다. 형제나 동료와 먼 길을 떠날
　　　운이나 덕이 되지 않는다. 건강을 조심해라.

8월 : 처음에는 좋은 것 같으나 나중에는 후회할 운이다. 명예를 일찍
　　　얻으나 근심이 있고, 가족과 이별수가 있다. 상가를 조심해라.
　　　신병을 얻으면 오래도록 고생한다.

9월 : 추운 겨울이 가고 봄이 오는 운이요, 재앙이 가고 복이 오는 운
　　　이니 길하다. 안과 밖이 모두 편안하다.

10월 : 만사에 희망이 있으나 미루면 되는 일도 어려워진다. 남의 일
　　　로 몸은 바쁘나 소득은 적다. 타인을 믿지 마라. 손재가 있다.

11월 : 자손의 일로 근심할 운이다. 우환을 조심해라. 재물에 어려움
　　　이 따를 운이다. 신속하게 해결하라.

12월 : 어두운 밤이 가고 밝은 아침이 오는 운이다. 문서나 부동산으
　　　로 횡재할 운이다. 부모와 멀어질 운이나 해로운 일은 아니다.

정월 : 남의 학문을 모방하다 소송당할 운이다. 그러나 문서로 횡재할
　　　 운이요, 뜻을 이룰 운이다.

2월 : 허욕을 부리지 마라. 망신당할 운이다. 재물을 구하려고 하나
　　　 소득은 없고 심적인 고통만 따른다

3월 : 기러기가 짝을 잃는 운이다. 뜻은 있으나 결실을 보기 어려울
　　　 운이니 정신적으로 불안하다.

4월 : 새로운 일에 도전할 운이요, 학생은 학업을 다시 시작할 운으로
　　　 해는 없다.

5월 : 어두운 밤이 가고 밝은 아침이 오는 운이요, 고목이 봄비를 만
　　　 나 새싹이 돋는 운으로 대길하다.

6월 : 하늘에 먹구름이 끼는 운이다. 그러나 분수를 지키면 길하리라.
　　　 병년생은 이성으로 마음을 잃을 운이다.

7월 : 자손의 일로 말못할 어려움이 따를 운이요, 임신할 운이다. 일
　　　 에 지장이 있으니 조심해라.

8월 : 다른 사람의 방해로 구설이 따를 운이다. 믿은 사람과 원수가
　　　 될 운이니 조심해라. 서방은 불리하다.

9월 : 형제나 동료를 잃을 운이요, 근심이 생기거나 문서로 망신당할
　　　 운이다. 형제나 동료, 가까운 사람을 경계하라.

10월 : 새로운 일을 구상할 운이요, 타관이나 해외로 나갈 운이다. 청
　　　 춘남녀는 애인이 생길 운이다.

11월 : 봄바람에 정원의 매화가 만발하는 운이요, 외기러기가 짝을
　　　 찾는 운으로 가정에 경사가 생긴다.

12월 : 뜻을 이룰 운이다. 문서나 부동산으로 횡재하지 않으면 형제
　　　 로 인하여 말못할 일이 생긴다.

정월 : 허욕이 발동할 운이니 조심해라. 정당한 일은 작은 일을 하다
　　　가도 대어를 낚는다. 직장이나 하던 일을 변경할 운도 있다.

2월 : 하나를 얻고 하나를 잃을 운이다. 뜻을 이룰 운이나 목성(木姓)
　　　을 조심해라. 구설이 침범한다.

3월 : 다른 사람을 모방해도 허물이 되지 않을 운이다. 출세할 운이
　　　요, 만사가 순탄할 운이다.

4월 : 조상이나 부모의 일로 분주할 운이다. 큰 뜻을 품고 타관으로
　　　나가나 사기를 당할 운이다. 인장이나 문서 등을 조심해라.

5월 : 가정에 경사가 생길 운이다. 주위의 도움으로 뜻을 이룰 운이
　　　요, 사방에 일을 벌릴 운이다.

6월 : 비온 뒤에 풀빛이 청청한 운으로 남의 도움을 받으면 재물이 생
　　　긴다. 모든 일을 이루고 재물까지 얻을 운이다.

7월 : 자손과 이별하거나 자손의 일로 풍파나 근심이 생길 운이요, 가
　　　까운 사람에게 배신당할 운이나 분수를 지키면 길하리라.

8월 : 서방이 불리한 운이다. 어려울 때 도와주는 사람이 있으니 기다
　　　려라. 처음에는 어려우나 성공할 운이다. 건강을 조심해라.

9월 : 진년생은 형제나 동료의 일로 근심이나 액운이 있고, 가까운 사
　　　람을 잃을 운이다. 주위에 사람이 없으니 쓸쓸하다.

10월 : 주색과 수성(水姓)을 조심해라. 망신당할 운이다. 이름은 있
　　　　으나 실속이 없는 운이다.

11월 : 뜻이 좌절되거나 가정에 근심이 생길 운이다. 남의 물건이나
　　　　이성을 경계해라. 구설수가 따른다.

12월 : 하나를 얻고 하나를 잃을 운으로 길흉이 반반이다. 새것을 구
　　　　하려다 손재가 따를 운이니 과욕을 부리지 마라.

圓空秘訣 1 2 3

정월 : 시작은 화려하나 결실을 보기 어려울 운이다. 형제간에 이별하
　　　거나 근심이 생긴다.

2월 : 형제의 경사가 생기지 않으면 가까운 사람의 일로 근심이 생기
　　　고, 손재가 없으면 반드시 사람이 떠나간다. 실물수도 있다.

3월 : 사기를 당할 운이다. 매사에 과욕을 삼가하고 신중하게 대처하
　　　면 해는 면하리라. 신경성질환이 따를 운이다.

4월 : 정원에 매화가 만발하여 봉접이 모여드는 운으로 뜻을 이룬다.
　　　출세하거나 문서를 잡을 운이다.

5월 : 불리한 운이니 재물을 구해도 얻지 못한다. 부모와 이별수가 따
　　　르거나 문서를 잃을 운이요, 정신적인 고통이나 신과 관계된 일
　　　이 생길 운이다.

6월 : 주위의 도움으로 뜻을 이룰 운이다. 형제나 가까운 사람의 경사
　　　가 생길 운이요, 어려움이 사라지고 좋은 일이 생길 운이다.

7월 : 자손의 경사가 생길 운이다. 을년생이나 계년생은 아랫사람과
　　　부정한 관계를 맺을 운이요, 관재구설이 따를 운이니 조심해라.

8월 : 어두운 밤길에서 등불을 잃는 운이요, 깊은 산 속에서 방향을
　　　잃는 운이다. 토성(土姓)을 조심해라. 덕이 되지 않는다.

9월 : 봄을 만난 매화가 만발하여 향기가 사방으로 진동하는 운이다.
　　　무년생은 좋은 배우자를 만날 운이다.

10월 : 큰 뜻을 품고 해외로 나갈 운이나 뜻을 이루기 어렵다. 다투지
　　　마라. 원한을 살까 두렵다. 상복을 입을 운도 있다.

11월 : 고목이 비를 만나는 운으로 힘을 얻는다. 뜻을 이룰 운이요,
　　　관료는 승진할 운이다.

12월 : 동료와 큰 일을 도모할 운이나 과욕은 금물이다. 뜻을 발설하
　　　지 마라. 손재수가 따른다.

圓空秘訣 1 2 4

정월 : 십 년 가뭄에 단비가 내리는 운이다. 주위의 도움으로 만사가
　　　순조롭다. 그렇지 않으면 스스로 몸을 망칠 수가 있다.

2월 : 뜻을 이루지 않으면 말못할 문서를 얻을 운이다. 문서로 인하여
　　　산란한 일이 생긴다.

3월 : 시작은 어렵고 힘들어도 결실을 얻을 운이다. 문서 손해가 따를
　　　운이나 만사를 신중하게 대처하면 해는 없으리라.

4월 : 문서를 잃을 운이요, 부모의 근심이 생길 운이니 깊이 생각하고
　　　처신하라. 불을 조심해라. 몸을 상하거나 송사가 따른다.

5월 : 동업이나 합자하면 길하다. 태양이 솟아오르는 운으로 힘껏 전
　　　진하면 뜻을 이루리라. 축년생은 학업이 중단되거나 자신의 의
　　　지를 포기할 운이다.

6월 : 이름만 있고 실속은 없을 운이다. 범띠는 정신적인 고통이 따를
　　　운이요, 신의 풍파가 따를 운이니 주의하라.

7월 : 자손의 일로 타관으로 나갈 운이요, 자손의 근심이 생길 운이
　　　다. 가까운 사람들이 떠나갈 운이니 외롭고 허전하리라.

8월 : 금전의 근심이 따를 운이요, 형제간에 외로움이 따를 운이다.
　　　그러나 어려움이 지나고 나면 서서히 풀리리라.

9월 : 산신전에 기도하라. 운수대통하리라. 귀인이 나타나 도와주니
　　　길하리라. 문서로 횡재하지 않으면 오히려 손해를 본다.

10월 : 이성 때문에 큰 소득을 얻으리라. 고목이 물을 얻어 새싹이 돋
　　　　는 운이다. 근심이 사라지고 즐거움이 가득하리라.

11월 : 주색을 조심해라. 원한을 사거나 큰 손해를 본다. 재물이나 이
　　　　성문제로 말못할 어려움이 따를 운이다.

12월 : 문서 사기를 당할 운이니 인장이나 보증 등을 조심해라. 시비
　　　　하지 마라. 관재구설이 따를 운이다.

圓空秘訣 1 2 5

정월 : 긴 가뭄에 비를 기다리는 운이요, 강태공이 월척을 기다리는
　　　운이다. 마음의 정처가 없으니 허송세월하리라.

2월 : 다른 사람의 방해로 뜻을 이루기 어려울 운이다.

3월 : 순풍에 돛단 배처럼 만사가 순탄하다. 매화가 만발한 운으로 가
　　　정에 향기가 진동하리라.

4월 : 천금을 희롱하는 운으로 부모의 경사가 생기거나 문서를 잡는
　　　다. 그러나 나중에 후회할 일이 생길 수도 있으니 조심해라.

5월 : 부모의 우환이 생기거나 문서를 잃을 운이요, 뜻이 좌절될 운이
　　　다. 자중하면서 때를 기다리는 지혜가 필요하다.

6월 : 밝은 운명에 밝은 빛이 비치니 희망이 있고, 사막에서 물을 만
　　　나는 운이니 가정이 태평하다. 뜻밖의 일로 크게 성공한다.

7월 : 뜻은 있으나 결실을 보기 어려울 운이다. 토끼띠는 자손이나 슬
　　　하에 액운이나 풍파가 따를 운이다.

8월 : 상가를 조심해라. 신병을 얻을까 두렵다. 하는 일마다 장애가
　　　많을 운이다. 자손에게 질병이 따르거나 망신을 당한다.

9월 : 토지나 건물을 잃거나 손재가 따를 운이다. 그러나 매매는 가능
　　　하다. 가까운 사람을 경계하라. 사기를 당할 위험이 있다.

10월 : 어두운 밤이 가고 밝은 아침이 오는 운이요, 오지에서 귀인을
　　　　만나 어려움을 해결하는 운이다.

11월 : 가까운 사람이나 믿은 사람에게 배신당할 운이요, 시기하고
　　　　질투하는 사람이 생길 운이다. 부부의 근심이 발생할 운이다.

12월 : 송사가 따를 운이니 다투지 마라. 자손의 근심이 있거나 믿은
　　　　사람과 멀어진다. 동북방 사람을 믿지 마라. 구설수가 있다.

정월 : 외기러가 짝을 만나는 운으로 앞날이 순탄하고 심신이 화평하
다. 형제나 동료로 인하여 경사가 생길 운이요, 주위의 도움을
받을 운이다.

2월 : 다른 사람의 모함으로 구설을 들을 운이요, 생각은 화려하나 뿌
릴 땅을 구하지 못할 운이니 자중하라. 돌아오는 것이 없다.

3월 : 어두운 밤이 가고 밝은 아침이 오는 운이요, 겨울이 지나 벌나
비가 춤을 추는 운이다.

4월 : 상복을 입거나 가정에 우환이 생길 운이다. 불을 조심해라. 뱀
띠는 형제에게 풍파가 따를 운이니 각별히 주의하라.

5월 : 다른 사람을 모방하다 구설을 들을 운이요, 부모의 근심이 생기
거나 마음의 안정을 잃을 운이다.

6월 : 건강을 조심해라. 신병을 얻으면 오래간다. 인년생은 동료나 형
제의 근심이 생기거나 마음이 번잡해질 운이다.

7월 : 자손이나 아랫사람의 근심이 생길 운이다. 자손의 일로 타관으
로 나갈 운이나 해로운 일은 아니다.

8월 : 겉으로는 좋은 것 같지만 속으로는 불안할 운이요, 시작은 좋으
나 끝을 보지 못할 운이다.

9월 : 어두운 밤에 등불을 만나는 운으로 뜻밖에 귀인의 도움을 받아
출세한다.

10월 : 지난 날을 한탄하지 마라. 십 년 가뭄에 단비가 내리는 운이니
희망이 있다. 옛것을 지키면 더욱 길하리라.

11월 : 부부의 근심이 생기거나 손재가 따를 운이다. 직장인은 직장
을 잃을 운이요, 학생은 학업이 중단될 운이다.

12월 : 하나를 얻고 하나를 잃을 운이다. 뜻은 크나 성사되기 어려울
운이다. 친구나 동료를 경계해라. 손재수가 따른다.

정월 : 남자는 자손의 일로 경사가 생기나, 여자는 자손의 근심이나
이별수가 따른다. 부동산이나 문서로 마음이 불안할 운이다.

2월 : 아랫사람의 일로 어려움에 처하거나 손해볼 운이요, 뜻이 좌절
될 운이다. 문서나 카드, 인장 등을 조심해라.

3월 : 자손의 일로 경사가 생길 운이다. 출세할 운이요, 자손을 얻을
운이다. 토성(土姓)을 조심해라. 구설수가 따른다.

4월 : 어두운 그림자가 사라지고 밝은 태양이 솟아오르는 운이다. 가
정에 경사가 생길 운이요, 부모의 경사가 생길 운이다.

5월 : 형제나 동료를 잃을 운이요, 가까운 사람에게 배신당할 운이다.
액을 면하려면 산신전에 기도하라.

6월 : 어두운 밤이 가고 밝은 아침이 오는 운으로 뜻을 이룬다. 만사
가 길하고 가정에 경사가 있다.

7월 : 가까운 사람을 조심하라. 헤어질 운이 있다. 직장인은 직장을
그만둘 운이요, 사업가는 사업에 손실이 따를 운이요, 부부간에
근심이 발생할 운이니 조심해라.

8월 : 자손이나 윗사람에게 경사가 따를 운이다. 분수를 지키면 우연
하게 재물을 얻을 운이다.

9월 : 자손이나 아랫사람의 일로 경사가 생길 운이요, 임신할 운이다.
조상덕으로 가정이 편안할 운이다.

10월 : 삿갓을 쓰고 하늘을 보는 운으로 달을 보지 못한다. 동방에 이
익이 있다. 조상과 처가와 멀어질 운이다.

11월 : 봄바람에 매화가 만발하니 집안에 향기가 가득한 운이다. 분
수를 지키면 흉이 길해지리라. 물과 불을 조심해라.

12월 : 자손이나 아랫사람의 일로 어려움에 처할 운이다. 자손의 근
심이 생기거나 이별수가 따를 운이다.

정월 : 양띠는 심적인 고통이 따르거나 의지를 잃을 운이다. 욕심은
　　　 많으나 얻는 것은 없을 운이요, 부모나 문서로 근심할 운이다.

2월 : 하나를 얻고 하나를 잃을 운이다. 만사가 용두사미격이니 주의
　　　 하라. 그러나 여럿이 하는 일은 성사될 운이다.

3월 : 과욕은 금물이다. 시기하고 질투하는 사람이 생길 운이다. 상가
　　　 를 조심해라. 소득은 없고 잃는 것이 많다.

4월 : 부모의 경사가 생기거나 문서로 뜻밖의 큰 재물을 얻을 운이다.
　　　 다른 사람의 도움으로 즐거운 일이 생길 운이다.

5월 : 형제간에 이별수가 있거나 근심이 생길 운이다. 동료나 가까운
　　　 사람에게 오해를 받거나 풍파가 따를 운이다.

6월 : 친구와 술을 들고 산에 올라가 즐길 운이다. 근신하면 길하나
　　　 경거망동하면 해롭고, 집에 있으면 길하나 나가면 흉할 운이다.

7월 : 대길한 운세이다. 자손과 멀리 떨어질 운이요, 먼곳으로 여행할
　　　 운이다.

8월 : 부부의 근심이 생길 운이요, 시기하는 사람이 따를 운이다. 내
　　　 것을 잃고도 말못할 일이 생길 운이다.

9월 : 밝은 달 아래 한가롭게 앉아 거문고를 타는 운이요, 집안에 길
　　　 성이 비치니 재수가 홍왕한 운이다.

10월: 광풍노도를 벗어나 순탄대로를 향해하는 운이요, 먹구름이 걷
　　　 히고 밝은 태양이 나타나는 운이니 만사가 순탄하리라. 해외로
　　　 나갈 운도 있다.

11월 : 대길한 운수로 일을 꾀하면 순조로울 운이다. 자손의 근심이
　　　 생기거나 자손의 일로 타관으로 나갈 운이다.

12월 : 을년생과 정년생과 계년생은 자손의 일로 근심이 생길 운이
　　　 요, 오미생은 가정에 풍파가 따를 운이다.

정월 : 동업자가 생기나 덕이 되지 않는 사람이다. 뜻은 있으나 실천하기 어려울 운이요, 집에 있으면 길하나 나가면 불리하다. 인장이나 보증 등을 주의하라.

2월 : 관재를 조심해라. 문서를 잃거나 부모의 근심이 발생할 운이다. 마음과 정신의 안정이 필요하다.

3월 : 자손의 근심이 생길 운이다. 자손을 잃고 마음을 잡지 못하거나 아랫사람이 떠날 운이다.

4월 : 어두운 밤에 등불을 만나는 운이다. 재성이 따르니 의식이 풍족하고, 해외에 여행할 운으로 좋은 결과가 있으리라.

5월 : 형제나 동료의 경사가 있고, 주위의 도움을 받을 운이다.

6월 : 도움을 받으면 결혼할 수 있고, 다른 사람의 도움으로 집안이 화평할 운이다. 자신의 주장이 없으니 만사가 허황하다.

7월 : 부부에게 경사가 생길 운이요, 천금을 희롱할 운이요, 미혼자는 결혼할 운이다.

8월 : 장막에 갇혀 앞을 분간하지 못할 운으로 만사가 뜻대로 되지 않는다. 동서를 구분하지 못하니 심신만 피곤하다.

9월 : 밝은 달 아래 한가롭게 앉아 거문고를 타는 운이다. 집안에 있으면 편안하고 나가면 고통스럽다. 개띠는 몸을 상할 운이요, 뱀띠는 신경성질환을 주의하라.

10월 : 허욕을 버려라. 신세를 한탄할 일이 생긴다. 용띠는 공상이 많을 운이요, 뱀띠는 자탄할 일이 생길 운이다.

11월 : 작은 것을 구하다 큰 것을 얻을 운으로 재물에 횡재수가 따른다. 그러나 과욕을 부리면 망신당할 수 있으니 주의하라.

12월 : 자손의 일로 말못할 일이 생기거나 타관으로 나갈 일이 생긴다. 관재구설이 따르나 만사를 신중하게 대처하면 길하리라.

圓空秘訣 1 3 4

정월 : 가정에 경사가 생길 운이요, 친구나 동료의 도움으로 뜻을 이
　　　룰 운이다. 자손의 근심이 많거나 자손의 풍파가 따를 운이다.

2월 : 부모나 형제와 이별수가 있으나 해로운 일이 아니다. 문서를 잡
　　　을 운이요, 부모의 경사가 생길 운이다.

3월 : 봄가뭄에 단비가 내려 매화가 꽃을 피우는 운이다. 잃는 것보다
　　　얻는 것이 많고, 주위의 도움으로 만사가 순조로울 운이다.

4월 : 가까운 사람을 경계하라. 덕이 되지 않는다. 형제나 동료의 근
　　　심이 생길 운이요, 나가면 구설이 따를 운이다.

5월 · 6월 : 갑년생과 정년생은 사치병이나 이성문제가 따를 운이요,
　　　　　　미혼자는 연인이 생길 운이다. 소띠와 범띠는 신경성질환
　　　　　　이나 신의 풍파가 발생할 운이다. 산신전에 기도하라.

7월 : 만사가 될 듯 하면서 성사되지 않을 운이다. 부부의 근심이 생
　　　길 운이요, 재물문제로 타관으로 갈 운이다. 용신께 기도하라.

8월 : 어두운 밤이 가고 밝은 아침이 오는 운이다. 친구의 도움으로
　　　어려움이 사라진다. 무거운 짐을 벗고 때를 기다리는 운이다.

9월 : 만사를 억지로 구하지 마라. 자손의 근심이나 이별수가 따를 운
　　　이다. 동료와 의논하면 손해는 없을 것이다.

10월 : 만사가 뜻대로 되지 않을 운이다. 과욕을 부리면 구설수가 따
　　　르나 분수를 지키면 해는 면하리라.

11월 : 먹구름이 걷히는 운으로 경사가 만발한다. 자손의 경사가 있
　　　거나 자손이 명성을 떨칠 운이요, 주위의 도움으로 만사가 순
　　　조로울 운이다.

12월 : 소원을 이룰 운이나 형제나 동료의 일로 근심이 따른다. 타인
　　　과 다투지 마라. 송사가 따른다.

정월 : 어두운 밤바다에서 등대를 만나는 운이요, 어두운 밤에 달이
　　　 뜨는 운이다. 동료를 따라 타관으로 나갈 운이다.

2월 : 뜰에서 까치가 우는 운으로 집안에 경사가 생긴다. 문서를 잡거
　　　 나 부모의 경사가 생기고, 주위의 도움으로 만사가 순조롭다.

3월 : 높은 누각에 올라 태평세월을 낚는 운이다. 다른 사람의 도움으
　　　 로 뜻을 이룰 운이다.

4월 : 자손의 근심이 생길 운이다. 건강과 주색을 조심해라. 구설수
　　　 가 따른다. 자손의 일로 타관으로 나갈 운이다.

5월 : 형제나 동료의 근심이 생길 운이다. 믿은 사람이나 가까운 사람
　　　 이 등을 돌릴 운이니 외롭고 쓸쓸하리라.

6월 · 7월 : 을년생과 경년생과 정년생은 이성을 경계해라. 기혼자는
　　　　　　 부부간에 이별할 운이요, 미혼자는 좋은 인연을 만날 운
　　　　　　 이다. 허영이나 사치, 투기 등으로 망신당할 운이다. 범띠
　　　　　　 와 토끼띠는 이성이나 재물로 신경성질환이나 심적인 고
　　　　　　 통이 따를 운이요, 자손의 일로 풍파가 따를 운이다.

8월 : 다른 사람과 일을 도모할 운이요, 새로운 일을 구상할 운이나
　　　 노력을 많이 해도 소득은 미미하다.

9월 : 자손과 이별수가 있으나 해로운 일은 아니다. 사업을 성취하기
　　　 위하여 타관으로 나가나 얻는 것은 없다.

10월 : 뜻을 이루기 어려울 운이다. 과욕을 부리면 구설이 따르나 만
　　　　 사를 신중하게 처리하면 큰 해는 없으리라.

11월 : 먹구름이 드리우는 운이니 갈길이 막막하다. 토성(土姓)이나
　　　　 금성(金姓)을 경계해라. 액운을 막으려면 강가에서 기도하라.

12월 : 원수가 친구가 되는 운이요, 어려움이 모두 사라지고 만사가
　　　　 순탄할 운이다. 과욕을 부리면 망신당할 수 있으니 조심해라.

圓空秘訣 １３６

정월 : 고목이 비를 만나 꽃을 피우는 운이다. 부모의 경사가 생길 운
　　　이요, 학업에 희소식이 있을 운이다.

2월 : 다른 사람과 함께 해온 일을 다시 생각할 운이요, 학생은 새로
　　　운 학문을 구상할 운이다. 문서를 잃거나 부모의 근심이 생길
　　　운이다.

3월 : 겨울이 가고 새봄을 맞는 운으로 만사가 희망적이다.

4월 : 과욕을 부리면 실패할 운이요, 자손의 근심이 심할 운이다. 불
　　　전에 공을 드리면 무사하나 그렇지 않으면 유산할 운이다.

5월 : 먹구름이 걷히고 밝은 태양이 떠오르는 운이요, 고통이 사라지
　　　고 희망의 빛이 솟는 운으로 자손이 명성을 떨친다.

6월 : 아랫사람을 조심해라. 기쁜 가운데 마가 낄 수 있다. 만사가 순
　　　조로우니 노력하면 얻을 운이나 실패수도 있으니 신중하라.

7월 : 실물수가 있거나 부부간에 근심이 생길 운이다. 사업가는 무리
　　　하지 마라. 덕이 되지 않는다.

8월 : 시작은 화려하나 결과는 미미할 운이다. 그러나 꾸준히 노력하
　　　면 좋은 결실을 얻으리라.

9월 : 정년생과 경년생은 이성을 경계해라. 가정에 풍파가 따를 운이
　　　다. 범띠는 정신적인 질환이나 몸을 상할 운이요, 을년생이나
　　　계년생은 자손의 근심이 따를 운이다.

10월 : 관을 상대로 분주할 운이다. 허욕을 부리면 구설수가 따르나
　　　　분수를 지키면 덕이 있으리라.

11월 : 시작은 미약하나 소득은 많을 운이다. 뜻밖에 귀인을 만나 뜻
　　　　을 이룰 운이요, 자손에게 경사가 따를 운이다.

12월 : 자손을 얻을 운이요, 자손에게 경사가 따를 운이다. 아랫사람
　　　　에게 좋은 소식을 들을 운이다.

정월 : 질병이 있거나 슬하에 근심이 따를 운이요, 부부의 근심이 생기거나 재물을 잃을 운이다. 산신전에 치성을 드려라.

2월 : 한 번 기쁘고 한 번 슬퍼할 운이다. 형제나 동료의 일로 방황할 운이다. 육친이 냉정하니 자수성가한다.

3월 : 산토끼를 잡으려다 집토끼를 잃을 운이다. 몸이 길 가운데 있으니 재물을 잃는다. 반흉반길의 운이다.

4월 : 마음에는 고통이 있고 일에는 허황함이 따를 운이다. 자손의 근심이 생기거나 이별수가 있고, 자손의 일로 타관으로 나간다.

5월 : 재물을 쉽게 구하고 모든 일을 성취할 운이다.

6월 : 정년생은 이성을 조심하지 않으면 재물에 풍파가 따른다. 범띠는 몸을 상하거나 금전이나 정신적인 어려움이 따를 운이다.

7월 : 새봄이 와도 고목이 새싹을 내지 못하는 운으로 심신이 안정되지 못하고 번민이 따른다.

8월 : 일을 꾀하면 불리한 운이요, 분수 밖의 것을 탐하면 관재구설이 따를 운이다. 분수를 지키는 것이 상책이다.

9월 : 여자는 자취고난하니 괴로운 운이다. 몸에 질병이 있으면 액을 막아라. 부부간에 이별하거나 재물에 손해가 따른다.

10월 : 나가려 하나 나가지 못할 운이요, 내것을 잃고 구설을 들을 운이다. 부부간에 갈등이 생기거나 재물에 손해가 따른다. 남의 말을 믿지 마라. 이름은 있으나 실속이 없다.

11월 : 임년생은 사치나 허영심이 발동할 운이요, 닭띠는 정신질환이나 신의 풍파나 가정의 풍파가 따를 운이다.

12월 : 새로운 일을 힘차게 추진할 운이다. 봄비에 새싹이 돋아나니 희망이 창창하다. 고통은 사라지고 희망이 밝게 비춘다.

정월 : 병년생과 갑년생은 형제나 동료와 새로운 일을 구상할 운이요,
      양띠는 정신적인 고통이 따를 운이요, 몸을 상할 운이다.

2월 : 재수는 있으나 손실이 따를 운이다. 을년생은 이성을 경계해라.
      미혼자는 결혼할 운이다. 친구 때문에 해가 발생하니 조심해라.

3월 : 구설이 따를 운으로 가만히 있으면 길하나 움직이면 불리하다.
      내것을 잃고 근심만 얻을 운이다.

4월 : 봄을 만난 도화가 열매를 맺는 운이니 반드시 경사가 생긴다.
      관록을 얻거나 아들을 낳을 운이요, 자손이나 재물문제로 타관
      으로 나갈 운이다.

5월 : 자손의 근심이나 자손과 이별수가 따를 운이요, 아랫사람의 일
      로 모함을 듣거나 구설을 들을 운이다.

6월 : 평길한 운이나 재수는 완전하지 못하다. 분수 밖의 것을 탐하
      면 손재가 따르고, 욕심을 부리다 동료와 우애가 상할 운이다.

7월 : 친구따라 강남가는 운이다. 남을 모방하다 구설을 들을 운이나
      순리에 응하면 해는 면하리라. 여행할 운으로 길하리라.

8월 : 믿은 친구에게 배신당할 운이다. 가까운 사람이 모두 떠나 외롭
      고 쓸쓸하니 입산수도를 생각할 운이다.

9월 : 기인의 도움으로 재물에 횡재수가 있고, 부부에게 경사가 있다.
      미혼자는 좋은 인연을 만나고 새로운 일을 시작할 운이다.

10월 : 가을밤 삼경에 기러기는 울면서 어디로 가는가. 다른 사람의
       모함으로 망신당할 운이요, 관재도 따를 운이니 조심해라.

11월 : 동료나 친구의 음해가 따를 운이요, 혈육간에 이별하거나 가
       까운 사람과 멀어질 운이다. 믿는 도끼에 발등찍히는 운이다.

12월 : 신병을 얻을 운이니 건강을 조심해라. 분수 밖의 것은 탐하지
       마라. 얻는 것은 적고 잃는 것이 많다.

圓空秘訣 143

정월 : 형제의 일로 말못할 일이 생기거나 근심할 운이요, 동료의 일로 어려움에 처할 운이니 조심해라.

2월 : 관재구설이 따를 운이나 허욕을 버리고 분수를 지키면 큰 해는 없다. 가까운 사람이나 갑자기 친절한 사람을 경계하라.

3월 : 부부에게 경사가 따르거나 새로운 재물을 얻을 운이요, 문서나 부동산으로 재물을 얻을 운이다. 순리대로 행하면 길하리라.

4월 : 동료와 함께 큰 일을 도모할 운으로 길하다. 새로운 일을 시작할 운이요, 해외로 나갈 운으로 길하리라.

5월 : 자손의 근심이 생길 운이요, 아랫사람의 일로 구설수가 따른다.

6월 : 어두운 밤이 가고 밝은 아침이 오는 운이다. 다른 사람의 도움으로 뜻을 이룰 운으로 심신이 편안하다.

7월 : 긴 장마가 걷히고 밝은 태양이 중천에 떠 있는 운으로 만사를 순조롭게 이룬다. 그러나 문서를 조심해라. 방심하면 손재가 따른다.

8월 : 상가를 조심해라. 문서를 잃을 운이다. 시작은 좋으나 결실을 보기 어렵다. 그러나 때를 기다리면 만사가 서서히 해결된다.

9월 : 부부간에는 의를 상할 운이요, 연인간에는 다투고 이별할 운이니 조심해라. 내것을 잃고 마음을 상할 일이 생긴다.

10월 : 허욕을 부리면 손재수가 따른다. 처음은 길하나 후회할 일이 생기고, 실물수가 따른다. 미혼자는 애인이 생길 운이다.

11월 : 재록이 왕성한 운이다. 부모의 경사가 생기거나 문서를 잡을 운이요, 좋은 아이디어로 뜻을 이룰 운이다.

12월 : 재물에 손해가 따를 운이요, 말못할 재물을 얻을 운이다. 그렇지 않으면 문서로 후회할 일이 생긴다. 이성문제도 따를 운이나 미혼자는 애인이 생긴다.

정월 : 가정에 경사가 생기거나 형제간에 좋은 소식이 따를 운이다.
　　　대중들이 우러러 보는 운으로 어려움이 없다.

2월 : 형제나 동료의 경사가 따를 운이요, 주위의 많은 도움으로 만사
　　　가 순조로울 운이다.

3월 : 상가를 조심해라. 부부의 근심이 생기고, 내것을 잃고도 말못할
　　　운이다. 부부간에 다투면 오래 가고, 재물에 손해가 따른다.

4월 : 시작하는 일이 처음에는 불길하나 나중에는 좋아진다. 타관으
　　　로 나가지 않으면 믿은 사람에게 손해를 본다.

5월 : 갑년생은 임신하거나 자손의 구설을 들을 운이요, 소띠는 자손
　　　의 우환이나 자손의 일로 애통할 운이다. 산신전에 기도하라.

6월 : 정년생은 사치나 허영심이 발동할 운이다. 기혼자는 가정에 풍
　　　파가 따를 운이요, 미혼자는 이성을 찾을 운이다. 범띠는 사업
　　　이나 부부문제로 고통이 따를 운이니 조심해라.

7월 : 하나를 얻고 하나를 잃을 운이다. 뜻은 크나 심력만 허비할 운
　　　이요, 타관으로 나갈 운이나 덕이 되지 않는다.

8월 : 여자의 의견을 따르면 좋은 운이다. 혼자의 고집으로 행하면 산
　　　넘어 산이 될 운이요, 재물에 손해가 따르니 신중하라.

9월 : 밝히지 못할 재물을 얻을 운이다. 무년생과 경년생은 밝히지 못
　　　할 인연이 생길 운이다. 남의 것을 탐내다 구설을 들을 운이다.

10월 : 밝은 태양 위로 먹구름이 드리우는 운이요, 지난 날을 그리워
　　　 하는 운이다.

11월 : 부모의 근심이 생기거나 문서를 잃을 운이니 카드나 인장 등
　　　 을 조심해라. 부모와 등을 돌릴 운이다.

12월 : 길흉이 반반으로 자손의 근심이 따를 운이요, 시작은 어려우
　　　 나 끝내는 이룰 운이다.

정월 : 형제의 경사가 생길 운이요, 가정에 좋은 소식이 생길 운이요, 친구나 동료와 여행을 떠날 운이다.

2월 : 봄비가 내려 모든 초목이 즐거워하는 운이다. 가정에 경사가 있거나 사업을 이룰 운이다. 주위의 도움으로 만사를 이룬다.

3월 : 뜻밖에 재물 횡재가 따를 운이다. 미혼자는 애인이 생길 운이요, 재물을 얻을 운이다. 기혼자는 가정에 풍파가 따를 운이다.

4월 : 상복을 입을 운이다. 뜻은 있으나 이루지 못할 운이니 정신만 산란하다. 가정에 풍파가 따를 운이니 참고 노력하라.

5월 : 멀리 나가면 관재구설이 따를 운이요, 사방으로 분주해도 소득은 없을 운으로 마음만 고달프고 산란하다.

6월 : 고목이 봄비를 만나 새싹을 발하는 운으로 고생 끝에 성공한다. 관의 좋은 소식을 들을 운이요, 가정이 화평하고 경사가 생길 운이다. 정년생은 연인이 생길 운이고, 범띠는 자멸할 운이다.

7월 : 계년생은 허욕으로 만사를 망칠 운이요, 토끼띠는 몸을 망치거나 정신질환이나 신의 풍파가 따를 운이다. 용신전에 기도하라.

8월 : 부모의 근심이나 가정에 우환이 따를 운이다. 다투지 마라. 관재구설이 두렵다. 서쪽으로 가지 마라. 실물수가 있다.

9월 : 하나를 얻고 하나를 잃을 운이다. 처음은 좋으나 결과는 미약할 운이다. 부부간에 이별을 생각할 운이니 신중하게 처신하라.

10월 : 뜻밖의 귀인을 만나 뜻을 이룰 운이다. 너무 나서지 마라. 모함하는 사람이 생길 운이다.

11월 : 뜻대로 성사되지 않을 운이니 심신이 고달프다. 북쪽이 길하고, 수성(水姓)의 도움으로 근심이 사라질 운이다.

12월 : 내것을 잃고도 말못할 운이다. 과욕은 오히려 손재하니 정도를 지켜라. 관재를 조심해라. 망신당할 운이다.

圓空秘訣 1 4 6

정월 : 봄비에 매화가 만발하여 향기가 진동하는 운이다. 좋은 친구를
　　　얻을 운이요, 형제가 출세하거나 가정에 경사가 생긴다.

2월 : 다른 사람의 방해로 직장인은 자리를 지키기 힘들고, 사업가는
　　　사업에 장애가 따르고, 부부간에는 말못할 근심이 생길 운이다.

3월 : 무해무덕한 운으로 노력하면 댓가를 얻는다. 말못할 재물이 생
　　　길 운이요, 재물에 횡재가 따를 운이요, 새로운 재물을 얻는다.

4월 : 상복을 입을 운이요, 내것을 잃고도 말못할 운이다.

5월 : 자손의 일로 말못할 근심이 생길 운이다. 임신한 사람은 유산을
　　　조심해라.

6월 : 어두운 밤이 가고 밝은 아침이 오는 운이다. 윗사람의 덕으로
　　　관료는 승진하고, 사업가는 재물을 얻을 운이다. 정년생은 이성
　　　문제가 발생하고, 미혼자는 결혼할 운이다.

7월 : 겉으로는 좋은 것 같으나 속으로는 근심이 있다. 그러나 성심으
　　　로 노력하면 길하다. 옛것이 이로우니 새것을 탐하지 마라.

8월 : 상가를 조심해라. 부부의 근심이 생길 운이다. 부모의 일로 근
　　　심이 있거나 가정에 우환이 따를 운으로 뜻을 이루기 어렵다.

9월 : 재물을 해하는 사람이 있으니 손재를 면하기 어렵다. 경년생은
　　　친구따라 강남가는 운으로 남을 모방하다 구설을 듣고, 용띠나
　　　뱀띠는 몸을 상하거나 낙상수가 있다.

10월 : 십 년 가뭄에 단비가 내려 초목이 무성한 운이다. 재물에 뜻밖
　　　 의 횡재가 따르고, 다른 사람의 도움으로 뜻을 이룰 운이다.

11월 : 부모나 가정에 경사가 생길 운이다. 문서를 잡을 운이요, 새로
　　　 운 학문을 할 운이다.

12월 : 그동안 못다한 일을 성취하리라. 다투지 마라. 이익될 것이 없
　　　 다. 윗사람의 조언을 들어라.

정월 : 하나를 얻고 하나를 잃을 운이다. 아직은 때가 아니니 사람을 너무 믿지 마라. 가까운 사람과 멀어질 운이다. 부부의 근심이 생기거나 재물을 잃고도 말못할 운이다.

2월 : 만사가 뜻대로 되지 않으니 세상을 한탄할 운이다. 차분하게 기다리면 때가 오리라.

3월 : 대장부가 큰 뜻을 품고 세상에 나와 포효하는 격이다. 사업을 확장하거나 다른 사람과 큰 일을 도모할 운으로 대길하다.

4월 : 과욕을 부리면 패가망신할 운이다. 만사가 뜻대로 되지 않을 운으로 심력만 허비한다.

5월 : 매사에 신중하라. 그렇지 않으면 의지를 잃고 좌절할 운이다.

6월 : 윗사람에게 우환이 있거나 문서를 잃을 운이다. 카드, 인장, 보증 등을 조심해라. 자손의 근심이 생기거나 임신할 운이다.

7월 : 매화가 만발하여 벌나비가 모여드는 운으로 그동안 묻어두었던 일을 성취할 운이다.

8월 : 형제의 모함이나 형제간에 말못할 근심이 생길 운이다. 다른 사람의 도움으로 만사가 순조로울 운이다.

9월 : 가족의 건강을 살펴라. 입원할 운이 있다. 부모에게 우환이 따르거나 사기를 당할 운이요, 믿은 사람에게 배신당할 운이다.

10월 : 자손의 우환이나 풍파로 마음이 안정되지 못할 운이다. 자손의 일로 타관이나 해외로 나갈 운이다.

11월 : 북방에 재물이 있다. 편안한 운으로 풍진이 침범하지 못할 운이요, 자손에게 경사가 생길 운이다.

12월 : 몸도 재물도 왕성하니 집안이 화평하다. 다른 일에 손대지 마라. 다른 사람의 도움으로 뜻밖에 성공할 운이요, 부모의 경사가 생길 운이요, 문서를 잡을 운이다.

정월 : 집토끼를 두고 산토끼를 잡으려는 운이다. 부부의 근심이 생기
　　　거나 재물문제로 구설을 들을 운이다.

2월 : 천리 길에 준마를 얻는 운이다. 출세할 운이요, 뜻을 이룰 운이
　　　다. 부부에게 경사가 생기거나 사업을 이룰 운이다.

3월 : 가을 기러기가 짝을 잃는 운이요, 하늘에 먹구름이 끼는 운이
　　　요, 밤바다에서 방향을 잃는 운으로 만사가 어려울 운이다.

4월 : 해외로 나갈 운이요, 자신의 욕망 때문에 마음이 번잡할 운으로
　　　길하리라. 슬하에 경사가 생길 운이다.

5월 : 갑년생은 사치나 허영심이 발동할 운이요, 이성문제가 따르나
　　　미혼자는 결혼할 운이다. 소띠는 자해행위를 하거나 신경성질
　　　환이 발생할 운이니 조심해라.

6월 : 추운 겨울이 가고 새봄이 오는 운이요, 메마른 대지에 단비가
　　　내려 새순이 돋는 운으로 길하다.

7월 : 형제나 동료의 일로 타관으로 나갈 운이다. 몸은 분주하나 노력
　　　의 댓가는 미미할 운이니 심신만 고달프다.

8월 : 형제나 동료의 근심이 발생할 운이다. 가까운 사람이나 믿은 사
　　　람과 멀어질 운이요, 동료나 친구를 피하고 혼자 지낼 운이다.

9월 : 관재구설이 따라 만사가 뜻과 같지 않을 운이다. 부모에게 우환
　　　이 생기거나 문서로 구설이 따를 운이니 마음이 불안하다.

10월 : 매사에 자신감을 잃고 나약해질 운이니 조심해라. 자손이 위
　　　　축될 운으로 사람을 기피한다.

11월 : 하나를 얻으면 하나를 잃을 운으로 재물은 생기나 다른 사람
　　　　의 방해가 있을 운이다. 주색을 조심해라. 구설수가 따른다.

12월 : 뜻이 이루어지지 않을 운이요, 가정에 우환이 끊이지 않을 운
　　　　이니 입산수도하고 싶은 생각이다.

정월 : 부부간에 이별수가 있거나 갈등이 따를 운이다. 그렇지 않으면
　　　재물이나 직장문제로 풍파가 따를 운이다.

2월 : 다른 사람의 방해로 구설이 따른다. 가까운 사람이나 믿은 사람
　　　에게 배신당할 운이요, 기쁜 가운데 근심이 있을 운이다.

3월 : 상가를 조심해라. 구설이 따를 운이요, 형제나 동료와 멀어질
　　　운이다.

4월 : 기쁜 가운데 근심할 운이다. 형제나 동료의 일로 관에 갈 운이
　　　다. 믿을 사람이 없으니 외롭고 쓸쓸하다.

5월 : 갑년생은 관재구설이 따를 운이요, 소띠는 만사가 뜻대로 되지
　　　않을 운이니 정신적인 고통이 따른다.

6월 : 재액을 조심해라. 마음을 잃을 운으로 심신이 안정되지 않는다.
　　　방황하고 설치면 손해.

7월 : 형제나 동료와 등을 돌릴 운이요, 형제의 구설이 따를 운이다.
　　　액운을 면하려면 조상전에 치성을 드려라.

8월 : 형제나 동료와 등을 돌릴 운이요, 가까운 사람의 모함으로 구설
　　　을 들을 운이다. 신년생은 사치나 허영심이 발동할 운이요, 쥐
　　　띠는 몸을 해하거나 정신적인 고통이 따를 운이다.

9월 : 귀인의 도움으로 뜻을 이룰 운이다. 문서를 잡거나 새로운 학문
　　　을 할 운이다. 밤길을 조심해라. 실물수가 있다.

10월 : 자손의 근심이 따를 운이요, 자손이나 아랫사람의 일로 해외
　　　에 나갈 운이다.

11월 : 어룡이 물을 얻는 운이다. 북쪽을 조심해라. 손재수가 따른다.
　　　하나를 얻고 하나를 잃을 운으로 길흉이 반반이다.

12월 : 관재구설이나 가정에 풍파가 발생할 운이요, 문서를 잃거나
　　　사기를 당할 운이다. 분수를 지키는 것이 상책이다.

정월 : 큰 뜻으로 시작할 운이다. 부부의 근심이나 말못할 재물을 얻
　　　을 운이요, 미혼자는 애인이 생길 운이다.

2월 : 다른 사람의 음해로 공직자는 자리가 불안하고, 사업가는 사업
　　　의 근심이 있다. 가정에 부부문제가 있거나 애인이 생긴다.

3월 : 자손의 일로 슬픈 일이 생길 운이다. 건강과 상가를 조심해라.
　　　윗사람의 근심이 생기고, 부모나 문서로 말못할 일이 생긴다.

4월 : 악운이 다가오니 수도하는 마음으로 인내하라. 윗사람과 상의
　　　하라. 때를 기다리면 서서히 풀리리라.

5월 : 좋은 인연과 재물을 얻을 운이다. 평생을 논한다면 재산을 횡재
　　　한다. 집안에 맑은 향기가 가득하니 길하나 주색을 삼가하라.

6월 : 억지로 일을 추진하면 실패할 운이요, 문서나 부동산으로 손재
　　　할 운이다. 정년생은 이성문제가 있을 운이요, 범띠는 학문에
　　　변화가 있거나 부모의 일로 마음이 산란해질 운이다.

7월 : 운세가 불길하다. 장애가 많아 뜻대로 되는 일이 없을 운이요,
　　　가정에 우환이 생길 운이다.

8월 : 하나를 얻고 하나를 잃을 운이다. 자손에게 경사가 따를 운이
　　　요, 시작은 좋으나 결과는 미미할 운이다.

9월 : 부동산의 손재가 있고, 자손의 일로 말못할 근심이 생긴다. 여
　　　자는 부부간에 갈등이 생긴다. 이별을 생각할까 두렵다.

10월 : 자손에게 풍파가 따를 운이요, 자손과 이별할 운이다. 아랫사
　　　람에게 배신당할 운이다.

11월 : 자손의 일로 신경쓸 일이 있다. 재물의 손재수가 있으니 조심
　　　해라. 뜻을 이루기 어려우니 속만 태운다.

12월 : 자손의 일로 속이 상할 운이다. 처음은 좋으나 나중에는 불길
　　　한 운이다. 공직자는 자리를 잃고, 사업가는 손재할 운이다.

圓空秘訣 1 5 5

정월 : 부모의 우환이나 문서 사기를 당할 운이다. 카드, 인장, 보증
　　　등을 조심해라. 동료와 타관으로 나갈 운으로 해는 없으리라.

2월 : 관재구설로 놀랠 운이니 송사를 조심해라. 형제에게 우환이 있
　　　거나 믿은 사람에게 배신당할 운이다.

3월 : 가까운 사람을 경계하라. 방해자가 따를 운이다. 욕심을 버리고
　　　절약해라. 말못할 일이 생길 운이다.

4월 : 상복을 입을 운이요, 재물에 손해가 따를 운이다. 무리한 욕심
　　　을 부리지 마라. 건강을 조심해라. 신병이 두렵다.

5월 : 장님이 길을 잃은 격으로 매사에 자신감을 잃을 운이요, 의욕은
　　　크나 결과는 미미할 운이다. 액운을 면하려면 불전에 기도하라.

6월 : 어두운 밤이 가고 밝은 아침이 오는 운으로 모처럼 뜻을 성취하
　　　는 운이요, 귀인의 도움으로 가정이 화평할 운이다.

7월 : 처음은 좋으나 결실이 없을 운이다. 경년생과 계년생은 형제나
　　　이성 때문에 마음이 번잡할 운이요, 묘년생은 방황할 운이다.

8월 : 상가에 가지 마라. 신병을 얻을까 두렵다. 믿은 사람이 배신할
　　　운이요, 친구에게 망신당할 운이다.

9월 : 부모의 근심이 생기거나 문서에 어려움이 따를 운이요, 학생은
　　　학업에 어려움이 따를 운이다.

10월 : 뜻밖에 횡재할 운이요, 귀인의 도움으로 뜻을 이룰 운이다. 횡
　　　재하거나 슬하에 경사가 생긴다.

11월 : 가정에 풍파가 따를 운으로 마음의 안정이 필요하다. 자손의
　　　근심이 생기거나 자손과 이별수가 있다.

12월 : 세 사람의 도움으로 가정이 화평하다. 여럿이 합심하니 안 되
　　　는 일이 없다. 부부간에 화합하고 가정에 경사가 있다.

정월 : 말못할 재물을 얻을 운이다. 기혼자는 이성으로 인한 풍파가 따를 운이요, 미혼자는 애인이 생길 운이다.

2위 : 어두운 밤이 가고 밝은 아침이 오는 운이다. 사업이 대길하고 부부가 화합하니 가정에 웃음꽃이 만발한다.

3월 : 다른 사람의 방해로 문서 사기를 당하거나 부모의 근심이 있거나 혈육간에 이별수가 따를 운이다.

4월 : 뜻은 많으나 손재가 따를 운이다. 상가를 조심해라. 마음의 정처를 잃을 운이다.

5월 : 다른 사람의 음해로 구설을 들을 운이다. 자중하면서 때를 기다리면 길하리라. 남쪽으로 가면 귀인을 만난다.

6월 : 다른 사람의 모함으로 손재가 따를 운이다. 분수 밖의 것을 탐하지 마라. 구설수가 따른다.

7월 : 처음에는 손해를 보나 나중에는 소득이 있을 운이다. 형제나 동료의 근심이 생길 운이요, 가까운 사람을 잃을 운이다. 가정에 근심이 생기니 주의하라.

8월 : 시작은 있으나 끝이 없을 운이요, 겉은 화려하나 속으로는 근심이 많을 운이다. 형제나 부모의 근심이 있다.

9월 : 사년생은 부모나 문서에 어려움이 따를 운이요, 학생은 학업에 풍파가 따를 운이다. 하나를 얻고 하나를 잃을 운이다.

10월 : 모함이 따를 운이요, 믿는 도끼에 발등찍힐 운이다. 가까운 사람이나 믿은 사람이 배신한다. 천신께 기도하라. 덕을 보리라.

11월 : 속마음을 말할 곳이 없으니 답답할 운이요, 내것을 잃고도 말하지 못할 운이다.

12월 : 재물을 얻고 소원을 성취할 운이다. 부모나 자손의 경사가 있고, 부부간에 화합하니 가정이 태평하다.

정월 : 부모의 일로 경사가 생기거나 문서나 부동산으로 횡재할 운이
다. 기쁜 가운데 근심이 생길 운으로 재물이 들어와도 곧 소비
된다. 양띠는 문서로 풍파가 있거나 학업에 어려움이 따른다.

2월 : 상가를 조심해라. 문서를 잃을 운이요, 부모의 근심이 생기거나
윗사람에게 근심을 끼칠 운이다.

3월 : 자손의 근심이 생기거나 아랫사람에게 액운이 있다. 임신한 사
람은 유산을 조심해라.

4월 : 안락하고 화창한 운으로 귀인의 도움을 받아 천금을 희롱한다.

5월 : 십 년 가뭄에 단비가 내려 고목에서 새싹이 돋는 운이요, 어두
운 밤이 가고 밝은 아침이 오는 운으로 만사가 순조롭다.

6월 : 육지에서 배를 끄는 격이니 노력의 댓가가 없을 운이요, 시작은
좋으나 결과가 미미할 운이다.

7월 : 문에 귀성이 비치니 사람으로 인하여 성공한다. 그러나 다투지
마라. 송사가 생길 운이다.

8월 : 문서로 큰 원한을 살 운이다. 부부의 근심이 생기고, 사업가는
사업에 어려움이 따르고, 학생은 학업에 어려움이 따르고, 청춘
남녀는 내것을 잃고도 말못할 일이 생길 운이다.

9월 : 자손의 근심이 있거나 자손과 이별수가 따를 운이다. 아랫사람
에게 문제가 발생할 운으로 흙을 다루는 일을 하지 마라.

10월 : 경영하는 일은 반드시 허망하다. 일이 복잡하고 구설이 분분
하다. 부모나 문서문제로 근심이 생긴다.

11월 : 생각은 많으나 펼치지 못할 운이다. 분수를 지켜라. 무리하면
구설을 면하기 어렵다.

12월 : 가정의 근심이나 형제의 근심이 생길 운이다. 다른 사람의 방
해로 근심할 일이 생길 운이다.

정월 : 하나를 얻고 하나를 잃을 운이다. 상가를 조심해라. 모함하는
　　　　사람이 있을 운이요, 문서로 놀랠 일이 생길 운이다.

2월 : 자손의 경사가 생길 운이다. 근심이 있으니 인사를 알지 못한
　　　다. 형제나 동료를 경계해라. 손재수가 따른다.

3월 : 3월과 4월에는 반드시 경사가 따를 운이다. 귀인이 스스로 찾
　　　아와 도와주니 성공할 운이요, 아랫사람의 일로 경사가 있다.
　　　갑년생과 해년생은 자손의 액운이 있을 운이니 조심해라.

4월 : 색을 멀리하라. 해는 있어도 이익은 없고, 여러 곳에서 일을 구
　　　하나 이익은 없을 운이다. 시비를 조심해라. 해가 크다.

5월 : 믿은 사람한테 배신당하고 구설을 들을 운이요, 형제의 일로 크
　　　게 근심할 운이다. 남방이 길하고, 조상전에 기도하라.

6월 : 자손으로 인하여 기쁜 일이 생길 운이요, 뜻이 성사될 운이다.
　　　친한 사람을 경계하고 남방을 조심해라. 반드시 해롭다.

7월 : 어룡이 물을 만난 격이니 활기가 더해질 운이다. 동료의 도움으
　　　로 가정이 화평하다.

8월 : 긴 가뭄에 비가 오는 운으로 집안이 화평하다. 목성(木姓)을 조
　　　심해라. 재산에 상해가 있다.

9월 : 샘을 파서 물을 얻고, 흙을 파서 산을 이룰 운으로 뜻밖의 재물
　　　을 얻는다. 다른 사람과 도모하는 일로 큰 이익을 본다.

10월 : 자손과 헤어질 운이요, 구설이 따를 운이나 분수를 지키면 해
　　　　는 면하리라. 타관으로 나갈 운으로 길하리라.

11월 : 관재구설이 침범하니 그 해가 적지 않다. 자손의 일로 근심할
　　　　운이요, 형제간에 이별수가 따를 운이다.

12월 : 가까운 사람이나 토성(土姓)을 조심해라. 손재수가 따른다.
　　　　형제나 친구와 관재가 있으니 주의하라.

정월 : 정월과 2월에는 기쁜 가운데 근심이 생긴다. 부모의 우환이나
      이별이 따를 운이다. 만약 귀인을 만나면 관록이 임한다.

2월 : 부정한 재물이 생길 운이요, 내것을 잃고 원한을 살 운이다. 방
      해자로 인하여 혈육간에 이별하거나 동료를 잃는다.

3월 : 자손의 일로 희비가 엇갈릴 운이요, 아랫사람과 멀어질 운이다.

4월 : 처음에는 길하나 나중에는 흉한 운이다. 구설을 조심해라.

5월 : 근심이 사라지고 밝은 빛이 떠오르는 운이다. 안정하면 길하고
      동하면 불리하다. 축생은 동료나 형제의 일로 풍파가 따른다.

6월 : 뜻대로 되는 일이 없을 운이요, 내것을 주고도 구설을 들을 운
      이다. 형제간에 이별수가 있고 반드시 재액이 따른다.

7월 : 문에 귀성이 비치니 사람으로 인하여 성공한다. 새로운 사업으
      로 마음이 분주할 운이요, 형제나 동료의 일로 놀랠 운이다.

8월 : 먹구름이 걷히고 밝은 태양이 나타나는 운으로 주위 사람들의
      도움으로 뜻을 이룬다. 신년생은 사치심이 생기거나 이성에 변
      화가 생기고, 쥐띠는 부부나 재물문제로 근심이 생긴다.

9월 : 정원에 매화가 만발하여 봉접이 날아드는 운이다. 자손의 경사
      가 생길 운이요, 임신할 운이다.

10월 : 하나를 얻고 하나를 잃을 운이요, 시작은 좋으나 결실은 미약
       할 운이나 백설천지에 작은 재물을 얻는다.

11월 : 하나를 얻고 하나를 잃을 운이다. 구설이 분분할 운이요, 가까
       운 사람과 이별할 운이요, 주거에 애로가 있을 운이다.

12월 : 형제나 동료의 근심이 있을 운이다. 이성간에 말못할 일이 생
       기거나 색정에 빠질 운이다.

정월 : 가정에 경사가 생길 운으로 부모의 경사가 생긴다. 학생은 새
　　　로운 학문을 하고, 사업가는 남들이 모르는 일을 구상한다.

2월 : 추운 겨울이 가고 따뜻한 봄이 오는 운이요, 어두운 밤길에 밝
　　　은 달이 떠오르는 운으로 모든 일이 순조롭다.

3월 : 상가에 가지 마라. 몸을 상할까 두렵다. 자손이나 아랫사람의
　　　일로 근심이나 말못할 일이 생긴다.

4월 : 시작은 좋으나 결과는 미미할 운이요, 변화를 시도하나 얻는 것
　　　이 없을 운이다. 상하인을 받들고 노력하면 점점 길해지리라.

5월 : 동료나 친구의 도움으로 출세할 운이다. 갑년생은 이성이나 사
　　　치심으로 문제가 발생할 운이요, 축생은 동료나 형제간에 풍파
　　　가 발생할 운이나 자중하면 큰 해는 없으리라.

6월 : 다른 사람의 말을 들으면 손재가 따를 운이요, 가까운 사람에게
　　　배신당할 운이다. 남쪽으로 가면 신병을 얻으니 조심해라.

7월 : 뜻대로 되는 일이 없을 운이요, 부부의 근심이 있거나 가까운
　　　사람에게 배신당할 운이요, 사업에 어려움이 따를 운이다.

8월 : 뜻밖의 귀인이 찾아와 도와준다. 동료나 윗사람과 상의하라. 자
　　　손의 질병을 조심해라. 신병을 얻을까 두렵다.

9월 : 다른 사람의 도움으로 뜻을 이룰 운이요, 슬하에 경사가 생길
　　　운이다.

10월 : 운세가 좋으니 신상도 편안하다. 날이 갈수록 복록이 더하고
　　　안정된다. 뜻을 성취하니 즐거움이 배가한다.

11월 : 두 사람이 다투니 심력만 허비할 운이다. 형제간에 시비가 따
　　　를 운이요, 자손이 떠날 운이다.

12월 : 가까운 사람과 원한을 맺을 운이요, 신병이 있거나 슬하에 근
　　　심이 생길 운이다. 사람을 믿지 마라. 손재수만 얻는다

정월 : 부부간에 다투거나 재물을 구하려고 타관으로 나갈 운이다. 자손에게 액운이 따르니 각별히 주의하라. 그렇지 않으면 평생 후회한다. 산신께 기도하면 액운을 면하리라.

2월 : 춘풍에 눈이 녹는 운이요, 만물이 소생하는 운이다. 부모의 경사가 생길 운이요, 학생은 새로운 학문을 할 운이요,

3월 : 자손의 근심이 따를 운이요, 자손의 일로 말못할 일이 생길 운이다. 아랫사람의 근심이 생긴다.

4월 : 상가에 가지 마라. 구설을 면하기 어렵다. 슬하에 근심이 있을 운이요, 부부간에 갈등이 따를 운이다.

5월 : 역마운이 들어오니 타관으로 나갈 운이나 소득은 없다. 이성을 경계해라. 구설수만 남는다.

6월 : 봄바람에 새싹이 돋아나는 운으로 집안에 근심이 사라지고 웃음꽃이 만발한다. 부부가 화합하고 자손의 경사도 있다.

7월 : 새로운 재물을 얻을 운이다. 을년생과 경년생은 이성을 조심하고, 묘년생은 사업에 어려움이 따를 운이다.

8월 : 새로운 일을 하지 마라. 구설수만 든다. 슬하에 근심이 생긴다. 질병을 조심해라. 부부간에 갈등이 생기면 오래간다.

9월 : 자손과 떨어져 살아라. 서로 되는 일이 없다. 내것을 주고도 말못할 일이 생긴다. 타관으로 나갈 운이나 소득은 없으리라.

10월 : 재물에 횡재수가 있거나 이성친구나 애인이 생길 운이요, 공상이나 허욕이 발동할 운이다.

11월 : 허욕을 버려라. 성사되기 어렵다. 만사가 뜻과 같지 않으니 심신만 고달프다.

12월 : 모든 근심이 사라지고 밝은 빛이 떠오르는 운이다. 주위의 도움으로 심신이 편안하다. 과욕은 오히려 해가 되니 주의하라.

圓空秘訣 166

정월 : 가정에 웃음꽃이 만발하는 운이다. 자손의 경사가 생길 운이
요, 자손이 화관을 쓸 운이다.

2월 : 부모로 인한 근심이 있거나 뜻을 잃을 운이다. 무리하지 말고
분수를 지켜라.

3월 : 처음에는 좋은 것 같으나 나중에는 고통이 따를 운이다. 자손과
이별수가 있으니 조심해라. 일이 더디고 시원하게 되지 않는다.

4월 : 상가에 가지 마라. 가정에 우환이 생길 운으로 슬하의 근심이
생긴다. 주위 사람과 원한이 생길 운이니 조심해라.

5월 : 주위에 많은 사람이 모일 운이요, 많은 일이 있을 운이다. 그러
나 모두 덕이 되지 않으니 주의하라.

6월 : 자손의 경사가 생길 운이다. 그러나 아랫사람을 조심해라. 믿는
도끼에 발등찍힐 운이다. 그렇지 않으면 임신할 운이다.

7월 : 성심으로 노력하나 자손이나 여자의 근심이 생긴다. 상가를 조
심해라. 자손의 일로 우환이나 근심이 생긴다.

8월 : 시작은 화려하나 나중에는 곤궁해질 운이다. 자손의 경사가 있
으나 근심도 따르고, 아랫사람의 일로 구설수가 있다.

9월 : 어두운 밤이 가고 밝은 아침이 오는 운이다. 목표에 열중하나
신병을 얻을까 두렵다. 아랫사람의 도움으로 가정이 편안하다.
갑년생과 사년생은 자손에게 횡액이 침범하니 주의하라.

10월 : 자손을 음해하는 사람이 있거나 자손의 일로 말못할 일이 생
길 운이다. 운세는 좋으나 모자간에 수심이 있다.

11월 : 뜻을 이루기 어려울 운이다. 악운이 오니 수도하는 심정으로
살아라. 도사에게 문의하면 길이 있을 것이다.

12월 : 하나를 얻고 하나를 잃을 운으로 길흉이 반반이다. 자손에게
해가 따를 운으로 가정이 불안하다.

정월 : 가정에 먹구름이 끼는 운이다. 부부간에 근심이 생기거나 재물
　　　에 손해가 따른다.

2월 : 신년생은 이성으로 인하여 구설을 들을 운이나 미혼자는 애인
　　　이 생길 운이다. 부부나 재물문제로 근심이 생길 운이다.

3월 : 부모의 일로 경사가 생기거나 문서나 부동산으로 횡재할 운이
　　　다. 갑년생과 경년생은 몸이 상하거나 혈육이 상할 운이고, 무
　　　년생과 기년생은 허욕이 발동하여 망신당할 운이고, 소띠와 돼
　　　지띠는 정신적인 고통이 따를 운이니 각별히 주의하라.

4월 : 문서나 재물에 손해가 따를 운이다. 처음에는 좋은 것 같으나
　　　나중에는 구설이 되고, 취중에는 좋으나 깨고나면 후회한다.

5월 : 재물을 얻으나 부모의 근심이 있다. 금년에는 욕심을 부리지 말
　　　고 정진하면 길하다. 두 사람이 힘을 모아 성취할 운이다.

6월 : 다른 사람의 도움으로 뜻을 이룰 운이다. 재물이나 부부문제로
　　　말못할 일이 생긴다. 주색을 삼가하라. 손재수가 있다.

7월 : 믿은 사람이 배신할 운이요, 믿는 도끼에 발등찍힐 운이다. 형
　　　제간에 이별수가 따를 운이다.

8월 : 어려운 고비에서 뜻을 이룰 운이요, 단신으로 노력하여 성취할
　　　운이다. 부모의 경사도 따른다.

9월 : 문서로 다투거나 부모의 근심이 있다. 부부간에 이별할 운이요,
　　　바람끼가 발동할 운이다. 그렇지 않으면 사업을 실패할 운이다.

10월 : 가정에 경사가 생길 운이다. 자손에게 좋은 소식이 있을 운이
　　　요, 임신할 운이다.

11월 : 사람을 숨겨두고 지낼 운으로 아랫사람에게 비밀이 있다.

12월 : 부모로 인하여 근심이 생기고, 재물에 손해수도 있다. 부부간
　　　에 갈등이 생기나 인내하면 화가 덕으로 변하리라.

정월 : 공직자는 자리가 불안한 운이요, 사업가는 사업의 근심이 생길 운이요, 부부간에는 말못할 근심이 생길 운이다.

2월 : 어둠이 걷히고 밝은 태양이 솟아오르는 운으로 근심이 즐거움으로 변한다. 만사가 순조로우니 심신이 편안하다.

3월 : 정신적인 고통이 따를 운이다. 부모의 일로 근심이 생기고, 부모와 이별수가 따른다. 학생은 학업이 중단될 운이다.

4월 : 자손의 경사가 있을 운이요, 여자의 도움으로 치부할 운이다. 해외로 나갈 운으로 길하다. 새로운 욕망으로 마음이 번잡하다.

5월 : 억지로 하는 일은 실패할 운이요, 만사에 구설이 생기고 손재수가 따를 운이다. 갑년생은 허영심이 발동할 운이고, 축년생은 관재구설이 따를 운이니 조심해라.

6월 : 여름날 친구와 누각에 누워 즐길 운으로 다른 사람의 도움으로 뜻을 이룬다.

7월 : 처음에는 답답하나 점점 좋아질 운이다. 형제나 동료와 외지로 나갈 운이나 덕이 되는 않는다.

8월 : 형제나 동료의 근심이 생기고, 가까운 사람과 멀어질 운이다. 윗사람과 상의하라. 금성(金姓)을 멀리 해라. 손재수가 따른다.

9월 : 용두사미격의 운이니 시작은 좋으나 결실을 얻기 어려울 운이다. 무리하지 마라. 자중하면 덕이 있을 것이다.

10월 : 자손으로 인하여 놀랠 운이요, 뱀띠와 용띠는 자손의 풍파가 따를 운이니 조심해라.

11월 : 외기러기가 짝을 만나는 운이요, 도화에 봉접이 날아드는 운으로 작은 것으로 크게 이룬다. 북쪽으로 가지 마라. 다른 사람과 다툴 일이 생긴다.

12월 : 만사가 힘들고 뜻대로 성취되지 않을 운이니 때를 기다려라.

정월 : 형제간에 우애가 상하거나 동료나 친구와 다툴 운이다. 그러나 부부간에 화합하니 가정은 편안하다. 금년에는 욕심을 부리지 않으면 해가 복으로 변할 것이다.

2월 : 묘년생과 신년생은 내것을 주고도 원한을 살 운이다. 가까운 사람을 경계하라. 큰 손재수가 있다. 서쪽을 조심해라.

3월 : 부정한 문서나 말못할 문서를 잡을 운이요, 올바르지 못한 길을 생각할 운이다.

4월 : 방해자가 나타나 친구나 동료간에 망신당할 운이요, 부부간에 놀랠 일이나 손재가 따를 운이다. 화성(火姓)을 조심해라.

5월 : 재물에 역마가 드니 타관으로 가나 얻는 것은 없다. 가까운 동료에게 오해를 받을 운이니 주의하라. 이성친구가 생길 운이다.

6월 : 속마음을 말하지 못하고 하늘보고 웃는 운으로 혼자 아는 재물을 얻는다. 가까운 사람이 질투하니 다투지 마라.

7월 : 형제의 근심이 생길 운이요, 형제간에 이별이 따를 운이다. 을년생은 이성문제로 구설이 따를 운이요, 묘년생은 형제나 동료의 일로 정신적인 피해를 입을 운이다.

8월 : 재물이나 가까운 사람을 잃을 운이요, 형제나 동료나 친구의 일로 근심이 생길 운이요, 가정에 불화가 생길 운이다.

9월 : 형제가 떠날 운이요, 가까운 사람과 멀어질 운이요, 부부간에 이별수가 따를 운이다. 텃신에게 치성을 드려라.

10월 : 친구의 도움으로 뜻을 이룰 운이요, 사업을 이룰 운이다.

11월 : 가정에 경사가 생길 운이다. 자손을 얻기 위하여 노력할 운이요, 떠나간 자손을 기다리는 운이다

12월 : 크게 손재할 운이요, 부모의 일로 근심할 운이다. 형제나 친구의 도움으로 어려움을 해결하리라.

圓空秘訣 174

정월 : 이성의 인연을 만날 운이요, 협조자가 생길 운이다.

2월 : 음해하는 사람이 있으니 뜻을 이루기 어려울 운이다. 가정에 풍파가 따를 운이요, 부부간에 이별할 운이다.

3월 : 관재구설이 따를 운이니 시비를 조심해라. 직장인은 직장을 떠날 운이다.

4월 : 뜻대로 되지 않을 운으로 세상사를 비관한다. 문서 사기를 당할 운이요, 중도에 좌절될 운이다. 동자신이나 구설지신을 달래라.

5월 : 추운 겨울이 가고 따뜻한 봄이 오는 운이다. 관청의 일로 놀랠 운으로 출세하리라. 갑년생은 이성의 덕이 있을 운이요, 축년생은 출세길이 열릴 운이다.

6월 : 시기하는 사람이 있으니 불안한 운이다. 부모의 경사가 생기거나 문서로 좋은 일이 생길 운이다. 을·계년생은 부모의 풍파가 따르고, 정년생은 공상이 많고, 인년생은 몸이 상할 운이다.

7월 : 하나를 얻고 하나를 잃을 운으로 길흉이 반반이다. 믿은 사람이 등을 돌릴 운이니 외롭고 허전하다. 허욕은 금물이다.

8월 : 가까운 사람을 잃을 운이요, 처음에는 좋으나 결과는 미미할 운이다.

9월 : 하나를 얻고 하나를 잃을 운이다. 뜻은 이루나 드러내지 못할 일이 생긴다.

10월 : 뜻밖의 경사가 생길 운으로 미혼자는 배우자를 만나나 기혼자는 구설이 따를 운이다.

11월 : 가정에 먹구름이 끼는 운으로 자탄할 일이 생긴다. 자손의 근심과 이별수가 따를 운이니 자손의 건강을 조심해라.

12월 : 마음의 정처를 잃을 운이요, 부모와 이별할 운이다. 다투지 마라. 송사가 따른다.

圓空秘訣175

정월 : 뜻을 이룰 운이나 문서에 손재가 따르니 신중하게 대처하라. 가정에 풍파가 따를 운으로 부모의 근심이 생긴다.

2월 : 남모르는 재물을 얻을 운이다. 미혼자는 애인을 만나나 기혼자는 가정에 풍파가 따를 운이니 조심해라.

3월 : 만사가 뜻대로 되지 않을 운이니 심신이 허탈하다. 문서를 조심해라. 손재가 발생할 운이다. 부모의 우환이 따를 운도 있다.

4월 : 부모의 근심이 생기거나 문서 사기를 당할 운이다. 카드, 인장, 보증 등을 조심해라. 동료나 형제와 여행할 운도 있다.

5월 : 역마운이 들어오니 먼 길을 떠나나 소득은 없고 건강만 해친다. 부모의 경사가 있거나 문서로 재물을 얻을 운이다.

6월 : 부모의 근심이 생길 운이다. 을년생은 부모의 일로 애통하거나 문서를 잃고, 정년생은 마음을 잃고, 인년생은 정신적인 고통이나 신경성질환이 따를 운이니 조심해라.

7월 : 주위의 도움으로 뜻을 이룰 운이다. 을년생과 경년생은 음욕이 발동할 운이고, 묘년생은 형제나 동료의 일로 산만할 운이다.

8월 : 동료에게 배신과 망신당할 운이요, 문서로 손해볼 운이다. 액운을 면하려면 산신께 치성드려라. 전화위복되리라.

9월 : 타관으로 나가 손재를 볼 운이요, 문서를 잃을 운이다. 집에 있으면 본전이요, 나가면 손해보눈 운이다.

10월 : 아랫사람의 도움으로 어려움을 해결할 운이요, 내 자손이 아닌 다른 사람으로 인하여 즐거운 일이 생길 운이다.

11월 : 하늘이 무너지고 땅이 꺼지는 운으로 의지할 곳이 없다. 자손의 근심이 생길 운이니 건강을 조심해라.

12월 : 길한 가운데 근심이 있을 운이다. 동료나 형제의 도움으로 가정이 편안하고, 날이 갈수록 대길해지는 운이다.

정월 : 내것을 잃고 속병을 얻을 운이다. 부부의 근심이 있거나 문서를 잃을 운이다. 사기를 당할 운이니 조심해라.

2월 : 가정에 먹구름이 끼는 운이다. 부부의 근심이 생길 운이요, 재물에 구설이 따를 운이다. 내것을 잃고도 말못할 운이다.

3월 : 길흉이 반반이니 항상 조심해라. 다른 사람의 음해로 구설이 있고, 혈육간에 이별하거나 부모나 문서로 말못할 일이 생긴다.

4월 : 상가를 조심해라. 가정에 우환이 생긴다. 과욕을 부리지 않으면 뜻을 이루나 문서나 부동산에 손재가 따른다.

5월 : 어둠이 걷히고 밝은 태양이 솟아오르는 운이다. 뜻밖에 귀인의 도움을 받아 만사가 순조로울 운으로 가정에 경사가 생긴다.

6월 : 하나를 얻고 하나를 잃을 운이다. 문서 사기를 당하거나 부모의 근심이 생기나 분수를 지키면서 꾸준히 노력하면 성공하리라.

7월 : 내것을 잃고 마음이 상할 운이다. 만사가 뜻대로 되지 않으니 허송세월하리라. 서쪽으로 가지 마라. 손재수가 있다

8월 : 처음에는 좋은 것 같으나 손에 쥐는 것이 없을 운이다. 신병이나 부모의 근심이 생길 운이요, 부모를 잃을 수도 있는 운이다.

9월 : 남을 믿지 말고 꾸준히 노력하면 길하다. 부동산이나 문서로 재물을 얻을 운이다. 갑년생은 부모가 상심하고, 경년생과 무년생은 허욕이 발동하고, 진년생과 사년생은 안정되지 못할 운이다.

10월 : 부모와 갈등이 생길 운이요, 만사에 장애가 따를 운이다. 학업이 중단되거나 문서를 잃을 운이다. 용궁전에 기도드려라.

11월 : 시작은 어려우나 끝내는 재물을 얻을 운이다. 그러나 욕심을 부리면 실패한다. 부동산문제로 구설시비가 생길 운이다.

12월 : 내것을 두고도 쓰지 못할 운이다. 문서로 횡재하거나 부모의 경사가 있다. 낙상수가 있으니 조심해라.

圓空秘訣 181

정월 : 하나를 얻고 하나를 잃을 운이다. 상가를 조심해라. 부부의 근심이나 재물에 손해가 따를 운이다. 사업이나 이성문제로 타관으로 나갈 운도 있다.

2월 : 출세할 운이요, 부부의 경사나 재물의 경사가 생길 운이다.

3월 : 가정에 경사가 생길 운이다. 부모의 일로 좋은 일이 생길 운이요, 학생은 새로운 학업을 시작할 운이요, 사업가는 새로운 사업을 추진할 운이다.

4월 : 액이 겹치는 운이다. 허욕 때문에 외지로 나가나 소득은 없다.

5월 : 어려운 일을 성취할 운이다. 윗사람의 도움으로 만사가 순탄하다. 그러나 형액이 생길 수도 있으니 조심하라.

6월 : 을년생과 계년생은 특히 건강을 조심하고, 정년생은 허영이나 음욕이 발동하고, 미혼자는 연인을 만나고, 인년생은 정신적인 고통이나 신경성질환이 따를 운이다.

7월 : 가정이 화목할 운이요, 형제에게 경사가 생길 운이다. 동료들의 도움으로 뜻을 이룰 운이다.

8월 : 형제나 동료의 일로 속을 태울 운이다. 가는 사람이 있고 오는 사람이 있으나 큰 해는 없다.

9월 : 부동산이나 문서에 손해가 따르고, 윗사람의 일로 근심이 따를 운이다. 동쪽으로 가지 마라. 수마로 해를 입는다.

10월 : 자손에게 액운이 따를 운이요, 자손에게 관재구설이 따를 운이다. 실속이 없으니 만사가 허망할 뿐이다.

11월 : 자손과 이별할 운이다. 임년생은 아랫사람과 정에 빠질 운이요, 유년생은 자손과 이별하거나 가정에 풍파가 따를 운이다.

12월 : 어두운 밤이 가고 밝은 아침이 오는 운이다. 새로운 희망이 있으니 앞날이 밝으리라.

정월 : 큰 집에 갈 운이요, 문서 손재와 실물수가 있다. 만사가 불안하
　　　니 뜻대로 되는 일이 없다. 산신전에 기도하면 큰 덕을 보리라.

2월 : 관에 역마살이 드니 송사를 피하기 어려울 운이다. 문서로 도와
　　　주는 사람이 있으니 조금은 편안하다. 항상 구설수가 있는 운이
　　　니 조심할 것.

3월 : 문서로 손해볼 운이니 신중하라. 술년생과 해년생은 부모에게
　　　우환이 있거나 근심이 생길 운이요, 마음을 잡지 못할 운이다.

4월 : 직장을 잃고 허송세월하는 운이다. 다투지 마라. 구설이 분분하
　　　다. 방해자가 많으니 마음 편할 날이 없겠구나.

5월 : 만사가 뜻대로 되지 않고 어려울 운이다. 입산수도 하고 싶은
　　　마음이다.

6월 : 을년생과 계년생은 부모의 고통이 따를 운이요, 정년생은 이성
　　　때문에 방황할 운이요, 인년생은 신경성질환이 따를 운이다.

7월 : 갇혔던 새가 관의 도움으로 하늘을 나는 운이다. 주위의 도움으
　　　로 어려움이 사라지고 마음이 편안해질 운이다.

8월 : 형제의 근심이 있거나 형제와 이별수가 따를 운이니 외롭고 허
　　　전하리라.

9월 : 문서 때문에 혈육간에 다툴 일이 생길 운이다. 과욕을 부리지
　　　마라. 망신당할 수 있다. 화성(火姓)을 조심해라.

10월 : 용이 여의주를 얻을 운이요, 천리 길에 준마를 얻을 운으로 대
　　　　길하다. 자손에게 큰 경사가 생길 운도 있다.

11월 : 자손이나 아랫사람이 떠날 운이나 해로운 일은 아니다. 임신
　　　　할 운이다.

12월 : 말없이 도와주는 사람이 있으니 뜻을 이룬다. 무리하지 않고
　　　　정도를 지키면 길하리라.

정월 : 재물이나 이성문제로 마음이 들뜰 운이요, 형제간에 우애가 상할 운이다. 동료나 친구와 여행할 운이다.

2월 : 가까운 사람이 원수가 되고, 부부가 이별하거나 재물 손해를 볼 운이다. 을년생은 바람끼가 있고, 신년생은 허욕이 발동한다.

3월 : 십 년 가뭄에 단비가 내리는 운이요. 어두운 밤길을 동료와 동행할 운으로 친구의 도움으로 뜻을 이룬다.

4월 : 친구에게 속마음을 털어놓지 못할 운이요, 내것을 잃고 마음이 상할 운이다. 동자지신이나 구설지신을 달래드려라.

5월 : 하늘에 먹구름이 끼는 운으로 자신을 알아주는 사람이 없다. 고생은 많이 하나 소득은 미미할 운으로 덕이 되지 않는다.

6월 : 문서로 관에 갈 운이나 뜻대로 성사되기 어렵다. 만사가 뜻대로 되지 않을 운이다.

7월 : 가까운 사람이나 믿은 사람이 등을 돌리고 멀어질 운이요, 가정에 근심이 생길 운이다. 을년생과 경년생은 가까운 이성친구를 만날 운이요, 묘년생은 동료의 일로 풍파가 따를 운이다.

8월 : 매화가 만발하여 봉접이 모여드는 운이다. 그러나 자신들의 이익을 위하여 모이는 것이니 조심해라.

9월 : 재물에 손해가 따를 운이요, 부부간에 갈등이 생길 운이다. 형제나 동료에게 피해볼 운이요, 재물로 인하여 방황할 운이다.

10월 : 자손이 멀어질 운이요, 아랫사람이 떠나갈 운이다. 마음이 허전하고 쓸쓸하나 해로운 일은 아니다.

11월 : 좋은 친구를 얻을 운이요, 재물에 횡재가 따를 운이다. 그러나 남에게 말하지 못하고 속으로만 간직하리라.

12월 : 재물 손해가 따를 운이요, 내것을 주고도 구설을 들을 운이다. 동료에게 망신당할 운이요, 학생은 학업이 중단될 운이다.

정월 : 부부에게 경사가 생기거나 재물에 횡재가 따를 운이다.

2월 : 문서가 화려하니 소득이 중중할 운이요, 부부에게 경사가 생길 운이다. 뜻을 이룰 운으로 만사가 편안하다.

3월 : 다른 사람의 도움으로 뜻을 이룰 운이다. 학생은 혼자 새로운 학문을 할 운이요, 사업가는 새로운 일을 구상할 운이다.

4월 : 직장의 일로 마음이 산란할 운이다. 과욕을 부리지 않으면 길하리라. 상가를 조심해라. 혈육간에 이별수가 생긴다.

5월 : 방해자를 물리치고 뜻을 이룰 운이다. 문서를 잡고 편안할 운이요, 어려운 일이 모두 사라지고 편안해질 운이다.

6월 : 부모의 경사가 생기거나 문서로 횡재할 운이다. 을년생과 계년생은 부모의 고통이 따를 운이요, 정년생은 이성 때문에 안정하지 못할 운이요, 인년생은 정신적인 고통이 따를 운이다.

7월 : 형제나 동료의 일로 마음이 상할 운이요, 장애가 따라 낭패할 운이다. 윗사람과 상의하라. 서쪽을 가지 마라. 구설수가 있다.

8월 : 마음먹은 일은 뜻대로 되지 않고 정신만 어지러울 운이요, 마음 상할 소식을 들을 운이다. 시작은 좋으나 결과는 미약하다.

9월 : 다른 사람에게 말하기 어려운 일을 이룰 운이다. 좋은 동료를 만나 도움을 받고, 내것을 주어도 기분좋은 일이 생긴다.

10월 : 하나를 얻고 하나를 잃을 운이다. 부모의 도움을 받거나 문서로 좋은 일이 생길 운이요, 속으로만 즐길 일이 생길 운이다.

11월 : 시비하지 마라. 관재구설이 두렵다. 적게 얻고 많이 잃을 운이다. 북쪽과 수성(水姓)을 조심해라.

12월 : 공든 탑이 하루 아침에 무너지는 운이다. 가까운 사람을 믿지 마라. 덕은 없고 손해만 있다. 부모와 이별하거나 문서로 손재할 운이다. 텃신을 달래드려라. 전화위복되리라.

圓空秘訣 1 8 5

정월 : 문서로 손해볼 운이요, 부모와 이별하거나 부모의 근심이 생길
　　　 운이다. 동료와 먼 길을 떠날 운으로 길하리라.

2월 : 문서로 경사가 생길 운이요, 부모나 가정에 경사가 생길 운이
　　　 다. 동료나 친구를 믿지 마라. 손재와 구설이 따른다.

3월 : 모함하는 사람이 생길 운이요, 믿는 도끼에 발등찍힐 운이니 가
　　　 까운 사람을 경계해라. 액운을 면하려면 조상전에 치성드려라.

4월 : 새로운 변화를 모색할 운이다. 그러나 무리하면 되는 일도 어려
　　　 워지니 신중하게 처신하라. 관재가 따를 운이다.

5월 : 형제의 근심이 따를 운이요, 문서를 얻을 운이다. 타관객지로
　　　 나갈 운이나 구설수만 생긴다. 가만히 있는 것이 상책이다.

6월 : 마음이 울적하고 허전할 운이요, 학생은 학업에 어려움이 따를
　　　 운이다.

7월 : 을년생과 경년생은 허욕이 발동하고, 묘년생은 형제나 동료의
　　　 일로 마음이 산란할 운이다. 꾸준하게 노력하면 손해는 없다.

8월 : 십 년 가뭄에 비가 와도 고목이 싹을 내지 못할 운으로 뜻은 있
　　　 으나 이루지 못한다. 가정에 우환과 근심이 떠날 날이 없다.

9월 : 시작은 초라하나 결과는 많을 운이다. 문서로 덕을 보거나 부모
　　　 의 경사가 생기지 않으면 오히려 해를 본다.

10월 : 인년생은 신경성질환을 조심해라. 그 피해가 심할 수 있다. 가
　　　 까운 사람 때문에 놀랠 운이다.

11월 : 원수가 친구가 되어 도와주는 운이다. 가까운 친구에게 말못
　　　 할 선물을 받고 혼자 즐기리라. 내것을 주어도 아깝지 않다.

12월 : 동료와 망신살이 있으니 입을 조심해라. 부모와 멀어질 운이
　　　 나 경사스런 일이다. 주위의 도움으로 심신이 편안하다.

圓空秘訣 1 8 6

정월 : 가족이 늘어날 운이요, 부부에게 경사가 생길 운이요, 재물에
　　　횡재가 따를 운이다. 만사가 순조로우니 길하리라.

2월 : 아끼는 것을 잃을 운이나 분수를 지키면 큰 해는 면하리라.

3월 : 가까운 사람을 경계하라. 손재수가 있다. 부모의 근심이나 실물
　　　수가 있다. 다투지 마라. 손재수가 침범한다.

4월 : 내것을 잃고 구설을 들을 운이다. 가까운 사람을 경계하라. 가
　　　정에 풍파가 따른다. 일이 풀리지 않고 점점 어려워질 운이다.

5월 : 어두운 밤이 가고 밝은 아침이 오는 운이다. 부모의 경사가 생
　　　기거나 문서에 좋은 소식이 있다.

6월 : 을년생과 계년생은 부모의 일로 고통이 따를 운이요, 정년생은
　　　방황할 운이요, 인년생은 정신적인 고통이 따를 운이다. 특히
　　　건강을 조심해라.

7월 : 눈뜨고 있어도 코를 베어가려는 운이요, 믿는 도끼에 발등찍힐
　　　운이다. 주위 사람을 믿지 마라. 불전에 기도하라.

8월 : 혈육간에 이별할 운이요, 형제의 일로 근심이 생길 운이요, 가
　　　까운 사람에게 배신당할 운이다.

9월 : 새로운 일을 시작할 운으로 길하다. 꾸준히 노력하면 안정할 수
　　　있는 운이나 과욕은 금물이다.

10월 : 자손에게 경사가 생길 운이요, 멀리 나간 자손이 돌아올 운이
　　　 다. 시작은 어려우나 소득이 많을 운이다.

11월 : 슬하에 근심이 생길 운이요, 자손으로 인하여 말못할 어려움
　　　 이 따를 운이다.

12월 : 부모의 일로 경사가 생기거나 학업에 좋은 소식이 있을 운이
　　　 다. 항상 새로운 구상이 떠오르는 운으로 해는 없다.

정월 : 백방으로 노력하나 뜻을 이루지 못할 운이다. 무리하지 않고
　　　자중하면서 때를 기다리면 길하리라.

2월 : 재물로 인하여 마음이 산란하니 바른 마음이 필요하다. 새로운
　　　재물이나 인연으로 인하여 마음을 안정하지 못할 운이다.

3월 : 달밝은 밤에 높은 누각에 올라 혼자 희희낙락할 운으로 즐거움
　　　을 혼자 간직할 일이 생긴다. 외지에서 재물을 얻을 운이다.

4월 : 부모의 근심이 생기거나 부모와 이별수가 따를 운이요, 자신의
　　　능력이나 지혜를 활용하지 못할 운이니 만사가 답답하다.

5월 : 다투지 마라. 원한이 생길 운이다. 만사가 힘들고 뜻대로 되지
　　　않으니 좌절할 운이다. 조상전에 치성드려라.

6월 : 재물에 손해가 따르고, 이성문제로 구설이 따르고, 혈육간에 이
　　　별할 운이다. 다른 사람의 원한이 높아 재난을 면하기 어렵다.

7월 : 가정에 경사가 생길 운이다. 자손이 관대를 찰 운이니 가정에
　　　웃음꽃이 만발하리라.

8월 : 정원에 꽃이 만발하여 벌나비가 모여드는 운이요, 십 년 가뭄에
　　　단비가 내려 초목이 새순을 내는 운으로 가족이 늘어난다.

9월 : 손재수가 분분하니 구설을 면하기 어렵다. 상가를 조심해라. 부
　　　부간에 손재가 따를 운이요, 가까운 사람을 잃을 운이다.

10월 : 관록을 얻지 않으면 아들을 낳을 운이다. 재운이 왕성하니 새
　　　　로운 재물이 들어올 운이요, 미혼자는 애인을 만날 운이다.

11월 : 재물운이 순조로우니 때를 기다려라. 임년생 기혼자는 부부나
　　　　재물로 풍파가 따를 운이요, 미혼자는 배우자가 생길 운이다.

12월 : 형제나 동료와 이별수가 있거나 가정에 풍파가 따를 운이다.
　　　　내것을 잃고 구설을 들을 운이다. 분수 밖의 것을 탐하지 마
　　　　라. 허망함을 보리라.

정월 : 뜻을 이룰 운이다. 관의 도움으로 가정에 경사가 생긴다. 그러
　　　나 친구나 동료로 인하여 방황할 염려가 있다.

2월 : 과욕을 부리다 망신당할 운으로 관재구설이 두렵다. 근심을 말
　　　할 곳이 없구나. 형제들과 구설이 따를 운이다.

3월 : 형제나 동료의 일로 근심이 생기거나 가까운 사람과 헤어질 운
　　　이다. 직장인은 자리를 옮길 운이요, 손재수도 따를 운이다.

4월 : 문서를 잃거나 부모와 이별수가 있다. 자신의 의견이 인정받지
　　　못하니 매사에 자신감을 잃을 운이다.

5월 : 관재가 침범하니 구설이 분분하다. 만사가 뜻대로 되지 않을 운
　　　이니 심력만 허비한다.

6월 : 형제간에 이별하거나 가까운 사람과 멀어질 운이다. 관에 망신
　　　살이 들어오니 구설을 조심해라. 신수가 불길하다.

7월 : 가까운 사람을 경계하라. 믿는 도끼에 발등찍힌다. 역마운이 들
　　　어오니 이사하거나 해외로 나가리라. 다투지 마라. 손재하거나
　　　이별하리라.

8월 : 자손이 떠날 운이나 해로운 일은 아니다. 자손에게 영화가 있으
　　　니 집안이 화평하다.

9월 : 가까운 사람과 멀어질 운이니 외롭고 쓸쓸하다. 그러나 성심으
　　　로 노력하면 얻는 것이 있으리라.

10월 : 상가를 조심해라. 손재수를 면하기 어렵다. 형제나 동료간에
　　　　불화가 생길 운이니 인내하라. 분수를 지키면 길하리라.

11월 : 부부의 근심이나 재물에 손해가 따를 운이다. 사업가는 사업
　　　　을 바꾸고, 학생은 전공을 바꾸나 모두 덕이 되지 않는다.

12월 : 가까운 사람에게 배신당할 운이요, 동료나 형제와 이별할 운
　　　　으로 혼자 외롭고 쓸쓸하리라.

정월 : 뜻을 이루기 어려울 운이다. 분수를 알고 때를 기다리면 길하
　　　나 과욕을 부리면 해가 된다.

2월 : 믿은 사람에게 배신당할 운이다. 근심이 있으나 누구에게 말하
　　　겠는가. 구해도 얻지 못할 운이니 경거망동하지 마라.

3월 : 동료의 도움으로 뜻을 이룰 운이다. 무년생과 기년생은 허영심
　　　이 발동하고, 진년생은 형제나 동료의 일로 정신이 산란해진다.

4월 : 다른 사람이 모르는 일을 구상할 운이요, 혼자 어려운 생각에
　　　골몰할 운이나 해로운 일은 아니다.

5월 : 부모의 근심이 있을 운이요, 가정에 우환이 따를 운이다. 의지
　　　를 포기할 운이요, 학생은 학업이 중단될 운이다.

6월 : 동료와 경쟁할 운이나 손해는 없다. 형제와 동료의 도움으로 뜻
　　　을 이룰 운이다.

7월 : 믿는 도끼에 발등찍힐 운으로 가까운 사람과 멀어진다. 다투지
　　　마라. 불리하다.

8월 : 가정에 먹구름이 끼는 운이다. 자손의 근심이 생기거나 자손과
　　　이별수가 따를 운이다.

9월 : 달이 먹구름 속으로 들어가는 운으로 운세가 불안하다. 손재하
　　　거나 간간히 구설이 따른다.

10월 : 봄풀이 서리를 만나는 운이다. 이름이 있어도 허상이고 실속
　　　　이 없다. 아내에게 우환이 따르니 미리 기도하라.

11월 : 부부에게 말못할 근심이 생길 운이요, 재물에 손해가 따를 운
　　　　이다. 사업가는 방해자가 따를 운이다. 특히 건강을 조심해라.

12월 : 먹구름이 걷히고 밝은 태양이 떠오르는 운이다. 형제의 경사
　　　　가 생길 운이요, 주위의 도움으로 만사가 순조로울 운이다. 그
　　　　러나 을년생은 이성문제가 따를 운이다.

정월 : 처음에는 손해를 보지만 나중에는 길해지는 운이다. 뜻과 희망
　　　이 있는 운으로 길하다. 과욕을 부리지 마라. 구설수가 있다.

2월 : 먹구름이 걷히고 밝은 태양이 솟는 운이다. 세상을 손에 넣고
　　　있는 운이니 서두르면 손해이다. 자중하라.

3월 : 가까운 사람이나 믿은 사람이 등을 돌릴 운이요, 동료나 형제의
　　　일로 구설을 들을 운이다.

4월 : 다른 부모가 생길 운이나 해는 없다. 새로운 학문에 도전할 운
　　　이요, 역마가 들어오니 외지로 나갈 운으로 길하리라.

5월 : 부모의 경사로 가정이 즐거울 운이다. 문서를 잃을 운이나 큰
　　　해는 없다.

6월 : 가까운 사람을 경계하라. 형제나 동료의 음해가 따를 운이요,
　　　가까운 사람이나 믿은 사람이 멀어질 운이다.

7월 : 십 년 가뭄에 단비가 내려 만물이 소생하는 운이다. 가정에 경
　　　사가 생길 운이요, 자손이 출세할 운이요, 임신할 운이다. 을년
　　　생과 묘년생은 아랫사람과 사랑에 빠질 운이다.

8월 : 하나를 얻고 하나를 잃을 운으로 평범하다.

9월 : 상가를 조심해라. 가정에 풍파가 따를 운이다. 형제간에 이별하
　　　거나 가까운 사람을 잃을 운이다.

10월 : 부부의 근심이 생길 운이니 서로 참아라.

11월 : 부부간에 즐거움이 있거나 재물에 횡재가 따를 운이다. 미혼
　　　자는 애인이 생길 운이다.

12월 : 재물에 손해가 따를 운이다. 내것을 주어도 기분이 좋을 운이
　　　요, 좋은 친구를 얻을 운이다. 처음에는 고생하나 나중에는 길
　　　한 운이다.

圓空秘訣 2 1 5

정월 : 자손과 다투고 헤어질 운이다. 가정에 풍파가 있거나 자손에게
　　　자동차 사고가 생길 운이다. 조상전에 치성드려라.

2월 : 슬하에 액운이 생길 운으로 가정에 근심잘 날이 없으니 항상 불
　　　안하고, 믿은 사람이 떠날 운이니 외롭고 허전하다.

3월 : 동료와 큰 일을 도모할 운이다. 미리 발설하면 구설수가 따르나
　　　무리하지 않고 순리에 응하면 길하리라.

4월 : 다른 사람의 도움으로 뜻을 이룰 운이다. 헤어진 가족의 소식을
　　　들을 운으로 길하다.

5월 : 가정에 경사가 생길 운이다. 부모의 경사가 생길 운이요, 새로
　　　운 문서를 얻을 운으로 길하리라.

6월 : 장수가 대군을 호령하는 운이요, 매화가 만발하여 봉접이 모여
　　　드는 운이다. 형제의 경사가 있거나 좋은 인연을 만날 운이다.

7월 : 봄가뭄에 단비가 내려 초목에 새싹이 돋는 운으로 자손의 경사
　　　가 있다. 을년생과 경년생은 아랫사람과 사랑에 빠질 운이고,
　　　묘년생은 자손의 일로 정신적인 고통이 따를 운이다.

8월 : 하나를 얻고 하나를 잃을 운이다. 가정에 경사가 따르나 근심도
　　　생길 운이다. 자년생은 아랫사람이나 자손의 일로 정신적인 고
　　　통이 따르나 순리에 응하면 길하다.

9월 : 믿은 사람에게 배신당할 운이요, 슬하에 근심이 생길 운이다.
　　　만사가 뜻대로 되지 않으니 허송세월한다.

10월 : 부부의 근심이 생길 운이요, 과욕으로 재물에 어려움이 따를
　　　　운이다.

11월 : 부부의 일로 방황할 운이요, 아끼는 것을 도둑맞을 운이니 조
　　　　심해라. 내것을 주고도 구설을 들을 운이다.

12월 : 밝은 태양이 떠오르는 운이요, 용이 여의주를 얻는 운이다.

圓空秘訣216

정월 : 먹구름이 걷히고 광명천지가 열리는 운으로 만사가 순조롭다.

2월 : 만사에 결실을 보기 어려울 운이다. 공직자는 자리를 잃을 운이요, 새로운 일을 구상하는 사람은 뜻을 이루기 어려울 운이다.

3월 : 믿은 사람에게 사기를 당할 운이니 가까운 사람을 경계해라. 다투지 마라. 손재수가 있다. 동료나 형제간에 이별수가 있다.

4월 : 새로운 변화를 구상할 운이요, 부모의 일로 말못할 일이 생길 운이다. 무리하지 않고 순리대로 처리하면 큰 해는 없으리라.

5월 : 부모의 우환이나 정신적인 어려움이 따를 운이다. 학생은 학업에 풍파가 따를 운이니 주의하라.

6월 : 주위에 사람이 많이 모여들 운이다. 을년생과 계년생은 형제간에 갈등이 따르고, 정년생은 이성문제로 풍파가 따르고, 인년생은 동료의 일로 신경쓸 운이다.

7월 : 주위 사람의 일로 근심잘 날이 없다. 상가를 조심해라. 형제간에 이별수가 생긴다. 믿은 사람에게 배신당할 운이다.

8월 : 내것을 잃고 자탄할 운이요, 자손의 근심이 생길 운이요, 자손과 이별수가 따를 운이다.

9월 : 형제간에 멀어질 운이니 조심해라. 을년생과 경년생은 형제간에 풍파가 따를 운이요, 경년생은 이성의 변화가 많을 운이요, 진년생과 사년생은 형제나 동료의 일로 신경쓸 운이다.

10월 : 가정에 경사가 생길 운이다. 부부에게 경사가 생기고, 재물에 횡재가 따를 운이니 대길하다. 미혼자는 애인이 생길 운이다.

11월 : 하나를 얻으면 하나를 잃을 운이요, 처음은 좋으나 끝이 편안하지 못할 운이다. 동료와 등을 돌릴 운이니 조심해라.

12월 : 친구와 다투지 마라. 손재와 구설이 따른다. 내것을 주어도 아깝지 않은 일이 생길 운이요, 좋은 동료를 얻을 운이다.

圓空秘訣 221

정월 : 집안에 경사가 생길 운이다. 부부에게 경사가 생길 운이요, 미
　　　혼자는 부부의 인연이 생길 운이다. 재물이 늘어날 운이다.

2월 : 상가를 조심해라. 부부의 근심이 생기거나 재물에 손해가 따를
　　　운이다.

3월 : 다른 사람에게 해를 입을 운이다. 재물을 찾아 떠나나 얻는 것
　　　은 적고 잃는 것이 많다. 분수 밖을 꾀하지 마라. 손해만 본다.

4월 : 4월 남풍에 꾀꼬리가 버들을 따르는 운이다. 분수를 지키면 편
　　　안하고, 다른 사람과 일을 꾀하면 반드시 허황함을 보리라.

5월 : 정원에서 꾀꼬리가 노래하는 운이요, 친구와 높은 누각에 올라
　　　시를 노래하는 운이니 편안하고 길하다.

6월 : 문서 사기를 당할 운이요, 부모의 근심이 생기거나 부모와 이별
　　　수가 따를 운이다. 학생은 학업을 잃고 방황할 운으로 흉하다.

7월 : 가정의 풍파를 조심해라. 부부간에 다툴 운이다. 어려울 때는
　　　윗사람의 도움을 받아라. 금성(金姓)을 멀리 하라. 불리하다.

8월 : 가까운 사람과 멀어지고 새로운 사람이 다가올 운이요, 새로운
　　　것을 탐하다 어려움에 처할 운이다. 형제나 동료의 일로 건강에
　　　해를 입을 운이다. 관재가 침범하니 온고지신을 생각하라.

9월 : 새로운 사업을 구상할 운이요, 새로운 학문을 잡을 운이다. 그
　　　러나 얻는 것 보다는 잃는 것이 많으니 주의하라.

10월 : 자손의 경사가 생길 운이요, 자손이나 아랫사람의 일로 해외
　　　로 나갈 운이다.

11월 : 한 번 슬프고 한 번 즐거운 운이다. 아랫사람이나 자손의 일로
　　　풍파가 따를 수 있으니 조심해라.

12월 : 문서에 손재가 심할 운이요, 윗사람의 근심이 생길 운이다. 학
　　　생은 학업이 중단될 운이니 조심해라.

정월 : 처음에는 흉하나 나중에는 길한 운이다. 집안에 금옥이 가득할 운이나 재물이나 이성으로 마음을 잡지 못할 수도 있다.

2월 : 어두운 밤길에서 등불을 만나는 운이다. 부부에게 경사가 생기거나 재물 횡재운이 따를 운이다. 을년생은 새로운 인연이 생길 운이요, 신년생은 이성문제로 풍파가 따를 운이다.

3월 : 문서를 바꾸지 마라. 득보다는 실이 많다. 재물에 손해가 따르니 조심해라. 윗사람과 상의하면 손해는 면하리라.

4월 : 남을 모방하다 구설을 들을 운이다. 과욕을 버려라. 오는 복이 재앙으로 변한다. 새로운 일을 찾아 외지로 나갈 운이다.

5월 : 귀인의 도움을 받을 운이다. 아끼는 것을 내줄 운이나 손해는 없다. 잃을 때는 서운하나 나중에는 복이 되는 운이다.

6월 : 남의 말을 믿지 마라. 해가 적지 않다. 재물에 망신살이 있으니 손재가 따른다. 문서로 구설이 생기거나 부모의 근심이 생긴다.

7월 : 가까운 사람과 이별수가 있다. 동방에 재물이 있으나 얻어도 반은 잃는다. 구설수가 있으리라.

8월 : 믿는 도끼에 발등찍히는 운으로 가까운 사람이 등을 돌리고 멀어질 운이다. 동료나 형제의 일로 건강에 해를 입을 수 있다.

9월 : 9월과 10월에는 구설이 침범할 운이다. 갑년생은 이성을 경계해라. 허욕으로 망신당할 운이다. 재물로 관재구설이 생기니 손재가 많다. 금성(金姓)을 멀리하라. 만사를 이루지 못한다.

10월 : 새로운 변화를 추구하다 고통이 따를 운이요, 자손으로 인하여 고통이 따를 운이다.

11월 : 만사가 뜻대로 되지 않을 운이나 순리에 응하면 큰 해는 없다.

12월 : 부모에게 우환이 생기거나 문서로 어려움이 따를 운이다. 토지 사기를 조심해라.

圓空秘訣 2 2 3

정월 : 부부의 우환이 생길 운이요, 재물에 손해가 따를 운이요, 혈육 간에 이별수가 따를 운이다. 산신전에 기도하라. 길하리라.

2월 : 신수가 불길하니 신병이 두렵고, 마음상할 일이 생긴다. 명산에 올라 기도하면 길해지리라.

3월 : 상하가 불화하니 분수를 지키는 것이 제일이다. 스스로 재물을 포기할 운이요, 손재가 따를 운이다.

4월 : 부모의 일이나 문서로 말못할 일이 생길 운이요, 내것을 주고도 병을 얻을 운이요, 사기를 당할 운이니 조심해라.

5월 : 도화가 만발하니 벌나비가 몰려들어 향기를 탐하는 운이나 이 득이 없다. 다투지 마라.

6월 : 어두운 밤이 가고 밝은 아침이 오는 운으로 뜻을 성취할 수 있 다. 부모의 경사가 생기거나 문서로 횡재할 운이다.

7월 : 형제에게 경사가 생기거나 새로운 인연을 만날 운이다. 기쁜 가 운데 근심이 생길 운이니 무리하지 마라.

8월 : 형제나 동료의 일로 근심할 운이다. 모함하는 사람이 있으니 조 심하고, 형제나 동료의 일로 건강을 해칠 운이니 조심해라.

9월 : 9월과 10월에는 사람 때문에 재물을 잃을 운이다. 모함하는 사 람이 있으니 조심해라. 문서에 변화가 생길 운이다.

10월 : 가족과 이별할 운이다. 물가를 조심하고, 북쪽으로 가지 마라. 손재수가 있다. 용궁전에 기도하면 액운을 면하리라.

11월 : 동짓달과 섣달에는 반드시 기쁜 일이 생긴다. 관록을 얻거나 뜻밖의 횡재를 할 운이다. 북쪽으로 가면 큰 재물을 얻으리라.

12월 : 구름이 흩어지고 달이 나오는 운이다. 부모의 경사가 생기거 나 문서를 잡을 운이요, 새로운 학문을 할 운이다.

圓空秘訣 ２ ２ ４

정월 : 가정에 경사가 생길 운이다. 부부간에 이별하거나 자손과 이별
할 운이나 길한 일이다. 먼 길을 떠날 운도 있다.

2월 : 부부에게 경사가 생기거나 재물 횡재가 따를 운이다. 가족이 늘
어나나 마음과 같이 수월하지 않고 힘들고 더디다.

3월 : 상복을 입을 운으로 부모와 이별수가 따를 운이다. 학생은 학업
을 포기할 운이요, 사업가는 계획한 일을 포기할 운이다.

4월 : 출세할 운으로 허리에 관대를 찰 운이요, 만사가 뜻대로 성취될
운이다. 큰 일을 도모하기 위해 먼 길을 떠날 운이다.

5월 : 동료를 잃고 자손을 잃을 운이니 가정과 건강을 조심해라. 과욕
을 부리지 마라. 옛것을 지키는 것이 상책이다.

6월 : 부모에게 우환이 따를 운이요, 문서로 근심이 생길 운이다. 만
사가 어려우니 무리하지 마라.

7월 : 가정에 먹구름이 걷히고 밝은 희망이 다가오는 운이다. 형제의
즐거움이 생길 운이다.

8월 : 해외로 나갈 운이나 손재가 따르니 조심해라. 가까운 사람을 경
계하라. 덕이 되지 않는다. 이사운이 있으나 이득은 적다.

9월 : 가정에 우환이 생기거나 문서를 잃을 운이니 조심해라. 부동산
사기를 당할 운이니 무리하지 말고 순리에 응하라.

10월 : 어두운 밤이 가고 밝은 아침이 오는 운이다. 자손이 출세할 운
이요, 형제와 동료의 도움으로 뜻을 성취할 운이다.

11월 : 가까운 친구의 덕을 볼 운이다. 다른 사람에게 말못할 기쁨이
있으리라. 임신하거나 자손의 경사가 생긴다.

12월 : 하나를 얻고 하나를 잃을 운이다. 믿은 사람에게 망신당할 운
이요, 슬하에 근심이 생길 운이니 가정의 우환이로다.

정월 : 가정에 큰 변화가 따를 운이다. 부부간에 이별할 운이요, 재물
　　　에 손해가 많을 운이다.

2월 : 부부에게 경사가 생길 운이다. 새로운 인연을 만나거나 재물과
　　　인연이 있을 운이다.

3월 : 부모의 경사가 생기거나 문서를 얻을 운이다. 새로운 일을 추진
　　　하는 운으로 길하다.

4월 : 공상이 많을 운이요, 말없이 일을 추진할 운으로 길하다.

5월 : 혈육간에 이별할 운이다. 친구따라 강남가는 운이나 소득은 적
　　　고 잃는 것이 많다. 손재와 구설이 따르니 과욕을 버려라.

6월 : 분수를 지키는 것이 상책이다. 과욕을 부리면 구설을 들으리라.
　　　주색을 삼가하라. 손재수가 있다. 새것을 구하다 망신당한다.

7월 : 안개가 걷히고 밝은 태양이 솟아나는 운으로 형제나 동료와 화
　　　합하여 뜻을 이룬다.

8월 : 매화 향기에 벌나비가 모여드는 운으로 가정에 즐거움이 넘친
　　　다. 신년생은 사치나 허영심이 발동할 운이요, 자년생은 형제나
　　　동료로 인하여 마음이 상할 운이다.

9월 : 상가를 조심해라. 마음의 상처를 입을 운이다. 새로운 변화를
　　　모색하나 평범할 운이다.

10월 : 하나를 얻고 하나를 잃을 운이다. 자손의 근심이 따를 운이요,
　　　자손이나 아랫사람의 일로 해외에 나갈 운이다.

11월 : 만사를 즐거움 속에서 성취할 운이다. 자손의 경사가 생길 운
　　　이요, 임신할 운이다.

12월 : 시작은 어렵고 방해가 있으나 점점 번창할 운이다. 가까운 사
　　　람을 경계하라. 방해될까 두렵다.

圓空秘訣 226

정월 : 가족이 늘어날 운이요, 미혼자는 애인이 생길 운이다. 부부에 게 경사가 생기거나 재물에 좋은 소식이 있을 운이다.

2월 : 하늘에 먹구름이 끼는 운이요, 어두운 밤길에서 방향을 잃는 운이다. 부부의 우환이 생기고, 재물에 손해가 따를 운이다.

3월 : 부모의 경사가 생길 운이요, 문서를 잡거나 뜻을 이룰 운이다.

4월 : 윗사람의 일로 손재가 따를 운이요, 문서를 잃을 운이요, 가까운 사람의 일로 근심이 생길 운이다.

5월 : 뜻을 성취할 운이다. 부모의 경사가 생길 운이요, 문서로 횡재할 운이요, 큰 일을 성사시킬 운이다.

6월 : 하나를 얻고 하나를 잃을 운이요, 한 번 기쁘고 한 번 슬플 운이다. 인년생은 정신적인 고통이나 신경성질환을 조심해라.

7월 : 혈육간에 이별하거나 형제나 동료의 근심이 생길 운이다. 사기로 실물할 운이니 조심해라. 얻는 것은 적고 잃는 것이 많다.

8월 : 상가를 조심해라. 손재수가 있다. 가정에 근심이 생긴다. 분수 밖의 것을 탐하지 마라. 구설을 들을 수 있다.

9월 : 어두운 그림자가 흩어지고 밝은 광명이 오는 운이다. 관료는 승진하고, 사업가는 사업을 이룬다. 윗사람의 도움으로 만사를 이룰 운이요, 부모의 경사가 있다. 그러나 갑년생과 경년생은 부모의 일로 고통이 따를 운이다.

10월 : 가정에 경사가 생길 운이다. 자손이 관대를 찰 운이요, 임신할 운이다.

11월 : 아랫사람의 근심이 생길 운이요, 아랫사람에게 배신당할 운이다. 가까운 사람이나 믿은 사람을 잃을 운이다.

12월 : 마음이 들뜰 운이다. 서두르지 말고 때를 기다려라. 다투지 마라. 관재구설이 두렵다. 잃는 것은 많으나 얻는 것은 약하다.

圓空秘訣 231

정월 : 자손이 떠나거나 자손의 근심이 생길 운이다. 직장인은 직장을
       잃을 운이요, 관료는 좌천할 운이다.

2월 : 다른 사람의 방해로 자손에게 어려움이 따를 운이다. 을년생은
      아랫사람과 사랑에 빠질 운이고, 신년생은 자손이나 아랫사람
      의 일로 정신적인 고통이 따를 운이니 조심하라.

3월 : 방해자가 따르거나 부모의 일로 근심할 운이요, 문서 사기를 당
      할 운이다

4월 : 아랫사람에게 배신당하거나 관재구설이 있다. 믿는 도끼에 발
      등찍힐 운이니 조심해라. 동자신이나 구설지신에게 기도하라.

5월 : 말못할 재물로 근심할 운이요, 부부의 근심이 생길 운이다. 새
      로운 사람을 사귈 운이나 덕이 되지 않는다.

6월 : 귀인의 도움을 받을 운으로 아랫사람의 도움을 받는다. 만사가
      길하니 편안하리라.

7월 : 가까운 사람과 원한을 맺고 멀어질 운이요, 내환이나 친환에 근
      심이 따를 운이다. 음해하는 사람이 있으니 조심해라.

8월 : 자동차를 조심해라. 자손의 근심이 생긴다. 믿은 사람이 등을
      돌릴 운이다. 허욕을 부리면 반드시 해가 있다.

9월 : 뜻을 이룰 운으로 심신이 편안하다. 주위에 많은 사람이 모이는
      운으로 경사가 생긴다.

10월 : 가정에 경사가 생길 운이요, 형제에게 즐거움이 생길 운이다.
       새로운 일에 동료들이 많이 모이는 운으로 해롭지 않다.

11월 : 금상첨화격으로 소년이 관대를 차고 가정에는 경사가 겹한다.
       하늘에 먹구름이 걷히는 운이니 만사가 순조롭다.

12월 : 방해자가 따를 운이요, 믿은 사람이 등을 돌릴 운이다. 혹 도
       둑을 맞을 수 있으니 조심해라.

圓空秘訣 232

정월 : 슬하에 경사가 생기나 공직자는 지위를 잃거나 구설을 듣는다.

2월 : 자손의 일로 한 번 기쁘고 한 번 근심할 운이다. 건강에 어려움이 따르나 크게 해롭지는 않다.

3월 : 뜻을 이룰 운이요, 새로운 변화를 모색할 운이다. 사치심이 발동할 운이니 조심해라.

4월 : 다른 사람을 조심해라. 질병이 침범한다. 기쁜 가운데 근심이 있으니 관액을 조심해라. 부부의 근심이 생기거나 재물로 근심할 운이다.

5월 : 부부간에 이별하거나 부부의 근심이 생길 운이다. 새로운 애인이 생길 운이나 득이 되지 않는다.

6월 : 어두운 밤길에서 등불을 잃는 격이요, 밤배가 별자리를 잃고 방황할 운이다. 방황하지 말고 차분한 마음으로 때를 기다려라.

7월 : 자손에게 역마가 있으니 집을 나갈 운이다. 직장인은 직장을 잃을 수 있으니 조심해라. 액운을 면하려면 불전에 기도하라.

8월 : 부모의 경사가 생기거나 가정에 좋은 소식이 있을 운이다. 새로운 학문을 할 운으로 길하다.

9월 : 부동산이나 재물에 좋은 소식이 있을 운이요, 주위의 도움으로 뜻을 이룰 운이다.

10월 : 처음에는 어렵고 힘들어도 결과는 좋을 운이다. 가까운 친구나 동료가 새로운 사람으로 변할 운이다.

11월 : 흉함이 많고 길함은 적은 운으로 신수가 불길하니 질병을 조심해라. 형제나 동료의 근심이 생길 운이다.

12월 : 욕심을 부리다 망신당할 운이다. 을년생과 정년생과 계년생은 뜻이 좌절될 운이요, 계년생은 이성에게 욕심이 발동할 운이요, 오년생은 신경성질환이 따를 운이니 조심해라.

74

정월 : 아랫사람이 멀어지거나 아랫사람에게 배신당할 운이요, 내것
　　　을 잃고 근심할 운이다.

2월 : 자손의 근심이 생길 운이다. 자손이 친구따라 강남가는 운이나
　　　덕은 없고 해로움만 있다.

3월 : 장님이 길을 잃고 방황할 운으로 만사에 어려움이 따른다. 갑년
　　　생은 직장이나 사업에 어려움이 따르고, 무년생과 기년생은 사
　　　치심이 발동하고, 사년생과 해년생은 몸을 망칠 운이다.

4월 : 흉귀가 들어오는 운이니 횡액과 도둑을 조심해라. 해외로 나갈
　　　운으로 길하리라.

5월 : 믿은 사람이 배신할 운이요, 부부의 근심이 생길 운이다. 새로
　　　운 인연을 만날 운으로 해는 없다.

6월 : 새롭고 큰 변화를 모색할 운이요, 여러 사람 앞에 나설 운으로
　　　해는 없다. 분수 밖의 것을 탐하면 해로움이 따른다.

7월 : 시비를 조심해라. 재물에 해가 된다. 망신살이 침범하니 다투지
　　　마라.

8월 : 상가에 가지 마라. 가정에 우환이 생긴다. 이익을 찾아 떠날 운
　　　이나 소득은 없다. 하나를 얻고 하나를 잃을 운이다.

9월 : 머리에 계수나무 꽃을 꽂을 운이니 만인의 우러름을 받고, 밤길
　　　에 등불을 만나는 운이니 궁지에서 살길을 만난다.

10월 : 원수가 친구가 되어 도와주는 운이다. 진년생과 사년생은 형
　　　　제나 동료의 일로 정신적인 풍파가 생긴다. 안정이 필요하다.

11월 : 동짓달과 섣달에는 기쁜 일이 생긴다. 비록 마음의 괴로움은
　　　　있으나 길해진다.

12월 : 다른 사람의 방해로 손재가 많을 운이요, 동료의 배신으로 손
　　　　재할 운이다.

정월 : 자손의 일로 외지에 나가거나 말못할 근심이 생길 운이다.

2월 : 어두운 밤길에서 등불을 만나는 운으로 자손의 경사가 생긴다.

3월 : 믿은 사람에게 배신당할 운이다. 문서로 인하여 관에 갈 운이니
구설이 되지 않도록 주의하라.

4월 : 친구나 동료와 다툴 운이나 해가 되지는 않는다. 부부의 근심이
생기거나 망신당할 운이다. 남쪽으로 가면 손재가 있다.

5월 : 집토끼를 버리고 산토끼를 잡으려고 하는 운이다. 부부의 근심
이 생기거나 재물로 근심이 생길 운이나 분수를 지키면 큰 해는
면하리라.

6월 : 문서로 놀랠 일이 생기나 손재수는 아니다. 직장인은 자리가 불
안할 운이요, 사업가는 사업에 어두운 그림자가 생길 운이다.

7월 : 부모의 일로 근심이 생기거나 문서로 근심할 일이 생길 운이다.
을년생과 경년생은 이성문제로 풍파가 따를 운이요, 묘년생은
문서나 학업으로 정신적인 고통이 따를 운이니 조심해라.

8월 : 상가를 조심해라. 가정에 우환이 생긴다. 해외로 나가거나 이사
운이 있다. 신병을 얻을 운이요, 문서로 망신당할 운이다.

9월 : 윗사람의 일로 근심할 운이요, 형제나 동료의 일로 놀랠 운이
다. 객지에서 활동할 운이나 소득은 없으리라.

10월 : 귀인의 도움으로 뜻을 이룰 운이다. 옛 친구와 멀어지고 새로
운 친구를 만날 운이다. 사년생과 진년생은 동료나 형제의 일
로 정신적인 고통이 따를 운이다.

11월 : 용이 여의주를 얻어 조화를 부리는 운이요, 십 년 가뭄에 단비
가 내려 고목에서 꽃이 피는 운으로 대길하다.

12월 : 상가를 조심해라. 얻는 것은 없고 잃는 것이 많다. 뜻을 이루
지 못할 운으로 심신이 피곤하다.

정월 : 자손의 일로 근심할 운이요, 자손과 이별수가 따를 운이요, 아
　　　 랫사람에게 배신당할 운이다.

2월 : 떠나간 사람이 다시 돌아오는 운이요, 도와주는 사람이 모여드
　　　는 운이니 대길하다.

3월 : 관재구설을 조심해라. 손재수가 있다. 부모의 일로 마음이 산란
　　　해질 운이요, 생각은 많으나 활용하기 어려울 운이다.

4월 : 망신당할 운이나 참고 인내하면 길해진다. 만사가 길하나 갑자
　　　기 친절한 사람을 경계하라.

5월 : 부부의 근심이 생기거나 재물에 어려움이 따를 운이요, 재물을
　　　얻으려고 방황할 운이요, 고이 간직한 재물을 내줄 운이다.

6월 : 하나를 얻으면 하나를 잃을 운이다. 가정은 평탄하나 수심은 가
　　　득하다. 의욕을 잃고 심신이 허탈할 운이다.

7월 : 뜻을 이룰 운으로 가정에 어려움이 사라지고 즐거운 일이 있으
　　　리라. 을년생과 경년생은 이성의 변화가 생길 운이요, 묘년생은
　　　정신적인 고통이 따를 운이다.

8월 : 가정에 경사가 생길 운이다. 부모의 경사가 생길 운이요, 새로
　　　운 학문으로 큰 일을 도모할 운이다.

9월 : 이사를 하거나 여행할 운이나 손재수가 따른다. 혈육간에 이별
　　　수가 있다. 노력하는 만큼 성공할 수 있으니 좋은 운이다.

10월 : 과욕을 부리면 구설을 들을 수 있다. 형제의 근심이 생길 운이
　　　 요, 믿은 사람이나 가까운 사람과 멀어질 운이다.

11월 : 다른 사람의 도움으로 뜻을 이룰 운으로 가정이 편안하리라.

12월 : 뜻은 있으나 길이 없는 운으로 매사 의지와 자신감을 잃고 어
　　　 려움에 처한다.

정월 : 가정에 경사가 생길 운이요, 자손이 관대를 찰 운으로 가정에
     웃음꽃이 만발한다.

2월 : 자손의 근심이 생길 운이요, 자손과 이별수가 따를 운이다. 자
     신을 믿고 따르던 사람이 등을 돌리고 멀어질 운이다.

3월 : 뜻을 이룰 운이다. 그러나 문서 사기를 당하거나 혈육간에 이별
     수가 따르니 조심해라.

4월 : 상가를 조심해라. 관재가 침범하여 뜻대로 되는 일이 없다. 사
     업문제로 타관으로 나갈 운이다.

5월 : 다른 사람의 방해로 근심이 생길 운이요, 부부의 근심이 생기거
     나 재물에 어려움이 따를 운이다.

6월 : 다른 사람의 도움으로 뜻을 이룬다. 을년생은 의욕을 잃고, 정
     년생은 새로운 인연을 만나고, 미혼자는 애인이 생기고, 인년생
     은 과욕으로 신경성질환이나 정신적인 고통이 따를 운이다.

7월 : 상가를 조심해라. 구설이 따를 운이다. 가까운 사람이나 갑자기
     친절한 사람을 경계하라. 사기를 당할 운이다.

8월 : 뜻을 이루기 어려운 운으로 세상을 한탄하리라. 부모와 이별수
     가 따를 운이다.

9월 : 떠나간 사람이 친구가 되어 도와주니 어려운 일이 풀린다. 성실
     하게 노력하면 성과를 거우리라.

10월 : 어두운 밤이 가고 밝은 태양이 떠오르는 운이요, 모든 근심이
      사라지고 밝은 희망이 생길 운으로 심신이 편안하다.

11월 : 방해자가 따르거나 믿은 사람에게 배신당할 운이니 조심해라.
      뜻이 좌절되고 마음의 상처가 크게 남을 운이다.

12월 : 어려운 때 귀인의 도움을 받을 운이니 희망이 찾아오리라. 새
      로운 변화를 모색할 운으로 해롭지 않다.

圓空秘訣 2 4 1

정월 : 하나를 얻고 하나를 잃을 운이다. 형제의 우환이 생기거나 손
　　　재할 운이요, 건강에 어려움이 따를 운이니 조심해라.

2월 : 가까운 사람을 잃을 운이요, 믿은 사람에게 배신당할 운이다.
　　　다른 사람을 모방하면 불리하니 주의하라.

3월 : 부부에게 경사가 생길 운이요, 미혼자는 결혼할 운이다. 재물에
　　　횡재운이 생기고, 공직자는 출세길이 열리는 운이다.

4월 : 상가를 조심해라. 실물수가 있고, 사업에 손재수가 따른다. 부
　　　모의 일로 근심이 생기거나 혈육간에 이별수가 따를 운이다.

5월 : 자손의 근심이 생길 운으로 자손과 멀어진다. 다른 자손의 근심
　　　이 생길 운이다.

6월 : 부부에게 경사가 생기거나 재물 횡재수가 있다. 을년생과 계년
　　　생은 부부의 근심이 생길 운이요, 정년생은 이성문제로 풍파가
　　　생기고, 인년생은 사업이나 재물문제로 근심이 생길 운이다.

7월 : 시작은 화려하나 결실을 보기 어려울 운이다. 만사가 뜻과 같지
　　　않으니 심력만 허비할 운으로 무리하면 손해를 본다.

8월 : 관재구설이 따를 운이요, 관의 제재로 어려움이 따를 운이다.
　　　공직자는 자리를 옮길 운이다.

9월 : 문서를 잃을 운이요, 부모상을 당할 운이다. 시비를 조심해라.
　　　구설을 면하기 어렵다.

10월 : 문서로 인하여 마음이 산란할 운이다. 다른 사람의 재물을 탐
　　　하거나 허욕을 부리지 마라. 이익되는 일이 없다.

11월 : 어두운 밤이 가고 밝은 아침이 오는 운으로 가정에 경사가 생
　　　긴다. 유년생은 신경성질환이나 부모의 근심이 생길 운이다.

12월 : 떠돌이가 집을 구해 편안한 생활을 하는 운이요, 용이 여의주
　　　를 얻는 운이니 조화가 무궁하고 활발하다.

정월 : 형제의 일로 바람잘 날이 없고, 이성문제로 가정에 풍파가 따를 운이다. 갑년생과 병년생은 바람끼가 발동할 운이요, 미년생은 형제나 동료의 일로 신경쓸 운이다. 건강도 주의하라.

2월 : 친구나 형제의 일로 변화가 있으나 해는 없다. 을년생은 이성으로 변화가 있고, 신년생은 형제나 주위 사람들로 변화가 있다.

3월 : 부부의 근심이 생기거나 믿은 사람이 배신하는 운이요, 가정에 우환이 생길 운이다.

4월 : 가뭄에 화초가 말라죽는 운이요, 밤길에 달빛이 숨는 운으로 매사에 어려움이 따르고 험난하다.

5월 : 귀인의 도움으로 뜻을 이루리라. 가까운 동료나 친구에게 말못할 일이 생길 운이다. 손재수는 아니나 구설이 될까 두렵다.

6월 : 망신당할 운이다. 새로운 애인이나 친구가 생길 운이나 생소한 사람은 해롭다. 고요하면 대길하고 동하면 해가 된다.

7월 : 적게 얻고 많이 잃을 운이다. 다투지 마라. 동료가 변하여 원수가 된다. 혈육간에 이별하거나 동료를 잃을 운이다.

8월 : 옛것을 버리고 새것을 취하나 해는 없다. 관의 도움으로 뜻을 이룰 운이다.

9월 : 좋은 일로 내것을 내줄 운이요, 친구나 동료와 새로운 즐거움을 얻을 운이다.

10월 : 부모의 경사가 생기거나 학문에 좋은 일이 생길 운이요, 다른 사람이 모르는 문서를 얻을 운으로 길하리라.

11월 : 부모의 경사가 생기거나 윗사람의 일로 좋은 일이 생길 운이요, 문서로 인하여 좋은 일이 생길 운이다.

12월 : 신상이 위태로운 운이니 신중하라. 사소한 일로 구설수에 오른다. 미리 액을 막으면 흉이 변하여 길해진다.

정월 : 친구와 새로운 일을 모색하나 결실을 보기 어려울 운이다. 형
　　　제의 일로 신경쓸 운이요, 건강에 문제가 따를 운이다.

2월 : 관재구설이 침범하니 새로운 변화를 찾지마라. 허욕을 부리다
　　　망신당할 운이다.

3월 : 부부간에 근심이 생기거나 이별할 운이요, 사업에 근심이 생길
　　　운이다. 갑년생은 부부간의 이별을 조심하고, 무년생과 기년생
　　　은 이성이나 사치로 구설을 듣고, 술년생과 해년생은 부부나 재
　　　물문제로 정신적인 고통이 따를 운이다.

4월 : 외로운 과객이 친구를 얻어 동행하는 운이요, 외로운 기러기가
　　　짝을 얻는 운이니 대길하리라. 임신할 운도 있다.

5월 : 자손의 일로 문제가 생기거나 다른 사람의 모함으로 아랫사람
　　　의 근심이 생길 운이다. 그러나 처음에는 어려워도 길해진다.

6월 : 굶주린 사람이 풍년을 만난 운이다. 사방에 이름을 떨치니 많은
　　　사람이 우러러 본다. 문서나 부동산으로 횡재할 운이다.

7월 : 귀인의 도움으로 뜻을 이룰 운이다. 출세운이니 길하리라.

8월 : 하늘이 무너지고 땅이 꺼지는 운이다. 그러나 자중하면 큰 해는
　　　면하리라. 산신전에 치성을 드려라.

9월 : 부부에게 우환이나 이별수가 생긴다. 재물에 욕심을 부리나 내
　　　것만 잃거나 귀한 물건을 내줄 운이다. 그러나 해는 없으리라.

10월 : 형산백옥이 그 빛을 감추는 운이요, 적게 얻고 많이 잃을 운이
　　　　니 피해가 막심하다. 다른 사람의 방해로 손재가 클 운이다.

11월 : 부모나 가정에 경사가 생길 운이요, 새로운 문서를 잡을 운이
　　　　다. 학생은 새로운 학문을 할 운이다.

12월 : 하나를 얻고 하나를 잃을 운으로 길흉이 반반이다. 과욕을 부
　　　　리지 않고 분수를 지키면 손재는 면하리라.

圓空秘訣 2 4 4

정월 : 주위에 많은 사람이 모여드나 덕이 되지 않는다. 분수를 지키면서 자중하면 해는 없으리라. 형제나 동료와 멀어질 운이다.

2월 : 손재가 따를 운이니 윗사람과 상의하라. 관재가 침범하니 원한을 맺지 마라. 직장인은 놀랠 일이 생길 운이다.

3월 : 부부의 일로 근심이 생기거나 망신당할 운이요, 사업에 풍파가 따를 운이다.

4월 : 해외로 나갈 운으로 길하리라. 문서나 부동산으로 횡재할 운이나 관재구설로 망신당할 일이 생긴다.

5월 : 하나를 얻으면 하나를 잃을 운이다. 객지에서 전전긍긍하나 얻는 것은 없고 구설수만 따를 운이요, 자손과 멀어질 운이다.

6월 : 가까운 사람과 멀어질 운이요, 부부의 근심이 생길 운이요, 사업에 말못할 어려움이 따를 운이다.

7월 : 어두운 밤이 가고 밝은 태양이 솟아오르는 운이니 가정이 화평하다. 을년생과 경년생은 이성을 경계해라.

8월 : 허영심이 발동할 운으로 무리하면 손해를 보고, 자중하면서 분수를 지키면 무해무덕하리라.

9월 : 시작은 좋으나 결과는 미미할 운이다. 분수를 지키라. 구설수가 따른다. 자동차를 조심해라. 몸을 상할 운이다.

10월 : 부모에게 우환이 생기거나 가정에 근심이 생길 운이요, 부정한 길을 생각할 운이요, 학생은 학업에 어려움이 따를 운이다.

11월 : 문서를 조심해라. 사기당할 운이다. 방해자가 따르니 가까운 사람을 경계하라. 망신살이 있으니 다투지 마라.

12월 : 문서로 방황하거나 부모의 일로 근심할 운이다. 관재가 침범하니 뜻이 좌절되고, 사업가는 파산할 운이니 조심해라.

정월 : 친구따라 강남가는 운으로 동료와 큰 일을 도모한다. 시작은 어려우나 나중에는 길하다. 교통사고를 조심해라.

2월 : 주위의 도움으로 뜻을 이룰 운으로 새로운 희망이 있다.

3월 : 앉아서 쉬는 것이 오히려 길하다. 활동하면 하는 만큼 손재수가 따른다. 도와주는 사람이 없으니 뜻을 이루기 어렵다.

4월 : 자손에게 좋은 일이 생길 운으로 자손을 도와주는 사람이 있다. 자손에게 큰 변화가 생길 운이나 해는 없다.

5월 : 자손의 일로 한 번은 기쁘고 한 번은 슬프니 길흉이 반반이다. 또다른 자손으로 풍파가 따를 운이다.

6월 : 부부의 근심이 생길 운이요, 재물에 손해가 따를 운이다. 내것을 잃고 풍파가 따를 운이니 조심해라.

7월 : 직장의 일로 불안할 운이나 주위의 도움으로 모든 근심이 사라진다. 직장인은 경사가 있고, 사업가는 길하다. 을년생과 경년생은 바람끼가 발동하고, 묘년생은 정신적인 고통이 따른다.

8월 : 어두운 밤이 가고 밝은 아침이 오는 운이요, 오곡이 풍년을 만나는 운으로 심신이 편안하다.

9월 : 혈육간에 이별수가 있다. 가까운 사람을 경계하라. 도와주는 사람은 없고 손재만 있다. 만사가 어려운 운이니 때를 기다려라.

10월 : 상가를 조심해라. 문서를 잃을 운이요, 부모로 인한 근심이 생길 운이요, 학생은 학업에 어려움이 따를 운이다.

11월 : 뜻밖의 귀인이 나타나 도와줄 운이다. 서쪽으로 가면 길하리라. 주위의 도움으로 심신이 편안하다.

12월 : 관에 망신살이 있으니 관재를 조심해라. 시작만 있고 끝을 보지 못할 운이니 고생을 해도 결과가 없다..

정월 : 큰 일을 도모할 운으로 주위에 많은 사람들이 모여든다. 만사
　　　가 순조로울 운이니 심신이 편안하다.

2월 : 새로운 친구를 얻을 운이다. 내것을 주어도 기분좋은 일이 있
　　　다. 미혼자는 애인이 생기고, 기혼자는 손재가 따를 운이다.

3월 : 부모의 일로 근심하거나 가정에 우환이 생길 운이다. 부부가 다
　　　툴 운으로 심하면 이혼말이 나오니 조심해라.

4월 : 하나를 얻고 하나를 잃을 운이다. 아끼는 것을 잃을 운이요, 자
　　　손이나 아랫사람의 일로 근심이 생길 운이다.

5월 : 자손을 음해하는 사람이 있으니 자손의 일로 근심할 운이요, 아
　　　랫사람이나 자손이 멀어질 운이다.

6월 : 재물을 잃고도 말못할 운이요, 아끼는 것을 사기당할 운이다.
　　　을년생과 계년생은 부부간에 이별하고, 정년생은 바람끼가 발
　　　동하고, 인년생은 사업이나 재물로 정신적인 어려움을 겪는다.

7월 : 장애가 따라 뜻을 이루기 어려울 운이다. 재물에 손해가 따르거
　　　나 혈육간에 이별할 운이요, 내것을 잃고 구설을 들을 운이다.

8월 : 과욕을 부리지 마라. 손재수가 따른다. 작은 것을 얻으려다 큰
　　　것을 잃는다. 그러나 매사에 신중하면 큰 해는 면하리라.

9월 : 새로운 친구를 얻을 운이요, 부주의로 재물을 잃을 운이다. 토
　　　성(土姓)의 도움으로 뜻을 이룬다.

10월 : 부부에게 경사가 생기거나 재물로 횡재할 운이다. 매화가 만
　　　　발하여 봉접이 모여드는 운이다.

11월 : 멀리 있는 사람이 도와주는 운이다. 원수가 변하여 친구가 되
　　　　니 심신이 편안하다. 재수가 길하니 가정이 태평하다.

12월 : 재물복이 더하나 근심이 따를 운이다. 부부간에 다툴 운으로
　　　　원한을 살까 두렵다. 산토끼 잡으려다 집토끼를 잃을 운이다.

圓空秘訣 2 5 1

정월 : 실패수가 있으니 이루지 못할 운이요, 사기를 당할 운이다. 만
　　　사에 해가 있으니 집에 있는 것만 못하다.

2월 : 바다 속에서 구슬을 구하는 운이니 좋은 옥을 보지 못한다. 친
　　　한 사람을 경계해라. 손재가 다단하다

3월 : 부부에게 경사가 생기거나 사업을 이룰 운이다. 주위의 도움으
　　　로 만사가 순조롭다.

4월 : 관재가 따를 운이요, 부부간에 이별할 운이다. 사업이나 재물로
　　　어려움을 겪을 운이다.

5월 : 자손이나 아랫사람의 일로 어려움을 겪을 운이요, 자손과 멀어
　　　질 운이다.

6월 : 부부의 근심이 생기거나 재물에 손해가 따를 운이다. 새로운 인
　　　연을 만날 운이나 덕이 되지 않는다.

7월 : 어두운 밤이 가고 밝은 아침이 오는 운이다. 관을 상대로 하는
　　　일을 이룰 운이니 대길하리라.

8월 : 외롭고 고독한 길에서 동행을 만나는 운이요, 큰 일을 설계하는
　　　데 도와주는 사람이 생길 운이니 길하다.

9월 : 초목이 가을을 만나는 운이니 번민이 생긴다. 시운이 불리하니
　　　반드시 상복을 입거나 문서로 사기를 당할 운이다.

10월 : 심신이 불안할 운이다. 사업이나 학업문제로 해외로 나갈 운
　　　으로 길하리라.

11월 : 큰 일을 구상하나 뜻대로 이루기 어려울 운이요, 부모의 일이
　　　나 문서로 근심할 운이다

12월 : 부부에게 경사가 생기고, 사업이나 재물에 덕이 있을 운이다.
　　　을 · 정 · 계년생은 부부간에 이별하고, 계년생은 바람끼가 발
　　　동하고, 오년생은 부부나 재물로 정신적인 어려움이 따른다.

정월 : 만사가 물에 물탄 듯 술에 술탄 듯 넘어기는 운으로 해도 덕도
　　　 없다. 가까운 사람과 멀어질 운이다.

2월 : 십 년 가뭄에 단비가 내려 고목에서 새순이 돋는 운이요, 어두
　　　 운 밤바다에서 등대를 만나는 운으로 만사가 순조롭다.

3월 : 상하가 불화하니 구설이 끊이지 않는다. 부부에게 우환이 생기
　　　 거나 재물로 망신당할 운이다. 관재나 질병이 두렵다.

4월 : 해외로 나갈 운으로 길하다. 재물을 구하나 얻지 못할 운이요,
　　　 자손의 일로 마음이 산란할 운이다. 분수를 지키면 길하다.

5월 : 자손의 경사가 생기거나 임신할 운이다. 축년생은 자손이나 아
　　　 랫사람의 일로 정신적인 어려움을 겪을 운이다.

6월 : 다른 사람의 도움으로 뜻을 이룰 운이요, 새로운 인연을 만날
　　　 운이요, 사업가는 새로운 사업에 도전할 운이다.

7월 : 내것을 주고도 망신만 당할 운이다. 재물에 손해가 침범한다.
　　　 주의하라. 쟁론이나 송사가 따른다.

8월 : 뜻을 이루기 어려울 운이요, 무리한 욕심을 부리다 건강을 해칠
　　　 운이다. 자동차를 조심해라.

9월 : 관재가 침범하는 운이니 매사에 어려움이 따른다. 관 때문에 손
　　　 재수나 구설이 따를 운이니 조심해라.

10월 : 부모와 이별하거나 문서 사기를 당할 운이다. 학생은 학업을
　　　　 잃고, 일반인은 의지를 잃고 매사에 어려움이 따른다. 진년생
　　　　 과 사년생은 정신적인 고통이나 신경성질환에 걸릴 운이다.

11월 : 문서로 횡재하고, 윗사람의 도움으로 큰 일을 성취할 운이다.

12월 : 가정에 먹구름이 끼는 운이니 매사에 욕심부리지 말고 순리를
　　　　 따라라. 과욕은 금물이다. 구설이 침범한다.

정월 : 형제의 일로 어려움에 처할 운이요, 가까운 동료나 친구를 잃
　　　을 운이다. 무리하면 손해.

2월 : 자손을 모함하는 사람이 있거나 자손의 일로 말못할 일이 생긴
　　　다. 목성(木姓)에게 이익이 있다.

3월 : 새로운 인연을 만날 운이요, 미혼자는 애인이 생길 운이요, 혼
　　　자만 아는 즐거움이 따를 운이다.

4월 : 자손을 음해하는 사람이 있으니 근심이 생긴다. 아랫사람에게
　　　근심이 생기거나 곤경에 처할 운이다.

5월 : 운수대통하니 집안이 화평하다. 자손의 경사가 있거나 임신할
　　　운이다. 축년생은 자손의 일로 곤란을 겪을 수 있다.

6월 : 과욕을 부리지 마라. 내것 주고도 구설을 들을 운이다. 새로운
　　　일에 도전할 운이나 나중에 곤경에 처할 수 있으니 조심해라.

7월 : 의욕을 잃을 운이요, 관료는 좌천할 운이다. 마음을 높이 갖으
　　　면 흉하게 될 운이다. 친환이 있거나 슬하에 놀람이 있다.

8월 : 집안이 화평할 운이다. 신년생은 허영심이 발동하고, 자년생은
　　　허욕을 부리다 곤경에 처할 운이다. 심하면 생명까지 위태롭다.

9월 : 달밝은 밤에 높은 누각에 올라 술을 마시면서 스스로 즐길 운이
　　　다. 아들을 낳을 운이요, 부부에게 경사가 생기거나 재물 횡재
　　　가 따를 운이다. 서남 양방에서 천금이 온다.

10월 : 어두운 밤에 등불을 잃어 동서를 분간하지 못할 운이다. 재물
　　　도 잃고 뜻도 잃을 운이다. 북방으로 가면 구설을 듣는다.

11월 : 부정한 문서를 얻을 운이요, 부모의 일로 말못할 근심이 생길
　　　운이다.

12월 : 부부의 우환이 생길 운으로 심하면 이별수가 따른다. 그렇지
　　　않으면 재물에 손해가 따른다. 구사일생 사고를 조심하라.

정월 : 믿은 사람이나 가까운 사람에게 배신당할 운이다. 형제로 인한
　　　근심이 생기거나 형제간에 이별이 따를 운이다.

2월 : 먹구름이 걷히고 밝은 태양이 솟아오르는 운이요, 외로운 과객
　　　이 동반자를 만나는 운으로 길하리라.

3월 : 동상이몽하는 운으로 부부가 서로 다른 마음을 먹고 있으니 가
　　　정이 불안하다. 내것을 잃고도 말못할 운이다.

4월 : 해외로 나갈 운으로 대길하다. 북쪽으로 나가면 재물을 얻는다.
　　　화성(火姓)의 도움으로 뜻을 이룰 운이다.

5월 : 자손에게 변화가 생길 운으로 한 번 슬프고 한 번 기쁜 일이 생
　　　긴다. 외지에 있는 자손이 돌아오는 운으로 해는 없다.

6월 : 부부의 근심이 생길 운으로 부부를 모함하는 사람이 있다. 재물
　　　을 잃을 운으로 다른 사람의 음해가 따른다.

7월 : 뜻을 이룰 운이요, 관대를 찰 운이다. 을 · 경년생은 결혼하거나
　　　새로운 이성으로 풍파가 있고, 묘년생은 신경성질환이 따른다.

8월 : 과욕을 부리다 구설을 들을 운이다. 때를 알고 분수를 지키면
　　　큰 해는 면하나 무리하면 생명까지 위태롭다.

9월 : 공직자는 자리를 잃거나 손재하리라. 윗사람과 상의하면 면하
　　　리라. 부부의 근심이 생길 운이다.

10월 : 학생은 학업에 애로가 생길 운으로 학업이 좌절될 수도 있다.
　　　　문서를 잃거나 부모의 일로 근심이 생길 운이다. 진년생과 사
　　　　년생은 정신적인 고통이 따를 운이니 무리하지 마라.

11월 : 새로운 희망이 솟는 운이다. 부부에게 경사가 생기거나 사업
　　　　에 큰 변화가 있을 운으로 길하리라.

12월 : 장님이 길을 잃는 격이니 전도가 험난하다. 죽쒀 개주는 격으
　　　　로 만사가 뜻대로 되지 않고 험난한 일이 생긴다.

圓空秘訣 2 5 5

정월 : 형제나 동료로 인한 근심이 생길 운이요, 믿은 사람이 등을 돌
　　　리고 멀어질 운이다.

2월 : 매화가 만발하여 벌나비가 모여드는 운이요, 다른 사람의 도움
　　　으로 뜻을 이룰 운이다.

3월 : 새로운 인연을 만날 운이요, 미혼자는 결혼할 운이다. 사업가는
　　　사업에 진전이 있고, 새로운 사업에 도전할 운이다.

4월 : 다른 사람의 도움으로 가정이 편안할 운이다. 자손의 경사가 있
　　　고 만사가 태평하다.

5월 : 자손이나 혈육간에 이별수가 있거나 아랫사람이나 자손의 일로
　　　근심이 생길 운이다.

6월 : 하나를 얻고 하나를 잃을 운으로 길흉이 반반이다. 과욕은 금물
　　　이다. 몸을 상할 운이다. 처음에는 어려우나 결과는 좋으리라.

7월 : 멀어진 사람의 도움으로 뜻을 이룰 운이다. 을년생과 경년생은
　　　결혼할 운이 있고, 묘년생은 정신적인 충격이 염려된다.

8월 : 만사가 순조로울 운으로 출세가도가 안정되니 어려움이 없다.
　　　신년생은 허영심이 발동하고, 자년생은 과욕을 부리다 정신적
　　　인 고통이 따르고, 불로 놀랠 수 있으니 조심해라.

9월 : 얻는 것보다 잃는 것이 많을 운이다. 혈육간에 이별할 운이다.
　　　여행을 떠날 운이나 질병이 염려된다. 불전에 기도하라.

10월 : 부모의 경사가 생기거나 새로운 문서를 잡을 운이다. 학생은
　　　　새로운 학문을 시작할 운이요, 외지로 나갈 운이다.

11월 : 귀인의 도움으로 뜻을 이룰 운이다. 새로운 문서를 잡을 운이
　　　　요, 부모의 경사가 생길 운이다.

12월 : 구설이 따를 운이다. 뜻을 이룰 수 없는 운이요, 믿은 사람이
　　　　등을 돌릴 운이요, 부부가 이별하거나 재물에 손해가 있다.

周易 토정비결 | 89

정월 : 등과할 운으로 가정에 경사가 생긴다. 멀리 있는 형제가 돌아
　　　올 운이요, 떠나간 사람이 다시 돌아와 도와주는 운이다.

2월 : 형제의 일로 근심이 생길 운이요, 형제간에 이별할 운이요, 가
　　　까운 사람이 등을 돌리고 멀어질 운이다.

3월 : 다투지 마라. 얻은 재물을 잃을 수 있다. 재수는 길하나 근심이
　　　생긴다. 주위의 도움으로 뜻을 이룬다.

4월 : 구름이 걷히고 밝은 태양이 솟아오르는 운으로 만사가 안정되
　　　고 편안하다.

5월 : 다른 사람의 음해로 자손의 근심이 생길 운이요, 자손과 멀어질
　　　운이다.

6월 : 을·계년생은 부부간에 이별이나 재물 손해가 있고, 정년생은
　　　음욕이 있고, 인년생은 부부나 재물로 정신적인 고통이 따른다.

7월 : 하나를 얻고 하나를 잃을 운으로 길흉이 반반이다. 가까운 사람
　　　을 경계하라. 손재수가 있거나 집안에 근심이 생긴다.

8월 : 결실이 없을 운이다. 신년생은 허영심이 발동하고, 자년생은 정
　　　신적인 고통이 따를 운이다. 생명에 영향을 줄 수 있는 운이다.

9월 : 재물을 횡재할 운으로 말못할 재물이나 애인, 새 친구를 얻을
　　　운이다. 갑년생은 부부이별을 조심하고, 경·무년생은 바람끼
　　　가 있고, 진·사년생은 부부나 재물로 정신적인 변화가 생긴다.

10월 : 말못한 재물을 횡재할 운이다. 부모의 경사가 생기거나 문서
　　　를 잡을 운이요, 학문으로 크게 출세할 운이다.

11월 : 부부간에 갈등이나 부모의 근심이 생긴다. 부부간에 생사이별
　　　수가 있다. 그렇지 않으면 재물에 손해가 따른다.

12월 : 재물로 다툴 운이요, 재물 때문에 자존심을 죽일 운이다. 분수
　　　밖의 것을 탐하지 마라. 밖으로 얻으려다 안으로 잃는다.

정월 : 어려움을 떨쳐버리고 새로운 재물을 구할 운이다. 갑년생과 병
　　　년생은 새로운 부부인연을 만날 운이요, 미년생은 사업이나 부
　　　부문제로 정신적인 고통이 따를 운이다.

2월 : 봄풀이 비를 만난 격이니 수복이 찾아올 운이다. 흉이 변하여
　　　길해지니 가산이 흥왕하다. 부부나 사업문제로 변화가 생긴다.

3월 : 관재구설이 따를 운이요, 부모의 일로 근심이 생기거나 문서로
　　　어려운 일이 생길 운이다. 그러나 나중에는 길해진다.

4월 : 어두운 밤에 별을 보기 어려운 운이다. 그러나 분수를 지키면
　　　해는 면하리라.

5월 : 관대를 찰 운이다. 새로운 길을 모색할 운이요, 공직자는 과거
　　　의 어려움에서 탈출할 운이다.

6월 : 문서 사기를 당할 운이요, 부모의 근심이 생기거나 이별수가 따
　　　를 운이다. 생명에 위험이 따를 수 있으니 건강을 조심해라.

7월 : 새 친구를 얻을 운이요, 변화를 모색할 운이다. 주위의 도움으
　　　로 좋은 일이 생긴다. 형제의 경사가 있고, 여행할 일이 있다.

8월 : 형제나 동료간에 근심이 생길 운이요, 가까운 사람과 멀어질 운
　　　이다. 무리하지 않고 근신하면 그런대로 해는 없으리라.

9월 : 살쾡이가 보기 싫어 떠나다 호랑이를 만난 격으로 새것을 구하
　　　다 어려운 일이 생긴다. 믿은 사람에게 배신당할 운이다.

10월 : 자손의 근심이 생길 운이요, 자손과 이별수가 따를 운이다. 자
　　　신을 따르던 사람들이 멀어질 운으로 외롭고 허전하다.

11월 : 자손의 일로 어려움이 따를 운이요, 자손이 떠나갈 운이다. 아
　　　랫사람 때문에 문제가 생기나 무리하지 않으면 큰 해는 없다.

12월 : 하나를 얻고 하나를 잃을 운이다. 시작은 어려워도 결과는 좋
　　　다. 새로운 문서를 얻을 수도 있다.

정월 : 내것을 잃고 손해를 보는 운이다. 어려움 속에서 새로운 재물
　　　을 탐하나 덕이 되지 않는다.

2월 : 허욕을 부리다 망신당할 운이나 분수와 때를 알아 자중하면 큰
　　　해는 면하리라.

3월 : 부모나 문서로 어려움을 겪을 운이다. 학생은 학업에 어려움이
　　　따르고, 갑년생은 부모상을 당하고, 무년생과 기년생은 허영심
　　　이 발동하고, 술년생과 해년생은 정신적인 질환이 따를 운이다.

4월 : 함정을 파도 죽을 함정이요, 생각을 해도 올바르지 않은 생각을
　　　하는 운이니 시작은 있으나 결실을 보기 어렵다.

5월 : 어두운 밤에 촛불을 잃는 격이니 앞길이 답답하다. 시작은 어렵
　　　고 힘들어도 마음의 즐거움은 있다.

6월 : 상가를 조심해라. 가정에 풍파가 따를 운이다. 문서로 모함하는
　　　사람이 있을 운이니 조심해라.

7월 : 형제나 동료에게 말못할 근심이 생긴다. 가까운 사람이나 믿은
　　　사람이 음해하고 있으니 심신이 불안하다.

8월 : 형제에게 우환이 있거나 형제간에 이별수가 따를 운이다. 믿을
　　　사람이 없는 운이니 혼자 외롭고 허전하다.

9월 : 내것을 잃고도 말못할 운이요, 부모나 문서로 인하여 어려움이
　　　따를 운이다.

10월 : 자손의 경사가 생길 운이요, 자손이 관대를 찰 운이다. 자손의
　　　 일로 외지에 나갈 운으로 길하리라.

11월 : 곤경을 벗어날 운이요, 아랫사람이 도와주는 운이다. 어려운
　　　 문제가 있으면 아랫사람과 상의하라. 해는 면하리라.

12월 : 십 년 가뭄에 단비가 내려 초목에서 새순이 돋는 운이요, 어려
　　　 운 고비가 물러가고 밝은 희망이 오는 운이다.

정월 : 고생해도 공이 없을 운이다. 재물에 문제가 없으면 집안에 질
　　　병이 있다. 부부간에 사소한 일로 이별할 수도 있다.

2월 : 구설수와 손재수가 있으니 다투지 마라. 큰 집에 갈까 두렵다.
　　　애인이나 친구 때문에 아끼는 것을 잃을 수 있다.

3월 : 하는 일마다 장애가 따를 운이니 되는 일이 없다. 만일 서로 싸
　　　우지 않으면 구설이 분분할 것이다.

4월 : 다른 사람의 방해로 매사에 장애가 따른다. 그렇지 않으면 마음
　　　의 상처를 받을 운이다.

5월 : 남방으로 가면 뜻을 이룰 수 있고, 만약 귀인을 만나면 뜻밖의
　　　횡재를 한다. 직장인은 영전할 운이요, 사업가는 재물을 얻을
　　　운이다. 축년생은 부부나 재물문제로 신경성질환이 따른다.

6월 : 길이 변하여 흉하게 된다. 일에 막힘이 많으니 이루지 못한다.
　　　뜻은 있으나 이루지 못하니 머리는 있고 꼬리는 없는 격이다.

7월 : 범사를 조심해라. 손재가 두렵다. 만사가 뜻대로 되지 않는다.
　　　서쪽을 조심해라. 시비구설이 있으리라.

8월 : 동료나 형제에게 구설수가 있다. 운수가 불길하니 망령된 계교
　　　를 부리지 마라. 신년생은 허영심이 발동할 운이요, 자년생은
　　　문서나 부모의 일로 풍파가 있거나 심적인 고통이 따를 운이다.

9월 : 가정이 화목하니 새들이 노래한다. 부모의 경사가 생길 운이요,
　　　문서로 횡재할 운이다.

10월 : 하늘에 먹구름이 끼는 운이다. 자손과 이별하거나 근심이 따
　　　　를 운이다.

11월 : 북방으로 가면 반드시 작은 재물이 있고, 옛것을 버리고 새것
　　　　을 쫓으면 기쁜 일이 있다. 다투지 마라. 의를 상한다.

12월 : 관에 갈 운이요, 문서로 구설을 들을 운이다.

정월 : 새로운 일로 노력할 운이요, 과거를 떨쳐버리고 새로운 것을
　　　 탐할 운이다. 미혼자는 결혼할 운이다.

2월 : 부부나 사업문제로 관에 갈 운이다. 시작은 힘들고 어려워도 결
　　　 실은 있으니 성심으로 행하라.

3월 : 뜻은 있으나 갈 길이 없는 운이다. 학생은 학업이 좌절될 운이
　　　 요, 사업가는 뜻을 잃을 운이다.

4월 : 형제간에 의를 상하거나 가정에 우환이 생길 운이다. 자손이 집
　　　 을 나갈 운이다. 자손이나 아랫사람과 다투지 마라.

5월 : 궁지에서도 길이 있는 법이다. 시작은 어렵고 힘들어도 참고 인
　　　 내하면 해는 없을 운이다.

6월 : 부모나 윗사람의 일로 근심이 생길 운이요, 문서로 인하여 근심
　　　 이 생길 운이요, 마음을 잃을 운이다.

7월 : 외기러기가 짝을 얻는 운이다. 형제나 동료에게 경사가 생기거
　　　 나 도와주는 사람이 생긴다. 을년생과 경년생은 좋은 인연을 만
　　　 나고, 묘년생은 형제나 동료의 일로 정신적인 고통이 따른다.

8월 : 원수가 친구로 변하여 돌아오는 운이요, 험한 길을 넘으니 평탄
　　　 한 길이 나타나는 운으로 길하리라.

9월 : 상가를 조심해라. 부모의 일로 우환이 생기거나 가정에 풍파가
　　　 따를 운이요, 문서를 잃을 운이다.

10월 : 하나를 얻고 하나를 잃을 운으로 임신하거나 근심이 생긴다.
　　　　 북쪽이 길하다. 사·진년생은 자손의 일로 마음이 상한다.

11월 : 자손의 경사가 생길 운이요, 자손이 출세할 운이요, 자손을 임
　　　　 신할 운으로 길하리라.

12월 : 직장인은 자리가 위태로울 운이요, 학생은 학업에 어려움이
　　　　 따를 운이요, 부모와 이별하거나 문서 사기를 당할 운이다.

圓空秘訣 2 6 5

정월 : 부부간에 이별하거나 사업에 어려움이 따를 운이요, 재물에 손해가 따를 운이요, 내것을 잃고도 말못할 일이 생길 운이다.

2월 : 외기러기가 새로운 짝을 만나는 운이요, 용이 여의주를 얻는 운이다. 미혼자는 애인이 생길 운이요, 재물 횡재가 따를 운이다.

3월 : 새로운 변화를 꿈꿀 운이요, 과거의 어려운 인연을 떨쳐버리고 새로운 길을 모색할 운으로 길하리라.

4월 : 십 년 가뭄에 단비가 내려 고목에서 꽃이 피는 운이요, 어두운 밤이 가고 밝은 아침이 오는 운이다.

5월 : 과욕을 버려라. 뜻을 이루기 어려울 운이다. 분수를 지키면 시작은 어려워도 해는 없으리라.

6월 : 시작은 좋으나 손해만 볼 운이다. 허욕을 부리지 마라. 손재가 따른다. 동료나 친구사이에서 놀랠 일이 생긴다.

7월 : 형제의 일로 마음을 잡지 못하나 귀인의 도움으로 뜻을 이룬다. 어두운 밤이 가고 밝은 아침을 맞는 운이니 집안이 화목하리라.

8월 : 용두사미격으로 시작은 좋으나 얻는 것이 없다. 동료 때문에 망신당할 운이니 가까운 사람을 경계하라. 신년생은 사치심이 발동할 운이요, 자년생은 형제의 일로 정신이 복잡해질 운이다.

9월 : 믿는 도끼에 발등찍힐 운이다. 혈육간에 이별하고 먼 타관으로 나가 고생할 운이다. 잃는 것은 많으나 소득은 미미하다.

10월 : 상가를 조심해라. 자손의 일로 근심이 생긴다. 자손을 음해하는 사람이 있을 운이요, 자손과 멀어질 운이다.

11월 : 자손이나 아랫사람의 일로 관에 갈 운이다. 자손의 일로 말못하고 근심할 운이다.

12월 : 문서나 부모의 일로 관에 갈 운이요, 부모의 근심이 생길 운이다. 학생은 학업이 중단되고, 일반인은 의지나 주관을 잃는다.

圓空秘訣 266

정월 : 부부에게 경사가 생길 운이요, 새로운 인연을 만날 운이다. 재
　　　물로 송사가 따를 운이나 분수를 지키면 해는 없으리라.

2월 : 하나를 얻고 하나를 잃을 운으로 길흉이 반반이다. 문서로 관에
　　　갈 운이다. 재물은 길하나 집안에는 근심이 생긴다.

3월 : 가정에 경사가 생기거나 부모의 경사가 생길 운이다. 새로운 문
　　　서를 잡을 운이요, 학생은 새로운 학업을 이룰 운이다.

4월 : 뜻을 이룰 운으로 어렵고 힘든 고비가 풀리고 앞날이 열린다.

5월 : 마음을 표현하지 못하고 전전긍긍할 운이다. 다른 사람의 방해
　　　로 말못할 근심이 생길 운이다.

6월 : 방해자가 따를 운이니 조심해라. 믿는 도끼에 발등찍힐 운이다.
　　　토지신에게 치성드려라. 화가 변하여 길해지리라.

7월 : 상가를 조심해라. 가정에 우환이 생긴다. 과욕을 부리지 마라.
　　　손재수가 따른다. 형제의 일로 외지로 나갈 운이다.

8월 : 가까운 사람을 잃을 운으로 믿은 사람이 등을 돌리고 멀어질 운
　　　이요, 내것을 잃고도 구설을 들을 운이다.

9월 : 십 년 가뭄에 단비가 내려 고목에서 싹이 돋는 운으로 가정이
　　　이 편안하다. 그러나 갑년생은 부모의 고통이 있고, 경·무년생
　　　은 사치나 이성으로 어려움이 있고, 진·사년생은 정신적인 고
　　　통이 따르니 조심해라.

10월 : 음해하는 사람이 따를 운이다. 부모의 근심이 생기거나 문서
　　　　사기를 당할 운이니 조심해라.

11월 : 자손의 근심이 생길 운으로 심하면 자손과 이별할 수도 있다.

12월 : 말못할 문서를 잡을 운이요, 부모로 인하여 말못할 근심이 생
　　　　길 운이다.

정월 : 부부의 근심이 생길 운이다. 새로운 재물을 찾아 방황하니 손
　　　재수가 침범한다.

2월 : 부부의 근심이 생길 운으로 이별할 수도 있다. 재물에 손해가
　　　따를 운이요, 사업가는 새로운 사업을 추진할 운이다.

3월 : 부모의 근심이 생기거나 문서로 실물할 운이다. 학생은 학업을
　　　바꿀 운이요, 문서로 일을 하는 사람은 문서를 바꿀 운이다. 갑
　　　년생은 부모에게 우환이 있고, 무년생과 기년생은 허영심이 생
　　　기고, 술년생과 해년생은 정신적인 질환이 따를 운이다.

4월 : 손재구설이 따를 운이요, 얻는 것보다 잃는 것이 많을 운이다.
　　　산토끼를 잡으려다 집토끼가 나가는 줄 모르는 격이다.

5월 : 연인이 생길 운이나 얻는 것은 없고 재물에 손해가 있으리라.

6월 : 혼자만 아는 재물이 생긴다. 좋은 일이라도 말하기 어렵다. 문
　　　서로 횡재할 운이다.

7월 : 형제나 동료의 일로 관재구설이 따를 운이요, 옛 친구를 떠나
　　　새로운 친구를 만날 운이다.

8월 : 다투지 마라. 구설이 분분하다. 형제로 인한 근심이 생기거나
　　　믿은 사람이 등을 돌리고 배신할 운이다.

9월 : 문서로 횡재할 운이요, 새로운 문서를 잡을 운이요, 부모의 경
　　　사가 생길 운이다.

10월 : 어두운 밤이 가고 아침이 밝아오는 운이요, 외로운 기러기가
　　　　짝을 만나 즐길 운으로 길하리라.

11월 : 자손에게 변화가 생길 운이요, 다른 사람의 도움으로 자손의
　　　　경사가 생길 운이요, 임신할 운이다.

12월 : 앞으로 남고 뒤로 손해보는 운이니 무리하지 마라. 새로운 친
　　　　구나 동료로 인하여 귀한 물건을 잃을 운이다.

圓空秘訣 2 7 2

정월 : 뜻을 이룰 운이다. 재물에 횡재가 따를 운이요, 좋은 인연을 만날 운으로 길하리라.

2월 : 직장인은 모함하는 사람이 따르고, 사업가는 방해자가 따라 손재할 운이요, 자손의 일로 말못할 일이 생길 운이다.

3월 : 혼자만 아는 재물이 생길 운이요, 애인이 생길 운으로 그 덕이 길하리라.

4월 : 해외로 나갈 운으로 길하리라. 뜻을 이루고 매사에 희망이 있으니 대길한 운이다.

5월 : 풍년세월에 친구와 누각에 올라 즐길 운이요, 관대를 찰 운이다. 가정에 경사가 생길 운이요, 뜻을 이룰 운이다.

6월 : 말없이 새로운 변화를 찾을 운이요, 새로운 일을 시작할 운이다. 그러나 무리하면 손해를 본다.

7월 : 상가를 조심해라. 가정에 우환이 따를 운이요, 믿은 사람에게 배신당할 운이다.

8월 : 형제나 동료의 일로 심신이 불안할 운이요, 가까운 사람이 해롭게 할 운이니 조심해라.

9월 : 부모의 일로 근심이 생길 운이요, 문서로 관에 갈 운이다. 분수를 알고 자중하면 해는 면하리라.

10월 : 혈육간에 이별할 운이다. 자손의 근심과 애통한 일이 생길 운이다. 액운을 면하려면 용궁전에 기도하라.

11월 : 다투지 마라. 관재가 따를 운이다. 자손의 근심이 생기거나 아랫사람의 근심이 생긴다.

12월 : 맑은 하늘에 먹구름이 끼는 운이다. 가정에 근심이 생길 운이요, 부모의 일로 근심이 생길 운이요, 문서를 잃거나 사기를 당할 운이니 조심해라.

정월 : 동료나 친구와 타관으로 나갈 운으로 대길하리라. 재물 때문에
　　　마음을 잡지를 못하고 산란하나 길운이니 손재는 없다.

2월 : 부부에게 경사가 생길 운이요, 새로운 재물을 얻을 운이다. 구
　　　관이 명관이라 새것 보다 옛것이 이롭다. 과욕을 부리지 마라.

3월 : 다른 사람의 모함으로 문서에 손재가 따를 운이요, 부모의 일로
　　　말못할 근심이 생길 운이다.

4월 : 시작은 어려워도 결실을 얻을 운이다. 하나를 얻고 하나를 잃을
　　　운으로 길흉이 반반이다.

5월 : 주색을 조심해라. 실물수가 있다. 산토끼를 잡으려다 집토끼가
　　　나가는 것을 모르는 격이다. 상가에 가지 마라. 가정에 우환이
　　　생긴다.

6월 : 관재가 따를 운으로 내것을 잃고 마음이 상할 일이 생긴다. 문
　　　서로 근심이 생긴다. 때를 기다리면 큰 해는 없으리라.

7월 : 형제의 일로 근심이 생길 운이요, 가까운 사람을 잃을 운이다.
　　　묘년생은 형제나 동료 때문에 풍파가 따를 운이다.

8월 : 외로운 밤길에서 동행을 만나는 운이요, 어두운 밤이 지나고 밝
　　　은 아침이 오는 운이다. 주위에 많은 사람이 모이나 해는 없다.

9월 : 용두사미격의 운이니 뜻을 이루기 어렵다. 매사 분수를 알고 행
　　　하면 큰 해는 면하리라.

10월 : 뜻밖에 귀인의 도움을 받을 운이요, 어두운 밤이 가고 밝은 아
　　　침이 오는 운으로 가정이 화목하다. 그러나 과욕은 금물이다.

11월 : 용이 여의주를 얻어 조화가 무궁한 운이요, 자손이 출세할 운
　　　이니 가정에 경사가 생긴다. 귀자를 얻을 운으로 길하리라.

12월 : 재물을 잃을 운이니 과욕을 버려라. 아니면 가정에 우환이 생
　　　긴다. 부모와 이별수가 있고, 문서 사기를 당할 운이다.

정월 : 마음이 산란하고 들뜰 운으로 내것을 두고 남의 것을 탐내다
　　　손재를 볼 수 있다.

2월 : 부부가 멀어질 운이요, 말못할 재물을 얻을 운이요, 애인이나
　　　첩이 생길 운이다.

3월 : 부모의 일로 근심이 생기거나 문서 사기를 당할 운이요, 마음이
　　　나 생각을 활용하지 못할 운이니 조심해라.

4월 : 먹구름이 걷히는 운으로 만사가 순조롭고 편안하다. 해외로 나
　　　갈 운으로 손해는 없으리라.

5월 : 시작과 생각이 좋은 운이나 장애가 많아 뜻대로 이루기는 어려
　　　울 운이다. 새로운 인연을 찾아나설 운이다.

6월 : 하는 일마다 장애가 따르는 운으로 되는 일이 없다. 부모의 일
　　　로 근심이 생길 운이요, 문서로 말못할 근심이 생길 운이다.

7월 : 형제나 동료의 변화가 있는 운으로 새로운 친구를 얻을 수 있
　　　다. 을년생과 경년생은 바람끼가 발동할 운이고, 묘년생은 이성
　　　이나 친구로 인하여 한숨을 쉴 운이다.

8월 : 만사가 좋은 것 같으면도 뜻대로 풀리지 않을 운이다. 바른 마
　　　음을 어기고 욕심을 부리면 구설수가 따른다.

9월 : 마음과 몸이 따로 놀고 있으니 몸만 분주하다. 자중하라.

10월 : 어두운 밤이 가고 밝은 아침이 오는 운이니 가정이 화평하다.
　　　　봄가뭄에 단비가 내려 초목에서 꽃이 피는 운이다. 진년생과
　　　　사년생은 자손의 풍파가 따를 운이니 조심해라.

11월 : 만사가 뜻대로 이루어질 운이다. 자손의 경사가 있고 출세할
　　　　운이다. 자손의 일로 관에 갈 운도 있다.

12월 : 관재구설이 침범하니 항상 조심해라. 욕심을 부리지 않고 때
　　　　를 알아 처신하면 해는 면하리라.

정월 : 가정에 풍파가 따를 운으로 부부의 근심이 생기거나 사업에 어려움이 따른다. 학생은 학업이 중단될 운이다.

2월 : 부부나 재물에 변화가 있을 운으로 새로운 인연을 만날 수 있다. 바람끼가 발동하나 큰 덕이 되지는 않는다.

3월 : 새로운 문서를 잡을 운이요, 부모나 윗사람의 일로 경사가 생길 운이다. 그러나 소득은 적으니 무리하지 마라.

4월 : 다른 사람의 도움을 받으나 기대만큼 성취하기는 어렵다. 과욕은 심력만 허비할 뿐이니 자중하라.

5월 : 새로운 변화를 모색할 운이다. 만사가 시작은 좋으나 결실이 없을 운으로 심력만 허비할 뿐이다.

6월 : 가정에 그늘이 드리워지는 운으로 부모에게 우환이 있고, 문서로 인하여 어려운 일이 따른다.

7월 : 동료나 가정의 우환이 따를 운이다. 과욕을 부리면 손재수가 따르나 꾸준히 노력하면 길하리라. 을 · 경년생은 이성의 변화가 생기고, 묘년생은 형제나 동료로 인하여 고통이 따를 운이다.

8월 : 형제와 동료의 경사가 생길 운이다. 시작이 크고 화려하나 결과는 미미하다.

9월 : 만사가 뜻대로 되지 않고 과소평가되는 운이요, 시작은 화려하나 결실은 미미할 운이다.

10월 : 상가를 조심해라. 자손의 근심이 생길 운이요, 자손이 집을 나갈 운이요, 유산할 운이다.

11월 : 집안에 경사가 생길 운이요, 자손이 출세할 운이나 소득은 미미하다.

12월 : 관재구설이 침범하니 문서를 조심해라. 부모나 문서 때문에 관에 갈 운이나 사소한 일이다.

정월 : 하늘의 도움으로 뜻을 이룰 운이다. 부모의 경사가 생기거나 문서로 횡재할 운이다.

2월 : 부부가 멀어질 운이요, 재물이 달아나는 운이니 가정에 어두운 그늘이 생긴다. 자신의 위치를 지키는 것이 중요하다.

3월 : 용이 여의주를 얻는 운이다. 문서로 횡재할 운이요, 부모의 경사가 생길 운이다.

4월 : 시작은 화려하나 결실을 보기 어려울 운이다.

5월 : 긴 가뭄 끝에 단비가 내려 초목에서 꽃이 피는 운으로 뜻을 이룬다. 가정에 경사가 생기고, 부동산으로 횡재할 운이다.

6월 : 말못할 문서를 잡을 운이요, 부모 때문에 사방으로 분주할 운이요, 생각이 많은 운이나 활용하기는 어렵다. 을년생과 계년생은 부모의 일로 고통이 따르고, 정년생은 부부나 이성에게 어려운 일이 생기고, 인년생은 자신을 낮추고 지낼 운이다.

7월 : 상가를 조심해라. 가정에 우환이 생긴다. 주위 사람들로부터 멀어질 운이다. 허욕을 부리면 실패하고 가정불화가 생긴다.

8월 : 가까운 사람이나 믿은 사람에게 배신당할 운이요, 형제로 인한 우환이 따를 운이니 외롭고 허전하다.

9월 : 어두운 밤이 가고 밝은 아침이 오는 운으로 뜻을 이룬다. 고통은 사라지고 심신이 편안하다.

10월 : 가정에 경사가 생길 운이요, 자손의 경사가 생길 운이다. 그러나 비밀스런 일을 할 운으로 활발하지는 못하다.

11월 : 상가를 조심해라. 아랫사람이나 자손에게 우환이 따를 운이요, 자손이 떠나갈 운이다.

12월 : 재물의 노예가 될 운이다. 주색을 삼가하라. 구설수가 침범한다. 이성을 경계해라. 형액이 두렵다.

圓空秘訣 281

정월 : 새로운 재물을 얻을 운이요, 새로운 짝을 구할 운이다. 아끼는
　　　것을 주고도 기분 좋을 운이다

2월 : 많은 사람과 이성이 따를 운이요, 많은 일거리가 생길 운이다.
　　　그러나 풍파가 따르니 신중하게 처신하라.

3월 : 외로운 기러기가 짝을 만나는 운이요, 도화가 만발하여 봉접이
　　　몰려드는 운으로 길하리라.

4월 : 가는 길이 험난할 운이니 죽을 생각만 한다. 만사가 불안하니
　　　심신이 고달프다.

5월 : 다른 사람과 다투지 말고, 과욕을 부리지 마라. 구설과 손해가
　　　따른다. 화성(火姓)은 해로우니 조심해라.

6월 : 생각과 일이 많을 운이요, 많은 문서를 얻을 운이나 구설수가
　　　있다. 을년생과 계년생은 부모의 일로 애통할 운이요, 정년생은
　　　부부간에 고통이 따를 운이요, 인년생은 문서나 정신적인 고통
　　　이 따를 운이다.

7월 : 새로운 희망이 솟는 운이다. 주위의 도움으로 만사가 순조롭다.

8월 : 형제가 사방으로 흩어질 운이요, 가까운 사람이나 믿은 사람들
　　　이 멀어질 운이니 외롭고 허전하리라.

9월 : 얻는 것은 작고 잃는 것이 많을 운이나 성실하게 노력하면 성공
　　　할 수 있다. 믿은 사람이 배신하니 손재수가 따른다.

10월 : 관재가 따를 운으로 자손의 일로 관에 갈 운이다. 아랫사람 때
　　　　문에 풍파가 있으나 신중하게 처신하면 큰 해는 면하리라.

11월 : 가정에 어두운 그림자가 드리우는 운이다. 자손과 이별수가
　　　　따를 운이요, 자손의 일로 구설이 따를 운이다.

12월 : 길운으로 시작은 어려운 것 같으나 결과는 좋으리라. 귀인의
　　　　도움으로 뜻을 이룬다.

정월 : 새로운 인연을 만날 운이요, 내것을 잃고도 말못할 일이 생길
　　　운이요, 허욕을 부리다 망신당할 운이니 조심해라.

2월 : 부부의 근심이 생길 운으로 심하면 이별할 수도 있다. 재물에
　　　손해가 따를 운이다.

3월 : 마음의 정처를 잡기 어려울 운이다. 부모의 일로 근심이 생기거
　　　나 문서로 방황할 운이다.

4월 : 새로운 희망이 있는 운으로 출세욕과 욕망이 강할 운이나 해는
　　　없으리라.

5월 : 매사에 욕심을 부리는 운이나 지나치면 해가 되고, 자중하면 해
　　　는 면하리라.

6월 : 방해자가 따르는 운으로 뜻대로 되지 않으니 심력만 허비한다.

7월 : 귀인의 도움을 받을 운으로 심신이 안락하리라. 주위의 많은 사
　　　람이 도와주니 만사가 순조롭게 성사된다.

8월 : 형제의 일로 관에 갈 운이요, 관의 피해를 많이 볼 운이다.

9월 : 문서로 다른 사람과 의를 상할 운이요, 부모와 멀어질 운이다.

10월 : 가정에 경사가 생길 운이요, 자손이 관대를 찰 운으로 길하다.
　　　　시작은 좋으나 나중에는 곤경에 처할 운이요, 자손의 일로 여
　　　　행을 떠날 운이다.

11월 : 만사가 순조로우니 심신이 편안하다. 풍년세월에 친구와 거문
　　　　고를 타면서 신선놀음할 운으로 길하리라.

12월 : 어두운 밤이 가고 밝은 아침이 오는 운이다. 부모의 경사가 생
　　　　길 운이요, 문서를 잡을 운이다.

정월 : 부부의 일로 마음이 산란하고, 직장문제로 마음이 불안하고, 동료와 여행을 떠날 운이다. 이성을 경계해라. 내것만 잃는다.

2월 : 믿은 사람이 원수가 되는 운이니 가까운 사람을 경계하라. 재물이나 이성에 집착하지 마라. 구설수가 있다. 을년생은 바람끼를 조심하고, 신년생은 재물이나 부부문제로 정신이 산만해진다.

3월 : 귀인의 도움으로 어려운 일을 해결할 운이요, 비밀스런 문서를 잡을 운이다.

4월 : 내것을 잃고 망신당할 운이나 입을 조심하고 분수를 지키면 손재는 면하리라. 부부간에 갈등도 생길 운이다.

5월 : 뜻을 이루기 어려울 운이다. 신중하게 대처하면 해는 면하리라.

6월 : 관을 상대하는 일은 장애가 따라 성사되기 어려울 운이다. 부모의 일로 관에 갈 운이요, 의욕을 잃을 운이다.

7월 : 혈육간에 이별하거나 형제간에 이별수가 따를 운이다. 주의하라. 믿은 사람이 등을 돌릴 운이다.

8월 : 십 년 가뭄에 단비가 내려 고목에서 꽃이 피는 운이요, 정원에 매화가 만발하여 봉접이 모여드는 운이다. 형제에게 경사가 생기거나 주위에 많은 사람이 모여들 운이다.

9월 : 믿는 도끼에 발등찍힐 운이다. 부부간에 이별하거나 재물에 손해가 따른다. 활동은 많으나 소득이 없을 운이요, 내것을 잃고도 말못할 일이 생길 운이다.

10월 : 자손의 일로 말못할 근심이 생길 운이요, 유산할 운이다.

11월 : 도와주는 사람이 생길 운으로 재물을 얻고 가정도 화목하다. 과욕을 부리지 마라. 오히려 손해를 본다.

12월 : 하늘이 무너지는 운이요, 맑은 하늘에 먹구름이 끼는 운이다. 부모의 일로 고통이 생기거나 문서에 애로가 생긴다.

정월 : 자손의 일로 경사가 생기지 않으면 자손과 헤어질 운이요, 동료와 길을 떠나거나 동료와 우애가 상할 운이다.

2월 : 부부에게 경사가 생길 운이요, 재물에 횡재가 생길 운이다. 결혼할 운으로 길하다.

3월 : 문서를 잃을 운이니 사기를 조심해라. 부모의 근심이나 이별수가 따를 운이요, 자신의 의견이 활용되지 못할 운이다.

4월 : 해외로 나갈 운이요, 관을 상대로 큰 일을 할 운이다. 뜻을 이룰 운으로 길하리라.

5월 : 상가에 가지 마라. 가정에 우환이 생길 운이다. 자손의 근심이 생기거나 슬하에 액운이 있다. 외지에서 고생하나 소득은 없다.

6월 : 부모나 문서로 말못할 어려움이 따를 운이다.

7월 : 하늘에 먹구름이 걷히고 밝은 태양이 솟아나는 운이다. 귀인의 도움으로 심신이 편안하다.

8월 : 하나를 얻고 하나를 잃을 운으로 길흉이 반반이다. 주위에 많은 사람이 모이나 모두 덕이 되지 않으니 주의해서 선택하라.

9월 : 상가를 조심해라. 문서를 잃을 운이요, 가정에 우환이 생길 운이다. 만사가 뜻과 같지 않으니 심신이 피곤하다.

10월 : 어두운 밤이 가고 밝은 아침이 오는 운이요, 매화가 봄비를 만나 만발하는 운이다. 가정에 경사가 생길 운이요, 만사가 순조롭게 뜻을 이룰 운이다.

11월 : 슬하에 경사가 생길 운으로 자손이 출세하고 뜻밖의 사람에게 도움을 받는다.

12월 : 가정에 우환이 생길 운이다. 부모와 이별하거나 근심이 생길 운으로 덕이 없고 심신이 피곤하리라.

정월 : 부부의 근심이나 갈등이 생길 운이요, 재물에 손해가 따를 운이다. 처음에는 잃으나 나중에는 회복될 운이다.

2월 : 어두운 하늘에 먹구름이 걷히는 운이요, 어두운 밤길에 보름달이 떠오르는 운이다. 부부에게 경사가 생길 운이요, 재물 횡재가 따를 운이다. 섬유계통이 대길하리라.

3월 : 가정에 경사가 생길 운이요, 학문으로 뜻을 이룰 운이요, 자신의 의견을 인정받을 운이다.

4월 : 주위의 도움으로 뜻을 이루고, 혼자 간직한 뜻을 발휘한다.

5월 : 시작은 화려하나 나중에는 눈물을 흘릴 운이다. 그러나 자중하면서 분수를 지키면 큰 해는 면하리라.

6월 : 모든 일이 성사되지 않을 운이니 답답하다. 입을 닫고 조용히 지내면 손해는 없으리라. 금성(金姓)을 조심해라. 피해가 크다.

7월 : 가까운 사람이나 믿은 사람이 등을 돌리고 멀어질 운이다. 을년생과 경년생은 이성문제로 풍파가 따르고, 묘년생은 형제나 동료의 일로 정신적인 고통이 따를 운이다.

8월 : 형제나 동료의 일로 경사가 생길 운이다. 신년생은 허영심이 발동하고, 자년생은 친구나 형제의 일로 풍파가 따를 운이다.

9월 : 부부간의 갈등을 조심해라. 새로운 일을 하지 마라. 옛것을 지키면 손해는 없으리라. 주색을 조심해라. 구설수가 따른다.

10월 : 뜻밖의 사람이 도와주는 운으로 가정에 경사도 있으리라. 뜻을 이루니 심신이 편안하다.

11월 : 자손의 근심이 생길 운이요, 자손의 일로 말못할 근심이 생길 운이다. 과욕을 버리면 손재는 면할 수 있다.

12월 : 가정에 어두운 그늘이 드리우는 운이다. 부모에게 우환이 생기거나 문서를 잃을 운이요, 학생은 학업이 중단될 운이다.

정월 : 관대를 찰 운으로 뜻을 이룬다. 부모의 경사가 생길 운이요, 학
　　　문으로 출세할 운이요, 실력을 인정받을 운이다.

2월 : 가정에 근심이 생길 운이다. 부부의 근심이 생기거나 이별수가
　　　따를 운이요, 재물 손해를 볼 운이다.

3월 : 모함하는 사람이 있을 운이니 사기를 조심해라. 믿은 사람이 배
　　　신할 운이다. 부모와 이별운이 있으니 가정이 불길하다.

4월 : 출세욕과 허욕이 발동하나 결실이 없을 운이니 무리하지 마라.

5월 : 하나를 얻고 하나를 잃을 운으로 길흉이 반반하다. 모함하는 사
　　　람이 있으나 욕심을 버리고 분수를 지키면 해는 면한다.

6월 : 여자의 도움으로 뜻을 이룰 운이요, 윗사람의 덕으로 어려움 없
　　　을 운이다. 나가면 불리하고 집안에 있으면 길하다. 을년생과
　　　계년생은 부모의 일로 애통하고, 정년생은 이성의 풍파가 있고,
　　　인년생은 학업이나 정신적인 문제로 질병을 얻을 운이다.

7월 : 주위에 많은 사람이 모이나 덕이 되는 사람은 없다. 가까운 사
　　　람을 경계하라. 믿은 사람에게 배신당할 운이다.

8월 : 가정에 근심이 생길 운이요, 형제간에 이별수가 따를 운이요,
　　　가까운 사람과 멀어질 운이다.

9월 : 가정이 편안하고 화목할 운이다. 부모의 경사가 생길 운이요,
　　　학문이나 바른 마음으로 기분좋은 일이 생길 운이다.

10월 : 귀인의 도움으로 좋은 소식이 있을 운이다. 음성적인 재물이
　　　　생길 운이다. 과욕을 버리고 꾸준히 노력하면 성공하리라.

11월 : 따뜻한 봄이 오는 운으로 가정에 경사가 생긴다.

12월 : 부부간에 화합하여 편안한 가정을 이룰 운이다. 바른 마음으
　　　　로 전진하면 모든 일을 뜻대로 성취한다. 문서나 부동산으로
　　　　횡재할 운이다.

정월 : 좋은 일로 내것을 줄 운이요, 하나를 얻고 하나를 잃을 운이다.

2월 : 상가를 조심해라. 부부의 근심이 생기거나 재물에 손해가 따를 운이다.

3월 : 앞길이 형통하니 반드시 재물이 이롭고, 모사를 순성하니 생활이 태평하다. 집안에 경사가 있고, 슬하에 경사가 있다.

4월 : 어두운 밤길에서 방향을 잃는 운이요, 태양이 먹구름 속으로 숨는 운이니 애통하고 자탄할 일이 생긴다.

5월 : 만사가 뜻대로 되지 않고 어려울 운이나 결실은 얻을 수 있다.

6월 : 정원에 매화가 만발하여 봉접이 모여드는 운이요, 십 년 흉년 끝에 풍년을 만나는 운이니 심신이 화락하다.

7월 : 자손의 경사가 생길 운이요, 임신할 운이요, 나를 도와줄 아랫사람이 모여드는 운으로 편안하고 안정된다.

8월 : 허욕을 부리지 마라. 끝내는 불길하다. 형제의 근심이 생길 운이요, 형제간에 이별할 운이다.

9월 : 어려운 일이 생길 운이다. 윗사람과 상의하면 해는 면할 수 있다. 허욕을 부리면 어려우니 자중하라.

10월 : 깊은 산 속의 작은 토끼가 어찌 범떼를 막겠는가. 다른 사람을 믿지 마라. 간혹 구설이 있다. 북방은 길하나 남방은 해롭다.

11월 : 자손의 근심이 생기거나 아랫사람 때문에 어려움에 처할 운이요, 아랫사람과 사랑에 빠질 운이다. 유년생은 아랫사람 때문에 정신적인 고통이 따를 운이다.

12월 : 어두운 밤이 가고 밝은 아침이 오는 운으로 가정에 경사가 생긴다. 부모의 경사가 생기거나 문서로 횡재할 운이다. 을년생과 정년생과 계년생은 부모로 인한 고통이 있고, 계년생은 이성으로 마음이 산란해지고, 오년생은 신경성질환이 따른다.

정월 : 귀성이 문에 비치니 귀인을 만날 운이다. 집안에 경사가 있으
　　　니 가족이 늘고 전장을 산다. 뜻밖의 재물을 얻는다. 갑년생과
　　　병년생은 바람끼가 발동할 운이니 풍파를 주의하라.

2월 : 허욕을 부리다 망신당할 운이다. 재물이나 사업문제로 말못할
　　　일이 생길 운이요, 이성으로 풍파가 따를 운이다.

3월 : 모함하는 사람이 있으니 심신이 불안할 운이다. 문서를 잃거나
　　　부모의 근심이 생길 운이다.

4월 : 처음과 끝이 하나같으니 반드시 영귀함이 있다. 화성(火姓)을
　　　조심해라. 방해가 된다. 횡재나 자손의 경사가 따른다.

5월 : 관재구설이 침범할 운이니 매사에 신중한 것이 제일이다. 뜻을
　　　이루지 못하니 심신이 허탈하다.

6월 : 가정에 우환이 생길 운이요, 부모의 근심이 생기거나 문서로 사
　　　기를 당할 운이요, 학생은 새로운 학업을 할 운이다.

7월 : 풍년을 맞아 미녀와 술잔을 따르는 운이요, 마음에 드는 동료를
　　　얻을 운이요, 형제에게 경사가 생길 운이다.

8월 : 험난하고 어려운 고비를 넘기고 새로운 희망이 솟는 운으로 만
　　　사가 순조로우니 심신이 편안하다.

9월 : 귀인의 도움으로 뜻을 이루고 출세할 운이니 가정에 경사가 생
　　　긴다. 그러나 모함하는 사람이 있으니 가까운 사람을 경계하라.

10월 : 시작은 화려하나 결실을 보기 어려울 운이요, 아랫사람 때문
　　　에 방황할 운이다.

11월 : 먼 길을 떠나지 마라. 불리하다. 자손이 떠나는 운이요, 아랫
　　　사람 때문에 어려운 일이 생길 운이다.

12월 : 가까운 사람과 멀어질 운이요, 믿은 사람이 등을 돌릴 운이요,
　　　문서를 잃거나 부모와 이별할 운이다.

정월 : 새로운 인연을 만날 운이요, 내것을 주고도 구설을 들을 운이
　　　다. 옛것을 지키는 것이 상책이다.

2월 : 욕심을 부리나 내것을 잃을 운이요, 부부의 근심이 생기거나 재
　　　물에 손해가 따를 운이다.

3월 : 부모나 윗사람과 의리가 상할 운이요, 문서로 손해볼 운이다.
　　　갑년생은 부모의 애통함이 있고, 무 · 기년생은 사치나 허영심
　　　이 발동할 운이다.

4월 : 어두운 밤이 가고 밝은 해가 솟아오르는 운이요, 가뭄에 단비가
　　　내려 초목에서 새순이 돋는 운이다.

5월 : 직장인은 사직하거나 좌천되고, 학생은 학업이 중단될 운이다.

6월 : 의견을 인정받을 운이요, 뜻을 세상에 내놓을 운이다.

7월 : 가정에 경사가 생길 운이요, 형제의 경사가 생길 운이다. 그러
　　　나 장애가 따르니 주위에 신경쓰도록.

8월 : 가정에 그늘이 드리워지는 운으로 형제의 근심이 생길 수 있다.
　　　믿은 사람이나 가까운 사람과 멀어질 운이다.

9월 : 문서로 횡재하거나 부모의 경사가 생길 운이다. 지루했던 장마
　　　가 걷히고 밝은 날이 시작되는 운이다.

10월 : 아랫사람의 근심이 생길 운이요, 아랫사람과 풍파가 따를 운
　　　 이다. 오해를 살 수 있으니 조심해라.

11월 : 자손의 열병을 주의하라. 자손의 일로 말못할 근심이 생길 운
　　　 이요, 가까운 사람과 멀어질 운이다.

12월 : 많은 생각과 일을 추진할 운이나 결실이 미미할 운이다. 을년
　　　 생과 정년생과 계년생은 부모의 고통이 있거나 학문을 잃을
　　　 운이요, 계년생은 이성으로 의심받을 일이 생길 운이요, 오년
　　　 생은 정신적인 고통이 따를 운이다.

圓空秘訣 3 1 4

정월 : 부부의 근심이 생길 운이요, 사업에 어려움이 따를 운이다. 직
　　　장인은 자리가 불안하고, 학생은 학업에 어려움이 생긴다.

2월 : 하나를 얻고 하나를 잃을 운으로 길흉이 반반이다. 부부간에 이
　　　별할 운이요, 재물에 손해가 따를 운이다.

3월 : 새로운 일에 도전할 운이요, 잃었던 물건을 찾을 운으로 길하
　　　다. 만사를 뜻대로 성취하니 길하리라.

4월 : 8월 보름달 아래에서 친구와 거문고를 타면서 즐길 운이다. 오
　　　곡이 풍요하고 만사가 순조로우니 심신이 태평하다.

5월 : 만사가 순조롭게 뜻을 이룰 운이다. 관을 상대로 큰 일을 할 운
　　　으로 해가 없다.

6월 : 정신적인 고통이 따를 운으로 부모나 문서로 근심할 운이다.

7월 : 시작은 좋으나 얻는 것은 없을 운이다. 뜻을 이루지 못하고 가
　　　정이 편안하지 못하니 심신이 불안하다.

8월 : 경거망동하지 마라. 친구의 원한이 클 운이다. 가까운 사람이나
　　　믿은 사람이 등을 돌릴 운이다. 신년생은 허영심이 발동하고,
　　　자년생은 친구나 동료 때문에 정신적인 우환이 따를 운이다.

9월 : 새로운 희망이 떠오르는 운이다. 새로운 문서를 잡을 운이요,
　　　부모의 경사가 생길 운이다.

10월 : 믿는 도끼에 발등찍힐 운이다. 다른 사람의 말을 믿지 마라.
　　　　구설수가 따르거나 자손의 근심이 생긴다.

11월 : 상가를 조심해라. 아랫사람 때문에 근심이 생길 운이다. 자손
　　　　을 음해하는 사람이 있으니 불안하다.

12월 : 귀인의 도움으로 뜻을 이룰 운이다. 분수를 지키면 손해는 없
　　　　을 운이다.

圓空秘訣 3 1 5

정월 : 부부에게 경사가 생길 운이요, 미혼자는 결혼할 운이다. 재물
  에 길운이 들어오니 길하다.

2월 : 문서나 부동산으로 횡재할 운이요, 부정한 재물을 얻을 운이다.
  애인이 생길 운으로 길하리라.

3월 : 다른 사람의 도움으로 뜻을 이룬다. 형제에게 경사가 생기거나
  동료에게 좋은 소식이 있다. 가정이 태평하니 심신이 편안하다.

4월 : 상가에 가지 마라. 의욕을 상실하고 자탄할 일이 생긴다. 망신
  살이 있어 구설이 분분하니 입을 열지 마라.

5월 : 태양이 먹구름 속으로 들어가는 운이니 자신의 마음이나 의지
  를 일아주는 사람이 없다. 주위에 시기하고 질투하는 사람이 있
  으니 조심해라.

6월 : 문서나 부동산으로 횡재할 운이다. 봄가뭄에 단비가 내려 초목
  에서 꽃이 피는 운으로 가정에 경사가 생긴다.

7월 : 새로운 희망이 솟아나는 운이다. 을년생과 경년생은 애인이 생
  기거나 바람끼가 발동하고, 묘년생은 형제나 동료의 일로 정신
  적인 고통이 따를 운이다.

8월 : 시작은 화려하고 좋으나 결실을 얻기 어려울 운이다.

9월 : 분수 밖의 것을 탐하지 마라. 손해만 따른다. 매사에 자중하면
  서 때를 기다리면 큰 해는 없으리라.

10월 : 귀인의 도움으로 뜻을 이룰 운이다. 가정에 근심이 사라지고
  경사가 생긴다. 봄가뭄에 단비가 내려 초목이 무성할 운이다.

11월 : 아랫사람의 일로 근심이 생길 운이요, 자손의 근심이 생길 운
  이요, 자손의 일로 관에 갈 운이다.

12월 : 부모와 이별하거나 문서를 잃을 운이다. 하나를 얻고 하나를
  잃을 운으로 길흉이 반반이다.

정월 : 관대를 찰 운이다. 부부에게 경사가 생길 운이요, 재물로 횡재
　　　할 운이요, 미혼자는 결혼할 운이다.

2월 : 상가를 조심해라. 구설수가 따른다. 직장인은 자리를 잃을 운이
　　　니 조심해라. 그러나 문서나 부동산으로 횡재할 운도 있다.

3월 : 뜻을 이룰 운이요, 과거급제할 운으로 가정에 경사로다.

4월 : 어두운 그림자가 사라지고 밝은 희망이 나타나는 운이다. 관의
　　　출세가 아니면 하는 일에 관의 큰 덕을 볼 운이다.

5월 : 다른 사람의 도움으로 뜻을 이룰 운이요, 비밀스런 일을 추진할
　　　운이다.

6월 : 직장에서 근심할 일이 생기거나 자리를 옮길 운이다. 부모와 헤
　　　어지거나 가까운 사람과 이별할 운이다.

7월 : 가정에 우환이 따를 운이다. 가까운 사람과 멀어질 운이요, 형
　　　제간에 이별할 운이다.

8월 : 형제나 동료의 일로 관에 갈 운이요, 믿은 사람이나 가까운 사
　　　람이 등을 돌리고 멀어질 운이다.

9월 : 과욕으로 망신당할 운이다. 부모에게 우환이 따르고, 문서로 사
　　　기당할 운이다. 카드나 보증 등을 조심해라. 갑년생은 부모의
　　　고통이나 문서에 애로가 생기고, 경년생은 이성의 풍파가 따르
　　　고, 진년생과 사년생은 정신질환이 따를 운이니 조심해라.

10월 : 이사하거나 여행할 운이다. 뜻을 이루지 못할 운으로 근심만
　　　쌓인다. 윗사람의 근심이 있다.

11월 : 만사가 순조롭지 못하니 관재구설을 조심해라. 남의 말을 듣
　　　지 마라. 손해만 있고 득은 없다. 자손의 근심이 생길 운이다.

12월 : 속마음을 표현하지 못하고 혼자 근심할 운이요, 부모의 일로
　　　말못할 근심이 생길 운이다.

정월 : 귀인이 도와주는 운이요, 밤길에 밝은 달이 나타나는 운으로
　　　 만사가 길하다. 갑·병년생은 이성문제로 풍파가 따른다.

2월 : 뜻은 있으나 이룰 수 없는 운이다. 다른 사람을 의심하다 허송
　　　 세월하는 운이다.

3월 : 상가를 조심해라. 오해를 받을 일이 생긴다. 내것을 잃고 구설
　　　 을 들을 운이니 조심해라.

4월 : 귀인의 도움으로 뜻을 이룰 운이다. 문서나 부동산에 문제가 생
　　　 겨 오래가거나 부모와의 일이 오래간다. 해년생과 무년생은 정
　　　 신적인 우환이 생길 운이니 조심해라.

5월 : 관대를 찰 운이요, 출세할 운이다. 부모의 경사가 생기거나 학
　　　 문에 좋은 소식이 있을 운이요, 문서로 횡재할 운이다.

6월 : 재물이 길가에 있으니 억지로 구하면 얻는다. 6월과 7월에는
　　　 만사에 장애가 따른다. 다른 사람을 경계해라.

7월 : 자손의 근심이 생길 운이요, 자손과 이별할 운이요, 아랫사람
　　　 때문에 어려운 일이 생길 운이다.

8월 : 가정에 경사가 생길 운으로 주위의 도움으로 뜻을 이룬다.

9월 : 나를 믿고 따르던 사람들이 멀어질 운이요, 형제나 동료의 근심
　　　 이 생길 운이다.

10월 : 많은 일을 벌릴 운이요, 많은 사람들과 어울릴 운이요, 많은
　　　 이성이 생길 운이다.

11월 : 부부의 근심이 생길 운이요, 재물에 변화가 생길 운이요, 애인
　　　 이 생길 운이다. 미혼자는 결혼할 운이다.

12월 : 믿은 사람이 등을 돌릴 운이요, 가까운 사람과 멀어질 운이다.
　　　 형제의 근심이 생기거나 혼자 외로울 운이다.

정월 : 뜻은 있으나 길이 없을 운으로 막막할 뿐이다. 의심받을 일을
　　　하지 마라. 만사에 장애가 따를 운이다.

2월 : 하늘이 돕는 운이니 만사가 뜻대로 성사되어 심신이 편안하다.
　　　말로 큰 일을 도모할 운이다.

3월 : 큰 뜻이 좌절될 운이다. 욕심을 부리면 손재가 따를 수 있으니
　　　분수를 알고 때를 기다려라.

4월 : 하나를 얻고 하나를 잃을 운이다. 새로운 변화를 찾지 마라. 하
　　　던 일도 되지 않는다. 자중하면서 때를 기다리면 복이 오리라.

5월 : 다른 사람의 방해로 마음을 잃을 운이요, 부모의 문서로 말못할
　　　근심이 생길 운이다.

6월 : 다투지 마라. 관재구설이 침범한다. 형제의 일로 관에 갈 운이
　　　요, 형제와 이별수가 따를 운이다.

7월 : 하나를 얻고 하나를 잃을 운으로 길흉이 반반이다. 자손의 근심
　　　이 생길 운이요, 자손의 일로 여행을 떠날 운이다.

8월 : 귀자를 얻을 운이요, 자손의 일로 경사가 생길 운으로 집안이
　　　화평하고 심신이 순조롭다.

9월 : 밤동산에 풍년이 드는 운으로 가는 길이 평탄하다.

10월 : 다른 사람의 도움으로 즐거운 일이 생길 운이요, 부부간에 말
　　　　못하고 혼자만 아는 일이 생길 운이다.

11월 : 부부의 근심이 생길 운이요, 재물에 풍파가 따를 운이요, 내것
　　　　은 주고도 좋은 일이 생길 운이다.

12월 : 시비를 조심해라. 구설이 침범할 운이다. 손재수가 있으니 목
　　　　성(木姓)을 조심해라.

정월 : 하나를 얻고 하나를 잃을 운으로 길흉이 반반이다. 뜻은 있으
　　　나 이루지 못하니 심력만 허비한다.

2월 : 친구와 동업하면 시작은 좋으나 얻는 것이 없다. 무리한 욕심을
　　　부리면 되는 일이 없으나 분수를 알고 행하면 길하리라.

3월 : 갑자기 친절한 사람을 경계하라. 끝내는 해가 된다. 신상이 위
　　　태로우니 도시에 가지 마라. 갑년생은 형제나 동료와 이별수가
　　　있고, 무년생과 기년생은 허영과 사치심이 발동하고, 무년생과
　　　해년생은 가까운 사람의 일로 정신적인 고통을 받을 운이다.

4월 : 부모의 경사가 생길 운이요, 문서로 좋은 일이 생길 운이다.

5월 : 횡액을 조심해라. 혈육간에 이별할 운으로 가정이 불안하다. 다
　　　른 일에 손대지 마라. 일에 그릇됨이 있다.

6월 : 봄가뭄에 단비가 내려 초목이 더욱 무성해지는 운이다. 뜻밖에
　　　귀인의 도움으로 뜻을 이룬다.

7월 : 가정에 경사가 생긴다. 자손이 출세할 운이요, 임신할 운이다.

8월 : 자손의 근심이 생길 운이요, 자손과 이별수가 따를 운이다. 아
　　　랫사람과 오해가 발생할 운이니 조심해라.

9월 : 풍년을 만나는 운으로 심신이 화락하다. 서북방에 길함이 있으
　　　니 반드시 여자이다. 북방으로 가면 이롭다.

10월 : 구해도 얻지 못할 운으로 집에 있는 것만 못하다. 부부의 근심
　　　이 생길 운이요, 새로운 연인이 생길 운이다.

11월 : 추운 겨울이 가고 봄이 오니 풍년을 기약하는 운이다. 신고함
　　　을 탓하지 마라. 마침내는 영화가 있다. 분수를 지켜라.

12월 : 형제나 동료와 이별할 운이다. 을년생과 정년생과 계년생은
　　　형제로 인하여 애통한 일이 생기고, 계년생은 이성의 풍파가
　　　따르고, 오년생은 형제나 동료의 일로 심적인 고통이 따른다.

정월 : 밝은 해가 먹구름 속으로 들어가는 운으로 마음을 표현하지 못하고 속상할 일이 생긴다. 욕심을 부리지 말고 자중하라.

2월 : 시작은 어려워도 결과는 있을 운이다. 주위에 불신하는 사람이 많으나 성실하게 처신하면 큰 해는 면하리라.

3월 : 호랑이 굴에 들어가 호랑이를 잡는 운이요, 어두운 밤길에 밝은 달이 떠오르는 운이요, 외로운 길손이 동행을 얻는 운이다.

4월 : 가정에 경사가 생길 운이요, 문서로 좋은 일이 생길 운이다. 학생은 다른 학문을 할 운이다.

5월 : 귀인의 도움으로 뜻을 이룰 운이요, 문서로 횡재할 운이요, 윗사람의 일로 경사가 생길 운이다.

6월 : 상가에 가지 마라. 슬하에 근심이 생긴다. 순리를 지키면 흉이 변하여 길해지리라. 주색을 조심해라. 구설수가 따른다.

7월 : 가정에 어두운 그늘이 드리워지는 운이다. 가까운 사람과 멀어질 운이요, 자손과 멀어지고 근심이 생길 운이니 조심해라.

8월 : 어두운 밤이 가고 밝은 아침이 오는 운으로 뜻을 이루니 가정이 화락하다. 원수가 친구로 변하니 심신이 편안하다.

9월 : 구설과 주색을 삼가하라. 형제의 우환이 따를 운이니 가정이 편안하지 못하다. 갑년생은 형제간에 이별수가 있고, 경년생과 무년생은 이성간에 풍파가 있고, 미혼자는 애인이 생기고, 진년생과 사년생은 형제나 동료의 일로 정신적인 고통이 따를 운이다.

10월 : 분수 밖을 탐하지 마라. 하는 일마다 장애가 생기니 갈수록 어려워진다. 그러나 꾸준히 노력하면 결과를 얻을 수 있다.

11월 : 부부의 근심이 생길 운으로 심하면 이별할 수도 있다. 사업문제로 어려움에 부딪힐 운이니 조심해라.

12월 : 가까운 사람의 도움으로 뜻을 이루나 내색하지 않는다.

정월 : 의지가 강한 운으로 희망이 있으니 심신이 편안하다.

2월 : 관을 상대로 일을 벌릴 운이요, 다른 사람의 도움으로 뜻을 이룰 운이다.

3월 : 과욕을 버리고 노력하면 길하리라. 처음에는 손해를 보는 것 같으나 나중에는 길하다. 귀인의 도움으로 뜻을 이룰 운이다.

4월 : 하나를 얻고 하나를 잃을 운이요, 시작은 좋으나 결실을 보기 어려울 운이다. 다른 사람을 모방하지 마라. 풍파가 따른다.

5월 : 문서로 사기를 당할 운이다. 부모의 근심이 따를 운이요, 정신적인 우환이 따를 운이다.

6월 : 형제의 근심이 생길 운이다. 을년생과 계년생은 형제의 애통함이 따르고, 정년생은 이성문제나 애인이 생기고, 인년생은 형제나 동료의 일로 정신적인 고통이 따를 운이다.

7월 : 어두운 밤이 지나고 밝은 아침이 오는 운이다. 임신하거나 자손의 경사가 생길 운이다.

8월 : 분수 밖의 것을 탐하지 마라. 가정에 우환이 생긴다. 만사에 장애가 생겨 되는 일이 없다. 서두르지 마라. 서서히 풀리리라.

9월 : 상가를 조심해라. 구설이 따를 운이다. 가까운 사람이나 믿은 사람이 등을 돌릴 운이니 조심해라.

10월 : 좋은 친구를 얻을 운이요, 미혼자는 애인이 생길 운이다. 주색을 조심해라. 구설수가 따른다.

11월 : 관의 구설을 들을 운이요, 부부의 근심이 생기거나 부부간에 이별을 생각할 운이다. 주색을 삼가하라. 풍파가 따른다.

12월 : 혈육간에 이별할 운이요, 슬하에 슬픈 일이 생길 운이다. 가정이 불길하니 토지신에게 기도하라.

정월 : 어두운 터널을 지나 밝은 대지로 나오는 운이다. 십 년 가뭄에
　　　단비가 내려 초목에서 새순이 돋는 운이다.

2월 : 관의 망신을 당할 운이다. 허욕을 부리지 마라. 되던 일도 좌절
　　　될 운이다.

3월 : 때를 기다려 일을 하면 큰 해는 없으나 무리하면 되는 일도 좌
　　　절된다. 시작은 좋은 것 같으나 결국에는 후회할 일이 생긴다.

4월 : 어두운 밤이 가고 밝은 아침이 오는 운이다. 부모의 경사가 생
　　　길 운이요, 문서로 횡재할 운이요, 학생은 학문으로 뜻을 이룰
　　　운이니 길하리라.

5월 : 문서 사기를 당할 운이다. 카드나 보증 등을 조심해라. 오해를
　　　받을 일이 생길 운이니 무리하지 마라.

6월 : 가정에 근심이 생길 운이요, 형제의 근심이 생길 운이다. 시작
　　　은 어려워도 결실을 맺을 운이다.

7월 : 하나를 얻고 하나를 잃을 운이다. 자손이나 아랫사람의 근심이
　　　생기거나 아랫사람에게 모함을 받을 운이니 조심해라.

8월 : 관재구설이 따를 운이요, 자손의 일로 관에 갈 운이다.

9월 : 과욕을 부리다 망신당할 운이다. 가까운 사람과 멀어질 운이요,
　　　믿은 사람이 등을 돌리고 멀어질 운이다.

10월 : 하늘이 도와주는 운이다. 부부에게 경사가 생길 운이요, 사업
　　　　이나 재물에 큰 이득이 생길 운이요, 미혼자는 결혼할 운이다.

11월 : 부부의 근심이 생길 운이요, 애인이나 친구가 생길 운이요, 내
　　　　것을 주고도 말못할 일이 생길 운이다.

12월 : 다른 사람의 도움으로 심신이 편안할 운이다. 형제나 동료 때
　　　　문에 즐거운 일이 생길 운이다.

정월 : 뜻이 좌절될 운이다. 부모의 우환이 따를 운이요, 문서의 근심
　　　이 생길 운이다.

2월 : 부모의 근심이 생길 운이요, 문서를 잃거나 문서로 어려운 일이
　　　나 방황할 일이 생길 운이다.

3월 : 가정에 경사가 생길 운이다. 자손의 영화가 있을 운이요, 임신
　　　할 운이다. 그러나 갑년생은 자손의 애통함이 있고, 무년생과
　　　기년생은 자손의 일로 허욕이 발동하고, 무년생과 해년생은 자
　　　손의 일로 정신질환이 따를 운이니 조심해라.

4월 : 용이 물을 잃는 격이니 뜻을 이루지 못한다. 분수를 지켜라.

5월 : 상가를 조심해라. 가까운 사람이나 믿은 사람이 멀어질 운이요,
　　　형제간에 갈등이 생길 운이다.

6월 : 봄이 돌아와 만물이 소생하는 운이다. 만사를 갖추어 이루니 뜻
　　　밖의 재물을 얻고, 가운이 왕성하니 귀인의 도움을 받는다.

7월 : 관으로 인하여 어려운 일이 생길 운이요, 부부의 근심이 생길
　　　운이요, 재물에 손해가 따를 운이다.

8월 : 달밝은 사창에 귀인을 가이 친한다. 부부문제가 생길 운이요,
　　　내것을 잃고도 말못할 일이 생길 운이다.

9월 : 가문 하늘에 단비가 내리는 운이요, 초목에 봄이 오는 운이니
　　　만사가 길하리라.

10월 : 동원의 도리가 비로소 열매를 맺는 운으로 작은 것을 쌓아 큰
　　　　것을 이루니 재물이 산과 같다. 만사가 순조롭고 편안하다.

11월 : 소망한 일을 반드시 이룰 운이다. 주위의 도움으로 가정이 편
　　　　안하다. 공직자는 자리 이동이 있을 수 있다.

12월 : 큰 것으로 작은 것을 바꾸는 운이니 반드시 손해가 있다. 분수
　　　　를 지키면 뜻밖의 횡재를 할 수 있다.

정월 : 어두운 그늘이 사라지고 밝은 태양이 솟아오르는 운이요, 용이
　　　여의주를 얻는 운이다. 만사가 순조로우니 심신이 편안하다.

2월 : 하나를 얻고 하나를 잃을 운으로 시작은 화려하나 결실은 미미
　　　하다.

3월 : 다른 사람의 음해로 자손의 근심이 생길 운이요, 자손과 이별할
　　　운이다.

4월 : 귀인의 도움으로 가정이 태평하다. 남방으로 가면 귀인의 도움
　　　을 받을 수 있다. 형제나 동료로 인하여 경사가 생긴다.

5월 : 관의 피해를 볼 운이다. 형제의 일로 관에 갈 운이다. 욕심을 부
　　　리면 패가망신할 수 있으니 조심해라.

6월 : 자손의 일로 마음이 상할 운이요, 아랫사람의 근심이 생긴다.

7월 : 하늘의 도움으로 일취월장할 운이요, 닭이 변하여 봉황이 되는
　　　운으로 작은 노력으로 많은 재물을 얻는다.

8월 : 가정에 경사가 생길 운이다. 부부에게 경사가 생길 운이요, 재
　　　물로 횡재할 운이요, 미혼자는 결혼할 운이다.

9월 : 만사를 성취할 운이다. 이름이 나고 몸이 성하니 한가한 곳에서
　　　재물을 구한다. 운수가 이와 같으니 더이상 무엇을 바라겠는가.

10월 : 만사가 시작은 좋으나 장애가 생길 운이다. 그러나 분수를 지
　　　 키면 큰 해는 면하리라.

11월 : 길흉을 분별하기 어려운 운이다. 만약 액을 피하지 못하면 길
　　　 한 것도 흉해진다. 다른 사람과 하는 일은 반드시 허황하다.

12월 : 마음이 허전하고 쓸쓸한 운이다. 자손의 근심이 생길 운으로
　　　 심하면 자손과 멀어질 수도 있다. 을년생과 정년생과 계년생
　　　 은 자손의 애통함이 따를 운이다.

정월 : 가정에 어두운 그늘이 생길 운이요, 자손의 일로 근심이 생길
운이다. 무리하지 않고 분수를 지키면 큰 해는 면하리라.

2월 : 문서로 관에 갈 운으로 험난한 일이 생긴다. 부모의 근심이 생
길 운이요, 문서 사기를 당할 운이니 조심해라.

3월 : 아랫사람의 일로 고통이 따를 운이요, 자손이 떠날 운으로 가정
에 풍파가 생긴다. 갑년생은 자손의 일로 애통함이 따르고, 무
년생과 기년생은 자손의 일로 허욕이 발동하고, 사년생과 해년
생은 자손의 일로 정신질환이 따를 운이다.

4월 : 군자는 벼슬을 하고 소인은 재물을 얻을 운이다. 재물이 시장에
있으니 구하면 조금을 얻을 것이다.

5월 : 상가를 조심해라. 형제나 가까운 사람을 잃을 운이다.

6월 : 자손을 음해하는 사람이 따를 운이요, 자손의 문제로 혼자 어떤
일을 추진할 운이다.

7월 : 부부에게 경사가 생길 운이요, 미혼자는 애인이 생길 운이요,
내것을 주어도 싫지 않은 일이 생길 운이다.

8월 : 머리는 있으나 꼬리가 없는 운이다. 부부의 근심이 생길 운이
다. 사업가는 재정에 어려움이 있고, 학생은 학업이 중단된다.

9월 : 맑게 개인 하늘에 달이 뜨는 운이다. 서북쪽에 귀인이 있다.

10월 : 남의 재물을 탐하지 마라. 반드시 허황하다. 과욕을 부리면 관
재구설이 침범한다. 만사가 불안하니 자중해라. 진년생과 사
년생은 정신질환이 따를 운이니 건강을 조심해라.

11월 : 먹구름이 걷히고 태양이 솟아오르는 운이다. 그동안 막혔던
일이 모두 풀리는 운으로 길하리라.

12월 : 여색을 멀리 하라. 구설수가 따른다. 임신하거나 자손의 문제
가 생긴다. 혈육간에 이별수가 있으니 조심해라.

정월 : 문서 사기를 당할 운이니 카드나 보증 등을 조심해라. 부모의
　　　근심이 생길 운이요, 문서로 관에 갈 운이나 덕이 되지 않는다.

2월 : 아끼는 재물을 잃을 운이다. 뜻은 있으나 길이 없으니 사방을
　　　분별하기 어려울 운이다. 학생은 학업에 풍파가 따를 운이다.

3월 : 밤 항해에서 별자리를 보는 운으로 뜻을 이룬다.

4월 : 순조롭게 뜻을 이룰 운으로 가정이 화락하다. 여자는 아들을 낳
　　　을 운이요, 미혼여성은 결혼할 운이다.

5월 : 십 년 가뭄에 비가 내려 고목에서 꽃이 피는 운으로 편안하다.

6월 : 상가에 가지 마라. 가정에 불화가 생긴다. 자손의 일로 마음이
　　　상하거나 자손과 멀어질 운이요, 슬하에 근심이 생길 운이다.

7월 : 겉으로는 화려하나 실속이 없을 운이요, 산토끼 잡으려다 집토
　　　끼를 잃을 운이다. 자중하는 것만이 최선의 방법이다.

8월 : 상대를 유혹하려고 허욕이 발동하나 덕을 보기 어려운 운이다.

9월 : 가정에 근심이 생길 운으로 아랫사람이나 자손에게 마음쓸 일
　　　이 있다. 갑년생은 자손의 애통함이 따를 운이요, 무년생과 경
　　　년생은 자손의 일로 허욕이 발동하거나 이성을 찾을 운이요, 진
　　　년생과 사년생은 자손의 일로 정신적인 고통이 따를 운이다.

10월 : 밝은 희망 속에 마음이 상하는 운으로 만사가 뜻대로 되지 않
　　　　는다. 허욕을 부리지 않고 분수를 지키면 큰 해는 면하리라.

11월 : 바람이 날까 두렵다. 가정에 충실하라. 잘못하면 부부간에 생
　　　　리사별할 수 있다. 남의 재물을 탐하지 마라. 손재수가 따른
　　　　다. 액운을 막으려면 용궁전에 기도하라. 덕이 있으리라.

12월 : 자손의 일로 관에 갈 운이다. 자손을 음해하는 사람이 있으니
　　　　말못할 어려움이 따른다.

정월 : 공직자는 진급이나 급제할 운이다. 부모의 경사가 생기거나 문
　　　서로 횡재할 운이다.

2월 : 부모의 경사가 생길 운이요, 문서로 좋은 일이 생길 운이요,새
　　　로운 문서를 잡을 운이다.

3월 : 도화가 만발하니 주위에서 탄성을 내는 운이다. 자손이 출세할
　　　운이요, 자손의 경사가 생길 운이다.

4월 : 호사다마의 운으로 시작은 화려하고 웅장하나 결실이 없다.

5월 : 역마살이 있어 타관으로 나가나 심력만 허비할 뿐 소득은 없다.
　　　자손이 임신하거나 몸을 다칠 운이니 조심해라.

6월 : 봄비를 만난 매화가 앞을 타투어 만발하는 운이요, 어두운 밤이
　　　가고 밝은 아침이 오는 운으로 길하다. 을년생과 계년생은 자손
　　　의 고통이 따르고, 정년생은 자손의 일로 허욕이 발동하거나 끼
　　　를 부리고, 인년생은 자손의 일로 정신질환이 따를 운이다.

7월 : 가까운 사람이나 갑자기 친절한 사람을 경계하라. 덕이 되는 일
　　　보다 근심을 얻는 일이 많다.

8월 : 무리하면 되는 일도 좌절된다. 자신의 위치를 알고 자리를 지키
　　　면 해는 면하리라.

9월 : 뜻을 이루지 못할 운이요, 자손의 일로 마음이 상할 운이다.

10월 : 다른 사람의 도움으로 심신이 편안할 운이다. 자손의 일로 말
　　　못할 일이 생기거나 신경쓸 일이 생길 운이다.

11월 : 부부간에 이별하거나 부부의 근심이 생길 운이요, 재물에 풍
　　　파가 따를 운이다. 학생은 학업에 풍파가 따를 운이다.

12월 : 하나를 얻고 하나를 잃을 운으로 길흉이 반반이다. 하늘의 도
　　　움으로 가정이 편안하고, 윗사람의 덕으로 사업이 길하고, 승
　　　진할 운이다.

정월 : 가정에 경사가 생길 운이다. 자손이 관대를 찰 운이요, 임신할 운이다.

2월 : 가까운 사람이나 돕겠다는 사람을 믿지 마라. 얻는 것 보다 잃는 것이 많으리라.

3월 : 뜻을 이룰 운이다. 귀인의 도움으로 만사가 순조롭고, 자손의 경사가 있다.

4월 : 하늘의 도움으로 큰 일을 할 운이요, 오곡백과가 풍성하니 태평세월을 노래하는 운으로 만사가 대길하리라.

5월 : 주위에 많은 친구들이 따를 운이요, 동료나 친구들과 새로운 큰 일을 도모할 운으로 해는 없으리라.

6월 : 자손의 일로 근심이 생길 운이요, 아랫사람 때문에 어려운 일이 생길 운이다. 처음은 어려워도 큰 해는 없으리라.

7월 : 상가를 조심해라. 자손에게 우환이 생길 운이다. 귀인의 도움으로 뜻을 이루고 가정이 편안하다.

8월 : 부부나 재물문제로 관에 갈 운으로 구설수가 따르니 조심해라.

9월 : 하늘이 무너지고 땅이 꺼지는 운이다. 가정에 풍파가 있으니 전문가의 조언을 따라라. 큰 해는 면하리라.

10월 : 하늘에는 밝은 태양이 떠오르는 운이요, 마음 속에는 새로운 희망으로 큰 일을 구상할 운이니 대길하리라.

11월 : 하나를 얻고 하나를 잃을 운으로 길흉이 반반이다. 마음을 잃을 수 있으니 경거망동하지 마라. 무리하면 패가망신한다.

12월 : 자손의 경사가 있다. 임신하거나 횡재할 운이다. 귀인의 도움으로 만사가 순조롭다. 손재는 없는 운이다.

정월 : 상가를 조심해라. 가까운 사람과 멀어질 수 있다. 한 번 즐겁고
　　　한 번 슬픈 일이 생길 운이다.

2월 : 형제나 부부문제로 말못할 일이 생길 운이다. 음해하는 사람이
　　　있으니 마음이 밝지 못할 일이 생길 운이다.

3월 : 가정에 경사가 생길 운이다. 부부에게 경사가 생길 운이요, 재
　　　물에 횡재수가 따를 운이요, 미혼자는 결혼할 운이다.

4월 : 가정에 그늘이 드리워지는 운이요, 가까운 사람과 멀어질 운이
　　　다. 자손의 근심이 생길 운이니 조심해라.

5월 : 슬하에 근심이 생긴다. 쟁투하지 마라. 사소한 일이다. 자손의
　　　일로 구설이 따를 운이니 조심해라.

6월 : 가정에 근심이 생길 운이요, 부부의 근심이 생길 운이다. 새로
　　　운 인연을 만나나 내것을 잃을 운이다. 을년생과 계년생은 부부
　　　간에 이별수가 있고, 정년생은 바람끼가 발동하고, 인년생은 재
　　　물이나 부부문제로 근심이 생길 운이니 조심해라.

7월 : 밤이 가고 아침이 오는 운으로 직장을 얻거나 재물로 횡재한다.

8월 : 어두운 밤길에 밝은 달빛이 솟아나는 운으로 만사가 순조롭다.

9월 : 도와주는 사람은 없고 해하려는 사람만 많을 운이다. 내것을 주
　　　고도 말못할 일이 생길 운이다.

10월 : 노력을 아끼지 마라. 큰 재물을 얻을 것이다. 자손의 경사요,
　　　집안의 경사가 있다. 근심은 사라지고 즐거움만 있으리라.

11월 : 가정에 놀랠 일이 생길 운이다. 부모에게 우환이 따르고, 문서
　　　사기를 당하고, 학생은 학업을 중단되고, 유년생은 정신적인
　　　고통이 따를 운이니 조심해라.

12월 : 귀인의 도움으로 뜻을 이룰 운이다. 사업을 이루거나 부부의
　　　인연이 생길 운이요, 미혼자는 애인이 생길 운이다.

정월 : 도처에 길함이 있으니 기회를 놓치지 라라. 몸과 재물이 왕성
　　　하고 집안이 화평하도다.

2월 : 관록을 얻지 못하면 오히려 흉해지는 운이다. 귀인을 만나면 반
　　　드시 큰 재물을 얻으리라. 운수가 대길하니 반드시 흥왕한다.

3월 : 무리한 욕심을 부리지 마라. 허욕을 부리나 내것만 잃을 운이
　　　다. 시작은 화려하나 실속이 없으니 허망하리라.

4월 : 시작은 좋으나 얻는 것이 없다. 욕심을 부리지 마라. 하던 일도
　　　되지 않는다. 간혹 자손의 근심이 생길 수도 있다.

5월 : 다른 사람의 도움으로 뜻을 이룰 운이요, 자손의 경사가 생길
　　　운이다.

6월 : 재물이나 사업문제로 관에 갈 운이요, 부부의 근심이 생길 운이
　　　다. 학생은 학업이 어렵고, 직장인은 직장이 어려워지는 운이
　　　다. 소화기 계통의 질병을 얻을 운이니 건강을 조심해라.

7월 : 역마운이니 타관으로 나갈 일이 생긴다. 머리는 있고 꼬리는 없
　　　는 운이니 사람들의 의심을 받을까 두렵다. 매사에 주의하라.

8월 : 출세할 운이요, 뜻을 이룰 운이다. 운이 좋으니 주위에서 경계
　　　하고 시기하는 사람이 많을 수 있다.

9월 : 신상에 좋은 일이 생길 운이요, 부부에게 즐거움이 따를 운이
　　　요, 재물에 좋은 일이 생길 운이다. 뜻을 이룰 운으로 길하리라.

10월 : 뒤에서 도와주는 사람이 있는 운으로 부모의 경사가 생기고,
　　　문서로 인하여 좋은 소식이 있다.

11월 : 새로운 문서를 얻을 운이요, 좋은 아이디어로 일을 시작할 운
　　　이다. 그러나 뜻대로 풀리지 않을 운이니 윗사람과 상의하라.

12월 : 내것을 잃고 마음이 상할 운이다. 믿은 친구나 동료에게 손해
　　　를 입는다. 금년의 운수는 분수를 지키는 것이 상책이다.

정월 : 가까운 사람이나 주위 사람이나 갑자기 친절한 사람을 경계해
　　　라. 덕이 되는 사람보다 해로운 사람이 많다.

2월 : 형제나 동료의 일로 관에 갈 운이다. 가까운 사람이나 믿은 사
　　　람이 멀어질 운이니 외롭고 허전하다.

3월 : 망신당할 운으로 부부의 우환이 따를 운이다. 남의 말을 듣지
　　　마라. 허망하다. 심하면 부부간에 이별하고, 사업이나 재물에
　　　어려움이 생긴다. 갑년생은 부부간에 고통이 따르고, 무년생과
　　　기년생은 이성문제로 풍파가 따르고, 술년생과 해년생은 부부
　　　나 재물문제로 정신적인 타격을 입을 운이니 조심해라.

4월 : 가정에 경사가 생길 운이다. 자손을 얻을 운이요, 아랫사람에게
　　　좋은 소식을 들을 운이다.

5월 : 뜻대로 되는 일이 없을 운이다. 윗사람의 근심이 생길 운이요,
　　　가까운 사람이 떠날 운이다.

6월 : 산에 들어가 도를 닦는 운으로 신선이라 이른다. 동방과 남방으
　　　로 가면 반드시 좋은 일이 있으나 앞에 나서는 일은 삼가하라.

7월 : 관재구설이 따를 운이요, 뜻을 이루지 못할 운이다.

8월 : 뜻이 좌절되고 의사가 무시당할 운이니 설치지 말고 자중해라.

9월 : 내것을 주고도 말못할 일이 생길 운이다. 좋은 일로 내것이 나
　　　갈 운이니 해는 없다. 무리하지 않고 분수를 지키면 길하리라.

10월 : 어두운 밤이 가고 밝은 아침이 오는 운이요, 십 년 가뭄에 단
　　　　비가 내리는 운으로 가정과 부모의 경사가 생긴다.

11월 : 새로운 문서를 꾸미는 운이요, 새로운 일을 도모할 운이요, 부
　　　　모의 경사가 생길 운이다.

12월 : 산토끼 잡으려다 집토끼를 놓치는 운으로 분주하나 소득은 적
　　　　다. 집에 불평함이 있으니 반드시 손재가 따른다.

圓空秘訣 3 4 4

정월 : 형제나 동료의 일로 관재구설이 따를 운이다. 다투지 마라. 말
만 있지 덕이 되는 일은 없다.

2월 : 믿은 사람이나 가까운 사람이 등을 돌리고 멀어질 운이니 만사
가 허망하다. 분수를 지키면 큰 해는 면하리라.

3월 : 정원에 매화가 만발하여 벌나비가 모여드는 운이요, 부부에게
경사가 생길 운이요, 사업이나 재물에 좋은 일이 생길 운이다.

4월 : 자손을 도와주는 사람이 있으니 자손에게 경사가 생길 운이요,
아랫사람에게 좋은 소식을 들을 운이다.

5월 : 가을 하늘을 나는 외기러기가 짝을 만나 즐길 운이요, 어두운
터널을 지나 밝은 광야로 나오는 운으로 길하리라.

6월 : 내것을 잃고도 말못할 일이 생긴다. 산토끼를 잡으려다 집토끼
를 잃는 격으로 욕심을 부리면 손재가 따른다.

7월 : 맑은 하늘에 먹구름이 들어오니 암담하다. 만사가 마음과 같지
않고 힘드니 심신이 허탈하다.

8월 : 만사가 되는 일이 없으니 산 속으로 들어가고 싶은 운이다. 자
녀생은 허욕을 부리다 정신적인 고통이 따를 운이니 주의하라.

9월 : 좋은 인연을 만날 운이다. 횡재수가 있거나 자손의 경사가 생길
운이다. 을년생과 계년생은 부부에게 고통이 따를 운이요, 경년
생과 무년생은 새로운 인연을 만날 운이요, 진년생과 사년생은
부부나 재물문제로 정신적인 고통이 따를 운이니 조심해라.

10월 : 뜻이 드러나 손해볼 운으로 큰 타격을 입을 수 있다.

11월 : 이상을 포기할 운이요, 부모의 근심이 생길 운이요, 문서를 잃
거나 문서로 어려운 일이 생길 운이다.

12월 : 재물운이 좋고 뜻을 이룬다. 다른 사람의 도움으로 심신이 편
안하고, 부부가 화합하니 가정이 편안하다.

정월 : 과거에 급제할 운이다. 직장인은 영전하고 일반인은 재물을 얻는다. 형제나 좋은 동료를 얻을 운이다.

2월 : 좋은 일로 주위에 많은 사람이 모여드는 운이다. 다른 사람의 도움으로 심신이 편안하다.

3월 : 귀인의 도움으로 뜻을 이룰 운이다. 부부에게 경사가 생길 운이요, 사업이나 직장에서 경사가 생길 운이다.

4월 : 오는 사람 막지 말고 가는 사람 잡지 마라. 오고 가는 운으로 길흉이 반반이다.

5월 : 자손의 일로 마음이 상할 운이요, 아랫사람 때문에 애통한 일이 생길 운이다. 가까운 사람과 멀어질 수 있으니 조심해라.

6월 : 부부의 근심이 생길 운이요, 실물수가 따르거나 사업에 어려움이 따를 운이다. 을년생과 계년생은 부부에게 고통이 따르고, 정년생은 새로운 인연으로 끼를 부리고, 인년생은 부부나 재물이나 직장이나 사업적인 문제로 정신적인 고통이 따를 운이다.

7월 : 하늘이 도와주는 운이요, 용이 여의주를 얻어 조화를 부리는 운이다. 만사가 순조로우니 심신이 편안하다.

8월 : 시작이 좋고 의욕이 강하나 뜻을 이루기 어려울 운이다.

9월 : 상가를 조심해라. 재물에 손해가 따를 운이요, 부부의 근심이 생길 운이다.

10월 : 다른 사람의 도움으로 길하다. 뜻을 이루니 심신이 편안하다. 밤이 가고 밝은 아침이 오니 가정이 화목하다.

11월 : 부모의 근심이 생길 운이요, 문서로 손해볼 운이다. 관재구설수가 따르니 조심해라.

12월 : 자손이나 아랫사람의 일로 한 번 기쁘고 한 번 슬픈 일이 생길 운이다.

정월 : 형제가 출세할 운이요, 형제나 동료에게 경사가 생길 운이다. 주위의 도움으로 뜻을 이룰 수 있다.

2월 : 하늘이 무너지고 땅이 꺼지는 운이다. 가까운 사람과 멀어질 운이다. 상가에 가지 마라. 자손에게 우환이 따른다.

3월 : 부부나 이성문제로 마음의 안정을 찾지 못할 운이다. 그러나 시작은 어려워도 희망이 있는 운으로 길하다.

4월 : 가정에 경사가 생긴다. 자손이 출세할 운이요, 임신할 운이다.

5월 : 어두운 터널을 지나 밝은 광야로 나오는 운이다. 임신할 운이요, 임신한 사람은 아들을 낳을 운이다.

6월 : 아끼는 것을 사기당할 수 있으니 조심해라. 내것을 잃고도 말못하고 신경쓸 일이 생긴다. 그러나 해는 없다.

7월 : 뜻을 이루기 어려울 운이니 심력만 허비할 뿐 득이 없다. 그러나 자중하면 길하리라.

8월 : 관의 구설을 들을 운이요, 뜻대로 되지 않고 어려움에 처할 운이다. 무리하지 않고 분수를 지키면 큰 해는 면하리라.

9월 : 내것을 잃고도 말못할 운이다. 사업에 어려움이 따르고, 부부의 고통이 따른다. 갑년생은 부부의 고통이 따르고, 경년생은 이성문제가 따르고, 진년생과 사년생은 부부나 재물 때문에 풍파가 따를 운이다.

10월 : 학생은 새로운 학문을 할 운이요, 일반인은 새로운 구상으로 도전할 운이다. 새로운 문서를 잡을 운으로 길하다.

11월 : 가까운 사람이 떠나거나 자손과 멀어지거나 근심할 일이 생길 운이다. 손재수도 있으리라.

12월 : 말못할 재물이 생길 운이요, 부부간에 말못할 근심이 생길 운이다. 직장의 일로 근심이 생길 수도 있다.

정월 : 바람과 비가 고르지 않아 백곡이 익지 못하는 운이다. 학업이
　　　안정되지 않을 운이요, 생각이 안정되지 않을 운이다.

2월 : 상가를 조심해라. 부모의 근심이 생길 운이다. 문서 사기를 당
　　　할 수 있으니 보증이나 카드 등을 조심해라.

3월 : 귀인의 도움으로 뜻을 이룰 운이다. 슬하에 경사가 생길 운이
　　　요, 적이 변하여 친구가 되니 심신이 편안하다.

4월 : 동료나 형제의 일로 관에 갈 운이다. 구설수가 따르니 조심해
　　　라. 주위 사람이나 가까운 사람을 경계하라. 해가 될 뿐이다.

5월 : 다투지 마라. 관재가 두렵다. 물을 거슬러 배를 행하니 나아가
　　　기 어렵다.

6월 : 정원에서 꾀꼬리가 노래하는 운이요, 정원에 매화가 만발한 운
　　　으로 집안에 경사가 생긴다.

7월 : 좋은 인연을 만날 운이요, 협조자를 만날 운이다. 부부에게 경
　　　사가 따르거나 재물이 길하다.

8월 : 새로운 재물을 얻을 운이요, 남의 도움으로 뜻을 이룰 운이다.

9월 : 상가를 조심해라. 구설수를 면하기 어렵다. 자손을 잃거나 가정
　　　에 우환이 생길 운이다.

10월 : 광풍에 한 가지의 매화가 모두 떨어지는 운으로 슬하에 해로
　　　움이 있다. 처음에는 어려우나 결과는 있는 운이다.

11월 : 뜻은 있으나 길이 없는 운이요, 머리만 있고 꼬리는 없는 격이
　　　다. 만사가 힘만 들고 소득이 없다. 유년생은 만사가 불안하여
　　　정신적인 고통이 따를 수 있으니 조심해라.

12월 : 집안에 새 사람이 들어오는 운이요, 임신할 운이요, 가정에 경
　　　사가 생길 운으로 길하리라. 그러나 을년생과 정년생과 계년
　　　생은 자손에게 애통할 일이 생길 운이니 조심해라.

정월 : 옛것은 버리고 새것을 얻을 운이다. 원수가 은인이 되니 도둑
　　　이 자복한다. 사방에 이름이 높으니 사람마다 우러러 보리라.

2월 : 귀인의 도움으로 뜻을 이룰 운이다. 결혼하지 않으면 반드시 귀
　　　자를 낳고, 관록이 얻거나 횡재수가 있다.

3월 : 상가에 가지 마라. 동료 때문에 손재수가 따른다. 다른 사람의
　　　말을 듣지 마라. 원한을 살까 두렵다. 욕망을 이루지 못하면 오
　　　히려 구설수를 얻는다.

4월 : 남방에 길함이 있고 북방에 재물이 있다. 친구나 애인의 일로
　　　마음을 잡지 못할 운이다.

5월 : 새로운 친구를 얻을 운이요, 가까운 사람이 생길 운이다. 만사
　　　가 편안하고 길하리라.

6월 : 욕망을 이루려고 동서로 분주할 운이다. 집안이 왕성하고 슬하
　　　에 경사가 있다. 다른 사람과 함께 꾀하는 일은 반드시 길하다.

7월 : 하나를 얻고 하나를 잃을 운으로 길흉이 반반이다. 처음에는 어
　　　려워도 나중에는 좋은 일이 있으리라.

8월 : 다른 사람의 방해로 재물에 손해가 따를 운이요, 부부의 근심이
　　　생길 운이다.

9월 : 산에 가서 숭늉을 찾는 격이다. 만사가 힘만 들고 소득이 없다.

10월 : 집안에 경사가 생길 운이요, 공직자는 영전할 운이요, 일반인
　　　은 뜻을 이룰 운으로 길하리라.

11월 : 망신살이 있으니 과욕을 버려라. 만약 귀인을 만나면 천금을
　　　얻으리라. 분수를 알고 지키면 길한 운이다.

12월 : 믿는 도끼에 발등찍힐 운이다. 다른 사람과 꾀하는 일은 반드
　　　시 허황하다. 다투지 마라. 시비와 구설이 따른다.

정월 : 부부간에 다투지 마라. 원한이 생긴다. 새로운 일을 탐하지 마라. 옛것을 지키는 것이 가정이 화목해지는 길이다. 집에 있으면 길하니 외방으로 나가지 마라.

2월 : 남이 모르는 기술이나 재물이나 사람을 얻을 운으로 해는 없다.

3월 : 매사에 분수를 지켜라. 무리하면 되는 일도 어려움에 처한다. 아랫사람 때문에 가정에 풍파가 따를 운이니 조심해라.

4월 : 혼자 아는 근심이 생길 운이다. 주위 사람이나 가까운 사람이 음해하거나 마음의 상처를 받을 일이 생긴다.

5월 : 가까운 사람이 원수가 되어 떠날 운이나 만사를 안정되게 처리하면 큰 해는 없다. 갑년생은 허영심이 발동할 운이다.

6월 : 배가 물을 거슬러 가는 운이다. 앞으로 나가면 근심이 있고 물러서면 힘이 없다. 가정에 근심이 없으면 부부의 근심이 있다.

7월 : 가정에 우환이 따를 운이요, 부부의 근심이 생길 운이다. 내것을 잃고도 말못할 일이 생길 운이다.

8월 : 사람으로 인하여 성사할 운이다. 그렇지 않으면 반드시 결혼한다. 출입하는데 이로움이 있으니 움직이면 이득을 볼 것이다.

9월 : 마음을 바로 하고 덕을 닦으면 이로움이 있다. 음양이 화합하니 반드시 경사가 따른다. 만사를 이루니 일신이 편안하다.

10월 : 돌을 녹여 금을 얻는 운이요, 어두운 밤이 가고 밝은 아침이 오는 운으로 대길하리라.

11월 : 횡재수가 있으니 좋은 기회를 놓치지 마라. 수성(水姓)과 친하면 천금을 희롱할 것이다. 만사가 순조울 운이다.

12월 : 자손의 근심이 생길 운다. 자손의 일로 관에 갈 운이요, 아랫사람의 일로 가까운 사람과 멀어질 운이다.

圓空秘訣 ３５４

정월 : 가정에 풍파가 따를 운이요, 부부간에 이별수가 있으니 각별히
　　　주의하라. 그렇지 않으면 재물에 손해가 따른다.

2월 : 하나를 얻고 하나를 잃을 운이다. 새것을 탐하지 마라. 가정에
　　　풍파가 따를 수 있다. 옛것을 지키면 편안하다. 과욕을 버려라.
　　　구설수만 생긴다.

3월 : 집안에 경사가 만발하니 정원에서 꾀꼬리가 노래하는 운이요,
　　　집안에 향기가 가득한 운이다. 길하리라.

4월 : 주위의 도움으로 큰 어려움은 없을 운이다. 동료나 친구의 유혹
　　　이 있을 수 있으나 해는 없으리라.

5월 : 가정에 경사가 생길 운이요, 부부에게 경사가 생길 운이다. 미
　　　혼자는 애인이 생길 운이요, 기혼자는 새로운 유혹이 있을 운이
　　　니 조심해라. 재물에 횡재수도 있는 운이다.

6월 : 상가를 조심해라. 손재수가 따른다. 자손의 근심이 있다. 마음
　　　먹은 일이 뜻대로 되지 않으니 심력만 허비한다.

7월 : 욕심을 부리나 얻는 것은 없고 마음의 상처만 남을 운이다. 남
　　　의 것을 탐하다 내것을 잃을 수 있다.

8월 : 어두운 밤이 가고 밝은 아침이 오는 운이다. 주위의 도움으로
　　　뜻을 이루고, 근심이 사라지니 심신이 편안하다. 신년생은 사치
　　　나 허영심이 발동할 운이다. 바람끼를 조심해라.

9월 : 가족이 늘어날 운이요, 집안에 경사가 생길 운이요, 아랫사람이
　　　새로 생길 운으로 길하리라.

10월 : 뜻은 있으나 길이 없고, 알아주는 사람이 없을 운이다.

11월 : 유혹의 손길이 많은 운이다. 자중하면서 때를 기다려라. 경거
　　　　망동하면 되는 일도 어려워진다.

12월 : 자손의 일로 관에 갈 운이나 해는 없고, 임신할 수도 있다.

136

圓空秘訣 3 5 5

정월 : 만사가 순조로우니 가정이 안정되고 심신이 편안하다. 좋은 친구와 좋은 술로 화답하니 천하에 어려움이 없다.

2월 : 새로운 기술을 얻을 운이요, 혼자만 아는 재물을 얻을 운이요, 새로운 인연을 만날 운이다.

3월 : 어두운 밤이 가고 밝은 아침이 오는 운이다. 매사에 자신감이 생기고 새로운 희망이 생길 운으로 길하다.

4월 : 주위에 많은 사람이 모이는 운이나 덕이 되지 않는다. 동료와 여행할 운이다. 만사를 신중하게 처리하면 해는 면하리라.

5월 : 형제간에 우환이 생길 운이요, 가까운 사람을 잃을 운이다. 믿은 사람이 멀어지니 심신이 허탈하다.

6월 : 자손의 근심이 생길 운이요, 아랫사람 때문에 어려움이 따를 운이다. 건강을 조심해라. 을년생과 계년생은 자손에게 애통한 일이 생길 운이요, 정년생은 이성문제로 풍파가 따를 운이다.

7월 : 용이 여의주를 얻어 조화를 부리는 운이다. 미혼자는 결혼할 운이요, 사업가는 사업을 이룰 운이다. 만사가 길한 운이다.

8월 : 하나를 얻고 하나를 잃을 운이다. 부부의 근심이 생기거나 재물에 어려움이 따를 운이다. 내것을 잃고 좋은 일이 생긴다.

9월 : 집에 있으면 길하고, 나가면 몸을 다칠 운이다. 자동차를 조심해라. 손재수가 따른다. 아랫사람의 도움으로 뜻을 이룬다.

10월 : 뜻을 이룰 운이다. 만사가 순조로우니 심신이 편안하다.

11월 : 가정에 근심이 생길 운이요, 부부의 근심이 생길 운이요, 재물에 어려움이 따를 운이다. 무리하지 마라.

12월 : 구름이 걷히고 밝은 태양이 솟아오르니 초목이 반긴다. 근심이 사라지고 가정이 화목해진다. 뜰에 봄비가 내리니 매화가 만발한다.

圓空秘訣 ３５６

정월 : 가정에 경사가 생길 운이다. 부모의 경사가 생길 운이요, 학문
　　　으로 출세할 운이요, 문서를 잡을 운이다.

2월 : 가까운 사람과 멀어질 운이요, 자신의 생각이 빛을 보지 못하고
　　　사장될 운이요, 사기를 당할 운이다.

3월 : 봄비에 초목이 무성한 운이다. 뜻을 이루니 심신이 편안하고,
　　　좋은 친구를 얻어 큰 일을 도모할 운이다.

4월 : 밤동산에 풍년이 들어 많은 짐승들이 모여드는 운이요, 심신은
　　　편안하고 많은 사람에게 추앙을 받는 운이다.

5월 : 주위의 도움으로 뜻을 이룰 운이다. 분수를 지키면 길하리라.

6월 : 자손을 잃거나 자손이 떠나갈 운이다. 처음에는 어렵고 힘들어
　　　도 결과는 좋으니 평운이다.

7월 : 내것을 잃고 말못할 일이 생길 운이요, 직장인은 좌천될 운이
　　　요, 학생은 학업에 풍파가 따를 운이다.

8월 : 부부의 근심이 생길 운이요, 재물에 어려움이 따를 운이다. 부
　　　부나 재물문제로 관에 갈 운이다. 건강에 문제가 생길 수 있으
　　　니 자동차를 조심해라.

9월 : 구름이 해를 가리는 운이요, 어두운 밤길에서 방향을 잃는 운이
　　　다. 매사 안정감을 잃어 방황할 운이다.

10월 : 어렵고 힘든 세월이 지나고 밝은 희망이 다가오는 운이요, 새
　　　　로운 의지와 자신감으로 큰 일을 도모할 운으로 길하리라. 해
　　　　외로 나갈 일이 생길 수 있다.

11월 : 허욕을 버려라. 무리하면 되는 일도 어려워질 수 있다. 만사를
　　　　신중하게 대처하면 큰 해는 없으리라.

12월 : 자손의 일로 말못할 근심이 생길 운이요, 아랫사람 때문에 피
　　　　해를 볼 운이다. 아랫사람의 모함을 조심해라.

정월 : 부모의 경사가 생길 운이요, 문서로 좋은 일이 생길 운이요, 새
　　　로운 학문을 접할 운이다.

2월 : 시작은 좋으나 망신을 당하고 구설만 들을 운이다. 친한 사람이
　　　해를 끼칠 운이다. 마음이 산란하니 항상 두려운 마음이 있다.

3월 : 상가를 조심해라. 자손의 근심이 생기거나 아랫사람 때문에 어
　　　려움이 따를 운이요, 가까운 사람과 멀어질 운이다.

4월 : 음양이 불합하니 뜻을 이루지 못한다. 하나를 얻고 하나를 잃을
　　　운이다. 노력한 만큼 결과가 없을 운이다.

5월 : 미루어 오던 모든 일들이 해결될 운이다. 순풍에 돛단 배를 띄
　　　우는 격이요, 용이 여의주를 얻는 운이다.

6월 : 가정에 먹구름이 끼는 운이요, 뜻이 좌절될 운이다. 자손의 근
　　　심이 생길 운이다. 심하면 원통한 일을 겪을 수도 있다.

7월 : 역마살이 있으니 반드시 타관으로 나갈 일이 생긴다. 횡재할 운
　　　으로 길하리라. 여행할 일이 생기거나 부모의 근심이 생긴다.

8월 : 부부에게 경사가 생길 운이요, 재물로 횡재할 운이다. 새로운
　　　인연을 만날 운이다. 미혼자는 결혼할 운이다.

9월 : 자손의 근심이 생길 운이다. 자손을 모함하는 사람이 있으니 자
　　　손에게 어려운 일이 생긴다.

10월 : 구름을 해치고 달이 나오니 천지가 명랑하다. 그러나 주위에
　　　　의심하는 사람이 많은 운이니 마음을 드러내기는 어렵다.

11월 : 마음에 정한 뜻이 없으니 진퇴를 알지 못한다. 만사를 이루지
　　　　못할 운이다. 손재수가 있으니 북방을 조심해라.

12월 : 분수 밖의 것을 탐하지 마라. 하늘이 복을 주지 않는다. 일의
　　　　두서가 없으니 머리도 없고 꼬리도 없다. 실물수가 있으니 도
　　　　둑을 조심해라.

圓空秘訣 3 6 2

정월 : 용두사미격으로 시작은 좋으나 결실을 보기 어려울 운이다. 부
　　　모의 일이나 문서로 인하여 외지로 나갈 운이다.

2월 : 가정에 근심이 생길 운이요, 부모의 우환이 따를 운이다. 문서
　　　와 관계 있는 일을 미루다 손해볼 운이다.

3월 : 일월이 광명하니 기쁜 일이 중중하다. 자손의 경사가 있다. 재
　　　물이 외방에 있으니 출입으로 재물을 얻으리라.

4월 : 다른 사람과 화합하여 새로운 일을 구상할 운이다. 주위에서 많
　　　은 사람이 협조하는 운이니 해는 없다.

5월 : 가정에 우환이 생기거나 실물수가 따르니 주의하라. 집안에서
　　　생기는 재앙이니 다른 사람을 의심하지 마라. 가까운 사람이 배
　　　신하니 가정이 불안하다. 액을 면하려면 동자신을 달래라.

6월 : 만사가 마음과 같지 않아 어려움이 따를 운이다. 무리하지 않고
　　　때를 알아 처신하면 큰 해는 면하리라.

7월 : 재물이 흥왕하니 가정에 기쁨이 가득하다. 다른 사람의 도움으
　　　로 뜻을 이룬다. 이름을 사방에 떨치니 만인이 우러러 본다.

8월 : 관의 구설을 들을 운이요, 관을 상대로 하는 일에 장애가 따라
　　　뜻을 이루지 못할 운이요, 건강에 어려움이 따를 운이다.

9월 : 가까운 사람이나 믿은 사람이 등을 돌리고 멀어질 운이요, 자손
　　　이나 아랫사람과 멀어질 운이니 외롭고 허전하다.

10월 : 큰 일을 구상할 운이요, 다른 사람이 모르는 일을 추진할 운이
　　　다. 그러나 해가 되는 운이 아니니 길하리라.

11월 : 가운이 왕성하니 반드시 슬하에 경사가 있고, 부모의 경사가
　　　생기거나 문서를 잡을 운이다.

12월 : 가족이 늘어날 운이요, 얼굴에 기쁜 빛이 가득할 운이요, 임신
　　　할 운이다.

정월 : 도와주는 척 하면서 음해하는 사람이 있다. 문서로 사기를 당할 운이요, 부모의 근심이 생길 운이다.

2월 : 어제의 고통이 오늘의 즐거움으로 변하는 운이요, 학생은 새로운 학문을 할 운이요, 윗사람의 영화가 있는 운이다.

3월 : 고생 끝에 낙이 오는 운이다. 시작은 어렵고 힘들어도 결과는 좋을 운이다. 과욕은 해를 부르니 조심해라.

4월 : 심신이 편안하니 이름이 높고 덕이 성한다. 횡재수가 있거나 공명을 얻는다. 뜰에 난초가 향기로우니 슬하에 경사가 있다.

5월 : 주위 사람들의 도움으로 뜻을 이룰 운이다. 십 년 가뭄에 단비가 내려 고목에서 새순이 돋는 운이다.

6월 : 상가를 조심해라. 재물에 손해가 따른다. 가까운 사람과 멀어질 운이니 믿은 사람을 경계해라. 과욕을 부리면 피해만 있으리라.

7월 : 부부의 우환이 생길 운이요, 내것을 잃고 말못할 일이 생길 운이요, 재물에 어려움이 따를 운이니 조심해라.

8월 : 가족이 한 마음이니 순조롭게 뜻을 이룰 운이요, 달밝은 밤에 미인을 대하는 운이요, 가족이 늘고 토지가 늘어나는 운이다.

9월 : 가정에 경사가 생길 운으로 가족이 늘거나 임신할 운이다. 길하리라.

10월 : 뒤에서 음해하는 사람을 조심해라. 아이디어를 잃을 운이요, 뜻을 이루지 못하고 좌절할 운이다.

11월 : 호사다마라, 좋은 일에 마가 생길 운으로 마음의 근심이 생길 운이요, 과욕을 부리지 않고 분수를 지키면 해는 면하리라.

12월 : 자손에게 좋은 소식이 있는 운이요, 자손이 출세할 운이다. 자손과 멀어질 운이나 해가 되지는 않는다.

정월 : 직장인은 직장이 불안한 운이요, 공직자는 좌천될 운이다. 욕심을 부리지 않고 순리를 따르면 해는 면하리라.

2월 : 하나를 얻고 하나를 잃을 운으로 길흉이 반반이다. 만사가 시작은 어렵고 힘들어도 결실을 얻는 운이니 보통의 운이다.

3월 : 그동안 미루어 오던 일을 성취할 운이다. 아랫사람의 도움으로 뜻을 이룰 수 있으니 길하리라.

4월 : 큰 일을 위하여 동료와 협조하는 운이다. 다른 사람의 도움으로 뜻을 이룰 운이다.

5월 : 가정에 경사가 생길 운으로 형제에게 좋은 소식이 있다. 만사가 순조로우니 심신이 편안하다.

6월 : 상가를 조심해라. 손재수가 따르거나 구설수가 따른다. 되는 일이 없으니 심력만 허비한다.

7월 : 부부의 근심이 생길 운이다. 심하면 이별할 수도 있고, 재물에 손해가 따를 수도 있으니 무리하지 말고 분수대로 행하라.

8월 : 어두운 밤이 가고 밝은 태양이 떠오르는 운이요, 십 년 가뭄에 단비가 내려 고목에서 꽃이 피는 운이다. 만사가 순조로우니 가정이 편안하다. 신년생은 허영이나 사치심이 발동하고, 자년생은 부부나 재물로 인하여 마음의 상처가 따른다.

9월 : 자손의 경사가 생기거나 임신할 운이다. 아랫사람과 새로운 일을 구상할 운으로 해는 없다.

10월 : 뜻을 이루지 못할 운이나 과욕을 부리지 않으면 길하리라.

11월 : 자손이 관대를 찰 운이요, 가정에 웃음소리가 날 운이다. 자손과 멀어질 운이 있으나 해는 없다.

12월 : 다른 사람의 도움으로 뜻을 이룰 운이다. 말못할 재물이 생길 운이니 혼자 기쁘리라. 자손으로 인한 경사도 있다.

圓空秘訣 3 6 5

정월 : 하늘이 도와주는 운이요, 외기러기가 짝을 만나는 운이요, 친구와 누각에 올라 여흥을 즐기는 운이다.

2월 : 뒤에서 협조하는 사람이 있으니 뜻을 이룰 운이요, 문서로 좋은 일이 생길 운으로 길하리라.

3월 : 자손의 소식이 있는 운이요, 끊어졌던 사람의 소식을 들을 운으로 해는 없으리라.

4월 : 동료와 새로운 일을 구상할 운으로 시작은 화려하나 결과는 없다. 뜻을 이루지 못하니 심신이 피곤하다.

5월 : 믿은 사람에게 발등찍히는 운이니 가까운 사람이나 믿은 사람을 경계해라. 피해를 주고 떠나갈 사람이 있다.

6월 : 자손의 일로 근심이 생길 운이요, 아랫사람 때문에 어려움에 처할 운이다. 임신한 사람은 유산을 조심해라.

7월 : 새로운 인연을 만날 운이요, 미혼자는 결혼할 운이다. 을년생과 경년생은 바람끼가 발동할 운이요, 묘년생은 부부나 재물로 마음의 상처가 생길 운이다.

8월 : 남의 것을 탐내지 마라. 산토끼를 잡으려다 집토끼가 나가는 것을 모르는 운이다. 분수를 지키면 큰 해는 면할 수 있다.

9월 : 여행할 운이 있으나 손재수가 따르니 조심해라. 부모의 경사가 생길 운이요, 새로운 문서를 잡을 운으로 길하리라.

10월 : 다른 사람의 도움으로 가정이 편안하다. 재물도 얻고 친구도 얻으니 길하다. 뜻을 이루니 심신이 안락한 운이다.

11월 : 부부나 재물문제로 관에 갈 운이다. 심하면 부부간에 이별할 수도 있고, 재물을 잃을 수 있으니 조심해라.

12월 : 하나를 얻고 하나를 잃을 운으로 길흉이 반반이다. 뜻을 성취하니 심신이 편안하다. 주위의 도움으로 길하리라.

圓空秘訣 3 6 6

정월 : 가정에 경사가 생길 운이다. 부모의 경사가 생길 수 있고, 새로
운 문서를 잡을 수 있고, 출세할 수도 있으니 길하리라.

2월 : 가까운 사람과 멀어질 운이요, 믿은 사람이 등을 돌리고 떠나갈
운이다. 하늘을 보고 자탄할 일이 있으니 조심해라.

3월 : 가정에 경사가 생길 운이나 자손과는 멀어질 운이다. 새로운 일
이 생기니 마음이 안정되고 편안해진다.

4월 : 어두운 밤에 밝은 달이 떠오르는 운이요, 오곡이 풍년을 만나는
운이니 만사가 순조롭다.

5월 : 욕심을 부리면 되는 일도 어려워질 운이다. 그러나 분수를 알고
때를 기다리면 해는 면할 수 있다.

6월 : 상가를 조심해라. 아랫사람 때문에 구설이나 풍파가 따를 운이
다. 시작은 어려우나 결과는 보통이다.

7월 : 상가를 조심해라. 친구로 인하여 우환이 생긴다. 임신하거나 자
손의 경사가 있다.

8월 : 관을 상대로 하는 일이 어려움에 처할 운이다. 부부간에 이별수
가 있으니 조심해라.

9월 : 태양이 먹구름 속으로 들어가는 운이요, 가을 기러기가 짝을 잃
고 혼자 외롭게 날아가는 운이다. 자손으로 인하여 우환이 따를
수 있으니 조심해라.

10월 : 그동안 구상한 일을 성취할 운이다. 다른 사람이 모르는 일로
새로운 변화를 모색할 운으로 해는 없으리라.

11월 : 만사가 시작은 어렵고 힘들어도 결과는 좋으리라. 무리하지
않고 때를 기다릴 줄 아는 지혜가 필요하다.

12월 : 자손의 일로 혼자 가슴을 태울 일이 생길 운이다. 만사를 서두
르지 않고 기다리면 해는 면할 수 있으리라.

정월 : 가정에 근심이 생길 운이다. 문서를 잃을 운이니 카드, 인장, 보증 등을 조심해라. 그렇지 않으면 부모의 근심이 생긴다.

2월 : 부모의 근심이 생길 운이요, 문서로 피해볼 운이요, 윗사람에게 근심될 일이 생긴다.

3월 : 가까운 사람과 멀어질 운이요, 아랫사람의 일로 풍파가 따를 운이요, 자손의 근심이 생길 운이다. 갑년생은 자손의 일로 마음의 상처를 입고, 무·기년생은 아랫사람과 사랑에 빠지고, 술·해년생은 아랫사람이나 자손의 일로 정신적인 고통이 따른다.

4월 : 앞으로 남고 뒤로 손해보는 운이요, 동료나 형제와 여행할 운이다. 무리하지 않고 자중하면 보통의 운은 지키리라.

5월 : 상가를 조심해라. 가까운 사람이나 믿은 사람이 등을 돌릴 운이요, 형제의 우환이 따를 운이다. 건강을 해칠 운이니 조심해라.

6월 : 어두운 밤이 가고 밝은 아침이 오는 운으로 뜻밖의 재물을 횡재한다. 그러나 과욕을 부리면 방해하는 사람이 생긴다.

7월 : 부부의 우환이 생길 운으로 심하면 이별할 수도 있다. 재물에 손해가 따를 운이요, 관을 상대로 피해볼 운이다.

8월 : 재물을 주고도 나쁘지 않은 운이요, 새로운 재물을 횡재할 운이다. 미혼자는 애인이나 좋은 친구가 생길 운이다.

9월 : 오곡이 풍성하니 만인이 즐거워하는 운이다. 가정에 경사가 생길 운이요, 자손이 출세할 운이요, 임신할 운이다.

10월 : 주위의 도움으로 만사가 순조로울 운이요, 혼자 새로운 일을 구상할 운으로 희망이 있다.

11월 : 뜻을 이룰 운이요, 혼자 즐거운 재물을 얻을 운이다.

12월 : 용두사미격의 운으로 시작은 화려하나 결실을 얻기 어렵다. 아랫사람을 조심해라. 도와주는 것 같으나 이로움이 없다.

정월 : 뜻을 이룰 운이다. 과거에 급제할 운이요, 자손의 경사가 있을
　　　운이다. 길한 운으로 가정에 경사가 생길 운이다.

2월 : 어두운 밤이 가고 밝은 아침이 오는 운이다. 하늘의 도움이 있
　　　으니 만사에 뜻을 이룰 수 있다.

3월 : 먹구름이 드리우는 운으로 가정에 풍파가 따른다. 자손의 풍파
　　　가 따를 운이요, 아랫사람 때문에 어려움에 처할 운이다.

4월 : 동료나 친구와 새로운 일을 구상할 운이다. 그러나 시작은 좋으
　　　나 뜻대로 되지 않으니 심력만 허비한다.

5월 : 정원에 매화가 만발하여 봉접이 모여드는 운이요, 어두운 밤이
　　　가고 밝은 아침이 오는 운이다. 동료와 술잔을 높이 들 운이다.

6월 : 가정에 경사가 생길 운이다. 자손이 관대를 찰 운이요, 임신할
　　　운이다.

7월 : 내것을 잃어도 해가 되지 않는 운이다. 부부의 근심이 생길 운
　　　이요, 재물에 손해가 있는 운이다. 경년생과 계년생은 사랑에
　　　빠질 운이고, 재물관계로 타관으로 나갈 운이다.

8월 : 허욕을 버려라. 뜻대로 이루어지지 않을 운이다. 매사에 자중하
　　　면서 때를 기다리면 큰 해는 없으리라.

9월 : 뜻을 이루기 어려울 운이다. 관재구설이 따를 운이요, 관의 제
　　　재로 하는 일에 장애가 생길 운이다.

10월 : 뜻을 이루지 못할 운으로 시작은 좋으나 얻는 것이 없다.

11월 : 하늘이 열리는 운이니 새로운 희망이 있다. 어두운 밤길에서
　　　불빛을 만나니 모든 근심이 사라진다.

12월 : 하나를 얻고 하나를 잃을 운으로 길흉이 반반이다. 시작은 어
　　　려워도 결실을 얻을 운이다.

圓空秘訣 ３７３

정월 : 새로운 일에 욕심을 내는 운이다. 무리하지 않고 때를 기디리면 만사가 해결되나 경거망동하면 해가 있으리라.

2월 : 가정에 경사가 생길 운이다. 부모의 경사가 생기거나 문서를 잡을 운이요, 학생은 새로운 학문을 할 운이다.

3월 : 가정에 경사가 따를 운이다. 부부에게 경사가 생길 운이요, 좋은 친구가 생길 운이요, 미혼자는 애인이 생길 운이다.

4월 : 다른 사람의 모함으로 망신당할 운이요, 재물에 손해가 따를 운이다. 그러나 꾸준히 노력하면 손해는 면하리라.

5월 : 상가를 조심해라. 동료와 마음상할 일이 생기거나 형제의 근심이 생긴다.

6월 : 아랫사람 때문에 관에 갈 운이다. 가까운 사람이나 아랫사람과 멀어질 운이다.

7월 : 내것을 주고도 구설을 들을 운이다. 부부간에 갈등이 생기고 심하면 이별할 운이요, 재물에 손해가 따를 운이다. 을년생과 경년생은 부부간에 갈등이 생길 운이요, 묘년생은 부부나 재물문제로 정신적인 고통이 따를 운이다.

8월 : 미혼자는 애인이나 좋을 친구를 얻을 운이다. 그러나 형제나 친구로 인하여 우환도 따르기도 한다.

9월 : 가족간에 이별수가 있으나 자손이 좋은 일로 떠나는 것이다.

10월 : 비밀을 간직할 운으로 아무도 모르게 새로운 일을 구상한다.

11월 : 재물을 얻고도 말못할 일이 있고, 친구로 인하여 재물에 손해를 본다. 그러나 새로운 일이 생기니 즐거운 일이다.

12월 : 하늘이 무너지고 땅이 꺼지는 격이다. 을년생과 정년생과 계년생은 아랫사람의 근심이 생길 운이요, 오년생은 마음을 잡지 못하고 불안할 운이다.

정월 : 관재구설이 따를 운이다. 문서와 관을 상대하는 일에 장애가
　　　따라 뜻대로 되지 않을 운이니 무리하지 말고 때를 기다려라.

2월 : 시작은 어려워도 때를 알아 처리하면 무난하리라.

3월 : 좋은 친구를 만나 사업을 도모할 운으로 해는 없으리라. 아랫사
　　　람과 큰 일을 할 운으로 길하다.

4월 : 가정에 경사가 생길 운이다. 부부에게 경사가 생길 운이요, 미
　　　혼자는 결혼할 운이요, 재물에 좋은 일이 생길 운이다.

5월 : 친구따라 강남가는 운이다. 주위에 많은 사람이 모이는 운으로
　　　길하다.

6월 : 허영심이 발동할 운이요, 뜻을 이루기 어려울 운이니 자중하라.

7월 : 가까운 사람으로 인하여 우환이 따를 운이다. 부부의 근심이 생
　　　기거나 재물에 손해가 따른다.

8월 : 먼 길을 떠나지 마라. 부부의 근심이 생길 운이요, 내것을 잃고
　　　도 말못할 운이요, 재물에 손해가 따를 운이다. 신년생은 허욕
　　　을 부리다 구설을 듣고, 자년생은 부부나 재물문제로 정신질환
　　　이 따를 운이니 조심해라.

9월 : 집에 있으면 보통이요 나가면 손해이다. 처음은 좋으나 결과가
　　　없다. 갑년생은 자손 때문에 마음이 상하고, 무ㆍ경년생은 아랫
　　　사람과 사랑에 빠질 수 있다.

10월 : 욕심을 부리다 구설이 따를 운이다. 뜻은 있으나 성사는 불투
　　　　명하다. 무리하지 말고 분수를 지켜라.

11월 : 생각하지 못한 친구의 도움으로 뜻을 이룬다. 자손에게 우환
　　　　이 따를 수 있으니 조심해라. 시작은 어려워도 끝은 길하다.

12월 : 하나를 얻고 하나를 잃을 운으로 길흉이 반반이다. 자손을 음
　　　　해하는 사람이 있으니 근심할 일이 생기나 큰 해는 없으리라.

圓空秘訣 ３ ７ ５

정월 : 부모의 경사가 생길 운이요, 윗사람 때문에 가정에 좋은 일이
　　　 생길 운이요, 새로운 문서를 잡을 운으로 길하다.

2월 : 새로운 일을 구상할 운이요, 학업이 멀어질 운이요, 부모로부터
　　　 떨어질 운이다.

3월 : 가정에 경사가 생길 운이다. 자손이 출세할 운이요, 임신할 운
　　　 이다. 딸을 낳을 운이다.

4월 : 용두사미격으로 시작은 화려해도 결실이 없을 운이요, 시작은
　　　 있어도 끝을 보지 못할 운이다.

5월 : 상가를 조심해라. 형제간에 이별수가 있고, 믿은 사람이나 가까
　　　 운 사람과 멀어질 운이다.

6월 : 자손의 근심이 생길 운이요, 아랫사람이 떠나갈 운이다.

7월 : 주위의 도움으로 뜻밖에 횡재하거나 좋은 친구를 만날 운이다.
　　　 부부의 인연을 만날 운이요, 새로운 사업을 시작할 운이다.

8월 : 산토끼를 잡으려다 집토끼가 나가는 것을 모르는 격이다. 부부
　　　 간에 갈등이 따를 운이요, 재물에 손해가 따를 운이니 분수를
　　　 알고 행하라.

9월 : 혈육간에 이별수가 있거나 믿은 사람에게 배신당할 운이다. 항
　　　 상 주위 사람을 조심해라.

10월 : 시작은 어려워도 나중에는 길한 운이요, 다른 사람의 도움으
　　　 로 뜻을 이룰 운이다.

11월 : 관의 피해를 볼 운으로 어려운 일이 생긴다. 부부간에 이별할
　　　 운이요, 재물에 손해가 따를 운이다.

12월 : 하나를 얻고 하나를 잃을 운으로 길흉이 반반이다. 처음은 어
　　　 려워도 결실은 있으니 보통의 운이다.

圓空秘訣 ３７６

정월 : 먹구름이 걷히고 밝은 태양이 솟아오르는 운이다. 집안에 경사
　　　가 생길 운이요, 자손에게 영화가 따를 운이다.

2월 : 부모의 우환이 따를 운이요, 문서로 어려움에 처할 운이다.

3월 : 자손의 경사가 생기거나 임신할 운이요, 친구의 도움으로 횡재
　　　할 운이다. 길한 운이니 가정이 편안하리라.

4월 : 용이 여의주를 얻어 조화를 부리는 운으로 만사가 길하리라.

5월 : 형제나 동료로 인하여 좋은 일이 생길 운이요, 주위의 도움으로
　　　뜻을 이룰 운이다.

6월 : 슬하에 액운이 있으니 근심이 생긴다. 믿은 사람이 멀어지니 마
　　　음이 허전하고 쓸쓸하다.

7월 : 이성문제로 외지에 나갈 운이요, 다른 인연을 만날 운이다. 시
　　　작은 좋은 것 같으나 내것만 잃고 마음이 상하는 운이다.

8월 : 관재구설이 따를 운이다. 부부간에 갈등이 따를 운으로 심하면
　　　이별을 생각할 수도 있고, 재물에 손해가 따를 운이다.

9월 : 자손으로 인하여 마음의 상처를 받을 운이요, 심하면 자손과 이
　　　별할 운이다. 갑년생은 자손의 일로 애통함이 따르고, 경년생과
　　　무년생은 아랫사람과 사랑에 빠질 운이요, 진년생과 사년생은
　　　자손이나 아랫사람 때문에 정신적인 고통이 따를 운이다.

10월 : 새로운 일로 해외로 나갈 운이요, 큰 욕심으로 일을 벌릴 운이
　　　　나 해롭지는 않다.

11월 : 시작은 어렵고 힘들어도 결실을 얻을 운이다. 무리하지 않고
　　　　분수를 지키면 해가 되지 않으리라.

12월 : 갑자기 횡재할 운이요, 자손의 일로 말못할 일이 생길 운이다.
　　　　욕심을 버리고 성실하게 행하면 손재는 면하리라.

圓空秘訣 381

정월 : 상가를 조심해라. 부부의 근심이 생길 운이요, 재물에 손해가
　　　따를 운이다. 하나를 얻고 하나를 잃을 운이다.

2월 : 귀인의 도움으로 횡재할 운이요, 새로운 부부인연이 맺어질 운
　　　이요, 남모르는 재물을 얻을 운이다.

3월 : 밤길에서 빛을 만나는 운으로 가정에 경사가 생긴다.

4월 : 만사가 허망하니 경거망동하지 마라. 득이 되지 않는다.

5월 : 동서로 분주하나 소득은 없다. 만사가 마음대로 되지 않으니 심
　　　력만 허비할 뿐이다. 시작은 좋으나 결과는 미미한 운이다.

6월 : 가정에 근심이 생길 운이다. 부모의 근심이 생길 운이요, 문서
　　　로 인하여 어려움에 처할 운이다. 을년생과 계년생은 부모의 애
　　　통함이 따를 운이요, 정년생은 윗사람과 사랑에 빠질 운이요,
　　　인년생은 문서나 부모로 인하여 정신적인 고통이 따를 운이다.

7월 : 다른 사람의 도움으로 뜻을 이룰 운이다. 마음 속의 뜻을 발설
　　　하면 손재가 따를 수 있으니 조심해라.

8월 : 시작은 어렵고 힘들어도 나중에는 영화가 있는 운이다. 처음에
　　　는 인정받기 어려우나 나중에는 알아주는 사람이 있다.

9월 : 다른 사람의 방해로 뜻을 이루기 어려울 운이다. 문서를 잃을
　　　운이니 보증이나 카드 등을 조심해라.

10월 : 자손의 일로 관에 갈 운이다. 물가를 조심해라. 건강에 불리한
　　　일이 생길 운이다.

11월 : 가정에 근심이 생길 운이요, 자손이나 아랫사람이 떠날 운이
　　　다. 임년생은 아랫사람과 사랑에 빠질 운이요, 유년생은 아랫
　　　사람 때문에 정신적인 고통이 따를 운이다.

12월 : 새로운 희망이 솟는 운이요, 부모나 윗사람의 경사가 생길 운
　　　이다. 만사가 순조로우니 길하리라.

정월 : 부부의 근심이 생기거나 내것을 주고도 말못할 일이 생길 운이
　　　요, 미혼자는 애인이 생길 운이다.

2월 : 가정에 근심이 생길 운이다. 부부의 근심이 생길 운이요, 재물
　　　에 손해가 따를 운이다.

3월 : 시작은 좋으나 얻는 것이 없을 운이다. 부모의 근심이 생기거나
　　　문서로 어려운 일이 생긴다. 갑년생은 부모의 고통이 따를 운이
　　　요, 무년생과 기년생은 연상과 사랑에 빠질 운이요, 술년생과
　　　해년생은 문서나 부모의 일로 정신적인 고통이 따를 운이다.

4월 : 밝은 태양이 솟아오르는 운이다. 출세할 운이요, 뜻을 이룰 운
　　　이다.

5월 : 하나를 얻으면 열이 나가는 운이다. 앞으로는 좋은 일 같지만
　　　덕이 되지 않으니 무리하지 말고 때를 기다려라.

6월 : 뜻을 이루지 못할 운이다. 뜻은 있으나 길이 없으니 심력만 허
　　　비할 뿐이고, 건강에 문제가 있을 수 있으니 조심해라.

7월 : 형제나 동료와 새로운 일을 구상할 운이다. 주위의 도움으로 해
　　　로운 운은 아니다.

8월 : 관재구설을 조심해라. 형제나 동료의 일로 관에 갈 운이요, 관
　　　을 상대로 하는 일이 좌절되어 어려움에 처할 운이다.

9월 : 용두사미격으로 만사가 뜻을 펴지 못할 운이다. 만사가 어려울
　　　운이니 무리하지 말고 분수를 지켜라.

10월 : 하늘에 먹구름이 걷히는 운이요, 가정에 웃음이 피어나는 운
　　　　이다. 자손의 경사가 생길 운이요, 임신할 운이다.

11월 : 가족간에 이별할 운이다. 자손이 떠날 운이나 길한 일이다.

12월 : 재수는 평탄하나 욕심을 버리면 길한 운이 된다. 내것을 잃고
　　　　도 말못할 일이 생기고, 남모르는 문서를 잡을 수 있다.

정월 : 재물을 얻으려고 마음이 들떠 안정되지 않을 운이다. 허욕을
　　　부리지 마라. 남의 것을 탐내다 오히려 손해를 보게 된다.

2월 : 하나를 얻고 하나를 잃을 운이다. 부부간에 화합하고 재물이 들
　　　어올 운이다. 그러나 가까운 사람과 멀어질 수도 있다.

3월 : 부부가 새로운 일로 외지로 나갈 운이다. 재물로 인하여 새로운
　　　변화가 생길 운으로 해가 되지는 않는다.

4월 : 가까운 사람에게 배신당할 운이다. 내것을 잃고도 말못할 일이
　　　생긴다. 주위에 음해하는 사람이 있으니 조심해라.

5월 : 다른 사람의 방해로 뜻이 좌절될 운이다. 마음은 있어도 성취하
　　　기 어려울 운이니 득은 없고 심력만 허비한다.

6월 : 문서로 구설을 들을 운이요, 부모나 윗사람의 일로 관에 갈 운
　　　이다. 흉한 운이니 조심해라.

7월 : 가까운 사람이나 믿은 사람이 등을 돌리고 멀어질 운이다. 가정
　　　에 근심이 생길 운이요, 형제간에 이별수가 따를 운이다.

8월 : 오곡이 풍성하니 만인이 즐거워하고, 정원에서 꾀꼬리가 노래
　　　하며 즐기니 길하리라.

9월 : 믿은 사람이나 가까운 사람에게 배신당할 운이다. 내것을 잃고
　　　마음이 산란하고 불안할 운이다. 믿을 사람이 없으니 외롭고 쓸
　　　쓸하다.

10월 : 구직자는 직장을 구하고, 수험생은 합격할 운이다. 동료의 도
　　　움으로 만사를 이룰 운으로 심신이 편안하다.

11월 : 어두운 밤이 가고 밝은 아침이 오는 운이다. 만사가 순조로우
　　　니 어려움이 물러가니 경사만 생기는 운이다.

12월 : 만사가 어렵고 막히는 운이다. 학생은 학업이 중단될 운이요,
　　　공직자는 자리를 잃을 운이요, 일반인은 문서를 잃을 운이다.

정월 : 가정에 먹구름이 끼는 운이다. 부부의 근심이 생길 운이요, 손
　　　해를 보는 운이니 무리하지 마라.

2월 : 과욕을 버리고 순리대로 행하면 저절로 복이 오는 운이다. 서두
　　　르면 손해를 보는 운이니 때를 기다려라. 길하리라.

3월 : 새로운 일을 구상할 운이다. 좋은 아이디어로 사회에 진출할 운
　　　이다. 그러나 노력한 만큼 얻기 어려우니 무리하지 마라.

4월 : 할 일은 많고 자본은 딸리니 근심이 생긴다. 고생 끝에 성사되
　　　니 집안이 화목하다. 무리하지 않고 꾸준히 노력하면 길하리라.

5월 : 귀인의 도움으로 소원을 이룰 운이다. 문서로 횡재하니 가정에
　　　경사가 있다. 그러나 노력대로 되지는 않으니 자중하라.

6월 : 하나를 얻고 하나를 잃을 운이다. 부모의 일로 우환이나 근심이
　　　생길 운이다. 문서를 조심해라. 손재가 따른다.

7월 : 세상사 탄식할 일이 생긴다. 그러나 무리하지 않고 분수를 지키
　　　면 그런대로 무난하리라.

8월 : 믿은 사람이 해롭게 할 운으로 믿을 사람이 없으니 외롭고 허전
　　　하다.

9월 : 부모의 우환이 따를 운이요, 윗사람의 근심이 생길 운이다. 만
　　　사가 불안하니 때를 기다려라. 해는 면하리라.

10월 : 즐거움이 슬픔으로 변하는 운이다. 만사가 용두사미격으로 시
　　　작은 화려하나 결실을 보기 어려울 운이다.

11월 : 가정에 풍파가 따를 운이다. 자손과 이별수가 있고, 아랫사람
　　　이 해롭게 할 운이다.

12월 : 귀인을 만나는 운으로 길하다. 부모의 경사가 생기거나 문서
　　　를 얻을 운이다. 가정이 편안하니 심신도 편안하다.

圓空秘訣 ３８５

정월 : 어두운 터널을 지나 밝은 곳으로 나오는 운이다. 홀가분하게
　　　큰 일을 구상할 운이요, 새로운 부부인연을 만날 운이다.

2월 : 신상에 좋은 일이 생길 운이다. 좋은 부부인연을 만날 운이요,
　　　재물에 덕이 있는 운이요, 미혼자는 결혼할 운이다.

3월 : 윗사람으로 인하여 경사가 생길 운이요, 문서로 좋은 일이 생길
　　　운이요, 학생은 새로운 학문에 도전할 운이다.

4월 : 만사가 뜻대로 될 것 같아 경거망동하기 쉬운 운이다. 그러나
　　　득이 없으니 조심하고, 건강을 해칠 수 있는 운이니 조심해라.
　　　새로운 일로 타관으로 나갈 운도 있다.

5월 : 타관으로 나갈 운이다. 손재수가 있으니 불리하다. 집에 있으면
　　　근심할 일이 생기고, 밖으로 나가면 손재수가 따른다.

6월 : 부모의 근심이 생길 운이요, 문서로 어려운 일이 생길 운이다.
　　　을년생과 계년생은 부모의 애절함이 생기고, 정년생은 연상과
　　　사랑에 빠지고, 인년생은 부모나 문서로 어려움이 따를 운이다.

7월 : 하늘의 도움이 있는 운이다. 외기러기가 짝을 만나는 운으로 형
　　　제나 동료와 큰 일을 도모할 수 있다.

8월 : 망신살이 들어오니 동료나 친구관계를 조심해라. 얻는 것은 없
　　　고 잃는 것이 많다. 새로운 것을 탐하면 해가 되리라.

9월 : 뜻은 있으나 실천에 옮기지 못할 운으로 결실을 보기 어렵다.

10월 : 자손의 경사가 생길 운이다. 임신할 운이요, 멀리 떨어져 있는
　　　 자손의 소식을 들을 운이다.

11월 : 가정에 어두운 그늘이 생길 운이다. 매사에 무리하지 않고 순
　　　 리대로 행하면 큰 해는 면하리라.

12월 : 시작은 어렵고 힘들어도 결과를 볼 운이다. 무리하지 않고 분
　　　 수를 지키면 큰 해는 면하리라.

정월 : 가정에 경사가 생길 운이다. 미혼자는 결혼할 운이요, 부부에
　　　 게 경사가 생길 운이요, 재물에 횡재수가 따를 운이다.

2월 : 호사다마라, 좋은 일에 마가 많이 발생할 운이다. 매사에 무리
　　　 하지 않고 때를 기다리면 해는 면하리라.

3월 : 시작은 좋으나 얻는 것이 없는 운이다. 구설이 따를 운이나 공
　　　 직자는 길하다.

4월 : 큰 일을 구상하고 추진할 운이다. 출세할 운이요, 공직자는 영
　　　 전할 운으로 길하리라.

5월 : 고귀한 몸으로 높은 누각에 올라 여흥을 즐길 운이다. 주위의
　　　 도움으로 심신이 편안하다.

6월 : 시작은 험하고 어려워도 결실이 있는 운이다. 매사에 자신감을
　　　 갖고 추진하면 길하리라.

7월 : 가까운 사람과 멀어질 운이요, 믿은 사람이 떠나갈 운이다. 모
　　　 두 잡지 마라. 해는 면하리라.

8월 : 단비가 내려 고목에서 꽃을 피는 운이다. 다른 사람의 도움으로
　　　 가정이 편안하고 심신이 편안하다.

9월 : 가정에 우환이 따를 운이다. 부모의 근심이 생길 운이요, 문서
　　　 로 인한 손재가 생길 운이니 매사에 조심해라. 갑년생은 부모의
　　　 근심이 생길 운이요, 경년생은 연상과 사랑에 빠질 운이다.

10월 : 가정에 경사가 생길 운이다. 자손의 경사가 생길 운이요, 임신
　　　 할 운이요, 멀리 떨어져 있는 자손이 돌아올 운이다.

11월 : 모든 근심 사라지고 밝은 희망이 솟는 운이다. 만사가 순조로
　　　 우니 심신이 편안하다. 가족이 늘어날 운도 있다.

12월 : 재수는 평탄하나 욕심을 버리면 길한 운이다. 내것을 잃고도
　　　 말못할 일이 생긴다. 하나를 얻고 하나를 잃을 운이다

정월 : 새롭게 큰 일을 구상할 운이요, 마음의 변화가 많을 운이다.

2월 : 재물문제로 마음이 산란해질 운이다. 시비를 조심해라. 송사와 구설이 따른다. 다른 일에 손대지 마라. 손재가 따른다.

3월 : 재성이 몸에 비치니 뜻밖의 재물을 얻을 운이다. 서방으로 가면 재물을 얻으리라. 형제의 경사가 따를 운이다.

4월 : 관을 상대로 하는 일이 어려움에 처할 운이다. 문서로 손재가 따를 운이니 카드나 인장 등을 조심해라.

5월 : 일에 두서가 없으니 뜻을 이루지 못한다. 호사다마라, 좋은 일에 마가 생긴다. 부모의 근심이나 문서에 어려움이 따른다.

6월 : 가까운 사람이나 믿은 사람이 등을 돌리고 멀어질 운이다. 다투지 마라. 크게 의를 상할 일이 생긴다.

7월 : 저절로 다른 사람의 재물이 내집으로 들어오는 운이다. 다른 사람과 일을 하면 이로움이 그 가운데 있다. 가신에게 기도하면 심신이 편안해지리라.

8월 : 다른 사람의 도움으로 자손의 경사가 생기고, 임신할 운이다.

9월 : 초목이 가을을 만나는 운으로 한 번 슬프고 한 번 근심한다. 시작은 어려워도 결과는 있으니 보통의 운이다.

10월 : 부부의 근심이 생길 운이요, 내것을 잃고 말못할 운이다. 여자를 조심해라. 반드시 재화가 있다. 가까운 사람을 잃거나 배신을 당한다.

11월 : 부부의 근심이 생길 운이요, 재물에 손해가 따를 운이다. 임년생은 사치나 허영심이 발동할 운이요, 유년생은 부부나 재물문제로 정신적인 고통이 따를 운이다.

12월 : 형제의 경사가 생길 운이요, 동료나 친구로 인하여 좋은 일이 생길 운이다. 동료와 함께 큰 일을 도모할 운이다.

정월 : 뜻밖에 이름을 사해에 떨치나 친구나 형제의 일로 근심할 운이
       다. 도처에 재물이 있으니 대장부가 뜻을 얻도다. 갑년생과 병
       년생은 사랑에 빠지기 쉽다.

2월 : 시작은 있으나 끝이 없는 운이다. 욕심을 부리면 되는 일도 어
      렵게 되니 무리하지 마라. 자중하면 큰 해는 면하리라.

3월 : 복사와 오얏이 때를 만나 꽃을 피우는 운으로 재록이 금곡같다.

4월 : 우연히 귀인을 만날 운이다. 아침 까치가 남쪽에서 우니 반드시
      영귀함이 있다. 집에 경사가 있으니 영화가 자손에게 있다.

5월 : 가까운 사람이나 친구, 동료와 원한을 맺을 운이다. 심하면 목
      숨에 해를 받을 수도 있다. 다투지 마라. 재물과 명예가 상한다.
      매사에 욕심을 부리지 마라.

6월 : 친구와 다투지 마라. 복이 사라지고 재앙이 온다. 형제와 이별
      수가 있고, 믿은 사람에게 배신당할 운이다.

7월 : 횡재하지 않으면 반드시 아들을 낳을 운이다. 가정이 화목하고
      향기가 만발하니 주위에 많은 사람이 모여드는 운으로 길하다.

8월 : 가정에 경사가 생길 운이다. 자손의 경사가 생길 운이요, 자손
      이 관대를 찰 운이다.

9월 : 단비가 내려 고목에서 새순이 돋는 운이요, 외기러기가 짝을 만
      나 즐길 운으로 만사가 순조롭고 길하다.

10월 : 부부간에 갈등이 생기거나 부모로 인한 근심이 있다. 길한 가
       운데 흉이 있으니 군자는 조심해라. 집에 있으면 근심이 있고,
       밖으로 나가면 손재가 따른다.

11월 : 상가를 조심해라. 다른 사람의 방해로 뜻을 이루기 어렵다.

12월 : 일신이 편안하니 무엇을 바라겠는가. 분수를 지키면 반드시
       대길하다. 만사가 순조로우니 심신이 편안하다.

圓空秘訣 4 1 3

정월 : 시작은 어려워도 결과는 얻을 운이다. 외지로 나갈 운이다.

2월 : 뜻은 있으나 길이 없으니 만사가 어렵고 힘들 운이다.

3월 : 뜻밖의 재물을 얻을 운이요, 뜻을 이루고 집안이 화평하다. 갑년생은 형제의 고통이 따르고, 무기년생은 허영심이 발동하고, 무·해년생은 다른 사람 때문에 정신질환이 따를 운이다.

4월 : 사방에 이름을 떨칠 운이다. 재물도 있고 권리도 있으니 도처에 춘풍이다. 지키면 길하고 망동하면 손재할 운이다.

5월 : 가정에 근심이 생길 운이다. 부모의 애통함이 따를 운으로 부모와 이별수가 따른다. 문서를 잃을 운이요, 학생은 학업이 중단될 운이다. 만사가 흉하니 자중하라. 축년생은 심하면 생명에 이상이 있을 수 있으니 건강을 조심해라.

6월 : 마음이 정직하니 수복을 얻을 운이다. 손해는 쌀과 과실에 있다. 집안이 안락하니 만사가 순조롭다.

7월 : 어두운 터널을 지나 밝은 광야로 나오는 운이다. 가정에 경사가 있을 운이요, 자손에게 영화가 있을 운으로 길하리라.

8월 : 자손을 모함하는 사람이 있으니 근심이 생길 운이다. 자손과 이별수가 있으니 심신이 허전하고 쓸쓸하리라.

9월 : 자만하지 마라. 험지에 빠질라. 도가 높고 이름이 나니 사방에 이름을 떨치고, 녹이 중하고 권위가 있으니 뜻을 얻도다.

10월·11월 : 가까운 사람이나 믿은 사람이 배신할 운이다. 부부의 근심이 생길 운이요, 재물에 손해가 따를 운이다. 다른 사람 때문에 내것을 잃고도 말못할 일이 생긴다.

12월 : 도화가 만발하니 벌나비가 모여드는 운이다. 을년생과 정년생과 계년생은 가까운 사람을 잃을 운이요, 오년생은 형제나 동료로 인하여 정신적인 고통이 따를 운이다.

周易 토정비결 | 159

정월 : 강남갔던 제비가 돌아오는 운으로 집안에 경사가 생긴다. 다른
　　　사람의 도움으로 만사가 편안하다.

2월 : 욕심을 부리다 망신당할 운이다. 만사가 뜻대로 되지 않을 운이
　　　나 분수를 알고 행하면 큰 해는 면하리라.

3월 : 상가에 가지 마라. 가정에 우환이 생기거나 사기를 당할 운이
　　　다. 뜻은 있으나 길이 없으니 정신만 산란할 운이다.

4월 : 십 년 가뭄에 단비가 내려 고목에서 꽃이 피는 운이다. 만사가
　　　뜻대로 풀리니 심신이 편안하고 가정이 화목하다.

5월 : 가정에 우환이 따를 운이다. 부모의 근심이 생길 운이요, 문서
　　　로 손해볼 운이요, 학생은 학업이 중단될 운이다.

6월 : 구름에 가린 태양이 나타나는 운이다. 가정에 경사가 생길 운이
　　　요, 형제의 좋은 소식이 있을 운이다.

7월 : 자손의 근심이 생길 운이요, 아랫사람 때문에 어려움이 따를 운
　　　이다. 처음은 어려워도 큰 해는 없으리라.

8월 : 문서나 부동산으로 횡재할 운이요, 과거에 급제할 운이다. 직장
　　　이 안정되고, 집안에 경사가 있으니 길하다.

9월 : 주위의 도움으로 뜻을 이룰 운이다. 동료와 큰 일을 도모할 운
　　　이다. 만사가 순조로우니 길하리라.

10월 : 상가를 조심해라. 가까운 사람을 잃을 운이다. 시작은 좋으나
　　　 결실이 없을 운이다. 허욕을 부리면 내것만 잃고 득이 없다.

11월 : 하나를 얻고 하나를 잃을 운이니 해는 없다. 그러나 시작이
　　　 좋을 것 같아 무리하면 후회할 일이 생기니 조심해라.

12월 : 오곡이 풍성한 운이니 심신이 안정되고 편안하다. 친구와 높
　　　 은 누각에 올라 여흥을 즐길 운으로 길하리라.

圓空秘訣 4 1 5

정월 : 되는 일이 없는 운으로 죽고 싶은 심정이다. 지나친 욕심을 부리면 잃는 것이 많으니 무리하지 말고 자중하라.

2월 : 하나를 얻고 하나를 잃을 운으로 길흉이 반반이다. 마음의 변화가 있을 수 있으나 해는 없다.

3월 : 도화가 만발하여 봉접이 모여드는 운이요, 하늘이 청명하니 심신이 화창한 운이다. 형제나 동료로 인하여 좋은 소식이 있다.

4월 : 하늘이 도와주는 운이요, 심신이 화락한 운이다. 부모의 경사가 생길 운이요, 문서로 횡재할 운이다.

5월 : 생각은 좋으나 뜻을 펼치지 못할 운이요, 정신적인 고통이 따를 운이다. 허욕을 부리면 되는 일도 해로우니 자중하라.

6월 : 만사가 마음 뿐이니 심신이 고달프고 힘든 운이다. 가까운 사람이나 주위 사람을 믿지 마라. 덕이 되지 않는다.

7월 : 어두운 밤이 가고 밝은 아침이 오는 운으로 가정이 화평하다. 자손의 경사가 생길 운이다. 계년생과 경년생은 아랫사람과 사랑에 빠질 운이다.

8월 : 어두운 밤이 가고 밝은 아침이 오는 운이다. 가정에 경사가 생길 운이요, 자손이 출세할 운이요, 뜻을 이룰 운이다.

9월 : 친구나 동료와 큰 일을 도모하나 시작만 있고 결실이 없다.

10월 : 상가를 조심해라. 부부의 근심이 생길 운이요, 재물에 힘든 일이 생길 운이요, 사업가는 사업에 어려움이 따를 운이다.

11월 : 주위의 도움으로 뜻을 이룰 운이다. 부부에게 경사가 생길 운이요, 남모르는 재물을 얻을 운이다.

12월 : 관재구설이 침범하는 운이요, 형제나 동료와 이별할 운이다. 가까운 사람이나 믿은 사람이 배신할 운이니 심신이 허전하고 외롭다.

정월 : 귀인의 도움으로 뜻을 이룰 운이다. 출세할 운이요, 집안에 경
　　　사가 생길 운이다. 만사가 순조로우니 대길하다.

2월 : 뜻은 있으나 길이 없는 운이니 심신이 답답하다. 의욕을 잃을
　　　운이요, 공직자는 자리가 불안할 운이다.

3월 : 어두운 밤이 가고 밝은 아침이 오는 운이다. 만사가 뜻대로 이
　　　루어지는 운이니 길하고 가정이 화평하다.

4월 : 형제로 인하여 경사가 생길 운이요, 동료로 인하여 좋은 소식이
　　　있을 운이다. 친구나 동료와 큰 일을 도모할 운으로 길하리라.

5월 : 과거에 급제할 운이다. 동료나 형제의 도움으로 가정이 순탄하
　　　다. 부모의 경사가 생기고, 새로운 문서를 잡을 운이다.

6월 : 형제간에 말못할 일이 생길 운이다. 부모의 근심이 생기거나 윗
　　　사람의 근심을 살 일이 있다. 과욕을 부리면 오히려 손재한다.

7월 : 자손을 해하는 사람이 있으니 가정에 근심이 생길 운이다. 자손
　　　과 이별수가 있으니 조심해라.

8월 : 관재구설이 들어오고 있으니 무리하지 마라. 허욕을 부리다 망
　　　신당할 일이 있다. 분수를 지키면 큰 해는 면하리라.

9월 : 형제나 가까운 사람과 이별할 운이다. 갑년생은 형제나 동료를
　　　잃고, 무년생과 경년생은 사랑에 빠지고, 진년생과 사년생은 형
　　　제나 동료로 인하여 정신적인 고통이 따를 운이다.

10월 : 새로운 일을 구상할 운이요, 사업가는 사업을 이룰 운이다. 그
　　　러나 허욕을 부리면 풍파가 따를 수 있으니 안정하라.

11월 : 부부간에 문제가 발생할 운이요, 좋은 일로 내것을 내줄 운이
　　　요, 미혼자는 애인이 생길 운이다.

12월 : 문서로 인하여 관에 갈 운이다. 귀인의 도움으로 문서나 부동
　　　산의 횡재수가 있다. 가정이 편안하고 길하리라.

圓空秘訣 4 2 1

정월 : 새로운 사람을 만날 운이다. 부부의 인연을 만날 운이요, 떠난
　　　 사람이 돌아올 운이요, 재물에 횡재수가 있을 운이다. 병년생
　　　 과 갑년생은 좋은 인연을 만날 운이요, 미년생은 부부나 재물
　　　 로 인하여 정신적인 고통이 따를 운이다.

2월 : 세상 일이 뜬구름과 같은 운이다. 집안에 어려움이 있으니 마음
　　　 이 산란하다. 하나를 얻고 하나를 잃을 운이다.

3월 : 여자는 집을 옮길 운이다. 구설이나 시비를 가까이 하지 마라.
　　　 횡액을 면하기 어렵다. 부모나 윗사람과 의를 상할 운이다.

4월 : 시화연풍하니 만인이 편안할 운이다. 재물 횡재수가 있다.

5월 : 어두운 터널을 지나 밝은 광야로 나오는 운이요, 십 년 가뭄에
　　　 단비가 내려 초목이 앞을 다투어 새순을 내는 운이다.

6월 : 뜻은 있으나 지혜가 없으니 일에 미결함이 있다. 부모의 우환이
　　　 나 문서로 손재가 따를 운이다. 과욕을 부리면 구설만 듣는다.

7월 : 먹구름이 걷히고 밝은 빛이 나타나는 운으로 만사가 순조롭게
　　　 뜻을 이루고, 가정에 경사가 생긴다.

8월 : 가정에 경사가 있을 운이다. 형제의 출세가 있을 운이요, 많은
　　　 사람과 새로운 일을 모색할 운이다.

9월 : 문서로 큰 손해를 볼 운이요, 부모의 우환이 따를 운이요, 자신
　　　 의 의견이 사장될 운이요, 학생은 학업이 중단될 운이다.

10월 : 강남갔던 제비가 돌아오는 운이다. 멀리 떨어져 있는 자손에
　　　 게 소식이 올 운이요, 임신할 운이다.

11월 : 구설수가 있고, 집안에 불평함이 있으니 풍파가 그치지 않는
　　　 다. 운수가 불리하니 손재와 구설이 따른다.

12월 : 부부간에 말하기 어려운 근심이 생길 운이요, 재물에 어려움
　　　 이 따를 운이다. 사업가는 음해하는 사람이 있으니 조심해라.

정월 : 부부간에 화합할 운으로 집안이 편안하고, 사업을 이루거나 임
　　　신할 운이니 가정에 경사가 있으리라.

2월 : 새로운 사람을 만나 새로운 사업을 시작할 운이다. 부부에게 경
　　　사가 생길 운이요, 미혼자는 연인이 생길 운이다. 을년생은 사
　　　랑에 빠질 운이다.

3월 : 재성이 공을 만나는 운으로 재물을 구해도 얻지 못한다. 집안에
　　　어려움이 있으니 마음이 불안하다. 얻는 것은 없는 운이다.

4월 : 상가를 조심해라. 재물에 손해가 따른다. 다른 사람에게 무시를
　　　당하고 마음의 정처를 잃을 운이니 분수를 지켜라.

5월 : 가정에 경사가 생길 운이다. 출세할 운으로 만사가 순조롭다.

6월 : 밤길에서 방향을 잃고 방황할 운이다. 권리나 주장을 잃을 운이
　　　요, 부모와 이별할 운이요, 학생은 학업이 중단될 운이다.

7월 : 처음에는 어렵고 힘들어도 결과가 있을 운이다. 심하면 생명에
　　　위험이 따를 수도 있으니 조심하도록.

8월 : 떠나간 사람이 친구가 되어 돌아오는 운이요, 밤동산이 풍년이
　　　들어 많은 짐승들이 즐거워하는 운이다.

9월 : 도와주는 사람이 있으니 문서로 큰 덕을 볼 운이요, 윗사람의
　　　도움으로 뜻을 이룰 운이다.

10월 : 자손의 일로 말못할 근심이 생길 운이요, 자손을 음해하는 사
　　　　람이 있으니 정신적인 고통이 따를 운이다.

11월 : 혼자 즐길 일이 생길 운이다. 매사에 순리를 지키면 길하리라.

12월 : 비록 재물이 있으나 흉한 운이다. 토성(土姓)을 조심해라. 손
　　　　해를 면하기 어렵다. 일에 두서가 없으니 세상일이 뜬구름과
　　　　같다.

정월 : 허욕을 부리면 되는 일도 어렵게 된다. 부부의 근심이 생길 운이요, 사업에 어려움이 따를 운이다.

2월 : 가까운 사람과 헤어질 운이요, 부부의 근심이 생길 운이요, 재물에 어려움이 따를 운이다. 사업가는 낭패할 운이다.

3월 : 횡재수가 있거나 장가들 운이요, 재성이 따르니 큰 재물을 얻을 운이다. 사람과 술 가운데 생계가 있다.

4월 : 하늘의 도움으로 가정에 경사가 생길 운이다. 출세할 운으로 만사가 순조로우니 심신이 안락하다.

5월 : 의욕과 마음을 잃고 방황할 운이다. 만사가 뜻대로 되지 않으니 자중하는 것이 길하다.

6월 : 과거급제하거나 슬하에 경사가 생길 운이다. 어둠 속에서 우연히 촛불을 얻는 격으로 도처에 재물이 있고 만사가 길하다.

7월 : 외기러기가 짝을 만나 여유자작하는 운이요, 강남갔던 제비가 돌아오는 운으로 집안에 봄소식이 전해오는 격이니 길하다.

8월 : 가까운 사람이나 믿은 사람이 멀어질 운이요, 주위 사람에게 배신당할 운이다. 피해가 크니 무리하지 말고 분수를 지켜라.

9월 : 하늘이 복을 내리는 운이니 반드시 만사를 이룬다. 나가면 흉하고 있으면 집에 있으면 길하다.

10월 : 시작은 화려하나 결실이 없을 운이다. 분수를 지키면 큰 해는 면한다. 자손이나 아랫사람의 일로 외지에 나갈 일이 생긴다.

11월 : 슬하에 근심이 생길 운이요, 아랫사람 때문에 어려움에 처할 운이다.

12월 : 부모의 경사가 생길 운이요, 새로운 문서를 잡을 운이다. 그러나 을년생과 정년생과 계년생은 부모의 애통함이 따를 운이요, 계년생은 연상과 사랑에 빠질 운이다.

圓空秘訣 4 2 4

정월 : 새로운 일을 구상할 운이요, 새로운 사람을 만날 운이다.

2월 : 가까운 사람과 헤어질 운이다. 윗사람의 일로 근심이 생기거나 가정에 우환이 생길 운이다. 손재수가 있으니 조심해라.

3월 : 다른 사람의 방해로 부모의 고통이 따를 운이요, 문서로 어려움에 처할 운이다.

4월 : 관재구설이 따를 운이다. 욕심을 부리다 망신당할 운이다.

5월 : 공직자는 자리를 잃을 운이요, 사업가는 의욕을 잃을 운이다. 만사가 되는 일이 없으니 어렵고 힘들 운이다. 갑년생은 허영심이 발동할 운이요, 축년생은 정신적인 고통이 따를 운이다.

6월 : 문서나 부모의 경사가 생길 운이다. 과욕을 버려라. 해를 받는다. 성심으로 노력하면 길한 운이다.

7월 : 믿은 사람에게 배신당할 운이요, 실물수가 있으니 문서나 카드, 인장 등을 조심해라. 서쪽으로 가지 마라. 손재수가 따른다.

8월 : 이득이 없을 운이나 만사를 순리대로 행하면 길하리라.

9월 : 전화위복이 될 운이다. 새로운 학문을 할 운이요, 새로운 문서를 잡을 운이요, 부모의 경사가 생길 운이다.

10월 : 가까운 사람이나 자손이나 아랫사람과 이별수가 따를 운이다.

11월 : 사업은 길하나 얻는 것이 없으니 심력만 허비할 운이다. 허욕은 버려라. 손재수가 따른다. 꾸준히 노력하면 길해진다.

12월 : 하나를 얻고 하나를 잃을 운으로 길흉이 반반이다. 몸과 마음이 들뜨고 산란하여 안정을 잃을 운이니 신중하게 대처하라. 과욕을 부리면 손재수가 따르리라. 을년생과 정년생과 계년생은 부모의 고통이 따를 운이요, 오년생은 연상과 사랑에 빠질 운이다.

圓空秘訣 4 2 5

정월 : 내것을 잃고도 말못할 일이 생길 운이요, 내것을 주어도 좋은
일이 생길 운이다. 부부의 인연을 만날 운이다.

2월 : 정원에 매화가 만발하여 봉접이 모여드는 운이다. 부부에게 경
사가 생길 운이요, 재물덕이 있는 운이다.

3월 : 집안에 경사가 생길 운이다. 부모의 일로 좋은 소식이 있을 운
이요, 문서를 잡을 운으로 길하리라.

4월 : 가정에 경사가 생길 운이다. 다른 사람의 도움으로 만사가 순조
롭다.

5월 : 시작은 희망적이나 결실이 없는 운이니 자중하라.

6월 : 가정에 근심이 생길 운이다. 부모의 근심이 생길 운이요, 문서
를 잃고 어려움에 처할 운이다.

7월 : 동료의 도움으로 만사가 순조로울 운이다. 어두운 밤이 가고 밝
은 아침이 오는 운이니 가정이 길하리라. 을년생과 경년생은 허
영심이 발동하거나 사랑에 빠질 운이요, 묘년생은 동료나 형제
의 일로 정신적인 고통이 따를 운이니 조심해라.

8월 : 오곡에 풍년이 들어 심신이 편안할 운이요, 동료나 친구와 새로
운 일을 구상할 운이다. 그러나 과욕은 삼가하라.

9월 : 하나를 얻고 하나를 잃을 운으로 길흉이 반반이다. 주위에 많은
사람이 모여드는 운이나 덕이 되지 않는다.

10월 : 상가를 조심해라. 아랫사람과 멀어질 운이다. 자손이 떠나는
운이니 마음이 허전하다.

11월 : 자손의 근심이 생길 운이다. 자손이나 아랫사람의 일로 관에
갈 운이다.

12월 : 관을 상대로 하는 일에 장애가 많으니 심력만 허비할 운이다.
문서 사기를 당할 운이다.

정월 : 가정에 경사가 생길 운이다. 출세할 운이요, 부모의 경사가 생
　　　길 운이요, 문서를 잡을 운이다.

2월 : 상가를 조심해라. 구설수가 따른다. 부부간에 이별수가 있거나
　　　재물이나 사업에 어려움이 따를 운이다.

3월 : 만사가 시작은 좋으나 결실이 없는 운이니 때를 기다려라.

4월 : 용이 여의주를 얻어 조화를 부리는 운이다. 뜻을 성취할 운이
　　　요, 출세할 운이다.

5월 : 문서나 부동산으로 큰 재물을 얻을 운이다. 남쪽으로 가면 횡재
　　　수가 있고, 화성(火姓)의 도움으로 뜻을 이룰 운이다.

6월 : 내것을 잃고도 말못할 일이 생길 운이다. 과욕을 부리지 마라.
　　　손재수가 따른다. 분수를 알고 꾸준히 노력하면 길하리라.

7월 : 상가를 조심해라. 뜻밖의 일이 생긴다. 부모의 우환이 생기거나
　　　사기를 당할 수 있다. 음해하는 사람이 있으니 가까운 사람을
　　　경계하라. 건강을 잃을 운이다.

8월 : 봄가뭄에 단비가 내려 초목이 무성한 운이다. 만사가 뜻대로 풀
　　　리니 길한 운이다.

9월 : 마음의 상처를 받을 운이다. 부모의 우환이 따를 운이요, 문서
　　　로 어려움에 처할 운이요, 정신적인 고통이 따를 운이다. 학생
　　　은 학업을 잃을 운이요,

10월 : 가족이 늘어날 운이요, 임신할 운이다. 매사에 희망이 있고 즐
　　　거울 운이니 길하리라.

11월 : 가정에 경사가 생길 운이다. 자손이 관대를 찰 운이요, 멀리
　　　있는 자손이 돌아오는 운으로 길하다.

12월 : 과거급제할 운이다. 공직자는 영전할 운이요, 구직자는 뜻을
　　　이룰 운으로 만사가 순조롭다.

정월 : 가정에 먹구름이 끼는 운이다. 자손의 근심이 생길 운이요, 가족간에 이별할 운이다.

2월 : 아랫사람의 일로 근심할 운이요, 자손의 일로 어려움에 처할 운이다. 을년생은 아랫사람과 사랑에 빠질 운이나 덕이 되지 않고, 신년생은 아랫사람이나 자손 때문에 정신질환이 따른다.

3월 : 의욕이 하늘에 닿는 운이요, 출세할 운이요, 뜻을 이룰 운이다. 그러나 갑년생은 관재를 주의하라.

4월 : 가정에 우환이 따를 운으로 부부의 근심이 발생할 수 있다. 기분좋은 일로 내것을 내줄 운이나 욕심을 부리면 재물만 잃을 수도 있다.

5월 : 상가를 조심해라. 근심이 생긴다. 부부의 근심이 생기거나 재물에 손해가 따를 운이다.

6월 : 귀인의 도움으로 집안이 화목할 운이다. 과거급제할 운으로 뜻을 이루고 출세한다.

7월 : 혈육간에 이별수가 따를 운이다. 좋은 일에 마가 많으니 꾀하는 일이 불리하고, 용이 강물을 잃으니 조화가 능하지 못하다.

8월 : 다투지 마라. 손재가 두렵다. 손재가 많으니 마음이 불안하다. 집안이 불안하니 가족이 떠날 운이다.

9월 : 새로운 일을 시작할 운이다. 만사가 순조롭지 않으니 욕심을 부리지 마라. 분수를 지키면 해는 면하리라.

10월 : 가정에 경사가 생길 운이요, 형제나 동료로 인하여 좋은 소식이 있을 운이다. 시작은 화려하나 결과는 미미할 운이다.

11월 : 가을 하늘은 높고 오곡이 풍요한 운으로 만사가 순조롭다.

12월 : 남의 재산을 탐하지 마라. 재물로 마음상할 일이 생긴다. 그렇지 않으면 구설이 분분하다. 집안의 일을 남에게 말하지 마라.

圓空秘訣 4 3 2

정월 : 용이 여의주를 얻는 운이요, 단비가 내려 고목에서 새순이 돋
　　　는 운으로 만사가 순조롭고 길하리라.

2월 : 눈 위에 종자를 뿌리는 운이니 어찌 싹이 돋겠는가. 뜻대로 되
　　　는 일이 없으니 심력만 허비하거나 가정에 우환이 생긴다.

3월 : 마음을 잃고 방황할 운이요, 학생은 학업이 중단될 운이다. 무
　　　리하면 오히려 되는 일이 없으니 주의하라.

4월 : 음해하는 사람이 있으니 구설이 따를 운이다. 사업가는 사업에
　　　어려움이 따를 운이요, 공직자는 자리가 불안할 운이다.

5월 : 관재구설이 따를 운이다. 관을 상대하는 일에 장애가 따라 뜻을
　　　성취하기 어려울 운이다. 무리하면 손해이다.

6월 : 뜻을 이루지 못하고 심력만 허비할 운이다. 부모의 우환이 있
　　　을 운이요, 문서에서 손해를 볼 운이다.

7월 : 가정에 경사가 생길 운이요, 새로운 희망이 생길 운이다. 부모
　　　의 경사가 생길 운이요, 문서에 좋은 소식이 있을 운이다.

8월 : 학문과 부모의 일로 경사가 생길 운이요, 문서를 잡을 운이다.
　　　관록이 몸에 따르니 사방에 이름을 떨칠 운이다.

9월 : 어두운 가운데 우연히 촛불을 얻는 운이다. 흉한 가운데 길하니
　　　끝내는 얻으리라. 토성(土姓)의 도움으로 가정이 편안하다.

10월 : 앞에서 친절한 척하면서 도와주는 것 같은 사람을 조심해라.
　　　 근심이 생긴다. 가까운 사람이나 믿은 사람이 해가 된다.

11월 : 주위가 산만하고 복잡할 운이요, 만사가 불안할 운이다. 허욕
　　　 을 버리고 신중하게 대처하면 큰 해는 면하리라.

12월 : 마음은 있으나 길이 없는 운이니 심력만 허비하고 득이 없다.
　　　 만사가 어려우니 자중하면서 때를 기다려라.

정월 : 추진하는 일이 불리할 운이다. 형제간에 이별수가 있으나 해로운 일은 아니다. 욕망이 좌절되니 가정이 불안하다.

2월 : 자손이나 아랫사람의 일로 말못할 근심이 생길 운이다. 자손의 일로 관에 갈 운이니 조심해라.

3월 : 다투지 마라. 송사가 따를까 두렵다. 가까운 사람과 원한을 맺을 운이니 조심해라. 갑년생은 의욕을 잃을 운이요, 무년생과 기년생은 허욕이 발동할 운이다. 주의하라.

4월 : 새로운 사업을 구상할 운이요, 새로운 인연을 만날 운이요, 부부에게 경사가 생길 운이다.

5월 : 믿은 사람에게 배신당할 운이다. 시작이 좋은 것 같아 내것을 내주나 덕은 없고 구설만 있을 운이다.

6월 : 주위의 도움으로 횡재할 운이다. 뜻을 이루니 심신이 편안하다. 용이 물을 얻으니 그 기세가 양양하다.

7월 : 가정에 경사가 생길 운이다. 부모의 경사가 생기거나 문서로 횡재할 운이다. 만사가 순조로우니 길하리라.

8월 : 상가를 조심해라. 형제의 우환이 생긴다. 부모의 근심이 생기거나 문서로 손해볼 운이다. 무리하면 크게 패하리라.

9월 : 다른 사람의 모함을 조심해라. 서두르면 덕이 되지 않는다.

10월 : 관재를 조심해라. 형옥이 따르거나 직장을 잃을 운이다. 마음의 뜻이 좌절되니 심신이 불안하다. 술년생과 진년생은 형제나 동료의 일로 정신적인 고통이 따를 운이다.

11월 : 문을 나서면 액을 만날 운이다. 다른 곳으로 가지 마라. 재물 잃을 수 있으니 도둑을 조심해라.

12월 : 상가를 조심해라. 구설수가 따르거나 모함하는 사람이 생긴다. 시작은 어려워도 결실을 얻을 운으로 보통의 운은 된다.

정월 : 다른 사람의 도움으로 자손이 뜻을 이룰 운이다. 자손이 출세할 운으로 길하다.

2월 : 상가를 조심해라. 아랫사람 때문에 어려운 일이 생길 운이다. 하나를 얻고 하나를 잃을 운으로 길흉이 반반이다.

3월 : 다른 사람의 모함으로 뜻이 좌절될 운이다. 할 일은 많은데 알아주는 사람이 없으니 심신만 피곤하다.

4월 : 관재구설이 따를 운이니 조심해라. 이성이나 사업문제로 구설수가 따르니 조심해라.

5월 : 소원을 성취하니 심신이 편안하다. 봄비가 내려 초목이 무성한 운이다. 만사를 이루니 기쁨이 배가 된다.

6월 : 출세하고 관대를 찰 운이다. 하늘이 돕는 운이니 만인이 우러러보고 부러워하는 상이다.

7월 : 시작은 어렵고 힘들어도 해는 없을 운이다. 고생 끝에 낙이 오는 운이니 무리하지 말고 때를 기다려라.

8월 : 새로운 길을 찾을 운이다. 뜻을 이루고 출세할 수도 있다. 어두운 밤이 가고 밝은 아침이 오는 운이다.

9월 : 다른 사람의 도움이 있는 운이다. 부부에게 경사가 생길 운이요, 재물에 좋은 소식이 있을 운이다.

10월 : 가까운 사람이나 믿은 사람이 등을 돌릴 운으로 믿을 사람이 없다. 해외로 나갈 일이 생긴다.

11월 : 희망의 아침이 밝아오는 운이다. 재물을 주어도 기분이 좋은 운이다. 애인이나 좋은 친구를 얻을 운이다.

12월 : 을년생과 정년생과 계년생은 뜻이 좌절될 운이요, 계년생은 사랑에 빠질 운이요, 오년생은 부부나 재물 때문에 정신적인 고통이 따를 운이다.

정월 : 비록 처음은 어렵고 힘들어도 때가 되면 보람을 느낄 운이다.
　　　무리하지 않고 인내하면서 기다리면 덕이 있으리라.

2월 : 시작은 힘들어도 끝내는 길하리라. 하나를 얻고 하나를 잃을 운
　　　으로 길흉이 반반이다. 과욕을 삼가하라. 손재수가 있다.

3월 : 문서나 부동산으로 횡재할 운이다. 새롭게 변화할 운으로 해로
　　　움은 없다.

4월 : 다른 사람의 도움으로 좋은 일이 생길 운이다. 부부에게 경사가
　　　생기고, 새로운 인연을 만나고, 재물에 좋은 일이 생길 운이다.

5월 : 산토끼 잡으려다 집토끼를 잃을 운이다. 허욕을 부리면 손해를
　　　볼 수 있으니 자중하라.

6월 : 믿는 도끼에 발등찍히는 운이다. 마음은 있으나 뜻을 이루지 못
　　　할 운이니 득은 없고 심력만 허비할 뿐이다.

7월 : 어두운 밤이 가고 밝은 아침이 오는 운이다. 문서를 잡을 일로
　　　마음이 들뜨고 산란할 운이니 신중하게 대처하라. 을년생은 사
　　　치나 허영심이 발동할 수 있으니 주의하라.

8월 : 가정에 경사가 생기거나 문서로 새로운 일이 생기고, 윗사람의
　　　일로 희소식이 있을 운이다 학생은 새로운 학업을 할 운이다.

9월 : 문서로 손해볼 운이요, 부모에게 우환이 생길 운이다. 건강을
　　　조심해라. 진년생과 사년생은 생명이 위태로울 수 있다.

10월 : 하나를 얻고 하나를 잃을 운이다. 음해하는 사람이 있으니 조
　　　심해라. 서두르면 손해를 보니 서서히 도모하라.

11월 : 형제나 동료로 인하여 좋은 소식이 있거나 형제나 동료와 말
　　　못할 일이 생겨 혼자 지낼 운이다.

12월 : 관재구설이 따를 운이요, 뜻이 좌절될 운이다. 만사가 결실을
　　　보기 어렵고 심력만 허비할 뿐이다.

정월 : 뜻을 이루나 내색을 하지 못할 일이 있다. 그렇지 않으면 과거
　　　에 급제할 운이다. 부부에게 경사가 생기거나 재물을 얻는다.

2월 : 마음이 허전하고 정신이 산란할 일이 생길 운이다. 가까운 사람
　　　이 떠나는 운이니 외롭고 허전하다.

3월 : 부부에게 경사가 생기거나 재물로 횡재할 운이다. 만사가 순조
　　　로우니 심신이 편안하다.

4월 : 어두운 밤에 등불을 만나는 운이요, 먹구름이 걷히고 밝은 태양
　　　이 솟아오르는 운이니 만사가 순조롭고 길하리라.

5월 : 부부의 근심이 생기거나 사업에 신경쓸 일이 생긴다. 머리에 월
　　　계관을 쓰니 만인의 존경을 받을 운이다. 뜻을 이룰 운이다.

6월 : 귀인의 도움으로 뜻을 이룰 운이다. 재물에 횡재운이 있거나 가
　　　정에 경사가 생길 운이다

7월 : 마음은 있으나 길이 없는 운이니 정신이 산란하다. 여행을 떠날
　　　운이다. 생명에 위험이 따를 수 있으니 자동차를 조심해라.

8월 : 관재구설이 따를 운이다. 관의 피해를 볼 운이요, 학생은 문서
　　　를 잃을 운이요, 직장인은 자리가 불안할 운이다.

9월 : 부부간에 망신당할 운이다. 새로운 재물을 탐하지 마라. 관재구
　　　설로 관에 갈 운도 있다. 갑년생은 의욕을 잃고, 진년생과 사년
　　　생은 정신적인 고통이나 건강에 문제가 따를 운이니 조심해라.

10월 : 하나를 얻고 하나를 잃을 운으로 길흉이 반반이다. 시작은 어
　　　렵고 힘들어도 결실을 볼 운이니 기다리면 길하리라.

11월 : 부부의 우환이 따르거나 생리사별할 운이다. 재물에 손해가
　　　따르고, 직장을 잃을 운이다. 용궁전에 기도하라.

12월 : 말못할 재물을 얻을 운이요, 새로운 일을 시작할 운으로 해는
　　　없다. 부부의 인연이 생길 운이다.

圓空秘訣 441

정월 : 시작이 어렵고 힘들어도 때를 기다리면 결과는 얻을 운이다. 가까운 사람과 멀어지는 것 같으나 다시 돌아오니 기다려라.

2월 : 재물에 횡재운이다. 부모의 경사가 생기거나 문서로 횡재할 일이 생긴다. 가정이 화평하니 심신이 편안하다.

3월 : 출세할 운이요, 관대를 찰 운이요, 부부에게 경사가 생길 운이다. 공직자는 영전할 운이요, 재물에 횡재가 따를 운이다.

4월 : 상가를 조심해라. 부부간에 근심이 생긴다. 하나를 얻고 하나를 잃을 운이다. 화성(火姓)을 조심해라. 손재수가 따른다.

5월 : 밝은 달빛 위로 갑자기 먹구름이 드리워지는 운이다. 부정한 재물은 탐내지 마라. 반드시 허망할 것이다.

6월 : 가정에 경사가 생길 운이다. 부부의 인연을 만날 운이요, 미혼자는 애인이 생길 운이다. 그러나 을년생과 계년생은 재물에 손해가 따르거나 부부간에 이별수가 따를 운이요, 정년생은 사랑에 빠질 운이요, 인년생은 정신질환이 따를 운이다.

7월 : 주위의 도움으로 뜻을 이룰 운으로 순리를 지키면 길하다.

8월 : 부모와 이별수가 있거나 문서를 잃을 운이니 분수를 지켜라.

9월 : 누구에게 말하기 어려운 일이 생길 운이다. 말못할 재물을 얻을 운이요, 내것을 주고 후회할 일이 생길 운이다.

10월 : 마음을 잡지 못하고 방황할 운이요, 정신적인 고통이 따를 운이니 무리하면 손해를 본다.

11월 : 가정에 우환이 따를 운이다. 부모의 근심이 따를 운이요, 문서로 어려운 일이 생길 운이니 조심해라. 유년생은 부모나 문서나 학문 등으로 정신적인 고통이 발생할 운이다.

12월 : 부부나 사업문제로 새로운 일을 구상할 운이다. 직장을 구할 운이요, 어려움에서 벗어날 운이다.

정월 : 형제의 우환이 따를 운이다. 근심이 생길 운으로 갑자기 친절한 사람을 조심하라. 갑년생과 병년생은 사랑에 빠질 운이요, 미년생은 형제나 동료의 일로 정신적인 고통이 따를 운이다.

2월 : 여러 사람 앞에 나설 일이 생길 운이요, 주위에 많은 사람이 모여들 운이다. 만사가 순조로우니 뜻을 이룰 수 있다. 을년생은 외정을 가질 수 있으니 조심하도록.

3월 : 욕심을 부리다 망신당할 운이나 무리하지 않고 분수를 지키면 큰 해는 면하리라. 건강이 해로울 운이니 조심해라.

4월 : 뜻은 있으나 결실을 보기 어려울 운이다. 물과 관계된 재물을 꾀하지 마라. 이로움은 육지에 있다. 재물을 모으기 어렵다.

5월 : 자손의 일로 말못할 근심이 생길 운이다. 자손을 음해하는 사람이 있으니 마음상할 일이 있다.

6월 : 구름 사이로 달이 들어가는 운이다. 남의 말을 믿지 마라. 재물로 마음을 상한다. 여자를 조심해라. 질병이 두렵다.

7월 : 마음과 뜻을 잃을 운이다. 새로운 구상으로 새로운 일에 도전할 운이다.

8월 : 하늘이 도와주는 운이요, 떠나간 사람이 친구가 되는 운이다.

9월 : 말못할 재물을 얻을 운이요, 숨겨두고 지내야 하는 사람이 있을 운이나 덕이 있으리라.

10월 : 가을 하늘은 맑고 오곡은 풍요하니 심신이 안락한 운이다. 주위의 도움으로 뜻을 이룬다.

11월 : 가정에 경사가 생길 운이다. 부모의 경사가 생길 운이요, 문서를 잡을 운이나 무리하면 어려움에 처할 수 있다.

12월 : 백설이 분분하니 초목이 슬퍼한다. 출행하지 마라. 횡액이 두렵다. 소망을 이루기 어려울 운이니 마음이 산란하다.

정월 : 가까운 사람이나 갑자기 친절한 사람을 경계하라. 마음상할 운이다. 무리하면 손해요, 자중하면 해는 면하리라.

2월 : 분수를 지키면 하늘이 그 복을 준다. 형제나 동료의 일로 관재구설이 따를 운이니 조심해라.

3월 : 가정에 근심이 생기고, 풍파가 따를 운이다. 부부간에 이별수가 있고, 재물에 손해가 많을 운이다. 갑년생은 부부간에 이별하고, 무년생과 기년생은 허욕이 발동하고, 술년생과 해년생은 부부나 재물로 정신이 산만할 운이다. 건강을 잃을 운이다.

4월 : 자손이 출세할 운이요, 임신할 운이다. 만사가 순조롭다.

5월 : 상가를 조심해라. 자손의 근심이 생길 운이요, 아랫사람에게 배신당할 운이다.

6월 : 먹구름이 걷히고 밝은 아침이 오는 운이요, 봄비에 매화가 만발하는 운이다. 만사가 순조로우니 뜻을 이루리라.

7월 : 진퇴에 있으니 반드시 성공할 운이요, 집안에 복록이 가득하다. 말하지 못하고 혼자 즐길 일이 생긴다.

8월 : 가을 하늘에 기러기가 짝을 잃고 혼자 외롭게 날아가는 운이다. 모든 것을 잃고 혼자 외롭고 쓸쓸할 운이다.

9월 : 길성이 오니 좋은 운이다. 기운이 이미 돌아오니 귀인의 도움을 받는다. 서북으로 가면 재물과 뜻을 이룬다.

10월 : 신운이 왕성하니 새로운 재물을 얻을 운이다. 과욕을 버려라. 오히려 손재수가 따른다. 학문으로 출세할 운이다.

11월 : 새로운 문서를 잡을 운이요, 학생은 새로운 학문을 할 운이요, 부모로 인하여 좋은 소식을 들을 운이다.

12월 : 과욕을 버려라. 욕심을 부리다 허망할 운이다. 집안의 대들보가 무너지는 줄 모르고 신선놀음을 할 운이다.

정월 : 주위에 많은 사람이 모여드는 운이다. 떠나간 사람들이 돌아올 운이요, 형제의 일로 좋은 소식 있을 운이다.

2월 : 혈육간에 이별수가 따를 운으로 자손과 헤어질 운이다. 재물에 손해수도 있거나 사업에 어려움이 따를 운이다.

3월 : 일이란 때가 있는 법이니 무리하지 말고 분수를 지켜라. 내것을 잃고 말못할 일이 생길 운이다.

4월 : 자손의 우환이 따를 운이요, 자손의 일로 관에 갈 운이다.

5월 : 밝은 태양이 먹구름 속에 갇히는 운으로 만사가 불리하다. 그러나 자중하면 큰 해는 면하리라.

6월 : 어두운 밤길에서 등불을 만나는 운이요, 외로운 기러기가 짝을 만나 즐길 운이다. 만사가 순조로우니 길하리라.

7월 : 마음이 산란하고 긴장되는 운이요, 처음에는 어려워도 결실이 있으니 보통의 운이다. 여행을 떠날 운이나 덕이 되지 않는다.

8월 : 하늘은 스스로 돕는 자를 돕는다고 했으니 매사에 허욕을 부리지 않고 분수를 지키면 큰 해는 면하리라.

9월 : 뒤에서 도와주는 사람이 생길 운이요, 새로운 친구가 생길 운이다. 재물에는 경사가 있으나 내것을 잃을 운이다.

10월 : 가정에 근심이 생길 운이다. 부모의 우환이 따를 운이요, 문서로 손해볼 운이요, 학생은 학업이 중단될 운이다.

11월 : 경거망동하면 손재가 따를 운이니 분수를 지키며 꾸준히 노력하라. 가까운 사람을 경계하라. 손재수를 면하기 어렵다.

12월 : 가정에 경사가 생길 운이다. 부부에게 경사가 생길 운이요, 재물에 횡재가 따를 운이다. 그러나 을년생과 정년생은 부부간에 이별수가 있고, 계년생은 사랑에 빠지고, 오년생은 부부의 일이나 재물로 정신적인 고통이 따를 운이다.

정월 : 동료와 새로운 일을 시작할 운이다. 처음에는 어렵고 힘드나 나중에는 덕이 있으니 무리하지 말고 준비하라.

2월 : 용이 여의주를 얻어 조화를 부리는 운이요, 쾌청한 날 오곡백화 가 만발하는 상이니 대길한 운이다.

3월 : 새로운 재물을 얻을 운이요, 미혼자는 애인이 생길 운이다.

4월 : 가정에 경사가 생길 운이다. 자손이 출세할 운이요, 임신할 운 으로 길하다.

5월 : 가까운 사람이나 믿은 사람이 멀어질 운이다. 갑자기 친절한 사 람을 경계하라. 덕이 되지 않는다.

6월 : 뜻이 좌절될 운이니 욕심을 부리지 마라. 본심을 어기면 구설수 를 면하지 못하고, 허욕은 몸을 망친다.

7월 : 어두운 밤이 가고 밝은 아침이 오는 운이요, 봄비에 매화가 만 발하는 운이다. 만사가 뜻대로 성취되니 가정이 화목하다. 을년 생과 경년생은 허욕을 부리거나 바람끼가 발동할 운이요, 묘년 생은 정신적인 고통이 따를 운이니 조심해라.

8월 : 달밝은 밤에 친구와 높은 누각에 올라 시흥을 노래하는 운이다. 출세와 명예를 얻을 운으로 길하리라.

9월 : 허욕을 부리다 망신당할 운이다. 분수를 어기고 욕심을 부리다 내것을 잃을 수 있다.

10월 : 가정에 근심이 생길 운이요, 부모의 우환이 염려되는 운이다. 만사가 불안하니 무리하지 말고 자중하라.

11월 : 직장의 일로 말하기 어려운 일이 생기거나 의욕을 잃을 운이 다. 만사가 뜻대로 되지 않으니 심신이 피곤하다.

12월 : 분수를 지키고 성실하게 생활하면 해는 없으나 고집을 부리면 갈수록 태산이다.

圓空秘訣 4 4 6

정월 : 가정에 경사가 생길 운이요, 형제가 출세할 운이다. 다른 사람 입에 오를 일이 있으나 해롭지는 않다.

2월 : 주위 사람이나 가까운 사람을 경계하라. 앞에서는 협조하는 것 같지만 뒤에서 모함한다.

3월 : 부부의 근심이 생길 운이요, 사업에 어려움이 따를 운이다. 시작은 좋은 것 같으나 결실이 어려우니 무리하지 마라.

4월 : 가정에 매화가 만발하니 향기가 진동하는 운이다. 자손이 생길 운이요, 자손의 출세가 따를 운이다.

5월 : 재물에 횡재수가 있거나 뜻을 이룰 운이다. 자손의 일로 망신을 당하거나 근심이 생긴다.

6월 : 좋은 일이 생길 운이다. 부부에게 경사가 생길 운이요, 새로운 재물을 얻을 운이다. 미혼자는 애인이 생길 운이다.

7월 : 얻은 재물을 잃거나 부부의 근심이 생길 운이다. 마음을 잃고 불안할 운이니 허욕을 버려라.

8월 : 밝은 아침이 오는 운으로 새로운 희망이 있다. 새로운 재물이 생기거나 가정에 경사가 생길 운이니 심신이 편안하다.

9월 : 가정에 근심이 생길 운이요, 자손에게 어려움이 따를 운이다. 임신한 사람은 유산을 조심해라. 갑년생은 자손과 이별수가 있고, 경년생과 무년생은 아랫사람과 사랑에 빠지고, 진년생과 사년생은 아랫사람이나 자손의 일로 심적인 고통이 따른다.

10월 : 자손을 얻을 운이요, 아랫사람의 도움으로 뜻을 이룰 운이다.

11월 : 처음에는 어렵고 힘들어도 결과는 좋을 운이요, 문서를 잡을 운이다. 무리하지 말고 때를 기다려라.

12월 : 말못할 재물을 얻을 운이요, 사업을 이룰 운이요, 부부에게 경사가 생길 운이다.

정월 : 동료나 친구와 큰 일을 모색할 운으로 시작은 화려하고 좋으나 결실을 보기 어렵다.

2월 : 가까운 사람이나 주위 사람을 믿지 마라. 후회할 일이 생길 수 있다. 매사에 서두르지 않고 때를 기다리면 큰 해는 면하리라.

3월 : 혼자 아는 재물을 얻을 운이요, 다른 사람의 모함으로 구설을 들을 운이다.

4월 : 관에 구설수가 있는 운이요, 자손으로 인하여 풍파가 따를 운이다. 자손과 이별수가 따를 운이니 허전하리라.

5월 : 어두운 터널을 지나 밝은 광야로 나오는 운이다. 우연히 귀인을 만난다. 만사가 뜻대로 성취되니 즐거움이 배가 되리라.

6월 : 십 년 가뭄에 단비가 내려 만물이 즐길 운이다. 미혼자는 결혼할 운이요, 재물로 횡재할 운이다.

7월 : 고목에서 꽃이 피니 봉접이 모여드는 운이요, 다른 사람의 도움으로 뜻을 이룰 운이다.

8월 : 용이 여의주를 얻는 운이다. 관대를 찰 운이요, 출세할 운이다.

9월 : 좋은 일이 생길 운으로 내것을 주어도 기분좋은 일이 생긴다. 시작은 좋으나 결과는 없는 운으로 내것만 잃고 떠날 운이다.

10월 : 부모에게 우환이 생길 운이요, 문서로 어려움이 따를 운이요, 학생은 학업에 근심이 따를 운이다.

11월 : 운수가 대통하니 만사가 대길한 운이다. 마음을 안정하고 기다리면 기쁜 소식을 듣는다. 과욕을 부리지 마라.

12월 : 외로운 기러기가 짝을 만나 즐길 운이요, 십 년 독수공방에서 벗어나는 운이다. 재물이 길하다. 그러나 을년생과 정년생과 계년생은 부부간에 이별수가 있고, 정년생은 바람끼가 발동하고, 인년생은 부부나 재물로 정신적인 고통이 따를 운이다.

정월 : 가까운 사람이나 믿은 사람이 멀어질 운이요, 형제간에 멀어질 운이니 외롭고 허전하다.

2월 : 길이 열리고 하늘이 열리는 운으로 출세할 운이다. 귀인이 나타나 도와주니 가도가 편안하다.

3월 : 부부간에 이별수가 따르고, 재물로 어려운 일이 생길 운이다. 공직자는 자리를 잃을 운이고, 사업가는 사업에 문제가 따른다.

4월 : 매화가 만발하는 운이다. 자손의 경사가 있거나 임신할 운이다. 다투지 마라. 시비가 따른다. 자손의 일로 여행할 운이다.

5월 : 가정에 경사가 생길 운이다. 자손의 경사가 생길 운이요, 임신할 운으로 아들을 낳으리라.

6월 : 말못할 재물을 얻을 운이요, 숨겨둔 연인이 있을 운이나 해는 없다.

7월 : 다른 사람의 모함으로 망신당할 운이다. 시작은 어렵고 힘들어도 결과는 좋으니 해는 없을 운이다.

8월 : 다른 사람의 모함으로 뜻이 좌절될 운이다. 일이란 때가 있는 법이니 무리하지 말고 인내하면서 기다려라.

9월 : 부부나 재물로 인하여 관에 갈 운이다. 관을 상대로 하는 일은 되는 일이 없고 어려울 운이다.

10월 : 집안에 근심이 생길 운이다. 부모의 근심이 생기거나 문서로 어려운 일이 생길 운이다. 진년생과 사년생은 부모나 문서로 정신적인 고통을 겪을 운이다.

11월 : 어려운 일들이 사라지고 새로운 희망이 솟는 운이다. 지혜가 있고 뜻이 있으니 좋은 일이 있을 것이다.

12월 : 호사다마라, 하는 일마다 마가 생긴다. 허욕을 부리다 망신당할 운이다. 옛것을 지키는 것이 길하리라.

정월 : 가정에 우환이 생길 운이요, 형제나 동료와 이별수가 따른다.

2월 : 재물이 배 가운데 있으니 재리를 크게 얻는다. 재운이 이미 돌아오니 때를 잃지 마라. 새로운 일로 분주하리라.

3월 : 무리한 시작이 어려움을 부를 운이다. 시작은 화려한 것 같으나 근심만 얻을 운이니 조심해라.

4월 : 자손의 일로 근심할 운이다. 자손을 모함하는 사람이 있으니 불안할 운이다.

5월 : 명리가 모두 길하니 출입이 영귀하리라. 가족이 늘고 토지를 더하니 집안이 화평하다. 가정에 경사가 생길 운이다.

6월 : 재물에 손해가 있으나 길한 운이다. 하나를 얻고 하나를 잃을 운이다. 미혼자는 애인이 생길 운이다.

7월 : 마음과 의욕은 있으나 길이 없는 운이다. 마음먹고 추진하는 일이 좌절될 운이니 무리하면 되는 일이 없다.

8월 : 봄비에 초목이 무성한 운으로 만사가 순조로우니 뜻을 이룬다. 횡재하거나 관록이 따른다. 유년생은 사치심에 빠질 운이요, 자년생은 마음의 정처를 잃을 운이다.

9월 : 공직자는 영전할 운이요, 일반인은 재물을 얻을 운이요, 사업가는 사업을 이룰 운이다.

10월 : 가정에 근심이 생길 운이다. 부모의 우환이 따를 운이요, 문서로 사기를 당할 운이다. 카드나 보증 등을 조심해라. 문서의 일이나 윗사람과 여행을 떠날 운이다.

11월 : 분수를 지키면 재리를 볼 수 있고, 마음을 안정하면 기쁜 일이 있으리라. 달밝은 산창에 귀인이 와서 도와주는 운이다.

12월 : 만사에 장애가 많을 운이다. 자손의 일로 마음이 불안하고 산란할 운이다. 마음먹은 일은 성취하나 밝히지 않을 운이다.

정월 : 자손의 경사가 있을 운이다. 자손이 관대를 찰 운이요, 멀리 떨어져 있는 자손의 소식을 들을 운으로 길하리라.

2월 : 하나를 얻고 하나를 잃을 운이다. 자중하면 큰 해는 면하리라.

3월 : 내것을 잃고 근심할 운이요, 부부의 근심이 생기거나 재물에 손해가 따를 운이다.

4월 : 자손의 일로 관에 갈 운이요, 아랫사람의 근심이 따를 운이다. 만사가 불안한 운이니 조심해라.

5월 : 밝은 태양이 먹구름 속으로 들어가는 운이요, 초목이 가을 서리를 만나 위축될 운이다. 집안에 있으면 해는 면한다. 갑년생과 축년생은 허영심으로 정신적인 고통이 따를 운이니 조심해라.

6월 : 새로운 희망이 있는 운이요, 뜻을 이룰 운이다. 부부의 인연이 생기거나 재물로 좋은 소식이 있으리라.

7월 : 허욕을 버려라. 욕심을 부리면 되는 일도 어렵게 된다. 때를 알아 자중하고 기다리면 좋은 일이 생길 운이다.

8월 : 자손의 일로 마음이 산란할 운이나 손재는 아니니 길하리라. 갑자기 귀인의 도움을 받아 횡재할 운으로 뜻을 이루리라.

9월 : 집안에 경사가 생기나 외부에 말하지 않는다. 관을 상대로 하는 일에서 뜻을 이루니 길하리라.

10월 : 우환이 따를 운이다. 부모의 근심이 생길 운이요, 문서로 어려운 일이 생길 운이니 조심하도록.

11월 : 시작은 좋으나 후회할 일이 생긴다. 너무 서두르지 마라. 손재가 따른다. 가정에 우환이 따를 운이니 건강에 유의하라.

12월 : 어두운 밤이 가고 밝은 아침이 오는 운이요, 오곡에 풍년이 들어 심신이 안락할 운이다. 부부에게 경사도 생길 운이다. 그러나 을년생과 정년생과 계년생은 부부간에 이별할 운이다

圓空秘訣 4 5 5

정월 : 가정에 근심이 생길 운이다. 형제간에 이별할 운이요, 아랫사
　　　람이 배신하고 멀어질 운이다. 먼 길을 떠날 운이다.

2월 : 십 년 가뭄에 단비가 내려 정원의 매화가 만발하는 운이다. 귀
　　　인의 도움으로 뜻을 이룰 수 있다.

3월 : 부부에게 경사가 생길 운이요, 재물에 좋은 소식이 있을 운이
　　　다. 새로운 부부인연이 있을 운이다.

4월 : 다른 사람의 도움으로 뜻을 이룰 운이다. 임신할 운이요, 자손
　　　의 경사가 생길 운이다.

5월 : 하나를 얻으면 하나를 잃을 운이니 보통의 운이다. 무리하게 욕
　　　심을 부리면 하던 일도 어렵게 되니 자중해라.

6월 : 시작은 좋으나 얻는 것이 없을 운이다. 과욕을 버려라. 패가망
　　　신한다. 새로운 물건을 구하려다 옛것을 잃을 운이니 주의하라.

7월 : 새로운 재물을 얻으려고 마음이 들뜰 운이다. 부부에게 경사가
　　　생기거나 사업에 밝은 빛이 있는 운이다. 을년생과 정년생은 이
　　　성으로 풍파가 따르고, 묘년생은 정신질환이 따를 운이다.

8월 : 이성을 경계해라. 망신당할 일이 생기거나 사업에 어려움이 생
　　　기리라. 하나를 얻고 하나를 잃는 운으로 길흉이 반반이다.

9월 : 앞으로 남고 뒤로 손해보는 운이요, 산토끼를 잡으려다 집토끼
　　　를 잃을 운이니 무리하지 마라.

10월 : 가정에 근심이 생길 운이요, 신상에 우환이 따를 운이다. 부모
　　　의 근심이 생기거나 문서로 손재가 따른다. 이사운도 있다.

11월 : 봄비에 정원의 매화가 만발하는 상으로 도와주는 사람이 생길
　　　운이다. 재물도 얻고 부부간에 화합하니 가정에 경사로다.

12월 : 어두운 밤이 가고 밝은 아침이 오는 운이요, 십 년 가뭄에 단
　　　비가 내려 고목에서 꽃이 피는 운이니 즐거움만 있으리라.

정월 : 가정에 경사가 생길 운이요, 형제가 관대를 차고 출세할 운이
　　　다. 만사가 안정되고 길하리라.

2월 : 호사다마라, 만사에 장애가 많을 운이니 심신이 피곤하고 힘들
　　　다. 가까운 사람이나 믿은 사람이 멀어질 수 있으니 조심해라.

3월 : 사업을 추진하는데 에너지가 부족한 운이다. 뜻은 있으나 실천
　　　하지 못할 운이니 심력만 허비한다.

4월 : 자손에게 희소식이 있을 운이요, 아랫사람의 도움으로 뜻을 이
　　　룰 운이요, 임신할 운이다.

5월 : 귀인의 도움으로 뜻을 이룰 운이요, 갑자기 횡재할 운이다. 자
　　　손에게 협조하는 사람있으니 가정이 화평하리라.

6월 : 내것을 잃고도 말못할 일이 생길 운이요, 새로운 인연을 찾아
　　　방황할 운이나 해는 없다. 사업에 좋은 소식이 있다.

7월 : 재물을 잃고 근심할 운이니 가까운 사람을 경계하라. 만사가 뜻
　　　대로 되지 않으니 무리하면 손해이다. 타관으로 나갈 운이다.

8월 : 관을 상대로 하는 일에 마가 많이 발생하는 운이니 어려움이 많
　　　다. 의욕을 상실하고 자포자기할 수 있으니 조심해라.

9월 : 가정에 풍파가 따를 운이다. 부부간에 이별수가 있고, 재물에
　　　손해가 있다. 갑년생은 부부간에 이별수가 있고, 무·경년생은
　　　바람끼가 있고, 진년생과 사년생은 정신적인 고통이 따른다.

10월 : 자손의 일로 여행할 운으로 길하다. 부모의 경사가 있을 운이
　　　요, 문서를 잡을 운이다.

11월 : 문서로 인한 어려움이 따를 운이요, 마음의 상처를 입을 운이
　　　다. 허영심에 들뜨면 손해이니 자중하도록.

12월 : 말못할 재물을 얻을 운이요, 숨겨두고 지낼 사람이 생길 운이
　　　다. 무리하면 가정에 풍파가 따르고, 건강에 문제가 생긴다.

圓空秘訣 461

정월 : 어두운 터널을 지나 밝은 광야로 나오는 운이다. 형제에게 희
　　　소식이 있을 운이다. 병·갑년생은 이성으로 변화가 있으나 해
　　　는 없고, 미년생은 형제나 동료의 일로 심적인 고통이 따른다.

2월 : 상가를 조심해라. 슬하에 근심이 생긴다. 요귀가 해를 지으니
　　　추진하는 일이 어렵다. 형제나 동료의 일로 근심할 운이다.

3월 : 부부의 근심이 따를 운이요, 사업에 어려움이 따를 운이요, 직
　　　장인은 자리가 불안할 운이요, 건강에 위험이 따를 운이다.

4월 : 십 년 가뭄에 단비가 내려 고목에서 꽃이 피는 운이다. 가정이
　　　화평하니 심신이 편안하다.

5월 : 식구와 토지가 늘어날 운으로 몸과 재물이 왕성하니 마음이 화
　　　평하다. 임신할 운이요, 자손의 경사가 생길 운이다.

6월 : 가까운 사람이나 믿은 사람이 배신할 운이요, 부부의 우환이 따
　　　를 운이요, 재물에 손해가 따를 운이다.

7월 : 돌을 쳐서 불을 보는 운으로 절대의 공으로 소망을 모두 이룬
　　　다. 타관으로 나갈 운이나 손해는 없다.

8월 : 관을 상대로 좋은 일이 생길 운이요, 뜻을 이룰 운이다. 만사가
　　　순조로우니 길하리라.

9월 : 사업에 실패가 따를 운이다. 내것만 잃고 구설을 들을 일이 생
　　　긴다. 허욕을 부리면 되는 일이 없으니 주의하라.

10월 : 멀리 떨어져 있는 가족의 소식을 들을 운이요, 부모의 좋은 소
　　　식이 있을 운이다. 문서로 하는 일에 길함이 있다.

11월 : 동짓달과 섣달에 출행하면 해가 발생한다. 도둑을 조심해라.
　　　실물할까 두렵다. 자손의 우환이 있거나 헤어질 운이다.

12월 : 주위의 도움으로 가정이 화목해질 운이요, 자손이 출세할 운
　　　이니 집안의 경사로다. 남방이 길하다.

정월 : 하나가 오고 하나가 떠나는 운이다. 가까운 사람을 너무 믿지
　　　마라. 근심이 생긴다. 형제나 동료와 여행할 운이다.

2월 : 초목이 서리를 만나는 운이요, 어두운 밤에 길을 잃을 운이니
　　　방향을 잡지 못하고 방황할 수 있다.

3월 : 신수가 대길하니 도처에서 재물을 얻는다. 그러나 갑년생은 부
　　　부의 근심이 있고, 무년생과 기년생은 허욕이 따르고, 술년생과
　　　해년생은 부부나 재물로 정신적인 고통이 따를 운이다.

4월 : 자손의 경사가 생기거나 임신할 운이다. 음양이 화합하니 만물
　　　이 화생할 운으로 만사가 순조롭고 심신이 편안하다.

5월 : 물을 거슬러 배를 행하니 중류에 풍파가 따를 운이다. 자손의
　　　일로 근심할 일이 생기고, 혈육간에 이별수가 따를 운이다.

6월 : 상가를 조심해라. 재물에 풍파가 따를 운이요, 부부간에 근심이
　　　따를 운이다. 허욕을 부리면 패가한다.

7월 : 용이 물을 만나는 운으로 활기가 새롭다. 신수가 대길하여 도처
　　　에 재물이 있으나 부정한 재물로 말못할 일이 생긴다.

8월 : 귀인의 도움으로 반드시 성사할 운이다. 군자는 녹을 얻고 소인
　　　은 재물을 얻을 운이다.

9월 : 사방에 이익이 있으니 도처에 춘풍이다. 여인을 조심해라. 부부
　　　간에 이별수가 있거나 구설이 따른다.

10월 : 가정에 경사가 생길 운이요, 문서로 좋은 소식이 있을 운이요,
　　　새로운 부모를 만날 운이다.

11월 : 동짓달과 섣달에는 반드시 경사가 있을 운이다. 주위의 도움
　　　이 있는 운이요, 떠난 사람이 친구가 되어 돌아오는 운이다.

12월 : 우물의 고기가 바다로 나가는 운으로 재물과 추진하는 일이
　　　순조롭다. 동남에서 만인이 하례할 운이다.

圓空秘訣 4 6 3

정월 : 믿은 사람이나 가까운 사람이 등을 돌리고 멀어질 운이요, 형제의 근심이 생길 운으로 가정에 풍파가 따른다.

2월 : 꿈과 길이 있는 운으로 뜻을 이룬다. 천운이 따를 운이다.

3월 : 분수를 알고 행하면 길하나 무리하면 가정에 풍파가 따른다. 새로운 인연으로 구설이 따르고, 갑년생은 건강을 해칠 운이다.

4월 : 자손의 근심이 생길 운이요, 아랫사람에게 음해를 받아 마음의 상처를 받을 운이다.

5월 : 가족이 늘어날 운이요, 임신할 운이다. 자손의 일로 좋은 소식이 있으니 가정이 화목하다. 갑년생은 허욕이 발동할 운이요, 축년생은 자손의 일로 정신적인 고통이 따를 운이다.

6월 : 이익이 별로 없는 운이다. 자손의 우환이 있거나 슬하에 근심이 생길 운이다. 다투지 않으면 반드시 송사가 있다.

7월 : 매사에 자신감을 잃을 운이니 심신의 고통이 따른다. 공직자는 자리가 불안할 운이다. 여행을 떠날 운이다.

8월 : 쉬지 않고 부지런히 일하면 재리를 얻을 운이다. 동서 양방에 반드시 길한 일이 있다. 분수 밖을 탐하지 마라.

9월 : 가정에 좋은 일이 생길 운이요, 미혼자는 애인이 생길 운이요, 사업에 좋은 일이 있을 운으로 길하리라.

10월 : 뜰의 매화가 홀로 피는 운이다. 일이 시각에 달려 있으니 빨리 도모하면 이룬다. 서방에 재물이 있다. 문서를 바꿀 운이다.

11월 : 목마른 용이 물을 얻고 주린자가 풍년을 만나는 운이다. 심신이 화평하니 모든 일이 형통한다. 여자로 인하여 노고가 많거나 구설수가 따른다.

12월 : 오곡이 풍요하니 심신이 안락하다. 주위에 경사가 많으니 새들이 노래하는 운이다.

정월 : 형제나 동료의 도움으로 만사를 순조롭게 이룰 운이다.

2월 : 오는 것도 인연이요 가는 것도 인연이니 연연하지 마라. 시작은 좋고 화려하나 무리하면 후회할 일이 생긴다.

3월 : 믿은 사람이 멀어지고, 부부의 근심이 생기고, 다른 사람의 음해로 재물에 손해가 따르고, 건강에 문제가 따를 운이다.

4월 : 관운이 불리하니 무리하지 마라. 아랫사람의 일로 관에 갈 운이요, 구설을 들을 운이다.

5월 : 갑년생은 아랫사람과 사랑에 빠지고, 내것만 잃고 덕은 없다. 직장인은 자리를 잃고, 사업가는 사업에 어려움이 따를 운이다.

6월 : 주위의 도움으로 새로운 일을 시작할 운이요, 좋은 지도자를 만날 운이다.

7월 : 상가를 조심해라. 의지가 좌절될 운이다. 일이란 때가 있는 법이니 분수를 지키면 큰 해는 면한다. 외지로 나갈 일이 생긴다.

8월 : 자손의 경사가 생기거나 아랫사람의 도움을 받을 운이다. 갑자기 큰 재물을 얻을 운으로 길하리라.

9월 : 오곡이 풍년을 맞으니 만물이 활기를 찾는 운이요, 어두운 밤이 가고 밝은 아침을 맞는 운이다.

10월 : 가정에 우환이 따를 운이다. 부모의 근심이 생길 운이다. 문서를 잃을 운이니 카드, 인장, 보증 등을 조심해라.

11월 : 자손에게 애인이 생기거나 슬하에 경사가 생길 운이다. 과욕을 부리지 마라. 분수를 지키는 것이 제일이다.

12월 : 미혼자는 애인이 생길 운이요, 사업가는 사업을 이룰 운이다. 새로운 재물을 얻을 운이니 해는 없다. 그러나 을 · 정 · 계년생은 부부간에 이별수가 있고, 계년생은 이성을 조심하고, 오년생은 부부나 재물로 정신적인 고통이 따를 운이다.

圓空秘訣 4 6 5

정월 : 가정에 근심이 생길 운이다. 형제간에 이별수가 있고, 가까운
　　　사람이나 믿은 사람이 등을 돌리고 멀어질 운이다.

2월 : 어려운 고비를 지나고 편안한 날이 보장되는 운이요, 어려운 시
　　　절이 지나고 밝은 희망이 있는 운이다.

3월 : 재물에 좋은 일이 있으나 부정한 재물을 얻을 운이요, 누구에게
　　　말못할 친구를 얻을 운이다.

4월 : 임신할 운이요, 다른 사람의 도움으로 자손에게 영화가 따른다.

5월 : 만사가 뜻대로 될 것 같아 무리하나 결과는 없을 운이다.

6월 : 허욕은 몸을 망친다. 뜻이 좌절되니 욕심을 부리지 마라. 본심
　　　을 어기면 구설수를 면하기 어렵다.

7월 : 어두운 밤이 자나고 밝은 아침이 오는 운이요, 봄비에 매화가
　　　만발하는 운으로 길하다. 신년생과 경년생은 이성으로 인한 풍
　　　파를 조심하고, 묘년생은 허욕을 부리다 망신당할 수 있으니 조
　　　심해라.

8월 : 새로운 희망이 있는 운으로 매사에 자신이 있다. 공직자는 영전
　　　할 운이요, 일반인은 뜻을 이룰 운이다. 자년생은 정신질환이
　　　따를 수 있으니 조심해라.

9월 : 좋은 일로 내것을 내줄 운이요, 좋은 부부인연을 만날 운이요,
　　　새로운 재물을 얻을 운이다.

10월 : 가정은 편안하나 수심이 있는 운이다. 하나를 성취하면 하나
　　　　를 잃을 운이다. 부모의 우환이 따를 운이니 조심해라.

11월 : 직장의 일로 말하기 어려운 일이 생기거나 의욕을 잃을 운이
　　　　다. 만사가 뜻대로 되지 않으니 심신이 피곤하다.

12월 : 과욕을 버려라. 얻는 것은 없을 운이다. 분수를 지키면 해는
　　　　없으나 고집을 부리면 갈수록 태산이다.

圓空秘訣 466

정월 : 가정에 경사가 생길 운이요, 형제가 관대를 찰 운이나 무리하면 손해가 따른다.

2월 : 가을 기러기가 짝을 잃고 혼자 외롭게 날아가는 운이다. 자신을 믿고 따르던 사람이 멀어질 운이니 외롭고 허전하다.

3월 : 시작은 좋으나 소득이 없을 운이다. 새로운 인연을 만나 길하나 나중에는 이별하거나 근심이 생긴다.

4월 : 자손의 경사가 생길 운이다. 자손이 출세하고 관대를 찰 운이요, 임신할 운으로 길하리라.

5월 : 새로운 재물을 얻거나 사업을 이룰 운이다. 다른 사람의 도움으로 자손의 일이 원할할 운이다.

6월 : 새로운 재물을 얻으나 말못할 일이 생길 운이다. 부부의 일로 근심할 운이다.

7월 : 의욕을 잃을 운이다. 신수가 불리하니 자동차를 조심해라. 건강에 문제가 생긴다. 집에 있으면 길하고 나가면 손해를 보리라.

8월 : 관재구설을 조심해라. 내것을 잃고 마음이 상할 운이다. 뜻은 있으나 갈길이 없으니 앞길이 막막하다.

9월 : 갑년생은 부부간에 이별하거나 사업에 어려움이 따를 운이다. 분수를 지키면 길하다. 경년생과 무년생은 사랑에 빠질 운이다.

10월 : 부모의 경사가 생길 운이다. 부모나 윗사람으로 인하여 좋은 소식이 있을 운이요, 멀리 떨어져 있는 부모를 만날 운이다. 해외로 나갈 운도 있다.

11월 : 하는 일마다 장애가 많을 운이다. 부부의 근심이 생기거나 가정에 풍파가 따른다. 용궁전에 기도하라.

12월 : 슬하에 경사가 생기거나 자손이 출세할 운이다. 가정에 길한 운이니 기쁨이 배가 되리라.

정월 : 만사가 마음과 같지 않으니 심신이 불안한 운이다. 부부간에
　　　이별할 운이요, 사업에 어려움이 따를 운이다.

2월 : 밝은 해가 먹구름에 가리는 운이요, 초목이 가을 서리를 만나
　　　위축되는 운이다. 을년생은 이성문제로 눈이 어두울 운이요, 신
　　　년생은 부부나 재물로 정신적인 고통이 따를 운이다.

3월 : 어렵고 힘든 일이 사라지고 새로운 희망이 솟아나는 운이다. 부
　　　모의 경사가 생길 운이요, 새로운 문서를 잡을 운이다. 그러나
　　　갑년생은 부모의 이별이 있을 수 있다.

4월 : 모든 일은 순서가 있고 경우가 있는 법이니 때를 기다리면 좋은
　　　소식이 있다. 역마운이니 이사를 할 수도 있다.

5월 : 시작은 어려워도 결과는 좋은 운이다. 미혼자는 애인이 생길 운
　　　이요, 사업가는 사업으로 동서로 분주할 운이다.

6월 : 어두운 밤이 가고 밝은 아침이 오는 운이다. 만사가 순조로우니
　　　뜻을 이룰 운이다. 가정에 길한 운이다.

7월 : 관재구설이 따를 운이다. 형제나 동료의 일로 관에 갈 운이요,
　　　관을 상대로 하는 일에 어려움이 따를 운이다.

8월 : 가까운 사람을 경계하라. 모함이 있을 수 있다. 잘 해주어도 돌
　　　아오는 것은 구설 뿐이니 가만히 있는 것이 길하다.

9월 : 가정에 경사가 생길 운이요, 부모의 경사가 생길 운이다. 문서
　　　로 횡재할 운이니 길하리라.

10월 : 가족간에 이별수가 따를 운이다. 자손이 떠나나 좋은 일이니
　　　　길하리라.

11월 : 가정에 경사가 생길 운으로 만사가 순조롭고 편안하다.

12월 : 새로운 인연을 찾아 방황할 운이요, 새로운 학문을 할 운이다.
　　　　시작은 좋으나 중도에 장애가 따르니 조심해라.

정월 : 만사가 물에 물탄 듯 술에 술탄 듯 하는 운으로 큰 변화가 없다. 때를 기다리면서 지내라. 무리하면 손해이다.

2월 : 가정에 경사가 생길 운이다. 부부에게 경사가 생길 운이요, 잃은 재물을 다시 찾을 운이요, 멀리 떨어져 있던 부부가 다시 만나는 운이다.

3월 : 뜻이 좌절될 운이다. 부모의 우환이 따를 운이요, 문서로 어려움이 따를 운이요, 학생은 학업이 중단될 운이다.

4월 : 해외로 나갈 운이다. 아랫사람 때문에 먼 길을 나설 운이요, 뜻을 이루기 위해 마음이 들뜨고 긴장할 운이다.

5월 : 정원에 매화가 만발하여 집안에 향기가 가득한 운이요, 귀인의 도움으로 뜻을 이룰 운으로 길하리라.

6월 : 자신의 마음을 알아주는 사람이 없을 운이다. 노력의 댓가는 없고 심신만 피곤할 운이다.

7월 : 떠난 사람이 친구가 되어 돌아올 운이다. 자중하면서 기다리면 복이 될 것이다. 친구와 외지로 나갈 운이다.

8월 : 상가를 조심해라. 가정에 우환이 생길 운이다. 하나를 얻고 하나를 잃을 운으로 길흉이 반반이다.

9월 : 관을 상대로 하는 일에서 문서로 어려운 일이 있을 수 있다. 부모의 일로 관에 갈 운이요, 자신의 의견이 무시당할 운이다.

10월 : 어두운 밤길에서 방향을 잃고 방황할 운이요, 마음의 정처를 잡지 못하고 불안할 운이다.

11월 : 지난날의 어려움을 떨쳐버리고 새로운 길을 구상할 운으로 해는 없다. 임신할 운이다.

12월 : 부부간에 근심이 생길 운이다. 과욕을 부리지 않고 옛것을 지키면 큰 해는 없다.

정월 : 용두사미격으로 시작은 화려하나 소득은 미미한 운이다. 자중
　　　하면서 때를 기다리면 길하리라.

2월 : 미혼자는 애인이 생길 운이요, 사업가는 사업을 이룰 운이다.

3월 : 문서로 근심이 생길 운이요, 부모의 일로 근심이 생길 운이다.
　　　사기를 당할 수 있으니 조심해라.

4월 : 앞으로 남고 뒤로 손해보는 운이다. 시작은 좋으나 결과는 보기
　　　어려울 운이니 조심해라.

5월 : 다른 사람의 음해로 뜻이 좌절될 운이다. 매사에 욕심을 부리면
　　　되는 일도 어려워져 심신만 고달프다.

6월 : 직장인은 자리가 불안할 운이요, 학생은 학업이 불안할 운이니
　　　정신적인 고통이 따를 운이다.

7월 : 주위 사람이나 가까운 사람과 멀어질 운이니 심신이 허탈하고
　　　쓸쓸하다. 자중하면서 때를 기다려라. 을년생과 경년생은 바람
　　　끼가 발동할 운이고, 묘년생은 동료나 형제의 일로 정신질환이
　　　따를 운이다.

8월 : 도리가 풍년을 만나니 모든 사람들이 부러워하는 운이요, 오곡
　　　에 풍년이 들어 만인이 즐거워하는 운이다.

9월 : 하나를 잃고 하나를 얻으니 보통의 운이다. 무리하지 않고 분수
　　　를 지키면 해는 면하리라.

10월 : 자손이나 아랫사람과 멀어질 운이요, 멀리 있는 사람의 소식
　　　을 들을 운이다.

11월 : 가정에 경사가 생길 운이다. 자손이 출세할 운이요, 희성이 들
　　　어오니 임신할 운이다.

12월 : 윗사람과 멀어질 운이다. 부모의 이별할 운이요, 문서로 손재
　　　할 운이니 조심해라.

정월 : 일신과 가정에 경사가 생길 운이다. 새로운 부부인연을 만날
　　　운이요, 새로운 사업이나 재물을 얻을 운이다.

2월 : 공직자는 다른 사람의 모함으로 자리가 불안할 운이다. 허욕을
　　　부리면 되는 일도 어려워지고 구설을 들을 일이 생긴다.

3월 : 방해자 때문에 뜻을 펴기 어려울 운이요, 문서에 손재가 생길
　　　운이요, 부모의 우환이 따를 운이다.

4월 : 뜻을 이루기 위해 심신이 산란할 운이다. 문서를 얻어도 말못할
　　　일이 생기고, 부모의 일로 말못할 일이 생긴다.

5월 : 어두운 밤길에서 방향을 잃고 방황할 운이니 뜻은 있으나 길이
　　　없다. 심하면 건강에 위험이 따를 수도 있으니 조심해라.

6월 : 새로운 학문을 할 운이요, 새로운 문서를 잡을 운이다. 윗사람
　　　의 도움을 받으면 대성하리라.

7월 : 하나를 얻고 하나를 잃을 운이다. 일이란 때가 있는 법이니 무
　　　리하지 않고 자중하면서 기다리면 덕이 있으리라.

8월 : 문서나 부동산으로 횡재하거나 부모의 경사가 생길 운이다. 떠
　　　나간 사람이 친구가 되어 돌아오는 운으로 해는 없다.

9월 : 문서로 횡재할 운이요, 가정에 경사가 생길 운이요, 부모의 일
　　　로 좋은 일이 생길 운이다.

10월 : 상가를 조심해라. 자손의 근심이나 이별수가 따를 운이다. 마
　　　　음을 잃고 방황할 수 있으니 안정을 찾는 일이 중요하다.

11월 : 허욕을 부리지 마라. 손재수가 따른다. 바른 마음으로 꾸준히
　　　　노력하면 길하리라. 주위의 도움으로 만사가 순조롭다.

12월 : 하늘이 열리고 땅이 감싸안는 운이니 세상사 부러울 것이 없
　　　　다. 그러나 을년생과 정년생과 계년생은 부모의 이별수가 있
　　　　고, 오년생은 학문이나 부모의 일로 정신질환이 따를 수 있다.

圓空秘訣 4 7 5

정월 : 노력의 댓가가 없고 심력만 허비할 운이다. 부부의 근심이 생
　　　기거나 재물에 어려움이 따를 운이다.

2월 : 어려움이 모두 해결되는 운이다. 직장인은 영전할 운이요, 사업
　　　가는 재물을 얻을 운이요, 미혼자는 애인이 생길 운이다.

3월 : 가정에 경사가 생길 운이다. 부모의 일로 좋은 소식이 있고, 문
　　　서에 좋은 일이 있다. 적은 노력으로 많은 것을 얻을 운이다.

4월 : 긴 가뭄에 단비가 내려 만물이 즐거워하는 운이다. 다른 사람의
　　　도움으로 뜻을 이룰 운이다.

5월 : 만사가 순조로울 운이니 심신이 편안하다. 그러나 무리하면 후
　　　회할 일이 생길 운이니 분수를 지켜라.

6월 : 가정에 근심이 생길 운이다. 부모의 우환이 따를 운이요, 문서
　　　사기를 당할 운이다.

7월 : 어두운 밤이 가고 밝은 아침이 오는 운이다. 동료의 도움으로
　　　만사가 순조로울 운이요, 가정에 좋은 일이 있을 운이다. 을년
　　　생과 경년생은 이성문제로 풍파가 따를 운이요. 묘년생은 형제
　　　나 동료의 일로 정신적인 고통이 따를 운이다.

8월 : 떠나간 사람이 친구가 되어 돌아오는 운으로 주위의 도움으로
　　　만사가 편안하다.

9월 : 혈육간에 이별수가 생기거나 가까운 사람에게 우환이 생길 운
　　　이다. 건강을 조심해라.

10월 : 상가를 조심해라. 가정에 우환이 따를 운이요, 자손이 멀어질
　　　운이다.

11월 : 동료나 형제간에 이별수가 따를 운이다. 믿은 사람에게 배신
　　　당할 운이요, 얻는 것은 적고 잃는 것이 많을 운이다.

12월 : 관의 제재로 뜻을 이루기 어려울 운이다.

周易 토정비결 | 197

정월 : 가정에 영화가 따를 운이요, 부부에게 경사가 생길 운이다. 재
　　　물 횡재가 따를 운이요, 공직자는 출세할 운이다.

2월 : 모든 것은 때가 있는 법이니 무리하지 마라. 분수에 넘치면 얻
　　　는 것 보다 잃는 것이 많다.

3월 : 혈육간에 이별수가 따르거나 부모의 일로 우환이 생길 운이다.
　　　욕심을 부리면 실패하니 분수를 지키면서 때를 기다려라.

4월 : 어두운 터널을 지나 밝은 광야로 나오는 운이다. 만사에 마음의
　　　여유가 있으니 심신이 화락하다.

5월 : 마음에 간직한 일을 성취할 운이요, 부모의 경사가 생길 운이
　　　요, 문서로 횡재할 운이니 큰 일을 성사할 것이다.

6월 : 한 번 기쁘고 한 번 슬픈 운이다. 문서 사기를 당할 운이다.

7월 : 혈육간에 이별하거나 형제나 동료의 일로 근심이 생길 운이다.
　　　방해자가 있으니 조심해라. 동료와 여행을 떠날 운이다.

8월 : 관재구설이 침범하는 운이다. 다투지 마라. 자동차를 조심해라.
　　　몸을 상할까 두렵다.

9월 : 가정에 우환이 따를 운이요, 자신의 의견이 무시될 운이다. 부
　　　모의 우환이 있거나 문서를 잃을 운이다. 갑년생은 부모의 일로
　　　마음의 상처를 받고, 무·경년생은 연상과 사랑에 빠지고, 진·
　　　사년생은 학문이나 부모나 문서로 정신적인 고통이 따른다.

10월 : 멀리 떨어져 있는 사람에게 좋은 소식이 올 운이요, 임신할 운
　　　　이다. 자손에게 좋은 일이 생길 운으로 길하리라.

11월 : 시작은 좋으나 결과가 약할 운으로 상댓가 돕는 것 같으나 끝
　　　　에는 손해를 본다. 혈육간에 이별할 운이니 건강에 유의하라.

12월 : 마음이 들뜰 운이니 서두르지 말고 때를 기다려라. 얻는 것은
　　　　없고 잃는 것이 많을 운이다.

정월 : 가까운 사람과 멀어지고, 따르던 사람이 떠나갈 운이다. 그러
　　　나 해가 되는 일은 아니다.

2월 : 만사가 물에 물탄 듯 술에 술탄 듯 하는 운이다. 무리하지 말고
　　　자중하라. 경거망동하면 손해를 면하기 어렵다.

3월 : 미혼자는 결혼할 운이요, 공직자는 출세할 운이다. 재물에 횡재
　　　수가 있으니 길하리라.

4월 : 어두운 터널이 기다리고 있는 운으로 하늘보고 탄식하리라.

5월 : 새로운 변화가 생길 운이다. 새로운 사업을 시작하거나 결혼하
　　　거나 새로운 이성을 만날 운이다.

6월 : 새로운 재물을 얻을 운이요, 이성문제로 방황할 운이다. 과욕을
　　　버리고 정도를 지키면 길하다. 을년생과 계년생은 부부간에 이
　　　별할 운이요, 정년생은 이성문제로 풍파가 따를 운이요, 인년생
　　　은 부부나 재물, 직장문제로 정신적인 고통이 따를 운이다.

7월 : 부모의 경사가 생기거나 문서를 잡을 운이다. 그러나 부부간에
　　　근심이 따른다. 주색을 삼가하라. 손재수가 있다.

8월 : 만사가 불안하고 뜻대로 되는 일이 없을 운이다. 무리하지 말고
　　　자중하라. 허욕을 부리면 되는 일도 어려워진다.

9월 : 다른 사람의 방해로 뜻을 이루기 어려울 운이다. 부부의 근심이
　　　생길 운이요, 부정한 재물이나 사람을 만날 운이다.

10월 : 문서를 사기당할 운이니 카드나 인장 등을 조심해라. 그렇지
　　　 않으면 부모의 우환이 생긴다. 학생은 학업을 잃을 운이다.

11월 : 내것을 잃어도 좋은 운이다. 애인이나 좋은 친구를 얻을 운이
　　　 요, 문서를 얻을 운이다. 그렇지 않으면 결혼할 운이다.

12월 : 어두운 밤에 밝은 달이 나타나는 운이다. 마음의 정처를 잃었
　　　 을 때 도와주는 사람이 생길 운으로 길하리라.

정월 : 하나가 오면 하나가 떠나는 운으로 길흉이 반반이다. 그러나 도와주는 척 친절한 사람을 조심해라. 덕이 되지 않는다.

2월 : 믿는 도끼에 발등찍힐 운이다. 가까운 사람이나 믿은 사람이 배신하고 멀어질 운이요, 형제의 일로 우환이 생길 운이다.

3월 : 자손과 멀어질 운이요, 재물에 어려움이 따를 운이다. 무리하지 마라. 되는 일이 없다. 갑년생은 부부간에 이별수가 있다.

4월 : 자손의 경사가 생기거나 아랫사람에게 좋은 소식이 있다. 임신할 운이요, 아랫사람의 도움을 받을 운이다. 그러나 술년생과 해년생은 자손문제로 정신적인 고통이 따를 운이다.

5월 : 가정에 먹구름이 드리워지는 운이다. 가정에 우환이 생기니 만사가 어렵다. 시작은 화려하나 결실을 보기 어려울 운이다.

6월 : 내것을 주고 마음만 상할 운이다. 허욕을 부리면 망신당할 수 있다. 옛것을 지키는 것이 길하리라.

7월 : 말못할 재물을 얻을 운이나 즐거운 일이다. 다른 사람의 도움으로 뜻을 이룰 운이다.

8월 : 의욕을 잃고 방황할 운이요, 공직자는 자리를 잃을 운이다. 자중하면서 때를 기다려라.

9월 : 하나를 얻으면 하나를 잃을 운으로 길흉이 반반이다. 산토끼 잡으려다 집토끼를 잃을 운이다. 그래도 옛정이 나을 것이다.

10월 : 사막에서 오아시스를 만나는 운이다. 학문으로 출세할 운이요, 부모의 일로 좋은 소식을 들을 운이다.

11월 : 뜻을 이룰 운이다. 재물을 횡재하거나 사업을 이룰 운이요, 새로운 문서를 잡을 운이다.

12월 : 가정에 경사가 생길 운이다. 부부에게 경사가 생길 운이요, 사업을 이루거나 재물에 좋은 소식이 있을 운이다.

圓空秘訣 483

정월 : 형제의 경사가 생길 운이다. 출세나 욕망을 위해 타관으로 나
　　　 갈 일이 생기거나 이사할 운이다.

2월 : 좋은 새 친구를 만날 운이다. 친구의 도움으로 좋은 일이 생기
　　　 고, 형제나 동료의 일로 경사가 생길 운이다. 을년생은 이성을
　　　 조심하고, 신년생은 형제나 동료의 일로 마음상할 운이다.

3월 : 새로운 변화를 모색할 운이요, 새로운 사업을 시작할 운이다.
　　　 만사가 순조로우니 길하리라.

4월 : 임신한 사람은 유산을 조심하라. 가까운 사람이나 아랫사람과
　　　 이별수가 따르나 해는 없다.

5월 : 자손의 일로 말못할 어려움이 따를 운이요, 아랫사람의 일로 구
　　　 설을 들을 운이다.

6월 : 허욕을 부리지 말고 분수를 지켜라. 만사가 뜻은 있으나 성사되
　　　 지 않을 운이니 심력만 허비한다.

7월 : 의욕을 잃고 방황할 운이요, 공직자는 자리를 잃을 운으로 건강
　　　 을 잃을 수 있다. 을년생과 경년생은 바람끼가 발동할 운이다.

8월 : 비온 뒤 땅이 굳어지는 운으로 새로운 일에 도전한다. 다른 사
　　　 람의 도움이 있으니 길하리라.

9월 : 시작은 어려워도 결실을 맺을 운이다. 새로운 인연을 만날 운이
　　　 요, 내것을 내주는 운이나 해는 없다.

10월 : 뜻을 이루거나 관의 도움으로 출세할 운이다. 주위의 도움으
　　　 로 만사가 순조롭다. 허욕을 삼가하고 정도를 지키면 길하다.

11월 : 모든 근심이 사라지고 새로운 희망이 생길 운이다. 오곡이 풍
　　　 요하니 심신이 화평하다.

12월 : 부부간에 우환이 따를 운이요, 재물에 손해가 따를 운이다. 무
　　　 리하지 않고 때를 기다리면 해는 면하리라.

圓空秘訣 4 8 4

정월 : 자손의 경사가 생길 운으로 과거에 급제를 할 운이다. 아랫사
　　　 람의 도움으로 뜻을 이룰 운이다.

2월 : 자손을 음해하는 사람이 있으니 조심하고, 처음에는 가정에 좋
　　　 은 일이 있는 것 같으나 나중에는 근심이 되니 주의하라.

3월 : 다른 사람의 방해로 뜻을 펴기 어려울 운이다. 부부의 근심이
　　　 생기거나 재물에 손해가 따를 운이니 조심해라.

4월 : 자손의 일이나 아랫사람의 일로 관에 갈 운으로 덕이 되지 않는
　　　 다. 구설수가 따르니 조심해라.

5월 : 임신한 사람은 유산을 조심해라. 가까운 사람이나 믿은 사람에
　　　 게 배신당할 운이다.

6월 : 모든 고통과 좌절을 딛고 새로운 일에 도전할 운이다. 새로운
　　　 인연을 만날 운으로 해는 없다.

7월 : 허욕을 버려라. 뜻은 있으나 실천하기 어려우니 정신적인 고통
　　　 이 따를 운이다. 자동차를 주의하라. 건강을 잃을 운이다.

8월 : 뜻이 있는 자에게는 길이 열리는 법이요, 덕을 베푼 자에게는
　　　 복이 따르는 법이니 욕심을 부리지 않고 베풀면 길하리라.

9월 : 관을 상대로 하는 일에서 큰 덕이 있을 운이다. 부부의 인연을
　　　 만날 운이요, 재물에 좋은 소식이 있을 운이다.

10월 : 가정에 근심이 생길 운이다. 부모의 이별수가 있을 운이요, 학
　　　　 문이나 문서나 지혜를 잃고 방황할 운이다.

11월 : 잃었던 문서를 찾을 운이요, 학생은 새로운 학문을 할 운이다.

12월 : 오곡에 풍년이 들어 만인이 즐거워하는 운이요, 어두운 밤이
　　　　 가고 밝은 아침이 오는 운으로 길하다. 그러나 을년생과 정년
　　　　 생과 계년생은 부부간에 이별수가 있고, 오년생은 부부나 재
　　　　 물로 인하여 정신적인 고통이 따를 운이다.

圓空秘訣 4 8 5

정월 : 가정에 근심이 생길 운이요, 형제간에 이별수가 따르거나 가까운 사람이 떠나갈 운이다.

2월 : 근심이 변하여 즐거움이 되는 운이요, 떠나간 사람이 친구가 되어 돌아오는 운으로 길하리라.

3월 : 출세나 욕망 때문에 마음이 번잡할 운이다. 과욕을 버려라.

4월 : 다른 사람의 도움으로 자손의 경사가 생길 운이다. 임신할 운이요, 가정이 화목할 운이다.

5월 : 욕심을 부리지 마라. 만사가 뜻을 이루지 못할 운이다. 자중하고 기다리면 해는 면하리라.

6월 : 길한 가운데 근심이 있는 운이니 마음의 갈피를 잡기 어렵다. 만사에 장애가 많으니 조심하는 것이 상책이다.

7월 : 신상에 해가 있을 운이니 자동차나 낙상수를 조심해라. 만사가 불안하니 정신적인 고통이 따른다.

8월 : 경거망동하면 구설을 면하기 어렵다. 서쪽은 가지 마라. 얻을 것이 없다. 을년생과 경년생은 이성문제로 풍파가 따를 운이다.

9월 : 십 년 가뭄에 단비가 내려도 초목이 피어날 줄 모르는 운이요, 꽃이 펴도 봉접이 날아들지 않는 운으로 결실을 보기 어렵다. 자년생과 묘년생은 허욕을 부리다 방황할 운이다.

10월 : 좋은 일이 한 가지 있으면 근심이 한 가지 생기는 운이다. 뜻이 이루어지는 것 같으면서 어려움이 생기니 주의하라.

11월 : 직장인은 자리를 잃을 운이요, 사업가는 사업을 하기 어려울 운이다. 봄서리에 초목이 시드는 운이니 조심해라.

12월 : 관재구설이 따를 운이다. 부부간에 갈등이나 이별이 따를 운이요, 재물이나 사업문제로 관에 갈 일이 있으나 뜻을 이루기는 어렵다. 허욕을 부리면 패가망신하니 주의하라.

정월 : 가정에 경사가 생길 운이다. 형제의 출세가 있는 운이요, 주위
　　　에 많은 사람이 모여들 운이다.

2월 : 친절한 척하는 사람을 조심해라. 곧 배신할 사람이다. 가까운
　　　사람이나 믿은 사람에게 배신당할 운이다.

3월 : 분수를 지키면서 때를 기다리면 큰 해는 없으나 허욕을 부리면
　　　가정에 근심이 생긴다.

4월 : 아랫사람이나 슬하에 좋은 소식이 생길 운이다. 임신할 운이요,
　　　아랫사람의 도움을 받을 운이다.

5월 : 다른 사람의 도움으로 자손에게 경사가 생길 운이요, 아랫사람
　　　의 도움으로 뜻을 이룰 운이다.

6월 : 부정한 재물을 얻을 운이요, 미혼자는 애인이 생길 운이다.

7월 : 뜻을 펴기 어려울 운이요, 다른 사람에게 인정받기 어려울 운이
　　　다. 자동차를 주의하라. 건강에 어려움이 따를 수 있다.

8월 : 형액이 따를 운이니 관재구설을 조심해라. 다투지 마라. 만사를
　　　자중하면서 때를 기다리면 덕이 있을 것이다.

9월 : 부부의 근심이 생기거나 이별수가 따를 운이다. 사업에 어려움
　　　이 따를 운이니 사기를 조심해라. 갑년생은 부부간에 이별수가
　　　있고, 경년생은 이성으로 인한 풍파를 주의하라.

10월 : 새로운 문서를 잡을 운이요, 새로운 학문을 할 운이요, 남모르
　　　는 기술을 얻을 운으로 길하다.

11월 : 가정에 먹구름이 드리워질 운이다. 과욕을 부리지 않고 정도
　　　를 지키면 어려움은 면하리라.

12월 : 사업이나 재물로 말못할 근심이 생길 운이다. 부정한 재물이
　　　나 사람을 얻을 운으로 풍파가 따르니 조심해라.

圓空秘訣 5 1 1

정월 : 하나를 얻고 하나를 잃을 운으로 길흉이 반반이다. 형제나 동
　　　료의 일로 문제가 따를 수 있으나 큰 일은 아니다.

2월 : 상가를 조심해라. 가까운 사람이나 믿은 사람이 멀어질 운이다.
　　　매사에 무리하지 않고 분수를 지키면 해는 면하리라.

3월 : 뜻이 높고 덕이 중하니 복록이 들어올 운이다. 재물은 왕성하나
　　　질병이 따른다. 뜻밖에 귀인의 도움으로 가정이 편안하다.

4월 : 가정에 우환이 따를 운이요, 자손으로 인한 근심이 생길 운이
　　　다. 만사가 불안하니 자중하라.

5월 : 밝은 태양이 먹구름 속으로 들어가는 운이요, 오곡이 열매를 맺
　　　기 전에 서리를 만나는 운이니 결실을 보기 어렵다.

6월 : 미혼자는 애인이 생길 운이요, 부부에게 경사가 생길 운이요,
　　　재물에 횡재가 따를 운이요, 공직자는 영전할 운이다.

7월 : 달을 등지고 어둠을 향하는 운이니 노력을 해도 공이 없다. 부
　　　부간에 근심이 생기거나 사업에 어려움이 따를 운이다.

8월 : 남의 도움으로 뜻을 이루고, 귀인의 도움으로 만사가 순조롭다.

9월 : 좋은 일로 내것을 내줄 운이요, 내것을 잃고도 말못할 운이다.

10월 : 가정에 근심이 생길 운이요, 부모의 우환이 따를 운이요, 학문
　　　　에 어려움이 따를 운이다.

11월 : 비로소 운수가 돌아오니 이익이 그 가운데 있고, 재수가 왕성
　　　　하니 반드시 재물을 얻는다. 임년생은 사치나 허영심이 발동
　　　　할 운이요, 연상과 풍문이 있을 운이다.

12월 : 세상사가 태평할 운이다. 새로운 일에 도전할 운이요, 부부나
　　　　재물에 좋은 소식이 있을 운이다. 그러나 을ㆍ정ㆍ계년생은
　　　　부부간에 이별할 운이요, 계년생은 정에 빠질 운이요, 오년생
　　　　은 재물이나 사업, 부부문제로 정신적인 고통이 따를 운이다.

圓空秘訣 512

정월 : 가정에 경사가 생길 운이요, 형제나 친구, 동료로 인하여 좋은 일이 생길 운이다. 주위의 도움을 받는 운으로 길하다. 갑년생과 병년생은 이성에 풍파가 따를 운이니 조심해라.

2월 : 바다에서 금을 구하니 어찌 얻겠는가. 형제나 동료 사이에서 망신당할 운이요, 질병이 따를 운이다.

3월 : 내것을 잃고 어려워질 운이다. 공직자는 자리를 지키기 어렵고, 사업가는 사업에 어려움이 따른다. 만사가 불안하니 자중하라.

4월 : 어두운 밤길에서 등불을 만나는 운으로 귀인의 도움으로 뜻을 이룬다. 남방으로 가면 귀인의 도움을 받으리라.

5월 : 관재구설이 따를 운으로 자손의 일로 관에 갈 운이다. 임신한 사람은 유산을 조심해라.

6월 : 부부의 우환이나 가정에 근심이 생길 운이요, 친구나 동료에게 배신당할 운이요, 노력하는 만큼 댓가를 얻지 못할 운이다.

7월 : 동료와 협력하면 성사할 운이요, 귀인을 만나면 늦게 빛날 운이다. 기술이나 실력을 드러내면 오히려 손해를 본다.

8월 : 동풍의 가는 비에 양류가 청청할 운으로 만사가 구순하다. 달밝은 사창에 꽃 사이에서 몸이 취한다.

9월 : 오곡에 풍년이 드는 운으로 심신이 편안하다. 귀인의 도움으로 뜻을 이룰 운이다.

10월 : 하나를 얻고 하나를 잃을 운으로 길흉이 반반이다. 부모의 근심이 생기거나 문서를 잃을 운이니 조심해라.

11월 : 학생은 학업이 중단될 운이요, 문서를 활용하는 사람은 문서나 정신을 빼앗길 운이다.

12월 : 청산의 물이 쉬지 않고 바다로 가는 운으로 때를 기다려 활동하면 작은 재물은 얻는다. 집을 지키면 길하고 나가면 흉하다.

圓空秘訣 5 1 3

정월 : 허욕을 부리지 않고 분수를 지키면 큰 해는 면하리라. 남의 것
　　　을 탐하다 망신당할 운이니 조심해라.

2월 : 가까운 사람이나 믿은 사람이 등을 돌리고 멀어질 운이요, 형제
　　　나 동료의 근심이 생길 운이다.

3월 : 멀리 나가면 재물을 얻을 운으로 도처에 재물이 있다. 가을 쥐
　　　가 곳간을 얻으니 식록이 진지하고, 명리가 뜻과 같아 만인이
　　　우러러 본다. 그러나 무기년생은 허영심으로 구설을 듣는다.

4월 : 청풍명월에 귀인이 와서 도와주는 운이니 추진하는 일이 반드
　　　시 성공한다. 마음을 바로하고 덕을 닦으니 복록이 온다.

5월 : 가족이 떠날 운으로 가정에 우환과 풍파가 따를 운이다. 자탄할
　　　일이 생길 운이니 조심해라.

6월 : 재물에 좋은 소식이 있을 운이다. 미혼자는 연인이 생길 운이
　　　요, 새로운 인연을 만날 운이다.

7월 : 귀인의 도움으로 뜻을 이룰 운으로 출세할 운이요, 관대를 찰
　　　운이다.

8월 : 방해자가 따라 만사가 불안할 운이다. 가을 기러기가 짝을 잃고
　　　외롭게 날아가는 운이다.

9월 : 만사가 순조로우니 뜻을 이룰 운이다. 공직자는 출세와 영전할
　　　운이요, 사업가는 사업을 이룰 운이다.

10월 : 시작은 화려하고 길하나 결실이 없을 운이니 심신이 허탈하
　　　 다. 무리하지 마라. 내것만 잃고 덕이 되지 않을 운이다.

11월 : 가정에 근심이 생길 운이요, 부모의 근심이 생길 운이요, 마음
　　　 의 상처를 입을 운이다.

12월 : 불전에 기도하면 뜻밖의 성공을 이룰 운이다. 가정과 부부에
　　　 게 경사가 생길 운이요, 사업에 횡재가 따를 운이다.

圓空秘訣 5 1 4

정월 : 형제가 출세할 운이요, 과거에 급제할 운이다. 형제나 동료의
경사가 생길 운이다.

2월 : 귀인의 도움을 받을 운이요, 좋은 친구와 덕이 있는 친구를 얻
을 운으로 길하리라.

3월 : 부부에게 좋은 일이 생길 운이요, 말못할 재물을 얻을 운이다.
사업으로 큰 일을 도모할 운으로 해는 없다.

4월 : 가정에 근심이 생길 운이다. 자손이나 아랫사람의 근심이 생기
거나 가까운 사람과 멀어질 운이다.

5월 : 먹구름이 걷히고 밝은 태양이 솟아오르는 운이다. 뜻을 이루니
심신이 편안하다.

6월 : 가정과 일신에 경사가 생길 운이다. 재물에 화려함이 있으니 결
혼하거나 임신할 운이다. 정년생은 이성문제로 방황하고, 인년
생은 이성이나 재물이나 사업문제로 정신적인 고통이 따른다.

7월 : 가족과 헤어지거나 슬하에 근심이 생길 운이요, 사업에 어려움
이 따를 운이니 허영심을 버리면 길하리라.

8월 : 귀인의 도움을 받을 운이니 심신이 편안하다. 무리하지 않고 분
수를 지키면 해는 면하리라.

9월 : 가정에 풍파가 따를 운으로 부부간에 이별하거나 부부의 근심
이 생길 운이요, 사업에 어려움이 따를 운이다.

10월 : 가까운 사람이나 믿은 사람이 등을 돌리고 멀어질 운이요, 자
손의 일로 마음상할 운이다.

11월 : 어두운 밤이 가고 밝은 아침이 오는 운이요, 봄비에 매화가 만
발하여 가정에 향이 가득한 운으로 길하다.

12월 : 새로운 사업을 구상할 운이요, 새로운 인연을 찾아 활동할 운
으로 뜻을 이룬다.

정월 : 상가를 조심해라. 형제의 어려움이 따를 운이요, 가까운 사람
　　　이나 동료와 갈등이 따를 운이다.

2월 : 십 년 가뭄에 단비가 내려 매화가 만발하는 운이요, 뒷동산에
　　　도화가 만발하여 봉접이 모여드는 운으로 길하다.

3월 : 먹구름이 걷히고 밝은 아침이 오는 운이다. 뜻을 이루니 심신이
　　　편안하다.

4월 : 임신한 사람은 유산을 조심해라. 시작은 화려하나 결실을 보기
　　　어려울 운이다. 무리하면 손해이니 자중해라.

5월 : 자손의 경사가 생기거나 임신할 운이다. 아랫사람의 도움으로
　　　뜻을 이룰 운이다.

6월 : 상가를 조심해라. 부부의 근심이 생길 운이요, 재물에 손해가
　　　따를 운이다. 내것을 주고도 구설을 들을 운이다.

7월 : 봄가뭄에 단비가 내려 초목이 무성한 운이다. 귀인의 도움으로
　　　횡재할 운이요, 자손의 경사가 생길 운이다.

8월 : 부모의 우환이 따르거나 부모와 멀어질 운이다. 과욕을 부리지
　　　않고 정도를 지키면 어려움은 없으리라.

9월 : 만사가 뜻대로 되지 않을 운이니 순리대로 행하라. 무리하면 그
　　　동안에 쌓은 공덕이 무너지고 허망한 일이 생긴다.

10월 : 부모의 경사가 생길 운이요, 문서로 횡재할 운이다. 새로운 일
　　　에 손대지 마라. 득이 되지 않는다. 해외로 나갈 운이다.

11월 : 어두운 터널을 지나 밝은 광야로 나오는 운이요, 가을 하늘의
　　　외기러기가 짝을 만나 즐길 운이다. 그러나 유년생은 학문이
　　　나 문서나 부모의 일로 정신적인 고통이 따를 운이다.

12월 : 미혼자는 애인이 생길 운이요, 사업가는 사업을 이룰 운이다.
　　　유종의 미를 걸 운으로 길하리라.

정월 : 형제나 동료의 일로 마음이 산란하고 번잡할 운이다. 가까운
　　　사람이나 믿은 사람을 잃고 심신이 허전할 운이다.

2월 : 주위의 도움으로 뜻을 이룰 운이다. 모든 어려움이 사라지고 심
　　　신이 편안하리라.

3월 : 부부에게 경사가 생기거나 새로운 인연을 만날 운이다. 사업이
　　　나 재물에 횡재운이 있으니 길하리라.

4월 : 상가를 조심해라. 가정에 풍파가 따를 운이다. 자손과 이별하거
　　　나 아랫사람에게 배신당할 운이다. 이사운이 있으리라.

5월 : 어두운 밤이 가고 밝은 아침이 오는 운이다. 만사가 순조로우니
　　　심신이 편안하다.

6월 : 무성한 산 속에서 꾀꼬리가 짝을 만나 즐길 운이요, 도화가 만
　　　발하여 봉접이 모여드는 운이다. 결실은 정해진 일로 길하리라.

7월 : 다른 사람의 방해로 심신이 불안할 운이다. 무리하지 말고 자중
　　　하라. 경거망동하면 크게 패한다. 건강을 조심해라.

8월 : 힘들고 험난한 길을 벗어날 운이요, 어두운 밤이 가고 밝은 아
　　　침이 오는 운이다. 새로운 희망이 있으니 길하리라.

9월 : 가정에 우환이 따를 운이요, 일신에 어려움이 따를 운이다. 부
　　　부간에 이별하거나 사업이나 재물에 어려움이 따를 운이다.

10월 : 문서로 손해볼 운이요, 학생은 학업에 어려움이 따를 운이다.
　　　차분하고 안정되게 처신하면 해는 면하리라.

11월 : 허욕을 부리지 마라. 만사가 뜻은 있으나 길이 없으니 심력만
　　　허비할 운이다. 안정하고 자중하면 해는 없으리라. 유년생은
　　　문서나 부모나 학업문제로 정신적인 고통이 따를 운이다.

12월 : 남의 것을 욕심내다 망신당할 운이다. 옛것을 지키고 분수를
　　　지켜라. 허욕을 부리면 패가한다.

정월 : 뜻을 이룰 운이다. 공직자는 영전할 운으로 권세를 잡는다. 갑
　　　년생과 병년생은 이성문제로 풍파가 따를 운이요, 미년생은 정
　　　신적인 고통이 따를 운이다.

2월 : 먹구름이 밝은 해를 가리는 운이다. 밝은 지혜를 알아주는 사람
　　　이 없을 운이요, 정신적인 피로가 따를 운이다.

3월 : 가정에 근심이 생길 운이요, 형제의 어려움이 따를 운이다. 동
　　　료가 배신하거나 동료의 일로 근심할 운이다.

4월 : 귀인의 도움으로 뜻을 이룰 운이요, 문서나 부동산으로 재물을
　　　얻을 운이다. 남쪽으로 가면 길하리라.

5월 : 학문을 잡을 운이요, 새로운 문서를 잡을 운이요, 윗사람의 일
　　　로 좋은 소식이 있을 운이다.

6월 : 어두운 밤길에서 방향을 잃고 방황할 운이요, 밝은 광야를 지나
　　　어두운 터널로 들어가는 운으로 만사가 불리하다.

7월 : 자손의 일로 번민이 생길 운이요, 임신할 운이다. 멀리 떨어져
　　　있는 자손이나 아랫사람에게서 소식이 올 운이다.

8월 : 뜻이 좌절될 운이요, 말못할 재물을 얻을 운이다.

9월 : 가까운 사람이나 믿은 사람이 멀어질 운이요, 친구가 적이 되어
　　　돌아오는 운이다. 욕심을 부리지 말고 자중하라.

10월 : 가정에 경사가 생길 운이요, 부부에게 경사가 생길 운이다. 다
　　　　른 연인이 생길 운이요, 남모르는 재물을 얻을 운이다. 재물이
　　　　나 사업문제로 해외로 나갈 운이다.

11월 : 만사가 뜻대로 되지 않을 운이다. 물가를 조심해라. 신액이 생
　　　　길까 두렵다.

12월 : 뜻밖의 재물을 얻을 운이요, 부모나 문서로 인하여 마음이 들
　　　　뜰 운으로 가정에 경사가 있으리라.

圓空秘訣 5 2 2

정월 : 정월과 2월은 소원을 성취할 운이다. 만사형통할 운이니 의기
　　　가 양양하다. 동방이 길하다. 갑년생은 음욕이 발동할 운이다.

2월 : 하늘의 도움으로 뜻을 이룰 운이다. 만사가 순조로우니 길하다.
　　　신년생은 바람끼가 발동하고, 이성문제로 정신질환이 따를 운
　　　이다.

3월 : 뜻이 좌절될 운이요, 역마살이 있으니 이사를 하거나 자리 변동
　　　이 따를 운이다.

4월 : 가정에 우환이 따를 운이다. 부모의 근심이 생길 운이요, 문서
　　　를 잃거나 의지를 잃을 운이다.

5월 : 귀인의 도움을 받거나 새로운 뜻을 성취하려고 마음이 번잡할
　　　운이다. 옳지 못한 길은 행하지 마라. 모함하는 사람이 생긴다.

6월 : 어두운 밤길에서 등불을 잃고 방황할 운이다. 형제간에 이별수
　　　가 있거나 가까운 사람과 멀어질 운이다.

7월 : 임신한 사람은 유산을 조심해라. 아랫사람이나 자손의 근심이
　　　생길 운이다.

8월 : 오곡이 풍년을 만나는 운이요, 초목이 단비를 만나는 운으로 어
　　　렵고 힘들었던 일이 해결된다.

9월 : 귀인의 도움으로 뜻을 이룰 운이요, 형제나 동료의 일로 좋은
　　　소식을 들을 운이다.

10월 : 다른 기술이나 재물을 얻을 운이요, 남에게 말못할 일이 생길
　　　운이나 해는 없다. 미혼자는 결혼할 운이다.

11월 : 과욕을 버려라. 허욕을 부리면 되는 일이 없고, 새것을 탐하다
　　　망신당할 운이니 조심해라.

12월 : 시비를 조심해라. 구설이 침범한다. 믿을 사람이 없을 운이니
　　　심신이 허탈하다.

212

圓空秘訣 5 2 3

정월 : 시작은 좋고 화려하나 결과는 미미할 운이다. 하나를 얻고 하
       나를 잃을 운으로 길흉이 반반이다.

2월 : 형제간에 이별하거나 믿은 사람이 배신할 운이다. 만사가 불안
      하니 무리하지 말고 안정되게 처신하라.

3월 : 어두운 밤이 가고 밝은 아침이 오는 운으로 주위의 도움으로 심
      신이 안락하다.

4월 : 부모의 일로 좋은 소식이 있을 운이요, 새로운 문서를 잡을 운
      이요, 새로운 생각으로 좋은 결과가 있을 운이다.

5월 : 허욕을 버려라. 뜻은 있으나 길이 없을 운이다. 사기 등을 조심
      해라.

6월 : 봄비에 초목이 무성하니 새들이 찾는 운이다. 모처럼 친구와 의
      기투합하여 큰 일을 도모할 운이다.

7월 : 자손의 경사가 생길 운이요, 임신할 운이요, 멀리 떨어져 있는
      사람의 소식을 들을 운이다.

8월 : 임신한 사람은 유산을 조심해라. 가정에 우환이 따를 운이요,
      아랫사람의 배신으로 풍파가 따를 운이다.

9월 : 하늘이 기이한 복을 주는 운으로 식록이 진지하고 오곡이 풍요
      하다. 만사가 순조로우니 길하리라.

10월 : 좋은 일로 내것을 내줄 운이요, 허욕을 부리다 내것만 잃을 운
       이요, 연인이나 남모르는 재물을 얻을 운이다.

11월 : 방해자가 나타날 운이나 분수를 지키면 큰 해는 없으리라.

12월 : 어려움이 사라지고 밝은 태양이 솟는 운으로 귀인의 도움으로
       뜻을 이룬다. 욕심을 부리지 않고 정도를 지키면 길하리라. 그
       러나 을년생과 정년생과 계년생은 형제간에 이별수가 따르고,
       무년생과 기년생은 허영심이 발동할 운이다.

정월 : 출세할 운이요, 뜻을 이룰 운으로 만사가 순조롭다.

2월 : 하늘이 열리는 운이요, 오곡이 풍요한 운이다. 다른 사람의 도움을 받을 운이요, 관대를 찰 운이다.

3월 : 앞으로 남고 뒤로 손해보는 운이요, 시작은 좋은 것 같으나 결실을 보기 어려울 운이다. 앞에서 친절한 사람을 조심해라.

4월 : 가정에 근심이 생길 운이요, 부모의 우환이 따를 운이요, 문서에 어려움이 따를 운이니 조심해라.

5월 : 문서 사기를 당할 운이요, 뜻을 알아주는 사람이 없을 운이니 마음이 상한다. 학생은 학업이 중단될 운이다.

6월 : 떠나간 사람이 친구가 되어 돌아오는 운이요, 형제나 동료의 일로 경사가 생길 운이다. 그러나 을년생과 계년생은 형제간에 이별수가 따를 운이요, 정년생은 사랑에 빠질 운이요, 인년생은 형제나 동료의 일로 마음이 산란해질 운이다.

7월 : 한 번 웃고 한 번 슬픈 일이 생길 운이다. 자손의 일로 마음이 산란하고 분주할 운이니 무리하지 말고 순리를 지켜라.

8월 : 상가를 조심해라. 가정에 근심이 생길 운이요, 아랫사람의 배신이나 근심이 생길 운이다.

9월 : 다른 사람의 도움으로 앞날에 희망이 있으리라. 허욕을 부리면 오히려 손재구설이 따른다.

10월 : 관재구설이 따를 운이요, 부부의 근심이 생기거나 이별수가 따를 운이다. 분수를 지키면 큰 해는 면하리라.

11월 : 시작은 어렵고 힘들어도 점점 좋아지는 운이다. 재물이나 사업에 어려움이 따를 운이다.

12월 : 추운 겨울이 가고 따뜻한 봄이 오는 운이요, 손 안에 천금을 넣고 희롱하는 운이니 즐거우리라.

정월 : 시작은 화려하고 길하나 결과는 맺기 어려울 운이다. 매사에
       무리하지 않고 분수를 ˙지키면 해는 면하리라.

2월 : 다른 사람의 방해로 뜻을 펴기 어려울 운이요, 뜻은 있으나 길
     이 없으니 심력만 허비할 운이다.

3월 : 관재구설이 따를 운이니 다투지 마라. 형제의 우환이 따를 운이
     요, 가까운 사람을 잃을 운이다.

4월 : 하나를 얻고 하나를 잃을 운이다. 문서나 부동산의 횡재가 있
     다. 술년생과 해년생은 학문이나 부모나 문서로 정신적인 고통
     이 따를 운이다.

5월 : 새로운 문서를 꾸밀 운이요, 부모의 경사가 생길 운이다. 학생
     은 새로운 학문을 할 운이다.

6월 : 하늘에 먹구름이 생길 운이다. 만사가 뜻대로 되지 않으니 심력
     만 허비하고 소득은 없다.

7월 : 자손이나 문서로 놀랠 일이 생길 운이다. 다른 사람의 음해로
     자손의 근심이 따를 운이니 주의하라.

8월 : 귀인의 도움으로 심신이 편안할 운이다. 출세할 운이요, 관대를
     찰 운이다. 무리하지 말고 때를 기다려라.

9월 : 어두운 밤길에서 방향을 잃고 방황할 운이요, 믿은 사람이나 가
     까운 사람이 등을 돌리고 멀어질 운이다.

10월 : 새로운 재물을 얻거나 임신하고, 미혼자는 연인이 생긴다.

11월 : 모든 어려움이 사라지고 사업을 이룰 운이요, 재물에 횡재수
      가 따를 운이다. 임년생은 허영이나 사치심이 발동하고, 유년
      생은 부부나 재물로 정신적인 고통이 따를 운이다.

12월 : 새로운 일에 도전하고, 새로운 사람을 만날 운으로 해는 없다.

정월 : 사막에서 길을 잃는 운이요, 순서를 잃고 방황할 운이니 무리
하지 말고 신중하게 대처하라.

2월 : 귀인의 도움으로 뜻을 이룬다. 허욕을 버리고 분수를 지켜라.

3월 : 가정에 경사가 생길 운이다. 형제나 동료의 경사가 있을 운이
다. 그러나 을년생은 허욕이나 사치심이 발동할 운이요, 신년생
은 정신적인 풍파가 따를 운이다.

4월 : 관재구설을 조심해라. 일반인은 문서 사기를 당할 운이요, 학생
은 학업이 중단될 운이다. 부모와 이별수가 따를 운이다.

5월 : 새로운 사업을 시작할 운으로 정도를 지키면 길하리라.

6월 : 형제나 동료의 경사가 생길 운이요, 떠나간 사람이 돌아오는 운
이다. 만사가 순조로우니 길하리라.

7월 : 하나를 얻고 하나를 잃을 운이다. 자손의 근심이 생길 운이요,
자손이 떠날 운이다.

8월 : 가정에 경사가 생길 운이다. 자손의 경사가 생길 운이요, 아랫
사람에게 좋은 소식이 올 운이다.

9월 : 갑자기 친절한 사람을 경계하라. 믿은 사람이 해를 끼칠 운이
다. 형제나 동료와 우애가 상할 운이다.

10월 : 새로운 재물을 얻거나 사업을 시작할 운이요, 임신할 운이다.
귀인의 도움이 있으니 길하리라.

11월 : 부부에게 경사가 생길 운이요, 새로운 인연을 만날 운이다. 내
것을 잃어도 좋은 일이 생길 운이다. 임년생은 허영심이 발동
하고, 유년생은 부부나 사업이나 재물문제로 정신적인 고통이
따를 운이니 조심해라.

12월 : 만사가 뜻은 있으나 길이 없을 운이나 무리하지 않고 분수를
지키면 큰 해는 없다.

圓空秘訣 5 3 1

정월 : 자신을 믿고 따르던 사람들이 멀어질 운이요, 형제나 동료의
　　　근심이 생길 운이다.

2월 : 일이 뜻대로 되지 않을 운이다. 가까운 사람과 이별하거나 우환
　　　이 따를 운이다. 신년생은 형제나 동료의 일로 정신적인 고통이
　　　따를 운이다.

3월 : 가정에 좋은 일이 생길 운이다. 부부의 인연을 만날 운이요, 사
　　　업에 새로운 구상을 할 운이다. 갑년생은 부부간에 이별하거나
　　　재물에 손해가 있고, 무년생과 기년생은 허영심이 발동하고,
　　　술·해년생은 재물이나 이성으로 정신적인 고통이 따른다.

4월 : 하나를 얻고 하나를 잃을 운으로 길흉이 반반이다. 무리한 욕심
　　　을 부리면 되는 일도 좌절될 운이니 조심해라.

5월 : 상가를 조심해라. 아랫사람에게 배신당하고 근심이 생긴다.

6월 : 억울한 일도 참으면 덕이 된다. 토성(土姓)이 불길하니 시비를
　　　조심해라. 귀인의 도움으로 뜻을 이룰 운이다.

7월 : 마음을 표현할 수 없는 운이니 자중하면서 때를 기다려라.

8월 : 처음에는 순조롭고 나중에는 어려움에 처할 운이나 여지는 있
　　　다. 무리하면 되는 일이 없으니 인내하면서 기다려라.

9월 : 귀인의 도움을 받을 운이요, 오곡이 풍성한 운이다. 부부에게
　　　경사가 생기거나 사업에 좋은 일이 생길 운이다.

10월 : 청룡이 물을 얻어 조화가 무궁한 운이나 여색을 가까이 하면
　　　 손재를 면하기 어렵다. 경영하는 일은 반드시 성공한다.

11월 : 추운 겨울이 가고 따뜻한 봄이 오는 운이요, 어두운 터널을 지
　　　 나 밝은 광야로 나오는 운으로 만사가 순조롭다.

12월 : 가까운 사람과 갑자기 친절한 사람을 경계하라. 믿을 사람이
　　　 없는 운이니 후회할 일이 생긴다.

圓空秘訣 532

정월 : 가정에 경사가 생길 운이다. 사업에 좋은 일이 생기고, 미혼자
　　　는 애인이 생길 운이다. 갑년생과 병년생은 사랑에 빠진다.

2월 : 가을을 만나 잎이 떨어지는 운이다. 남의 말을 듣지 마라. 반드
　　　시 해가 있다. 일에 장애가 많을 운이다.

3월 : 형제나 동료의 근심이 생길 운이요, 가까운 사람이나 주위 사람
　　　과 멀어질 운이니 쓸쓸하다.

4월 : 귀인의 도움으로 심신이 편안할 운이다. 임신할 운이요, 자손의
　　　일로 관에 갈 운이다.

5월 : 관재구설을 조심해라. 아랫사람이 배신할 운이요, 아랫사람의
　　　근심이 생길 운이다.

6월 : 지난 일을 떨쳐버리고 새로운 일을 시작할 운이요, 처음에는 잃
　　　는 것 같으나 나중에는 길한 운이다.

7월 : 남들이 모르는 일을 추진할 운이요, 좋은 생각이나 아이디어를
　　　다른 사람에게 말하지 못하고 지낼 운이다.

8월 : 주위의 도움으로 만사가 순조로우니 심신이 안락하다.

9월 : 아끼는 재물을 잃을 운이요, 내것을 잃고도 말못할 운이다. 가
　　　까운 사람의 일로 구설을 들을 운이니 조심해라.

10월 : 한 번 기쁘고 한 번 슬플 운이다. 부모의 우환이 따를 운이요,
　　　윗사람의 근심이 생길 운이요, 문서를 잡을 운이다.

11월 : 문서를 잃거나 사기를 당할 운이요, 학생은 학업에 어려움이
　　　따를 운이다. 지혜를 잃을 수 있으니 조심해라.

12월 : 부부의 근심이 생기거나 이별수가 따를 운이요, 사업이나 재
　　　물에 문제가 발생할 운이다. 을년생과 정년생과 계년생은 부
　　　부간에 이별수가 따르고, 오년생은 부부나 재물문제로 정신적
　　　인 고통이 따를 운이다.

圓空秘訣 5 3 3

정월 : 형제나 동료의 근심이 생기고, 문서로 어려움이 따를 운이다.

2월 : 친구따라 강남가는 운이다. 주위 사람 때문에 관재구설이 따를 운이요, 믿은 사람에게 배신당할 운이다.

3월 : 허욕을 부리다 망신당할 운이요, 내것을 주고도 말못할 운이다. 갑년생은 부부의 근심이 생기고, 무·기년생은 허욕으로 풍파가 있고, 사·해년생은 부부나 재물로 심적인 고통이 따른다.

4월 : 가족이 늘어날 운이요, 임신할 운이다. 아랫사람의 일로 경사가 생길 운이다.

5월 : 상가를 조심해라. 가족에게 근심이 생길 운이요, 아랫사람 때문에 어려움에 처할 운이다.

6월 : 문서나 부동산으로 횡재할 운이다. 사업을 이루거나 뜻을 이룰 운이다. 토성(土姓)의 도움으로 길하리라.

7월 : 청룡이 여의주를 얻는 운이요, 어두운 터널을 지나 밝은 광야로 나오는 운이니 만사가 순조롭다.

8월 : 자신의 의견이 무시당할 운이요, 뜻이 좌절될 운이다. 허욕을 부리면 되는 일도 어려워진다.

9월 : 새로운 일이나 사람을 찾을 운이나 득이 되지 않는다. 옛것을 지키는 것이 길하다. 그러나 진년생과 사년생은 부모나 학문으로 인하여 정신적인 고통이 따를 운이다.

10월 : 가정에 경사가 생길 운이다. 부모의 경사가 생길 운이요, 문서로 횡재할 운으로 길하다.

11월 : 주위의 도움을 받을 운이요, 새로운 학문에 도전할 운이다.

12월 : 다른 사람의 방해로 재물에 손해가 있거나 내것을 잃고도 말못할 일이 있다. 문서나 부모의 일로 타관으로 나가나 심력만 허비한다.

圓空秘訣 5 3 4

정월 : 추운 겨울이 가고 따뜻한 봄이 오는 운이요. 정원에 매화가 만
　　　발하여 봉접이 모여드는 운이다.

2월 : 귀인의 도움으로 뜻을 이룰 운이니 만사가 길하리라.

3월 : 앞으로 남고 뒤로 손해보는 운이요, 시작은 화려하나 결실을 보
　　　기 어려울 운이다. 내것을 주고도 말못할 일이 생긴다.

4월 : 자손이나 아랫사람의 일로 마음이 산란할 운이요, 아랫사람이
　　　떠나갈 운이다.

5월 : 어두운 밤이 가고 밝은 아침이 오는 운이요, 봄가뭄에 단비가
　　　내리니 초목이 무성한 운으로 길하리라. 축년생은 자손의 일로
　　　정신적인 고통이 따를 운이다.

6월 : 가정에 경사가 생길 운이다. 부부에게 경사가 생길 운이요, 사
　　　업을 이루거나 재물을 얻을 운이다. 을년생과 계년생은 부부간
　　　에 이별수가 있고, 정년생은 이성문제로 분주할 운이다.

7월 : 먹구름이 밝은 달을 가리니 사방을 분간하지 못할 운이다.만사
　　　가 뜻대로 되지 않으니 심력만 허비할 운이다.

8월 : 다른 사람에게 무시당할 운으로 마음이 위축된다. 무리하지 않
　　　고 때를 기다리면 해결되리라.

9월 : 귀인의 도움으로 만사가 순조로울 운이다. 가정에는 어려움이
　　　사라지고 즐거움이 가득하리라.

10월 : 부모나 문서문제로 관에 갈 운으로 덕이 되지 않는 일이다.

11월 : 하늘은 높고 오곡이 풍요하니 심신이 안락하다. 힘들고 어려
　　　웠던 일들이 모두 사라지고 밝은 희망이 찾아올 운이다.

12월 : 일반인은 재물이나 사업을 이룰 운이요, 마음에 드는 인연을
　　　만날 운이다. 관료는 영전할 운이다.

정월 : 하나를 얻고 하나를 잃을 운으로 길흉이 반반이다. 옛사람은 떠나고 새로운 사람과 인연을 맺을 운이다.

2월 : 방해자가 따를 운이나 분수를 지키면 큰 해는 면할 수 있다.

3월 : 가정에 근심이 생길 운이요, 부부나 사업문제로 관에 갈 운이다. 허욕을 부리면 패가망신한다.

4월 : 가족간에 이별수가 따를 운이다. 자손이 떠날 운이나 해로운 일은 일은 아니다. 술년생과 해년생은 자손이나 아랫사람에게 마음쓸 일이 생긴다.

5월 : 사막에서 오아시스를 만나는 운이요, 어두운 밤길에서 밝은 불빛을 만나는 운으로 모든 고통이 사라진다.

6월 : 내것을 잃고도 말못할 운으로 처음에는 어렵고 힘들어도 나중에는 길하다. 무리하지 말고 순리대로 행하라.

7월 : 자손이 출세하거나 자손으로 인하여 놀랠 운이다. 문서를 잡거나 부동산으로 횡재할 운이다.

8월 : 십 년 가뭄에 단비가 내려 만물이 즐거워하는 운이요, 오곡이 풍년을 맞아 세상이 편안할 운이다.

9월 : 가정에 근심이 생길 운이다. 부부의 근심이 생기거나 이별수가 따르고, 재물에 손해가 따를 운이다. 허욕을 부리면 패가하니 조심해라.

10월 : 뜻은 있으나 길이 막막할 운이다. 만사가 불안하니 무리하지 말고 인내하면서 기다려라. 설치면 손해이다.

11월 : 새로운 문서를 잡을 운이요, 새로운 학업을 할 운이요, 부모의 경사가 생길 운이다. 그러나 유년생은 학문에 어려움이 생기고, 정신적인 고통이 따를 운이다.

12월 : 미혼자는 애인이 생길 운이요, 사업가는 뜻을 이룰 운이다.

圓空秘訣 5 3 6

정월 : 형제의 우환이 따를 운이요, 동료의 일로 구설을 들을 운이다.

2월 : 만사가 될 듯 하면서 장애가 생길 운이다. 무리하지 않고 분수를 지키면 큰 해는 면하리라. 주위 사람 때문에 말하기 어려운 근심이 생길 운이다.

3월 : 가정에 경사가 생길 운이다. 가족이 늘어날 운이요, 부부에게 경사가 생길 운이요, 사업이나 재물에 횡재가 따를 운이다.

4월 : 맑은 하늘에 먹구름이 몰려들 운이요, 어두운 밤길에서 방향을 잃는 운이다.

5월 : 좋은 친구나 좋은 인연을 만날 운이요, 등을 돌린 친구가 다시 찾아와 도와주는 운이다. 부모나 문서문제로 신경쓸 운이다.

6월 : 새로운 사업에 도전할 운이요, 잃었던 명예를 회복할 운이다. 무리하지 말고 순리대로 행하라.

7월 : 처음에는 어렵고 힘들어도 결실을 얻을 운이요, 의욕을 잃고 침체될 운이나 때를 기다리면 좋은 소식이 온다.

8월 : 공명이 유비를 만나 세상을 통일하는 운으로 묻혀 있던 지혜를 펼쳐보일 운이다.

9월 : 좋은 일로 내것을 내줄 운이요, 남모르는 재물을 얻을 운이다. 분수를 지키면 길하나 무리하면 구설을 면하기 어렵다.

10월 : 먹구름이 걷히고 밝은 아침이 오는 운이요, 봄비에 초목이 무성하여 새들이 날아드는 운으로 만사가 순조롭다. 해외로 나갈 운이요, 이사할 운이다.

11월 : 새로운 문서를 잡거나 부모의 경사가 생길 운이다. 다른 사람의 모함으로 가까운 사람을 잃을 운이니 조심해라.

12월 : 갑자기 친절한 사람을 경계하라. 앞에서는 웃고 있으나 뒤에서 해롭게 할 사람이다.

정월 : 하늘이 복을 주지 않으면 아무리 애를 써도 얻지 못하는 법이
　　　다. 하나를 잃고 하나를 얻으나 심신만 고달플 운이다.

2월 : 만사가 뜻대로 되는 일이 없을 운이니 심력만 허비한다. 만사에
　　　무리하지 않고 분수를 지키면 길하리라.

3월 : 가정에 경사가 생길 운이요, 미혼자는 애인이 생길 운이요, 사
　　　업가는 재물에 좋은 일이 생길 운이다.

4월 : 가정에 우환이 따를 운으로 자탄할 일이 생긴다. 자손의 일로
　　　어려움이 있거나 자손이 멀어질 운이다.

5월 : 시작만 있고 끝이 없는 운이니 심력만 허비한다. 아랫사람의 일
　　　로 마음상할 운이다.

6월 : 새로운 일이나 사업을 추진할 운으로 재물에 횡재운이 있으니
　　　즐겁다. 그러나 을년생과 계년생은 부부간에 이별을 주의하고,
　　　정년생은 바람끼가 발동할 수 있으니 주의하라.

7월 : 방해자가 따르고, 남모르는 일을 할 운으로 덕이 되지 않는다.

8월 : 마음은 크나 뜻이 약하니 성사되기 어려울 운이다. 서방은 불길
　　　하니 출행하지 마라. 금성(金姓)을 조심해라. 이익이 없다.

9월 : 만사가 마음과 같지 않으니 무리하지 마라. 허욕을 부리면 하던
　　　일도 풍파가 따를 운이다.

10월 : 관을 상대로 하는 일에 장애가 따를 운으로 심력만 허비한다.
　　　 의지를 잃고 의기소침할 운이다.

11월 : 때를 만나 천금이 들어오는 운이다. 관록이 생기거나 슬하에
　　　 경사가 생길 운이다. 소를 팔아 밭을 사니 가도가 융성해진다.
　　　 그러나 유년생은 부모나 문서로 정신적인 고통이 따른다.

12월 : 푸른산 그림자 속에서 뭇새가 즐거워하는 운이다. 사업을 이
　　　 룰 운이요, 미혼자는 애인이 생길 운이다.

圓空秘訣 5 4 2

정월 : 형제의 경사가 생길 운이요, 새로운 친구를 얻을 운이다. 주위
　　　의 도움으로 길하리라.

2월 : 경거망동하면 해롭고 분수를 지키면 길한 운이다. 동료나 친구
　　　에게 망신당할 운이다. 하나를 얻고 하나를 잃을 운이다.

3월 : 도둑을 조심해라. 손재가 두렵다. 가까운 사람에게 배신당하니
　　　세상사 허전하여 입산수도하고 싶은 심정이다.

4월 : 상가를 조심해라. 자손의 일로 마음상할 운이요, 아랫사람의 일
　　　로 근심이 생길 운이다.

5월 : 귀인의 도움을 받을 운이다. 작은 것을 구하다 큰 것을 얻을 운
　　　으로 재운이 점점 좋아진다.

6월 : 도처에 패함이 있고, 다른 사람의 방해로 만사를 이루기 어려울
　　　운이다. 을년생과 계년생은 부부간에 이별할 운이요, 정년생은
　　　바람끼가 발동하여 방황할 운이다.

7월 : 다투지 마라. 타관객지에서 전전긍긍할 일이 생긴다. 다리를 저
　　　는 말이 걷고자 하나 행하지 못할 운이니 손해를 본다..

8월 : 뜻을 이룰 운으로 길하다. 등을 돌리고 떠난 사람이 친구가 되
　　　어 돌아오는 운이다. 경거망동하지 말고 자중해라.

9월 : 밤동산에 풍년이 들어 산새들이 즐거워하는 운이요, 어두운 밤
　　　이 가고 밝은 아침이 오니 새들이 즐거워하는 운이다.

10월 : 부모의 경사가 생기거나 문서로 좋은 일이 생길 운이다. 학생
　　　은 새로운 학문에 도전할 운이다.

11월 : 용두사미격으로 시작은 화려하나 결실을 맺지 못할 운이다.
　　　유년생은 학문이나 부모나 문서로 정신적인 고통이 따른다.

12월 : 어두운 밤에 등불을 잃는 격이니 사방을 분별하지 못할 운이
　　　다. 과욕을 삼가고 정도를 지키면 길하리라.

圓空秘訣 5 4 3

정월 : 형제나 동료의 일로 근심이 생기고, 다른 사람의 방해로 뜻을 이루기 어려울 운이다. 건강에 문제가 따르고, 이사운이 있다.

2월 : 형제나 동료의 일로 관에 갈 운이요, 가까운 사람이나 믿은 사람 때문에 구설을 들을 운이다.

3월 : 허욕을 부리다 어려움에 처할 운이다. 부부의 근심이 생길 운이요, 사업에 어려움이 따를 운이다. 갑년생은 부부간에 이별할 운이요. 무년생과 기년생은 허욕으로 구설이 따를 운이다.

4월 : 가정에 경사가 생길 운이다. 임신할 운이요, 자손의 일로 가정에 좋은 일이 생길 운이다.

5월 : 상가를 조심해라. 아랫사람에게 구설을 들을 운이요, 뜻을 이루기 어려울 운이다.

6월 : 매사에 어려움이 따를 운이니 허욕을 버려라. 무리하면 하던 일도 어렵게 되고 자중하면 해는 면하리라.

7월 : 출세할 운으로 모든 고통이 사라지고 밝은 희망이 솟는 운이다. 그러나 허욕을 부리면 패가망신한다.

8월 : 메마른 땅에서 노력하나 결실을 거둘 것이 없을 운이다. 노력은 많이 하나 소득은 미미할 운이다.

9월 : 새로운 사업이나 일을 시작할 운이요, 새로운 사람을 만날 운이나 덕이 되지 않는다.

10월 : 가정에 경사가 생길 운이다. 부모의 일로 좋은 소식이 있고, 새로운 문서를 잡을 운이다. 학생은 새 학문을 얻을 운이다.

11월 : 귀인의 도움으로 뜻을 이룰 운으로 만사가 순조롭다.

12월 : 하나를 얻고 하나를 잃을 운이다. 부부에게 경사가 생기거나 재물에 어려움이 따를 운이요, 내것을 주고도 말못할 일이 생길 운이다.

정월 : 하늘과 귀인의 도움으로 가정이 화평할 운이다. 형제의 경사가
　　　 생길 운이요, 좋은 친구를 얻을 운이다.

2월 : 어두운 밤길에서 등불을 만나는 운이요, 십 년 가뭄에 단비가
　　　 내려 초목에서 새순이 돋는 운이다.

3월 : 허욕을 부리다 내것을 잃고 구설을 들을 운이다. 하나를 얻고
　　　 하나를 잃을 운으로 길흉이 반반이다.

4월 : 자손의 근심이 생길 운이다. 임신한 사람은 유산을 조심해라.
　　　 자신을 믿고 따르던 사람이 등을 돌리고 멀어질 운이다.

5월 : 고생 끝에 낙이 오는 운이요, 시작은 어렵고 힘들어도 결과는
　　　 얻을 운이다. 축년생은 자손의 일로 정신적인 고통이 따른다.

6월 : 귀인의 도움으로 뜻을 이룰 운이다. 부부에게 경사가 생길 운이
　　　 요, 새로운 사업을 구상하거나 재물에 좋은 일이 생길 운이다.
　　　 그러나 을년생과 계년생은 부부간에 이별할 운이요, 정년생은
　　　 바람끼가 발동할 운이다.

7월 : 비밀스런 일을 할 운이요, 자신의 의견을 표현하지 못하고 포기
　　　 할 운이다.

8월 : 하늘에 먹구름이 끼는 운이다. 만사에 장애가 많아 뜻대로 되지
　　　 않을 운이다.

9월 : 가을산에 송죽이 청청할 운이다. 하나를 얻고 하나를 잃을 운으
　　　 로 문서는 얻으나 부부의 근심이 생긴다.

10월 : 관의 망신을 당할 운이요, 부모의 근심이 생길 운이다. 문서를
　　　　 잃거나 손재가 따를 운이다.

11월 : 사업을 이루거나 새로운 일을 시작할 운으로 길하다.

12월 : 재물이나 사업에 길한 운으로 미혼자는 애인이 생길 운이요,
　　　　 마음에 있는 애인이 생길 운이다.

정월 : 오는 것도 인연이요 가는 것도 인연이다. 하나를 얻고 하나를 잃을 운으로 길흉이 반반이다.

2월 : 가까운 사람을 경계하라. 마음이 허전할 일이 생길 운이다. 다른 사람의 방해로 자손에게 어려움이 따른다.

3월 : 관을 상대하는 일은 하지 않는 것이 낫다. 부부의 근심이 생기거나 사업에 어려움이 따를 운이다.

4월 : 허욕을 버려라. 아랫사람 때문에 어려움을 당할 운이요, 새로운 일에 도전할 운이다. 술년생과 해년생은 자손의 풍파가 따른다.

5월 : 자손의 경사가 생길 운으로 집안이 태평하다. 가족이 늘어날 운이요, 임신할 운이다.

6월 : 처음에는 어렵고 힘들어도 결실을 맺을 운이다. 새로운 사람을 얻을 운이요, 새로운 사업을 시작할 운이다.

7월 : 자신의 의사나 생각을 표현하지 못할 운이나 해롭지는 않다.

8월 : 출세할 운이요, 뜻을 이룰 운이다. 귀인의 도움으로 만사가 순조롭다.

9월 : 허욕을 부리다 망신당할 운이요, 부부의 근심이 생기거나 재물에 어려움이 따를 운이다. 내것을 잃고도 말못할 운이다.

10월 : 새로운 일을 찾지 마라. 구관이 명관이다.

11월 : 가정에 경사가 생길 운이다. 부모의 경사가 생길 운이요, 문서로 횡재하거나 새로운 일을 추진할 운이다. 유년생은 학문이나 문서나 부모문제로 정신적인 고통이 따를 운이다.

12월 : 재물로 말못할 일이 생길 운이요, 내것을 주고도 좋은 일이 생길 운이다. 허욕을 버리고 자중하면 길하리라.

圓空秘訣 546

정월 : 형제의 경사로 마음이 번잡할 운이요, 주위 사람들이 등을 돌리고 멀어질 운이다. 건강을 조심해라.

2월 : 동료나 친구와 새로운 일을 찾아나설 운이나 만사가 불안하고 믿을 사람이 없으니 경거망동하지 마라. 을년생은 허욕이나 애정문제로 신경쓸 일이 생길 운이다.

3월 : 십 년 가뭄에 단비가 내려 고목에서 꽃이 피는 운이요, 부부의 인연이 생길 운이다. 사업에 좋은 소식이 있을 운이다.

4월 : 가정에 우환이 생긴다. 자손에게 어려운 일이 생길 운이요, 아랫사람의 일로 구설을 들을 운이다. 여행하거나 이사할 운이다.

5월 : 일이란 순서가 있고 때가 있는 법이다. 무리하지 않고 자중하면 해를 면하리라.

6월 : 관을 통하여 하는 일이 좋을 운이요, 부부나 사업문제로 관에 갈 운이나 해는 없으리라.

7월 : 자신의 뜻을 활용하지 못할 운이요, 뜻은 있으나 길이 없을 운이니 때를 기다려라.

8월 : 오곡에 풍년이 들어 새들이 즐거워하는 운이다. 모든 고통이 사라질 운이요, 자신을 알아주는 사람이 있는 운이다.

9월 : 좋은 일을 하려다 내것만 잃을 운이요, 새로운 인연을 만날 운이다. 무리하지 않고 분수를 지키면 해는 면하리라.

10월 : 어두운 밤이 가고 밝은 아침이 오는 운이요, 십 년 가뭄에 단비가 내려 고목에서 꽃이 피는 운이다.

11월 : 만사가 순조로우니 심신이 편안하다. 꾸준히 정진하라. 큰 일을 성취할 운이다. 그러나 허욕은 금물이다.

12월 : 가까운 사람을 잃거나 형제의 우환이 따를 운이다. 부모의 근심이 생기거나 문서로 신경쓸 일이 생기니 조심해라.

정월 : 긴 가뭄으로 초목이 자라지 못할 운이다. 손재수가 따르거나
　　　부모의 근심이 따른다.

2월 : 상가를 조심해라. 가까운 사람이나 믿은 사람이 멀어질 운이요,
　　　형제의 근심이 발생할 운이다.

3월 : 귀인의 도움으로 뜻을 이룰 운이다. 그러나 무리한 욕심은 몸을
　　　망칠 수 있으니 주의하라.

4월 : 사막에서 방향을 잃는 운이요, 먹구름이 밝은 해를 가리는 운이
　　　니 만사가 불길하다. 자손의 일로 어려움이 따를 운이다.

5월 : 한 번 슬프고 한 번 즐거운 운이다. 만사에 장애가 따르는 운이
　　　나 허욕을 부리지 않고 신중하게 대처하면 길하리라.

6월 : 가정이나 일신에 경사가 생길 운이다. 부부에게 경사가 생길 운
　　　이요, 미혼자는 애인이 생길 운이다. 재물이나 사업에 좋은 소
　　　식이 있을 운이다.

7월 : 용이 여의주를 얻어 조화를 부리는 운이요, 청풍명월에 친구와
　　　누각에 올라 즐길 운으로 길하리라.

8월 : 오곡에 풍년이 들어 만인이 즐거워하는 운이요, 십 년 가뭄에
　　　단비가 내려 초목에 새순이 돋는 운이다.

9월 : 욕심을 부리다 손해보고, 새것을 탐하다 옛것을 잃을 운이다.

10월 : 가정에 어두운 그늘이 드리워지는 운이다. 부모의 우환이 따
　　　　를 운이요, 문서로 손해볼 운이다.

11월 : 어두운 밤이 지나고 밝은 아침이 오는 운이니 만사가 순조롭
　　　　게 뜻을 이룬다.

12월 : 때를 기다려 움직이면 후회는 없을 운으로 새로운 일에 도전
　　　　한다. 을년생과 정년생과 계년생은 부부간의 이별을 조심하
　　　　고, 오년생은 부부나 재물문제로 정신적인 고통이 따른다.

정월 : 추운 겨울이 가고 따뜻한 봄이 오는 운이다. 무리하지 않고 순
　　　리대로 행하면 해는 면하리라.

2월 : 가정에 경사가 생길 운이요, 형제나 동료의 일로 좋은 소식이
　　　있을 운이다. 만사가 순조로우니 길하리라.

3월 : 관을 상대하는 일에 장애가 따를 운이요, 부부의 근심이 생기거
　　　나 사업에 문제가 발생할 운이다.

4월 : 가정에 우환이 따를 운이요, 자손의 일로 마음이 상할 운이요,
　　　아랫사람 때문에 근심이 생길 운이니 조심해라.

5월 : 슬하에 좋은 소식이 있다. 임신할 운이요, 멀리 나간 사람에게
　　　좋은 소식이 올 운이다. 갑년생은 허영심이 발동할 운이다.

6월 : 경치 좋은 산에 꽃이 피고 나비가 춤을 추는 운이요, 높은 산과
　　　깊은 골에 꽃이 가득한 운으로 금옥이 만당하리라.

7월 : 뜻은 있으나 길이 없는 운이다. 만사가 불안하니 자중하면 해는
　　　면하리라.

8월 : 다른 사람의 도움으로 뜻을 이룰 운이요, 자신의 뜻을 인정받을
　　　운이다.

9월 : 관재구설이 따를 운이다. 다투지 마라. 부부나 사업문제로 관에
　　　갈 일이 생긴다.

10월 : 가정에 우환이 따를 운이다. 부모의 우환이 생기거나 학문에
　　　어려움이 따를 운이요, 문서 사기를 당할 운이다.

11월 : 힘들고 어려운 일이 모두 풀리고 심신이 화락할 운이다. 새로
　　　운 일이나 생각으로 분주할 운이나 해는 없다.

12월 : 부부에게 경사가 생길 운이요, 가정에 경사가 생길 운이요, 사
　　　업에 좋은 일이 생길 운으로 길하다. 진년생과 사년생은 부부
　　　나 재물문제로 마음이 상할 운이다.

정월 : 가까운 사람이나 친절한 사람을 경계해라. 형제나 동료의 일로
　　　마음상할 일이 생길 운이다.

2월 : 도화가 만발하여 벌나비가 모여드는 운으로 심신이 편안하다.
　　　어제의 적이 오늘은 친구가 되는 운이다.

3월 : 시작은 화려하고 좋으나 결실을 보기 어려울 운이다. 그러나 무
　　　리하지 않고 순리대로 응하면 해는 면하리라.

4월 : 다른 사람의 음해로 자손에게 신경쓸 일이 생길 운이다.

5월 : 꽃자리에 잔치를 열어 즐길 운으로 술을 마시고 높이 노래하니
　　　취흥이 도도하다. 재물이 서방에 있다. 그러나 축년생은 자손이
　　　나 아랫사람 때문에 마음이 상할 운이다.

6월 : 새로운 일을 시작할 운이요, 새로운 사람을 찾을 운이나 결실을
　　　맺기 어렵다.

7월 : 공직자는 좌천될 운이요, 직장인은 자리를 잃을 운이다. 의지를
　　　잃을 수 있으니 조심해라.

8월 : 귀인의 도움으로 뜻을 이룰 운이다. 화성(火姓)은 해롭고 금성
　　　(金姓)은 이롭다. 신년생은 허영심이 발동할 운이니 조심해라.

9월 : 깊은 꽃숲에서 거문고 소리가 아름답게 들리는 운으로 관록이
　　　따르거나 횡재한다. 명리가 모두 흥왕하니 만사가 형통한다.

10월 : 가정에 우환이 따를 운이다. 부모의 우환이 따를 운이요, 문서
　　　에 손해가 따를 운이다.

11월 : 깊은 대나무숲에서 누가 부르는가. 도처에 춘풍이니 신수가
　　　태평하고, 명리가 흥왕하니 많은 사람이 우러러 보는 운이다.

12월 : 일신에 경사가 생길 운이요, 사업에 좋은 소식이 있을 운이다.
　　　미혼자는 애인이 생길 운이다.

圓空秘訣 5 5 4

정월 : 집안에 경사가 생길 운이요, 형제나 동료로 인하여 좋은 소식
      이 있을 운으로 길하리라

2월 : 귀인의 도움으로 뜻을 이룰 운이요, 떠나간 사람이 다시 돌아오
      는 운으로 길하리라.

3월 : 처음에는 좋은 것 같으나 소득이 없는 운으로 심력만 허비한다.

4월 : 가정에 우환이 따를 운이요, 자손의 근심을 생길 운이다. 임신
      한 사람은 유산을 조심해라.

5월 : 어두운 밤이 가고 밝은 아침이 오는 운이요, 봄비에 초목이 무
      성하여 새들이 찾아드는 운으로 만사가 길하다.

6월 : 부부의 좋은 소식이 있는 운이요, 미혼자는 애인이 생기거나 결
      혼할 운이다. 좋은 인연을 만나거나 재물에 횡재가 따를 운이
      다. 그러나 을년생과 계년생은 부부의 근심이 생길 운이요, 정
      년생은 사랑에 빠질 운이다.

7월 : 만사가 마음과 같지 않을 운으로 허욕을 부리면 되는 일도 좌절
      된다.

8월 : 뜻은 있으나 길이 없는 운으로 정신적인 어려움이 따른다. 자신
      을 마음을 다루기 힘들 운이다.

9월 : 귀인의 도움으로 뜻을 이룰 운이다. 부부인연이 생기거나 재물
      로 횡재할 운으로 길하리라.

10월 : 가정에 우환이 따를 운이다. 부모에게 우환이 생길 운이요, 문
       서로 손재가 생길 운이다.

11월 : 내것을 주어도 기분 좋을 운으로 가정이 화평하니 심신이 즐
       겁다. 그러나 허욕을 부리면 구설수가 따른다.

12월 : 정원에 매화가 만발하여 집안에 향기가 가득할 운이요, 추운
       겨울이 가고 따뜻한 봄이 오는 운이다.

정월 : 상가를 조심해라. 형제의 근심이 생길 운이요, 가까운 사람이
　　　나 믿은 사람이 등을 돌리고 멀어질 운이다.

2월 : 일이란 때가 있고 분수가 있는 법이니 무리하지 마라. 허욕을
　　　부리면 망신당할 운이다.

3월 : 부부나 사업문제로 관에 갈 운이다. 만사에 장애가 따라 뜻대로
　　　되지 않으니 심력만 허비한다.

4월 : 가정에 근심이 생길 운이다. 자손의 근심이 생길 운이요, 유산
　　　할 운이다. 술·해년생은 자손의 일로 심적인 고통이 따른다.

5월 : 임신할 운이요, 아랫사람에게 좋은 소식을 들을 운이다. 아랫사
　　　람의 도움으로 가정에 경사가 생길 운이다.

6월 : 새로운 물건이나 일을 탐하지 마라. 새것을 구하려다 옛것을 잃
　　　을 운이다. 내것을 주고도 말못할 일이 생길 운이다.

7월 : 봄비에 초목이 무성하여 새들이 노래하는 운으로 자손의 경사
　　　가 생긴다. 만사가 뜻대로 성취되니 심신이 편안하다.

8월 : 공직자는 다른 사람의 방해가 있거나 부정한 일로 구설이 따를
　　　운이니 조심해라.

9월 : 사업가는 사업에 어려움이 따를 운이요, 학생은 학업에 어려움
　　　이 따를 운이요, 직장인은 자리가 불안할 운이니 조심해라.

10월 : 아랫사람의 일로 타관으로 나갈 운으로 길하다. 새로운 문서
　　　를 잡거나 윗사람의 경사가 생길 운이다.

11월 : 새로운 문서를 잡을 운이요, 부모의 경사가 생길 운이다. 만사
　　　가 순조로우니 마음이 편안하다. 유년생은 부모나 문서나 학
　　　업문제로 정신적인 고통이 따를 수 있으니 조심해라.

12월 : 추운 겨울이 가고 따뜻한 봄이 오는 운으로 귀인의 도움으로
　　　어려움이 해결된다.

정월 : 상가를 조심해라. 형제의 우환이 따를 운이요, 형제나 동료로
　　　인하여 마음상할 일이 생길 운이다.

2월 : 어두운 밤이 가고 밝은 아침이 오는 운이요, 봄비에 정원에 매
　　　화가 만발하여 새들이 날아드는 운이다. 을년생은 사랑에 빠질
　　　운이요, 신년생은 형제나 동료의 일로 정신적인 고통이 따를 운
　　　이다

3월 : 미혼자는 연인이 생길 운이요, 사업가는 사업에 좋은 소식이 있
　　　는 운이다. 재물에 횡재가 따를 운이다.

4월 : 가정에 근심이 생길 운이요, 자손의 일로 마음상할 운이다. 말
　　　못하고 자탄할 일이 생긴다.

5월 : 봄날이 화창하니 종달새가 지저귈 운이요, 정원의 도화가 만발
　　　하여 봉접이 모여드는 운이다.

6월 : 가정에 경사가 생길 운이다. 부부에게 경사가 생길 운이요, 재
　　　물에 좋은 소식이 있는 운이다. 미혼자는 애인이 생길 운이다.

7월 : 만사가 뜻은 있으나 길이 없는 운이니 자중하라.

8월 : 어두운 터널을 벗어나 밝은 광야로 나오는 운이요, 십 년 가뭄
　　　에 단비가 내려 초목이 무성한 운으로 길하리라.

9월 : 좋은 일이 생길 운으로 부부의 인연이 생기거나 재물에 횡재가
　　　따른다. 학업이나 뜻을 이룰 운이다.

10월 : 부모의 경사가 생기거나 문서로 인하여 마음이 산란할 운이
　　　　다. 동료의 도움으로 심신이 편안하다.

11월 : 가정에 경사가 생길 운으로 부모의 경사가 생기고, 문서로 좋
　　　　은 소식이 있을 운으로 새로운 문서를 잡는다.

12월 : 형제나 동료를 잃을 운이요, 가까운 사람이 배신할 운이요, 문
　　　　서나 부모로 인하여 근심이 생긴다.

圓空秘訣 5 6 1

정월 : 가정에 경사가 생길 운이다. 어두운 밤이 가고 밝은 아침이 오
　　　는 운이요, 추운 겨울이 가고 따뜻한 봄이 오는 운으로 길하리
　　　라. 갑년생은 이성으로 분주할 운이다.

2월 : 허욕을 부리지 말고 분수대로 행하라. 무리하면 가정에 근심이
　　　생긴다. 문서를 잃거나 부모의 우환이 있다.

3월 : 가정에 우환이 생길 운이다. 자손의 근심이 생길 운이요, 아랫
　　　사람의 배신이나 아랫사람 때문에 근심이 생길 운이다.

4월 : 십 년 가뭄에 단비가 내려 고목에서 꽃이 피는 운으로 길하리
　　　라. 주위의 도움으로 뜻을 이룰 운이다. 술년생과 해년생은 영
　　　제나 동료의 일로 정신적인 고통이 따를 수 있다.

5월 : 출세할 운이요, 공직자는 영전할 운이다. 형제나 동료에게 좋은
　　　소식이 있는 운이다.

6월 : 7년 대한에 풀빛을 보지 못할 운으로 자탄할 일이 생긴다. 자손
　　　의 근심이 있으니 조심해라.

7월 : 새로운 사람이나 인연을 찾아나설 운이요, 자신의 재능을 숨기
　　　고 때를 기다리는 운이다. 이사운이나 여행운이 있다.

8월 : 다른 사람의 도움으로 뜻을 이룰 운이다. 애인이 생길 운이다.

9월 : 가까운 사람이나 믿은 사람이 등을 돌리고 멀어질 운이요, 아랫
　　　사람의 근심이 있으니 조심해라.

10월 : 달밝은 밤에 친구와 누각에 올라 여흥을 즐길 운이다. 뜻을 이
　　　루니 길하리라.

11월 : 시작은 화려하고 좋으나 결실을 보기 어려울 운이다. 만사가
　　　때가 있으니 무리하지 마라.

12월 : 다른 사람의 모함으로 자손의 근심이 생길 운이다. 경거망동
　　　하지 않고 자중하면 길하리라.

圓空秘訣 5 6 2

정월 : 가정에 근심이 생길 운이다. 부모의 근심이 생기거나 문서로 어려운 일이 생길 운이다.

2월 : 문서를 잃거나 윗사람의 근심이 생길 운이다. 허욕을 부리면 망신당할 일이 생기니 무리하지 말고 분수를 지켜라.

3월 : 자손의 경사가 생기거나 임신할 운이요, 형제나 동료의 일로 타관으로 나갈 운이다. 갑년생은 자손의 일로 마음이 상한다.

4월 : 친구나 동료와 새로운 큰 일을 준비할 운이다. 다른 사람의 도움으로 만사가 길하리라. 그러나 술년생과 해년생은 형제나 동료의 일로 정신적인 고통이 따를 운이니 조심해라.

5월 : 재물이 구산 같으니 무엇을 바라겠는가. 재앙이 가고 복이오니 질병이 침범하지 못한다.

6월 : 자손의 일로 관에 갈 운이요, 아랫사람의 일로 구설이 따를 운이다.

7월 : 산이 깊고 숲이 무성하니 뭇새가 번성할 운이다. 주위 사람의 도움으로 뜻을 이룬다. 혼자 아는 기술이나 사람을 얻는다.

8월 : 다른 사람의 것을 탐내다 패가망신할 운이요, 내것을 잃고 말못할 일이 생길 운이니 조심해라.

9월 : 하나를 얻고 하나를 잃을 운이다. 시작은 어렵고 힘들어도 결과를 얻을 운이다.

10월 : 단비에 초목이 무성할 운으로 귀인을 만나면 관록이 따른다.

11월 : 오곡에 풍년이 드는 운이요, 달밝은 가을밤에 저절로 흥이 나는 운이다.

12월 : 뜰앞의 매화가 이슬을 머금고 웃는 운이다. 재물이 생기거나 슬하에 경사가 있다. 농군은 이익이 있고, 선비는 녹을 얻을 운이다.

圓空秘訣 5 6 3

정월 : 문서 사기를 당할 운이니 카드, 보증 등을 조심해라. 부모의 우
　　　환이 따를 운이요, 학생은 학업에 근심이 생길 운이다.

2월 : 답답한 일이 모두 해결되어 마음이 상쾌해질 운이다. 문서나 윗
　　　사람으로 인하여 좋은 소식을 들을 운이다.

3월 : 상가를 조심해라. 가까운 사람을 잃을 운이요, 노력해도 공이
　　　없을 운이다. 부부간에 이별하거나 사업에 근심이 생길 운이다.

4월 : 다른 사람의 방해가 따를 운이다. 가까운 사람이나 주위 사람을
　　　경계하면서 자중하는 것이 제일이다.

5월 : 터를 다지고 주춧돌을 놓을 운으로 앞으로 경사가 생긴다. 어려
　　　움이 모두 사라지고 새로운 희망이 있는 운으로 길하리라.

6월 : 새로운 가족이 늘어날 운이요, 임신할 운이다. 그러나 자손문제
　　　로 근심이 따를 수 있으니 조심해라.

7월 : 가정에 우환이 따를 운이요, 부부의 근심이 생길 운이다. 기술
　　　이나 재물에 손해가 따를 운이니 조심해라.

8월 : 새로운 사업을 추진할 운이다. 새로운 재물을 얻을 운이요, 남
　　　모르는 재물을 얻을 운이다. 신년생은 허영이나 사치심이 발동
　　　할 운이요, 자년생은 부부나 사업이나 재물문제로 정신적인 고
　　　통이 따를 운이다.

9월 : 밤동산에 풍년을 들어 만물이 즐거워하는 운이다. 자손이 출세
　　　하고 관대를 찰 운이요, 자손의 일로 관에 갈 운이다.

10월 : 범의 꼬리를 밟는 격으로 신상이 위태로울 운이요, 요귀가 다
　　　시 발동하니 질병을 조심해라. 미리 도액하면 해를 면하리라.

11월 : 시작은 있으나 끝이 없을 운이다. 분수를 알면 해는 면하리라.

12월 : 집안에 경사가 생길 운이다. 자손에게 좋은 소식이 생길 운이
　　　요, 아랫사람의 일로 기분좋은 일이 생길 운이다.

정월 : 추운 겨울이 가고 따뜻한 봄이 오는 운이다. 문서를 잡거나 문
서로 횡재할 운이다.

2월 : 귀인의 도움으로 뜻을 이룰 운이다. 새로운 학문을 할 운이요,
미루어 오던 일을 결정할 운이다.

3월 : 앞으로 남고 뒤로 손해볼 운이다. 한 번은 기쁘고 한 번은 슬픈
일이 생길 운으로 마음이 산란하다.

4월 : 가까운 사람이나 믿은 사람이 등을 돌리고 멀어질 운이요, 형제
나 동료의 우환이 따를 운이다

5월 : 처음에 오는 사람은 나를 해하는 사람이요, 뒤에 오는 사람은
나에게 도움을 주는 사람이다. 건강에 문제가 있을 운이다.

6월 : 새로운 가족이 늘어날 운이요, 임신할 운이다. 아랫사람이나 자
손의 일로 좋은 일이 생길 운이다. 그러나 을년생과 계년생은
자손과 이별수가 있고, 정년생은 연하와 사랑에 빠질 운이다.

7월 : 나의 재물을 주어도 즐거운 일이 생길 운이요, 새로운 인연을
만날 운이다. 미혼자는 애인이 생길 운으로 길하리라.

8월 : 부부의 근심이 생길 운이요, 재물에 손해가 따를 운이다. 모함
하고 질투하는 사람이 있을 운이니 조심해라.

9월 : 주위 사람의 도움으로 자손이 뜻을 이룰 운이요, 자손의 일로
관에 갈 운이다.

10월 : 관재구설이 따를 운으로 풍파가 따른다. 뜻은 있으나 길이 없
는 운이니 어려움이 있다.

11월 : 고생 끝에 낙이 오는 운이다. 그동안의 고통이 모두 사라지고
새로운 희망이 있는 운이다.

12월 : 긴 장마가 끝나고 밝은 태양이 솟아오르는 운이요, 어두운 터
널을 지나 밝은 광야로 나오는 운으로 길하리라.

圓空秘訣 5 6 5

정월 : 하나를 얻고 하나를 잃을 운으로 길흉이 반반이다. 부모의 우환이 따르거나 문서에 어려움이 따를 운이다.

2월 : 봄초목이 서리를 맞아 기를 펴지 못할 운이다. 문서로 어려움이 따를 운이요, 학생은 학업에 어려움이 따를 운이요,

3월 : 가정에 우환이 따를 운이다. 자손의 일로 관에 갈 운이요, 아랫사람의 일로 구설수가 따르니 조심해라.

4월 : 뜻은 있으나 길이 없는 운이다. 가까운 사람과 멀어질 운이니 주위 사람을 경계하라. 술년생과 해년생은 형제나 동료의 일로 정신적인 어려움이 따를 운이다.

5월 : 떠나간 사람이 친구가 되어 돌아오는 운이요, 새로운 사람과 새로운 일을 추진할 운으로 길하리라.

6월 : 아랫사람의 방해로 난관에 봉착할 운이다. 경거망동하면 큰 해가 있을 수 있으니 무리하지 말고 때를 기다려라.

7월 : 뜻은 있으나 길이 없는 운으로 무리하지 마라.

8월 : 주위 사람의 도움으로 뜻을 이룰 운이다. 그러나 무리하면 마음이 위축될 일이 생길 운이다.

9월 : 자손을 음해하는 사람이 있어 마음의 상처를 입을 운이다. 자손의 일로 정신적인 어려움이 따를 운이니 조심해라.

10월 : 마음이 산란하고 허욕이 발동할 운이요, 자신의 의지를 펴지 못하고 답답할 운이다. 형제나 동료와 여행을 떠날 운이다.

11월 : 어두운 밤길에서 밝은 등불을 만나는 운이요, 십 년 가뭄에 단비가 내려 초목이 무성한 운이다. 임년생은 허욕이나 사치심이 발동할 운이다.

12월 : 어려움이 사라지고 희망의 아침이 오는 운으로 길하리라. 분수를 지키고 정도를 지키면 손해는 없으리라.

정월 : 가정에 어두운 그늘이 드리워지는 운이다. 부모의 근심이 생길 운이요, 문서나 학업에 어려운 일이 생길 운이다.

2월 : 어두운 밤이 가고 밝은 아침이 오는 운이니 만사를 뜻대로 성취하고 길하리라. 을년생은 연상과 사랑에 빠질 운이요, 신년생은 부모나 문서로 정신적인 고통이 따를 운이다

3월 : 가족이 늘어날 운이요, 임신할 운이다. 자손의 출세로 집안에 경사가 생길 운이다.

4월. : 갑자기 친절한 사람을 경계하라. 덕이 되는 사람이 아니다. 형제간에 이별할 운으로 마음이 허전하다.

5월 : 봄비에 초목이 무성한 운으로 뜻을 이룬다. 만사는 때가 있는 법이니 무리하지 마라.

6월 : 가정에 좋은 소식이 생길 운이다. 자손의 경사가 생길 운이요, 아랫사람의 일로 좋은 일이 생길 운이다.

7월 : 부부의 근심이 생길 운으로 심하면 이별할 수도 있다. 재물이나 사업에 풍파가 따를 운이다.

8월 : 새로운 일에 관심을 가질 운이요, 새로운 인연을 찾을 운이다. 말못할 재물을 얻을 운이나 해는 없으리라.

9월 : 어두운 밤길에서 등불을 잃는 운으로 가정에 우환이 따른다.

10월 : 새로운 일을 시작하거나 출세할 운이다. 그러나 문서를 잡지 않으면 관재구설이 따를 운이니 조심해라.

11월 : 추운 겨울이 지나고 따뜻한 봄이 오는 운이요, 어두운 터널을 지나고 밝은 광야로 나오는 운으로 길하리라. 임년생은 허영이나 사치심이 발동할 운이다.

12월 : 욕심을 부리다 망신당할 운이나 무리하지 않고 분수를 지키면 길하리라. 심하면 아랫사람의 근심이 생길 수도 있다.

정월 : 할 일은 많고 갈 곳은 많은데 어디를 가야할 지 모를 운이다.
　　　만사가 뜻은 있으나 성취하기 어려울 운이다.

2월 : 추운 겨울이 가고 화창한 봄이 오는 운이다. 뜻을 이룰 운이요,
　　　가정에 경사가 생길 운으로 길하리라.

3월 : 봄비에 초목이 즐거워하는 운이요, 십 년 가뭄에 단비가 내려
　　　정원의 매화가 만발하는 운이다. 그러나 갑년생은 형제나 동료
　　　가 배신할 운이요, 신년생은 자손의 일로 정신적인 고통이 따를
　　　운이다.

4월 : 시작은 화려하나 결실을 보기 어려울 운이다. 새로운 학문이나
　　　새로운 문서를 잡을 운이나 구설이 두렵다. 이사운이 있다.

5월 : 상가를 조심해라. 부모의 우환이나 정신적인 어려움이 따를 운
　　　이다. 다른 사람의 방해로 마음상할 일이 생긴다.

6월 : 귀인의 도움으로 뜻을 이룰 운이다. 멀리 날아간 새들이 다시
　　　찾아오는 운으로 길하리라.

7월 : 가정에 근심이 생길 운이요, 자손의 우환이 따를 운이다. 자손
　　　이나 아랫사람의 일로 관에 갈 운이니 조심해라.

8월 : 옛것을 버리고 새것을 탐하는 운이다. 하나를 얻고 하나를 잃을
　　　운으로 길흉이 반반이다.

9월 : 어두운 터널을 지나 밝은 광야로 나오는 운이요, 오곡에 풍년이
　　　들어 태평성대를 맞는 운이다.

10월 : 숨겨둔 사람이 있고, 남모르는 재물이나 기술을 얻을 운이다.

11월 : 귀인의 도움으로 만사가 순조로울 운이다. 미혼자는 애인이
　　　생길 운으로 길하리라.

12월 : 처음에는 좋은 인연이나 나중에는 근심으로 변하는 운이다.
　　　가까운 사람과 멀어질 운이니 허전할 일이 생긴다.

圓空秘訣 5 7 2

정월 : 어두운 밤이 가고 서서히 광명의 빛이 들기 시작할 운이요, 큰
　　　일을 서서히 준비하는 운이다.

2월 : 용이 여의주를 얻는 운으로 뜻을 이룬다. 공직자는 출세한다.

3월 : 가정에 근심이 생길 운이요, 형제간에 이별할 운이다. 가까운
　　　사람에게 배신당할 운이요, 건강에 문제가 따를 운이다.

4월 : 부모의 일이나 문서로 인하여 마음이 번잡할 운이요, 해외로 나
　　　갈 운으로 좋은 일이 있으리라.

5월 : 가정에 경사가 생길 운이다. 부모의 경사가 생기거나 문서로 횡
　　　재할 운이다. 그러나 축년생은 부모나 문서로 어려운 일을 당할
　　　운이다.

6월 : 부부에게 좋은 소식이 있을 운이요, 재물에 좋은 일이 생길 운
　　　이요, 말못할 재물을 얻을 운이다.

7월 : 허욕을 부리지 마라. 망신당할 일이 생기거나 자손에게 신경쓸
　　　일이 생긴다. 자손과 이별수가 있으나 해로운 일은 아니다.

8월 : 자손을 모함하는 사람이 있어 마음이 상한다. 하나를 얻고 하나
　　　를 잃을 운으로 길흉이 반반이다.

9월 : 새로운 재물을 얻거나 사업을 시작할 운이거나 애인이 생기거
　　　나 결혼할 운이다. 그러나 허욕을 부리면 구설수가 따른다.

10월 : 재물에 횡재수가 따를 운이요, 좋은 친구나 인연을 만날 운이
　　　 다. 내것을 내주는 운이나 좋은 일이다. 무진년생은 애정문제
　　　 로 풍파가 따를 수 있으니 조심해라.

11월 : 가족이 늘어날 운이요, 미혼자는 애인이 생길 운이다. 재물에
　　　 좋은 일이 생길 운이다.

12월 : 허욕을 부리지 마라. 뜻을 이루지 못할 운이다. 무리하면 되는
　　　 일이 없다.

정월 : 방황할 운이니 허욕을 부리지 마라. 마음의 상처만 받는다. 형제나 동료와 타관으로 나갈 일이 생긴다.

2월 : 공직자는 영전할 운이요, 일반인은 뜻을 이룰 운으로 길하다.

3월 : 정원에 매화가 만발하여 봉접이 모여드는 운이다. 떠나간 사람이 친구가 되어 돌아오는 운으로 길하리라.

4월 : 앞으로 남고 뒤로 손해보는 운이다. 처음에는 부모에게 좋은 일이 생기거나 새로운 문서를 잡을 운이나 나중에는 마음이 상할 운이니 조심해라.

5월 : 방해자가 생길 운이니 갑자기 친절한 사람을 경계하라.

6월 : 가정에 근심이 생길 운이다. 형제의 우환이 생기거나 동료의 일로 마음상할 운이다.

7월 : 먹구름이 걷히고 아침이 밝아오는 운이요, 봄비에 정원에 매화가 만발하여 벌나비가 모여드는 운이다. 그러나 묘년생은 자손이나 아랫사람의 일로 정신적인 고통이 따를 운이다.

8월 : 아랫사람의 일로 망신당할 운이다. 자동차를 조심해라. 근심이 생긴다. 관재구설도 따를 운이다.

9월 : 상가를 조심해라. 자손으로 인하여 근심이 생길 운이요, 아랫사람 때문에 구설이나 풍파가 따를 운이다.

10월 : 출세하거나 뜻을 이룰 운으로 길하리라. 만사가 순조로우니 심신이 안락하다.

11월 : 남모르는 사업을 새로 시작할 운이요, 다른 인연을 찾을 운이다. 숨은 재물로 인하여 좋은 소식이 있다.

12월 : 하나를 얻고 하나를 잃을 운으로 길흉이 반반이다. 구설을 들을 운이요, 직장인은 자리를 잃을 운이다.

圓空秘訣 5 7 4

정월 : 주위의 도움으로 뜻을 이룰 운이요, 출세할 운이다.

2월 : 추운 겨울이 가고 따뜻한 봄이 오는 운이요, 동산에 매화가 만
발하여 봉접이 모여드는 운으로 길하다.

3월 : 좋은 친구를 얻을 운이요, 형제의 경사가 생길 운이다. 그러나
뒤에 문제가 있을 수 있으니 조심해라.

4월 : 뜻은 있으나 길이 없는 운으로 답답하다. 무리하지 않고 순리대
로 응하라.

5월 : 먹구름이 걷히고 밝은 아침이 오는 운이요, 봄비에 초목이 무성
하니 새들이 찾아드는 운이다.

6월 : 멀리 떠난 사람이 친구가 되어 돌아오는 운이요, 친구와 함께
큰 일을 도모할 운으로 해는 없다.

7월 : 임신한 사람은 유산을 조심해라. 자손의 일로 근심이 생길 운이
요, 가까운 사람과 멀어질 운이요, 아랫사람의 일로 근심이 생
길 운이다.

8월 : 상가를 조심해라. 가정에 어려운 문제가 생길 운이다. 자손과
이별할 운이요, 자손이나 아랫사람 때문에 마음이 상한다.

9월 : 귀인의 도움으로 어려운 문제를 해결할 운이다. 형제의 경사가
생기거나 새로운 친구를 얻을 운이다.

10월 : 허욕을 부리면 되는 일도 어렵게 된다. 부부의 근심이 생길 운
이요, 말못할 재물로 인하여 관에 갈 운이다.

11월 : 수고는 많으나 소득이 없을 운이다. 허욕을 부리지 마라. 오히
려 손재수만 생긴다.

12월 : 하늘에 먹구름이 걷히는 운이요, 어두운 밤이 가고 밝은 아침
이 오는 운이다. 만사가 순조로우니 심신이 편안하다.

정월 : 시작은 좋으나 결실을 보기 어려울 운이다. 새로운 문서를 잡
　　　 거나 학문을 할 운이나 덕이 되지 않는다.

2월 : 상가를 조심해라. 부모의 근심이 생기거나 문서를 잃을 운이다.
　　　 카드, 인장, 보증 등을 조심해라.

3월 : 형제나 동료의 일로 관에 갈 운이다. 가까운 사람 때문에 구설
　　　 을 들을 운으로 마음이 상할 일이 생긴다.

4월 : 욕심을 부리다 구설이 따를 운이다. 부모의 우환이 따를 운이
　　　 요, 문서를 잃거나 학생은 학업이 중단될 운이다.

5월 : 지난 일에 매달리지 마라. 새로운 생각이나 새로운 문서를 잡을
　　　 운으로 앞날이 밝다.

6월 : 오는 것도 인연이요 가는 것도 인연이다. 주위 사람에게 너무
　　　 집착하지 마라. 새로 오는 사람이 덕이 된다.

7월 : 문서나 부동산으로 횡재할 운이다. 재물문제로 관에 갈운이요,
　　　 미혼자는 결혼할 운이다.

8월 : 자손의 경사가 생길 운이다. 자손이 출세할 운이요, 임신할 운
　　　 이다.

9월 : 가까운 사람이나 믿은 사람이 등을 돌릴 운이다. 배를 몰고 산
　　　 을 오르려 하는 운이니 만사가 힘들고 되는 일이 없다.

10월 : 새것을 탐하다 옛것을 잃을 운이요, 부부의 근심이 생길 운이
　　　 다. 그러나 새로운 인연을 만날 운이니 순리에 응하라.

11월 : 미혼자는 애인이 생길 운이요, 사업가는 사업에 좋은 일이 생
　　　 길 운이다. 남모르는 재물이나 사람으로 좋은 일이 생긴다.

12월 : 문서나 부동산으로 횡재할 운이요, 부모의 경사가 생길 운이
　　　 다. 부부의 근심이 생기거나 사업에 문제가 생긴다.

정월 : 의지를 잃을 운이요, 공직자는 자리를 지키기 어려울 운이다.

2월 : 귀인의 도움으로 새로운 일을 시작할 운이요, 비밀리에 추진한 일이 성취될 운이다.

3월 : 가정에 경사가 생길 운이다. 형제의 경사가 생길 운이요, 형제나 동료의 일로 관에 갈 운으로 길하리라.

4월 : 학생은 학업이 중단될 운이요, 문서로 손재가 따를 운이다. 부모와 이별하거나 윗사람 때문에 풍파가 따를 운이요, 윗사람과 여행하거나 이사할 운이다.

5월 : 새로운 사업을 구상하나 뜻대로 되지 않을 운이니 서두르지 마라. 때를 기다리면 스스로 이루어진다.

6월 : 십 년 가뭄에 단비가 내려 고목에서 새순이 돋는 운이요, 어렵고 힘든 일이 모두 물러가고 새로운 희망이 솟는 운이다.

7월 : 자손을 모함하는 사람이 있으니 자손의 일로 근심이 생길 운이요, 자손과 이별수가 따를 운이다.

8월 : 청풍명월에 달이 밝으니 심신이 화락한 운이요, 오곡이 풍년을 맞으니 인심이 넉넉해지는 운이다.

9월 : 만사가 뜻대로 성취되지 않을 운이요, 세상이 나를 믿지 않아 외롭고 쓸쓸한 운으로 입산수도하고 싶은 심정이리라. 액운을 면하려면 토지신께 기도하라.

10월 : 부부나 사업이나 재물문제로 근심할 운이다. 모함하는 사람이 있으니 조심해라.

11월 : 귀인의 도움으로 뜻을 이룰 운으로 만사가 길하니 가정이 편안하다. 미혼자는 결혼할 운이다.

12월 : 상가를 조심해라. 관에 갈 일이 생긴다. 부부의 근심이 생기거나 재물에 손해가 따를 운이다.

圓空秘訣 581

정월 : 허욕을 부리다 내것을 잃고 망신당할 운이다. 부부의 근심이
생길 운이요, 재물에 어려움이 따를 운이다.

2월 : 다른 사람의 음해로 뜻을 이루기 어려울 운이요, 재물이나 사업
에 근심이 생길 운이다.

3월 : 출세할 운이다. 뜻을 이룰 운이요, 공직자는 영전할 운이다.

4월 : 하늘에 먹구름이 끼는 운이요, 봄초목이 서리를 맞는 운이다.
무리하지 말고 자중하라.

5월 : 새로운 일을 구상할 운이요, 변화를 찾을 운이다. 모든 일은 때
가 있는 법이니 기다려라. 좋은 결과가 있을 것이다.

6월 : 가정에 경사가 생길 운이다. 부모로 인하여 좋은 소식이 있을
운이요, 문서로 횡재할 운이다. 그러나 을년생과 계년생은 부모
와 이별할 운이요, 정년생은 연상과 사랑에 빠질 운이다.

7월 : 떠나간 사람이 친구가 되어 돌아오는 운이요, 강남갔던 제비가
다시 찾아오는 운으로 편안하다.

8월 : 상가를 조심해라. 가까운 사람과 구설이 있을 운이요, 형제의
근심이 생길 운이다.

9월 : 문서를 조심해라. 사기를 당할 운이다. 부모의 근심이 생기거나
정신적인 고통이 따를 운이다.

10월 : 자손의 일이나 아랫사람의 일로 관에 갈 운으로 구설이 있으
니 조심해라. 임신한 사람은 유산을 조심해라.

11월 : 허욕을 부리지 마라. 분수를 지키면 길하리라. 유년생은 아랫
사람이나 자손의 일로 정신적인 고통이 따를 운이다.

12월 : 윗사람과 새로운 일을 도모할 운이요, 학생은 새로운 학업을
할 운으로 길하리라.

정월 : 앞으로 남고 뒤로 손해 볼 운이다. 산토끼 잡으려다 집토끼가
　　　나가는 줄 모르는 운으로 허욕을 부리면 망신만 당한다.

2월 : 어두운 밤길에서 방향을 잃는 운이다. 사업가는 사업에 어려움
　　　이 따르고, 학생은 학업을 잃고, 공직자는 자리를 잃을 운이다.

3월 : 소 잃고 외양간 고치는 격이다. 과거에 매달리지 말고 새로운
　　　일에 전념하면 해를 면하리라. 갑년생은 부모의 고통이 따를 운
　　　이요, 무년생과 기년생은 허욕이나 사치심이 발동할 운이다.

4월 : 출세하거나 새로운 일을 시작할 운으로 길하리라. 추운 겨울이
　　　가고 따뜻한 봄이 돌아와 뭇새들이 즐거워하는 운이다.

5월 : 허욕을 부리면 망신당할 운이다. 부모의 우환이 생기거나 윗사
　　　람의 근심이 따른다.

6월 : 하나를 얻고 하나를 잃을 운으로 길흉이 반반이다. 집에 있으면
　　　길하나 나가면 손재할 운이다.

7월 : 귀인의 도움으로 문서 횡재할 운이다. 출세하거나 큰 뜻을 이룰
　　　운으로 길하리라.

8월 : 형제나 동료의 일로 관에 갈 운이요, 관을 상대로 하는 일이 성
　　　취되기 어려울 운이다. 무리하지 말고 때를 기다려라.

9월 : 가정에 우환이 따를 운이다. 부모의 근심이 생기거나 문서로 손
　　　해볼 운이다. 카드, 인장, 보증 등을 조심해라.

10월 : 임신할 운이요, 멀리 떨어져 있는 사람에게서 좋은 소식이 올
　　　운으로 길하리라. 자손의 일로 타관으로 나갈 운이다.

11월 : 주위 사람이 자손을 도우니 길한 운이요, 아랫사람의 도움으
　　　로 뜻을 이룰 운이다.

12월 : 추운 겨울이 가고 따뜻한 봄이 오니 초목이 앞을 다퉈 새순을
　　　내는 운이다. 주위 사람의 도움으로 만사가 순탄하다.

정월 : 시작은 어려워도 점점 좋아지는 운이니 무리하지 마라.

2월 : 새로운 사업에 길이 열릴 운이요, 미혼자는 애인이 생길 운으로 길하리라.

3월 : 남모르는 새로운 문서를 잡을 운이요, 학생은 새로운 학문을 할 운이다. 을년생은 사랑에 빠질 운이요, 신년생은 부부나 사업문 제로 정신적인 어려움이 따를 운이다.

4월 : 재물에 손해가 따를 운으로 허욕을 부리면 구설수가 따른다. 좋 지 않은 친구를 만나거나 친구의 일로 말하기 어려운 일이 생길 운이다. 건강을 해칠 수 있으니 조심해라.

5월 : 믿는 도끼에 발등찍힐 운으로 가까운 사람이나 갑자기 친절한 사람을 경계하라.

6월 : 좋은 친구나 좋은 재물을 얻어도 말하기 어려울 운이요, 부정한 재물을 얻을 운이다.

7월 : 하나를 얻고 하나를 잃을 운이다. 과거에 매달리지 마라. 새로 운 일에 지장이 된다. 모든 것이 공수래 공수거이다.

8월 : 하늘이 높고 밝으니 마음이 상쾌할 운이요, 친구와 함께 누각에 올라 여흥을 즐길 운이다.

9월 : 부부의 우환이 생기거나 재물에 손해가 따를 운이요, 가까운 사 람이나 믿은 사람이 등을 돌릴 운이다.

10월 : 새로운 재물을 얻거나 사업에 좋은 소식이 있을 운이요, 주위 의 도움으로 심신이 편안할 운이다.

11월 : 아랫사람의 도움을 받을 운으로 아랫사람과 함께 하는 일이 길하다.

12월 : 가정에 우환이 따를 운이다. 부모의 근심이 생길 운이요, 문서 를 잃거나 문서로 손재가 따를 운이니 조심해라.

정월 : 출세하거나 뜻을 이룰 운이다. 부부의 인연을 만날 운이요, 재물이나 사업에 좋은 일이 생길 운이다.

2월 : 다른 사람의 도움으로 뜻을 이룰 운이요, 비밀이 있는 사람을 만나거나 재물을 얻을 운이나 해는 없다.

3월 : 하나를 얻고 하나를 잃을 운으로 길흉이 반반이다. 일이란 순리가 있는 법이니 때를 기다리면 길하리라.

4월 : 만사에 장애가 많고 소득이 없을 운이요, 건강에 문제가 따를 운이니 조심해라.

5월 : 어두운 밤이 가고 밝은 아침이 오는 운이요, 봄비에 초목이 무성하니 새들이 찾아드는 운이다. 그러나 축년생은 정신질환이 따를 운이다.

6월 : 가정에 경사가 생길 운이다. 부모의 경사가 생길 운이요, 새로운 문서를 잡을 운이다. 그러나 을년생과 계년생은 부모로 인하여 애통할 일이 생기고, 정년생은 사랑에 빠질 운이다.

7월 : 갑자기 친절한 사람을 경계하라. 덕이 되지 않을 사람이다. 겉으로는 풍요한 것 같으나 실속이 없는 운으로 심력만 허비한다.

8월 : 상가를 조심해라. 가까운 사람이나 형제를 잃을 운이다. 다른 사람의 방해로 어려움에 처할 운이다.

9월 : 귀인의 도움으로 길하거나 부정한 일을 구상할 운이다. 그러나 정도를 지키면 길하리라.

10월 : 임신한 사람은 유산을 조심해라. 아랫사람이나 자손의 일로 관에 갈 운이다.

11월 : 과욕으로 사기당할 운이니 조심해라. 분수를 지키면 길하다.

12월 : 어두운 밤길에서 밝은 등불을 만나는 운이요, 외로운 기러기가 짝을 만나는 운이니 만사가 즐거우리라.

정월 : 허욕을 부리나 내것만 잃고 구설을 들을 운이다. 겉으로는 좋
　　　은 것 같으나 속으로는 어려운 일이 있다.

2월 : 가정에 근심이 생길 운이다. 부부의 근심이 생길 운이요, 사업
　　　이나 재물문제로 근심이 생길 운이다.

3월 : 관재구설이 따를 운이다. 문서로 풍파가 따를 운이요, 학생은
　　　학업에 어려움이 따를 운이다.

4월 : 의지를 잃고 뜻을 이루기 어려울 운이다. 건강에 문제가 있을
　　　수 있으니 조심해라.

5월 : 어려움이 사라지고 희망이 솟는 운이요, 주위의 도움을 받을 운
　　　이다. 그러나 허욕을 부리면 장애가 따르니 순리대로 행하라.

6월 : 상가를 조심해라. 내것을 잃고 후회할 운이다. 부부의 근심이
　　　생기거나 이별할 운이요, 재물에 어려움이 따를 운이다.

7월 : 자손이 출세하거나 관재가 따를 운이다. 만사가 순조로우니 뜻
　　　을 이룰 운이다.

8월 : 가정에 경사가 생길 운이다. 형제로 인하여 좋은 소식이 있거나
　　　멀리 떨어져 있는 형제에게서 좋은 소식이 올 운이다.

9월 : 상가를 조심해라. 자손에게 우환이 생길 운이다. 부부간에 생리
　　　사별하거나 사업에 어려움이 따를 운이다.

10월 : 어두운 밤이 가고 밝은 아침이 오는 운이요, 봄비에 초목이 무
　　　성하니 새들이 날아드는 운이다.

11월 : 가족이 늘어날 운이요, 임신할 운이다. 아랫사람의 도움으로
　　　뜻을 이룰 운이다.

12월 : 재물이나 사업에 비밀이 있을 운이요, 말못할 사람을 만날 운
　　　이다.

정월 : 가정에 풍파나 근심이 생길 운이다. 부부의 우환이 생기거나
　　　이별수가 따를 운이요, 사업에 풍파가 따를 운이다.

2월 : 비밀이 있는 사람을 만나거나 남모르는 사업을 할 운이다. 다른
　　　사람의 방해로 사업에 어려움이 따를 운이다.

3월 : 어두운 밤이 가고 밝은 아침이 오는 운이요, 추운 겨울이 가고
　　　따뜻한 봄이 오는 운으로 만사가 순조롭다.

4월 : 허욕을 버려라. 뜻은 있으나 길이 없는 운이다. 건강에 문제가
　　　발생할 있으니 조심해라.

5월 : 십 년 가뭄에 단비가 내려 정원의 매화가 만발하는 운이다. 귀
　　　인의 도움으로 마음이 편안할 운이다.

6월 : 가정에 경사가 생길 운이다. 부부에게 경사가 생길 운이요, 사
　　　업이나 재물로 좋은 일이 생길 운이다.

7월 : 형제나 동료의 근심이 생길 운이다. 믿는 도끼에 발등찍힐 운으
　　　로 가까운 사람이나 믿은 사람이 등을 돌리고 멀어진다.

8월 : 어제의 원수가 오늘은 친구가 되는 운이다. 형제나 동료와 새로
　　　운 일을 시작할 운이나 과거에 집착하면 손해이다.

9월 : 좋은 일로 내것을 줄 운이요, 내것을 주어도 기분이 좋을 운이
　　　다. 그러나 허욕을 부리면 내것을 잃고도 말못할 일이 생긴다.

10월 : 먹구름이 걷히고 밝은 태양이 떠오르는 운이다. 만사가 순조
　　　로우니 길하리라.

11월 : 어두운 터널을 지나 밝은 광야로 나오는 운이다. 멀리 있는 아
　　　랫사람이나 자손에게서 좋은 소식이 올 운이다. 그러나 유년
　　　생은 자손이나 아랫사람의 일로 심적인 고통이 따를 운이다.

12월 : 사업이 어려움에 처할 운이니 신중하라. 만사가 불안하니 정
　　　도를 지켜라. 과욕은 금물이다.

圓空秘訣 6 1 1

정월 : 강산에 눈이 가득하여 행인을 보지 못할 운이요, 말이 험로를
　　　만나 나가지 못할 운이다. 거슬림이 많아 도처에 상함이 있다.

2월 : 험한 길을 지나 다시 태산을 만날 운이다. 분수를 지키면 길하
　　　고 경거망동하면 흉하다.

3월 : 형제나 동료의 일로 말못할 어려움이 따를 운이다. 만사가 안정
　　　되지 못하니 서두르지 말고 때를 기다려라.

4월 : 부모와 이별하고, 문서를 잃고, 학생은 학업이 중단될 운이다.

5월 : 기다림 끝에 낙이 올 운이다. 과거에 매달리지 말고 새로운 일
　　　에 도전하라. 주위의 도움으로 길하리라.

6월 : 원수가 친구가 되는 운이요, 외기러기가 짝을 만나 즐길 운이
　　　다. 노도광풍이 물러나고 맑은 하늘이 반길 운이다.

7월 : 뜻밖의 재물이 들어올 운이다. 관록을 얻지 않으면 횡재할 운이
　　　다. 자손의 경사가 생길 운이다.

8월 : 어두운 밤이 가고 밝은 아침이 오는 운이다. 슬하의 경사가 생
　　　길 운이요, 임신할 운이다.

9월 : 하나를 얻고 하나를 잃을 운이다. 모든 것은 인연이니 과거에
　　　집착하지 마라. 좋은 일이 새로 생길 운이다.

10월 : 재물을 구하려고 마음이 안정되지 못할 운이다. 형제의 우환
　　　이 따르거나 믿은 사람에게 배신을 당할 운이다.

11월 : 동녘에 달이 돋으니 사방이 명랑할 운으로 처음에는 흉하나
　　　나중에는 길하다. 반드시 재물이 생긴다. 임년생은 허욕이 생
　　　기고, 유년생은 정신적으로 불안하거나 고통이 따를 운이다.

12월 : 맑은 강이 달을 머금으니 경색이 새로울 운이다. 큰 재물은 얻
　　　지 못하나 작은 재물은 얻을 운이다. 그러나 주색을 가까이 하
　　　면 손재와 구설이 따른다.

圓空秘訣 6 1 2

정월 : 초목에 꽃과 잎이 무성한 운이다. 동남 양방에 귀인이 있고, 동
　　　방에 재물운이 왕성하니 천금을 취한다. 인년생은 사치심이 발
　　　동할 운이요, 갑년생은 이성의 풍파가 따를 운이다.

2월 : 용두사미의 운으로 시작은 화려하나 결실을 얻기 어렵다. 그러
　　　나 분수를 알고 무리하지 않으면 큰 해는 면하리라.

3월 : 상가를 조심해라. 형제의 근심이 생길 운이요, 가까운 사람이나
　　　믿은 사람이 음해할 운이다.

4월 : 귀인의 도움으로 뜻을 이룰 운이다. 남방으로 가면 길하리라.
　　　화성(火姓)의 도움으로 만사가 순조롭다.

5월 : 부모의 일로 관에 갈 운이요, 부모를 잃고 근심이 생길 운이다.
　　　문서를 잃을 운이요, 학생은 학업에 풍파가 따를 운이다.

6월 : 믿은 사람에게 배신당할 운이요, 가까운 사람이 등을 돌릴 운이
　　　니 자중하면서 때를 기다려라. 미년생은 형제나 친구의 일로 구
　　　설이 따를 운이다. 심하면 정신적인 고통이 따를 수도 있다.

7월 : 자손의 경사가 생길 운이요, 임신할 운이다. 가정이 화목하고
　　　만사가 순조롭다.

8월 : 하늘의 도움으로 경사가 따른다. 형제나 가정에 경사가 생긴다.

9월 : 밤동산에 풍년이 들어 뭇짐승들이 즐거워하는 운이요, 오곡에
　　　풍년이 들어 심신이 태평할 운이다.

10월 : 좋은 일로 내것을 내줄 운이다. 새로운 인연을 만날 운이요,
　　　미혼자는 애인이 생길 운이다.

11월 : 비리를 탐하면 허황한 일이 생길 운이다. 문을 나서면 괴롭고
　　　집에 있으면 길하리라. 친구를 믿지 마라. 손재가 따른다.

12월 : 꽃이 만발하여 봉접이 모이는 운이요, 귀성이 비치니 귀인의
　　　도움을 받을 운이다. 관록을 얻지 못하면 손재가 따른다.

정월 : 형제의 우환이 따르거나 동료나 친구 사이에 근심이 생긴다.
　　　가까운 사람을 잃을 운이니 주의하라.

2월 : 하나를 얻고 하나를 잃을 운이다. 동료나 친구가 등을 돌리고
　　　멀어질 운이다. 가정의 우환이나 형제의 근심이 생긴다.

3월 : 때때로 단비가 내리니 백초가 무성할 운이요, 작은 것으로 큰
　　　것을 바꿀 운이다. 갑년생은 몸을 다칠 운이니 조심해라.

4월 : 남모르게 출세할 운이요, 남모르는 문서나 기술을 얻을 운이요,
　　　부모의 경사가 생길 운이다.

5월 : 남의 것을 탐하다 망신당할 운이요, 가까운 사람과 원한을 맺고
　　　멀어질 운이요, 부모와 이별할 운이다.

6월 : 녹음이 번성할 운으로 도처에서 재물을 얻으나 구설이 따른다.

7월 : 가정에 경사가 생길 운으로 임신하거나 아랫사람의 경사가 생
　　　긴다.

8월 : 임신한 사람은 유산을 조심해라. 앞길이 막막하니 심신이 피로
　　　할 운이다.

9월 : 귀인의 도움으로 뜻을 이룰 운이다. 재성이 따르니 횡재할 운이
　　　다. 과욕을 부리면 오히려 손재가 따른다.

10월 : 좋은 일로 내것을 내줄 운이다. 애인이나 부부의 인연이 생길
　　　　운이나 만사가 불안하니 주의하라.

11월 : 방해자가 따를 운이나 조심하면 해는 면할 수 있다.

12월 : 작게 가고 크게 올 운이요, 용이 여의주를 얻어 조화가 무쌍할
　　　　운이다. 일신이 영귀하니 많은 사람들이 우러러 본다.

정월 : 자손의 일로 타관으로 나갈 운으로 길하다. 이사할 운이요, 횡
　　　재수가 따르지 않으면 사업에 문제가 생긴다.

2월 : 어두운 터널을 지나 밝은 광야로 나오는 운으로 만사가 순조롭
　　　고 길하리라.

3월 : 가까운 사람이나 믿은 사람을 경계해라. 덕이 되지 않을 운이
　　　다. 형제나 동료에게 배신당할 운이나 자중하면 길하리라.

4월 : 남모르는 기술이나 문서를 얻을 운이요, 새로운 학업을 할 운이
　　　요, 또다른 부모의 일로 경사가 생길 운이다.

5월 : 일에는 순리가 있는 법이니 무리한 욕심을 부리지 마라. 결실을
　　　보기 어려울 운이다. 참고 기다리면 길하리라.

6월 : 다른 사람의 방해로 심신이 불안할 운이다. 갑자기 친절한 사람
　　　을 경계하라. 덕이 되지 않는다.

7월 : 인내하면 귀인의 도움으로 뜻을 이룰 운이요, 슬하에 좋은 일이
　　　생길 운이다. 을년생과 경년생은 이성문제로 분주할 운이요, 묘
　　　년생은 이성이나 재물문제로 정신적인 고통이 따를 운이다.

8월 : 상가를 조심해라. 자손의 근심이 생기거나 재물에 손해가 따를
　　　운이다. 타관으로 나가지 마라. 소득이 없다.

9월 : 자손의 근심이 생기거나 아랫사람 때문에 마음이 상할 운이다.
　　　아랫사람의 일로 타관으로 나가거나 이사할 운이다.

10월 : 어두운 터널을 지나 밝은 광야로 나오는 운이다. 만사가 순조
　　　롭고 뜻을 이룰 운이다.

11월 : 새로운 일에 도전할 운이다. 새로운 사업이나 학업을 시작할
　　　운이요, 새로운 인연을 찾아 방황할 운이다.

12월 : 믿는 도끼에 발등찍힐 운이요, 믿는 나무에 곰팡이가 생길 운
　　　이다. 가까운 사람을 경계하라. 덕이 되지 않는다.

圓空秘訣 6 1 5

정월 : 사업문제로 관에 가거나 부부에게 경사가 있을 운이다. 미혼자
　　　는 애인이 생길 운이다.

2월 : 의욕을 잃을 운이요, 마음의 정처를 잃을 운이다. 무리하면 되
　　　는 일이 없으니 때를 기다려라.

3월 : 형제를 잃을 운이요, 동료와 이별할 운이다. 내것을 잃고 구설
　　　을 들을 운이다.

4월 : 어두운 밤에 밝은 등불을 만나는 운이요, 멀리 있는 부모나 윗
　　　사람의 소식을 들을 운이다.

5월 : 귀인의 도움으로 새로운 문서를 잡을 운이요, 문서로 횡재할 운
　　　이다. 학생은 새로운 학업을 할 운이다.

6월 : 떠나간 사람이 친구가 되어 돌아오는 운이요, 긴 가뭄에 단비가
　　　내려 초목이 즐거워하는 운으로 만사가 순탄하고 길하리라.

7월 : 상가를 조심해라. 믿은 사람과 멀어지거나 형제의 우환이 생길
　　　운이다. 허욕을 부리면 구설수가 따른다.

8월 : 가정에 우환이 따를 운으로 자손의 일로 풍파가 따른다. 임신한
　　　사람은 유산을 조심해라.

9월 : 어두운 밤이 가고 밝은 아침이 오는 운이다. 그러나 경년생과
　　　무년생은 바람끼가 발동할 운이요, 진년생과 사년생은 정신적
　　　인 고통이 따를 운이다.

10월 : 새로운 사업을 시작하거나 애인이 생길 운으로 해는 없다.

11월 : 무리한 욕심을 부리지 마라. 시작은 좋으나 결실을 보기 어려
　　　울 운이다. 분수를 알고 때를 기다리면 길하리라.

12월 : 상가를 조심해라. 형제나 동료의 근심이 생길 운이다. 어두운
　　　밤길에서 길을 잃는 운으로 방향을 잡기 어렵다.

圓空秘訣 616

정월 : 맑은 하늘에 먹구름이 끼는 운이요, 잔잔한 바다에 풍랑이 이
　　　는 운이니 자중하라.

2월 : 어려움을 넘기고 새로운 일이나 사업이나 학업을 시작할 운이
　　　다. 허욕을 부리지 말고 순리대로 행하라.

3월 : 어두운 터널을 지나 밝은 광야로 나오는 운이요, 정원에 매화가
　　　만발하여 봉접이 모여드는 운이다.

4월 : 부모와 이별할 운이요, 마음을 잃고 근심이 생길 운이요, 학생
　　　은 학업이 중단될 운이다. 사기를 당할 수 있으니 카드, 보증,
　　　인장 등을 조심해라.

5월 : 내것을 주어도 기분좋은 일이 생길 운이다. 좋은 인연이나 배우
　　　자를 만날 운이요, 재물이 따를 운이다.

6월 : 가정에 경사가 생길 운이요, 형제의 경사가 생길 운이다. 좋은
　　　친구와 산장에서 풍류를 즐길 운으로 길하리라.

7월 : 자손의 근심이 생길 운이요, 아랫사람 때문에 풍파가 따를 운이
　　　요, 자신을 따르던 사람이 멀어질 운이다.

8월 : 오곡에 풍년이 드는 운이다. 심신이 편안할 운이요, 임신할 운
　　　이요, 가족이 늘어날 운이다.

9월 : 시작은 어렵고 힘들어도 결실을 맺을 운으로 순리대로 행하면
　　　좋은 일이 생긴다.

10월 : 부부의 일로 말못할 근심이 생길 운이요, 남의 것을 탐할 운이
　　　요, 말못할 재물을 얻을 운이다.

11월 : 가정에 경사가 생길 운이요, 사업에 좋은 일이 생길 운이다.
　　　미혼자는 애인이 생길 운이다.

12월 : 봄비가 와도 초목이 싹을 내지 못할 운이다. 뜻을 나타내지 못
　　　하니 입산수도하고 싶은 심정이리라.

정월 : 재물로 횡재할 운이요, 사업에 좋은 소식이 있을 운이요, 자손
　　　의 경사가 생길 운이다.

2월 : 가뭄이 길어져 초목이 자라지 못하는 운이다. 허욕을 부리면 되
　　　던 일도 어렵게 되니 분수를 지켜라.

3월 : 악귀기 암동할 운이니 질병을 조심해라. 상가를 조심해라. 구설
　　　수가 따른다. 뜻은 있으나 성사되기 어려울 운이다.

4월 : 뜻을 실천하는 운으로 재물이 들어온다. 남쪽에 귀인이 있다.
　　　그러나 술년생과 해년생은 부부나 재물로 정신적이 우환이 따
　　　른다. 심하면 죽고 싶을 마음이 생긴다. 인내하면서 기다려라.

5월 : 부부나 사업문제로 관에 갈 운이다. 주위의 도움으로 뜻을 이룰
　　　운이다.

6월 : 공직자는 자리를 잃을 운이요, 큰 뜻이 있는 사람은 마음을 잃
　　　고 뜻을 이루기 어려울 운으로 만사가 허황하리라.

7월 : 과거에 매달리지 마라. 새로운 일을 구상하는 운으로 해는 없
　　　다. 학생은 새로운 학업을 할 운이다.

8월 : 가정에 경사가 생길 운이다. 부모의 경사가 생길 운이요, 새로
　　　운 문서를 잡거나 문서로 좋은 소식이 있을 운이다.

9월 : 단비가 내려 만물이 새로움을 머금는 운으로 하루에 천금을 얻
　　　는다. 길한 운이 돌아오니 재물이 풍족하다.

10월 : 재물문제로 여행할 운으로 길하리라. 귀인의 도움으로 뜻을
　　　　이룰 운이다.

11월 : 시작은 있으나 끝을 보기 어려울 운이다. 모든 일을 인연으로
　　　　생각하고 무리하지 마라.

12월 : 형제나 동료의 모함이나 함정이 있을 운이요, 모함을 받아 관
　　　　에 갈 운이다.

정월 : 자손의 경사가 생길 운으로 관대를 찰 운이다. 가정에 경사가 겸하니 웃음꽃이 만발한다.

2월 : 자손의 우환이 있거나 구설수가 있다. 하나를 얻고 하나를 잃을 운이나 순리대로 행하면 손재는 없으리라.

3월 : 어두운 밤에 뱃길을 행하는 운이니 신고함이 적지 않다. 분수 밖을 탐하지 않고 안정하면 길하다. 3월과 4월에는 공사에 참여하지 마라.

4월 : 주위에 도움이 되는 사람이 없다. 불가를 조심하라. 부모의 근심이 있다. 친구를 조심해라. 구설이 따른다.

5월 : 일이 더디니 손재가 적지 않다. 친한 친구를 경계해라. 손해가 있다. 길에 나가면 해가 있다.

6월 : 뜻을 잃을 운이요, 관재로 어려운 일이 생길 운이다. 만사가 뜻대로 되지 않을 운이니 분수를 지켜라. 해는 면하리라.

7월 : 부모에게 우환이 생길 운이요, 가정에 근심이 생길 운이요, 문서를 잃을 운이다. 학생은 학업을 잃을 운이다.

8월 : 집에 있으면 길하고 나가면 불리한 운이다. 뜻을 이루기 어려우니 재물에 이익이 없다.

9월 : 오곡에 풍년이 들어 모든 사람들이 즐거워하는 운이요, 기러기가 달밝은 밤에 짝을 만나 즐길 운으로 길하리라.

10월 : 떠나간 사람이 친구가 되어 돌아오는 운으로 길하리라.

11월 : 좋은 일로 형제나 동료가 떠나거나 동료와 사업을 위하여 타관으로 나갈 운이다.

12월 : 자손의 일로 한 번은 놀라고 한 번은 경사가 생길 운이다. 일신이 영화로우니 사람마다 우러러 본다. 친구 사이라도 내용을 말하지 마라.

정월 : 가정에 경사가 생길 운이다. 뜻을 이루고 출세할 운이니 만사
　　　가 길하리라.

2월 : 나가면 불리한 운이니 밖의 재물을 탐하지 마라. 소득이 없다.
　　　허욕을 버리고 자중하라. 마음상할 일이 생긴다.

3월 : 방해자가 따를 운으로 심신이 고달프다. 자중하면서 때를 기다
　　　리면 저절로 소멸되리라.

4월 : 3월과 4월은 생활이 자족한 운이다. 한 번 문밖에 나가면 소망
　　　이 순조롭다. 과욕을 부리면 허망하게 되니 조심해라.

5월 : 명리가 모두 길한 운으로 수복이 면면하다. 도처에 재물이 있
　　　고, 동업으로 이익을 보리라.

6월 : 다투지 마라. 손재구설이 따른다. 그렇지 않으면 명예를 손상한
　　　다. 금성(金姓)을 조심해라. 손재가 적지 않다.

7월 : 가정에 경사가 생길 운이다. 부모의 경사가 생길 운이요, 문서
　　　로 횡재할 운이다.

8월 : 사기를 당할 운이다. 특히 위장병을 조심해라.

9월 : 지혜와 재주가 있으니 의외로 성공한다. 재물이 하늘로부터 오
　　　는 운이니 뜻을 이루고, 집안이 화합하니 만사가 순조롭다.

10월 : 질병을 조심하고, 수성(水姓)을 조심해라. 천리타향에서 처량
　　　　할 운이다.

11월 : 가까운 사람이나 믿은 사람을 경계해라. 덕이 되는 사람이 없
　　　　을 운이다. 형제의 근심이 생길 운이다.

12월 : 뿌리가 깊고 잎이 성할 운으로 분수를 지키면 복이 온다. 올해
　　　　의 운수는 벼슬이 길하다. 그러나 을년생과 정년생과 계년생
　　　　은 건강을 조심해라.

정월 : 자손의 경사가 생길 운이요, 임신할 운이요, 자손이 좋은 일로
　　　외지로 나갈 운이다.

2월 : 어두운 밤이 가고 밝은 아침이 오는 운이요, 정원에 매화가 만
　　　발하여 벌나비가 모여드는 운으로 길하리라.

3월 : 뜻을 이루지 못할 운이나 때를 기다리면 저절로 해결되리라.

4월 : 부부에게 경사가 생길 운이요, 미혼자는 애인이 생길 운이다.
　　　사업에 좋은 소식이 있는 운으로 횡재할 운이다.

5월 : 믿는 도끼에 발등찍힐 운이니 가까운 사람도 믿지 마라. 동자신
　　　을 달래드려라. 길하리라.

6월 : 다른 사람의 시기와 질투로 근심이 생길 운이다. 갑자기 친절한
　　　사람을 경계하라.

7월 : 부모의 경사가 생기거나 문서를 잡을 운이다. 문서로 횡재할 운
　　　이니 길하다. 학생은 학문에 좋은 일이 생길 운이다. 계년생과
　　　경년생은 사치나 이성으로 풍파가 따를 운이다.

8월 : 시작은 좋으나 결실을 보기 어려울 운이다. 허욕을 부리면 되는
　　　일이 없으니 자중하라.

9월 : 사공이 많아 배가 산으로 오르는 운으로 주위 사람들과 뜻이 맞
　　　지 않아 마음이 상한다. 한 걸음 물러서는 것이 유리하다.

10월 : 귀인의 도움으로 뜻을 이룰 운이다. 부모의 근심이 생기지 않
　　　으면 경사가 생긴다. 진년생과 사년생은 형제나 친구로 인하
　　　여 건강에 위험이 따를 운이니 조심해라.

11월 : 그동안 힘들었던 일이 모두 물러갈 운이다. 새로운 일에 도전
　　　할 운이나 무리하지 마라.

12월 : 얻는 것 보다 잃는 것이 많을 운이요, 시작은 좋으나 손재를
　　　면하기 어려울 운이다. 내것을 잃고 구설수가 따를 운이다.

정월 : 자손의 경사가 생길 운이요, 임신할 운이다. 그렇지 않으면 다
　　　른 사람의 모함으로 자손의 근심이 생길 운이다.

2월 : 자손이나 아랫사람의 일로 관에 갈 운이요, 자신을 따르던 사람
　　　이 등을 돌리고 멀어질 운이다.

3월 : 형제나 동료에게 구설을 들을 운이다. 허욕을 버려라. 혈육간에
　　　이별하거나 다툴 일이 생긴다.

4월 : 부부에게 경사가 생길 운이요, 새로운 인연을 찾아 방황할 운이
　　　요, 사업에 좋은 소식이 있을 운이다.

5월 : 어두운 터널을 지나 밝은 광야로 나오는 운이다. 다른 사람의
　　　도움으로 만사가 순조롭다.

6월 : 다른 사람의 도움으로 뜻을 이룰 운이요, 출세할 운이다.

7월 : 명예를 잃을 운이요, 공직자는 자리가 위태로울 운이다. 상가를
　　　조심해라. 관재구설수가 있다. 문서로 먼 길을 떠날 운이다.

8월 : 역마가 들어오니 이사하거나 타관으로 나갈 운이나 이득은 없
　　　다. 허영심을 버리고 분수를 지키면 큰 해는 없으리라.

9월 : 결실을 보기 어려울 운이니 무리하지 말고 때를 기다려라. 경년
　　　생과 무년생은 허영심이나 바람끼가 발동할 운이다.

10월 : 하나를 얻고 하나를 잃을 운이다. 북으로 가면 좋은 동료를 만
　　　　나고, 수성(水姓)의 도움으로 심신이 편안할 운이다. 진년생
　　　　과 사년생은 형제나 동료로 인하여 정신질환이 따를 운이다.

11월 : 하는 일에 장애가 많을 운으로 소득이 적다.

12월 : 해외로 여행하거나 동료와 분주하게 활동할 운으로 길하리라.
　　　　뜻을 이룰 운이다.

정월 : 자손의 근심이 생길 운이요, 자손과 이별할 운이다. 건강이 위
      태로울 운이니 조심해라.

2월 : 동료의 도움을 받을 운이요, 좋은 친구를 얻을 운이다. 가정에
      경사가 있으니 길하리라.

3월 : 뜻을 이룰 운이요, 출세할 운이다. 주위 사람의 도움으로 길하
      리라.

4월 : 상가를 조심해라. 부모의 우환이 따를 운이요, 문서를 잃거나
      사기를 당할 운이다. 여행하거나 이사할 운이다. 경거망동하면
      패가망신한다.

5월 : 마음을 표현하지 못하고 혼자 근심할 운이다. 부부의 근심이 생
      기거나 재물이나 사업에 어려움이 따를 운이다.

6월 : 출세할 운이요, 관으로 인하여 뜻을 이룰 운이다. 큰 뜻과 희망
      을 갖고 큰 일을 도모할 운으로 길하리라.

7월 : 모함하는 사람이 있으니 문서를 조심해라. 사기당할 운이다. 윗
      사람의 근심을 살 일이 생긴다.

8월 : 새로운 희망이 솟는 운이요, 오곡에 풍년이 드는 운이다.

9월 : 가을 외기러기가 짝을 만나 즐기는 운이요, 달밝은 밤에 꾀꼬리
      가 즐기는 운으로 만사가 길하리라.

10월 : 어두운 밤이 가고 밝은 아침이 오는 운이요, 초목이 봄비를 만
       나 무성한 운이다.

11월 : 원수가 친구가 되는 운이요, 친구와 누각에 올라 술잔을 높이
       들고 여흥을 즐기는 운이다. 그러나 유년생은 동료나 형제의
       일로 정신적인 고통이 따를 운이다.

12월 : 상가를 조심해라. 자손의 우환이 따르거나 슬하에 근심이 생
       긴다. 가정에 풍파가 생겨 불안할 운이다.

정월 : 자손의 근심이 생길 운이요, 아랫사람에게 배신당할 운이다. 갈수록 힘든 운이니 미리 대처하라.

2월 : 자손의 경사가 생기거나 임신할 운이다. 큰 뜻을 품고 새로운 일을 도모할 운으로 허욕을 부리지 말고 정도를 지켜라.

3월 : 뜻을 성취할 운이요, 출세할 운으로 부러움을 받는다. 을년생은 이성문제로 풍파가 따를 운이요, 신년생은 자손이나 아랫사람의 일로 정신적인 고통이 따를 운이다.

4월 : 산토끼를 잡으려다 집토끼를 잃는 운이다. 허욕을 부리면 되던 일도 어려워지니 분수를 알고 행하라.

5월 : 5월과 6월에는 하늘이 복을 주지 않는 운이다. 부부의 근심이 생기거나 재물에 어려움이 따를 운이다.

6월 : 자신의 의사나 뜻을 표현하지 못하고 지낼 운이다. 무리하지 않고 때를 기다리면 좋은 결과가 있으리라.

7월 : 부모의 근심이 생길 운이요, 가정에 근심이 생길 운이다. 문서를 잃거나 지혜를 잃을 운이다.

8월 : 마음을 잃고 사기를 당할 운이요, 학생은 학업에 어려움이 따를 운으로 정신적인 고통이 따른다.

9월 : 하늘은 맑고 땅에는 풍년이 드는 운이요, 외기러기가 짝을 찾아 즐기는 운으로 만사가 순조롭고 길하리라.

10월 : 원수가 친구가 되어 돌아오는 운이요, 밤동산에 풍년이 드는 운이다.

11월 : 7년 대한에 춘풍이 부는 운이다. 귀인의 도움으로 마음의 여유가 생기고, 가산이 흥왕하며 가족이 늘어난다.

12월 : 노력은 많이 하나 소득은 미미할 운이다. 먼저 길하고 나중에 흉한 운이다. 토성(土姓)을 조심하라. 이유없이 해롭게 한다.

정월 : 자손의 경사가 생길 운이다. 마음을 상하고 신경쓸 일이 생길
운이다. 남의 재물을 탐하지 마라. 손해를 본다. 병년생과 경년
생은 허욕이나 바람끼가 발동할 운이다.

2월 : 친한 사람을 경계하라. 배은망덕하리라. 인정에 매달리지 않으
면 범사가 순조롭다. 경거망동하지 마라.

3월 : 상가를 조심해라. 구설수가 있다. 뜻을 표현할 수 없는 운이니
답답하다.

4월 : 귀인의 도움으로 뜻을 이룰 운이다. 부부에게 경사가 생길 운이
요, 미혼자는 애인이 생길 운이다. 사업이 길한 운이다.

5월 : 안정하고 기다리면 길하나 서두르면 손해볼 운이요, 장애가 많
아 만사를 이루지 못할 운이다. 처궁에 액이 있으니 기도하라.

6월 : 자손이나 아랫사람 때문에 망신당할 운이다. 직장을 옮기거나
새로운 사업을 시작할 운으로 정도를 지키면 길하리라.

7월 : 가정에 경사가 생길 운이요, 새로운 문서를 잡을 운이다. 만사
가 순탄할 운이니 심신이 편안하다.

8월 : 어두운 밤이 지나고 밝은 아침이 오는 운이요, 모진 풍랑이 지
나고 고요한 아침이 오는 운으로 길하리라.

9월 : 달밝은 밤에 친구와 누각에 올라 여흥을 즐길 운이다. 관을 상
대하는 일에 덕이 있다.

10월 : 하나를 얻고 하나를 잃을 운으로 길흉이 반반이다. 허욕을 부
리면 되는 일도 어려려워지니 무리하지 말고 때를 기다려라.

11월 : 수고는 하나 공이 없을 운이나 분수를 지키면 길하다.

12월 : 메마른 대지에 단비가 내려 초목에 꽃을 피는 운으로 모든 근
심이 사라지고 희망의 아침이 온다.

정월 : 가을초목이 서리를 만나는 운이다. 친척이 냉정하고 첩도 무정
　　　하다. 가정에 근심이 생기거나 손재할 운이다.

2월 : 갈길은 먼 데 해가 저무는 운이요, 초목이 서리를 만나는 운으
　　　로 실패가 많다.

3월 : 가까운 사람이나 믿은 사람이 등을 돌리고 배신할 운으로 정신
　　　질환을 조심해라. 갑년생은 생명이 위험할 운이요, 술년생과 해
　　　년생은 정신적인 고통이 따를 운이니 조심해라.

4월 : 가정에 경사가 생길 운이다. 부부에게 경사가 생길 운이요, 사
　　　업에 좋은 소식이 있을 운이다.

5월 : 시비하지 마라. 구설을 면하기 어렵다. 해가 저물었으니 길을
　　　가면 액이 있다. 화성(火姓)을 조심해라. 손재수가 따른다.

6월 : 만사가 뜻대로 성취될 운으로 심신이 편안하다.

7월 : 부모의 일로 관에 갈 운이요, 새로운 문서를 잡을 운이요, 학생
　　　은 새로운 학업에 도전할 운으로 길하다.

8월 : 추진하는 일이 불리할 운이다. 상가를 조심해라. 형제의 우환이
　　　나 가까운 사람에게 근심이 생긴다.

9월 : 호사다마라, 만사에 손재가 많으니 앉아서 쉬는 것이 상책이다.

10월 : 외로움을 떨쳐버리는 운으로 좋은 친구를 얻는다. 만사가 순
　　　　조로우니 심신이 편안할 운이다. 그러나 진년생과 사년생은
　　　　형제나 동료로 인하여 정신적인 고통이 따를 운이다.

11월 : 길운을 만나 예상 외로 성공한다. 사업이 왕성하고 집안이 화
　　　　합하니 가도가 왕성하고 태평하리라.

12월 : 내것을 잃고도 말못할 일이 생길 운이다. 금년의 운수는 분수
　　　　를 지키면 길하나 경거망동하면 해가 있다.

정월 : 가정에 경사가 생길 운이다. 자손의 일로 좋은 소식이 있을 운
　　　이요, 임신할 운이다.

2월 : 가족이 늘어날 운이요, 출세할 운이다. 하늘의 도움으로 만사가
　　　순조롭다.

3월 : 일이란 순서가 있고 때가 있는 법이니 무리하지 않고 자중하면
　　　해는 면하나 경거망동하면 패가한다.

4월 : 부부에게 경사가 생길 운이요, 재물에 횡재가 따를 운이요, 미
　　　혼자는 애인이 생길 운으로 길하다. 재물관계나 이성문제로 먼
　　　길을 떠나거나 이사할 운이다.

5월 : 좋은 일로 내것을 잃을 운이요, 내것을 주고도 말못할 운이나
　　　해는 없으리라.

6월 : 장애가 따라 뜻을 이루기 어려울 운으로 근심이 생긴다.

7월 : 가정에 경사가 생기거나 부모의 일로 좋은 소식이 있을 운이다.
　　　문서로 횡재할 운이요, 새로운 문서를 잡을 운이다. 계년생과
　　　경년생은 허영심이나 바람끼가 발동할 운이요, 묘년생은 부모
　　　나 문서로 정신적인 고통이 따를 운이다.

8월 : 윗사람의 근심이 생기거나 문서를 조심해라. 허욕을 부리지 않
　　　으면 큰 해는 면하리라.

9월 : 시작은 어려워도 결과는 좋을 운이다. 서두르지 않고 꾸준히 노
　　　력하면 좋은 결실을 맺으리라.

10월 : 십 년 가뭄에 단비가 내리는 운으로 만사가 순조롭다.

11월 : 친구따라 강남가는 운이다. 등을 돌리고 멀어진 친구가 다시
　　　 돌아오는 운으로 해는 없으리라.

12월 : 관을 상대로 하는 일에 손재가 많을 운이다. 관재구설수가 따
　　　 르니 무리하지 말고 순리대로 응하라.

정월 : 옛것은 가고 새로운 것이 오는 운이다. 뜻을 표현하지 못하거
　　　나 관재구설이 따를 운이다.

2월 : 자손의 일로 관에 갈 운이다. 자손이나 아랫사람의 일로 근심이
　　　생길 운이다.

3월 : 처음에는 힘들고 어려워도 나중에는 해결될 운이니 인내하라.

4월 : 어두운 터널을 지나 밝은 광야로 나오는 운이요, 밤항해에서 등
　　　대를 만나는 운으로 심신이 편안하다. 재물을 얻기 위하여 타관
　　　으로 나갈 운이다.

5월 : 남모르는 재물을 얻을 운이요, 숨겨두고 지낼 사람을 만날 운이
　　　나 길하리라.

6월 : 7년 가뭄에 단비가 내려 초목에서 꽃이 피는 운으로 주위의 도
　　　움으로 뜻을 이룰 운이다.

7월 : 시작은 화려하나 결실을 보기 어려울 운이다. 부모의 일로 근심
　　　이 생기거나 새로운 문서를 잡으려다 근심만 생길 운이다. 문서나
　　　윗사람의 일로 먼 길을 떠날 운이요. 이사할 운이다.

8월 : 마음과 정신을 잃고 심신이 불안하거나 가정에 근심이 생길 운
　　　이다. 문서로 사기당할 운이니 조심해라.

9월 : 취업할 운이요, 공직자는 영전할 운이다. 만사에 희망이 있으니
　　　용기백배할 운으로 길하리라.

10월 : 마음이 상할 운이나 분수를 지키면 손재는 없으리라.

11월 : 밤길에서 불빛을 잃는 운으로 사람들과 멀어지고 외롭고 허전
　　　　하리라.

12월 : 만사에 서두르지 않고 성실하게 행하면 손재는 면할 수 있다.
　　　　사람들을 믿지 않고 정도를 행하면 길하리라.

정월 : 자손의 우환이 따르거나 아랫사람 때문에 구설수가 따른다.

2월 : 동료의 도움으로 어려움을 해결할 운이요, 좋은 친구를 얻을 운으로 길하리라. 묘년생은 아랫사람과 사랑에 빠질 운이요, 신년생은 자손이나 아랫사람의 일로 정신적인 고통이 따를 운이다.

3월 : 새로운 일이나 뜻을 성취하기 위하여 관을 상대할 일이 생긴다. 뜻을 이룰 운으로 길하리라.

4월 : 상가를 조심해라. 부부의 근심이 생길 운이요, 재물에 손해 따를 운이다. 내것을 잃고 구설들을 일이 생기니 주의하라.

5월 : 과거에 집착하지 마라. 새로운 희망으로 새로운 사업을 구상할 운이요, 새로운 인연이 생길 운이다.

6월 : 먹구름 걷히고 맑은 하늘이 나타나는 운으로 만사가 순조롭다.

7월 : 부모의 근심이 생길 운이요, 문서로 사기당할 운이다. 다른 사람의 시기와 질투가 있으니 조심하라.

8월 : 숨겨두고 지낼 사람이 생길 운이요, 밝히지 못할 재물이 생길 운이요, 내것을 주어도 좋은 일이 생길 운이다.

9월 : 허욕을 부리다 망신당할 운이다. 무리하면 되는 일도 어려워지나 분수를 알고 자중하면 해는 면하리라.

10월 : 어두운 밤이 가고 밝은 아침이 오는 운이요, 봄비에 초목이 무성하니 새들이 찾아드는 운이다.

11월 : 좋은 친구를 얻을 운이요, 마음에 드는 사람을 만날 운이다. 주위의 도움을 받아 길하리라.

12월 : 상가를 조심해라. 슬하에 근심할 일이 생길 운이요, 가정에 풍파가 생겨 불안할 운이다.

정월 : 상가를 조심해라. 자손의 근심이 생길 운이요, 아랫사람의 배신으로 마음이 상할 운이다. 만사가 불안하니 주의하라.

2월 : 다른 사람의 방해로 자손의 근심이 생길 운이요, 임신할 운이다. 을년생은 아랫사람이나 연하와 사랑에 빠질 운이다.

3월 : 뜻을 이루기 위해 관을 상대할 운이다. 하늘에 먹구름 걷히는 운으로 길하리라.

4월 : 부부의 근심이 생길 운으로 심하면 이별할 수도 있다. 그렇지 않으면 사업에 손재가 따르거나 재물을 잃을 운이다.

5월 : 집토끼를 두고 산토끼를 잡으려는 운이다. 내것을 두고 다른 것을 탐내나 덕이 없다. 분수를 알고 행하는 것만 못하리라.

6월 : 긴 가뭄 끝에 단비가 내리는 운이다. 새로운 희망이 솟는 운이요, 만사에 의욕이 생길 운이다.

7월 : 방해자가 따를 운이니 매사에 조심해라. 허욕을 부리면 하던 일도 좌절될 운이다.

8월 : 가정에 경사가 생길 운이다. 부모의 경사가 생길 운이요, 문서로 횡재할 운이요, 학생은 새로운 학업을 할 운이다.

9월 : 상가를 조심해라. 가까운 사람을 잃을 운이다. 과욕을 부리면 망신당하거나 구설을 들을 운이다. 혹 송사가 있을 수도 있다.

10월 : 마른 나무가 봄비를 만나는 운이다. 새로운 사업을 시작할 운으로 길하다. 그러나 실물수가 있으니 도둑을 조심해라.

11월 : 오곡이 풍년을 만나는 운이요, 좋은 벗과 누각에 올라 풍류를 즐기는 운이다.

12월 : 반드시 경사가 따를 운으로 사람으로 인하여 성공한다. 금년의 운수는 분수를 지키는 것이 제일이다.

정월 : 가족이 늘어날 운이요, 임신할 운이다. 자손이나 아랫사람의
　　　일로 좋은 소식이 있을 운이다. 갑년생은 아랫사람이나 연하와
　　　사랑에 빠질 운이요, 미년생은 자손의 일로 정신적인 충격을
　　　받을 운이다.

2월 : 정원의 매화가 만발하는 운으로 만사가 순조롭다.

3월 : 내것을 잃고 구설을 들을 운이요, 말하기 어려운 일이 생길 운
　　　이다. 서두르면 만사가 손해이니 때를 기다려라.

4월 : 어두운 밤에 등불을 만나는 운이요, 봄가뭄에 단비가 내리는 운
　　　이다. 허욕을 버리고 분수를 지키면 길하리라.

5월 : 가정에 경사가 생길 운이다. 부부에게 경사가 생길 운이요, 사
　　　업에 좋은 소식이 있을 운으로 횡재수가 있으리라.

6월 : 움직이면 반드시 후회할 운이니 집에 있는 것이 길하다. 허욕을
　　　부리면 불리하고, 낙상수를 조심해라.

7월 : 뜻밖에 귀인의 도움을 받을 운이다. 신고함을 한탄하지 마라.
　　　쓴 것이 다하면 단 것이 오기 마련이다. 다른 일에 손대지 마라.

8월 : 남의 말을 듣지 마라. 손재가 따른다. 세류가 바다로 돌아가는
　　　운이니 티끌모아 태산이다. 자손의 일로 말못할 근심이 생긴다.

9월 : 가운이 불길하니 질병을 조심해라. 환자를 멀리 하라. 병액이
　　　두렵다. 허욕을 부리면 구설수가 생기니 주의하라.

10월: 봄이 오지 않을 운이다. 남의 것을 탐하지 마라. 얻어도 잃는
　　　다. 동방을 조심해라. 손재가 두렵다.

11월 : 만사가 꼬리가 없는 운으로 일에 복잡함이 있으니 이익이 없
　　　다. 만사가 허황하니 심력만 허비한다.

12월 : 액을 막아라. 병살이 침범한다. 초혼자는 부부간에 갈등이나
　　　이별수가 있다. 분수를 지키고 집에 있으면 액을 면하리라.

정월 : 뜻이 좌절될 운이요, 하나를 얻고 하나를 잃을 운이다.

2월 : 형제나 동료의 일로 말하기 어려운 일이 생기거나 바르지 못한 친구를 얻을 운이다. 분수를 알고 행하면 손재는 면하리라.

3월 : 허욕을 버려라. 가까운 사람에게 구설을 듣는다. 시작만 있고 결실이 없을 운이요, 갑년생은 신액이 따를 운이다.

4월 : 4월 남풍에 밖으로 나갈 운이다. 신상에 근심이 없으니 태평하고, 복록이 진지하니 금옥이 만당하다.

5월 : 가까운 사람을 경계하라. 배신당할 운이다. 만사에 장애가 따를 운으로 결실이 미미하다.

6월 : 여름 장마에 심신이 지치는 운이요, 노력해도 얻는 것이 없을 운이다. 무리하지 않고 때를 기다리는 지혜가 필요하다.

7월 : 문서에 기쁜 소식이 있고, 관록이 따를 운이다. 사방에 이로움이 있으니 만사가 형통한다. 천신의 도움으로 만사가 길하리라.

8월 : 부모의 근심이 생길 운이요, 문서를 잃거나 사기당할 운이다. 카드, 인장, 보증 등을 주의하라.

9월 : 예상 외로 사방에 이름을 떨칠 운이요, 재성이 비치니 천금을 얻을 운이다. 만사가 순조로우니 태평하다.

10월 : 형제의 경사가 생기거나 동료의 일로 즐거울 운이다. 떠나간 친구가 다시 돌아오는 운으로 매우 길하리라. 그러나 진사년 생은 심신의 우환이 생길 수 있으니 조심해라.

11월 : 곳곳에 꽃이 피는 운이다. 그러나 여색을 멀리 하라. 횡액이 두렵다. 동풍세우에 초색이 청청할 운이다.

12월 : 반드시 경사가 따를 운이다. 도처에 재물이 있는 운이니 출행하면 얻으리라.

정월 : 임신할 운이요, 자손의 일로 말못할 근심이 생길 운이다. 아랫
　　　 사람의 도움으로 길하리라.

2월 : 정원에 매화가 만발하여 봉접이 모여드는 운이요, 어두운 밤이
　　　 가고 밝은 아침이 오는 운으로 심신이 화락하다.

3월 : 주위의 시기로 뜻을 이루기 어려울 운으로 마음을 잃는다.

4월 : 가정에 경사가 생길 운이다. 부부에게 경사가 생길 운이요, 미
　　　 혼자는 애인이 생길 운이다. 사업이나 재물에 횡재가 따른다.

5월 : 좋은 일로 내것을 내줄 운이요, 내것을 주고도 말하기 어려울
　　　 운이다. 좋은 벗을 만날 운이다.

6월 : 맑은 하늘에 먹구름이 덮히는 운이다. 자신의 몸과 마음을 뜻대
　　　 로 하기가 어려울 운으로 주위에 신경쓸 일이 생긴다.

7월 : 가정에 경사가 생길 운이다. 부모의 경사가 생길 운이요, 문서
　　　 로 횡재할 운이다. 계년생과 경년생은 연상과 사랑에 빠진다.

8월 : 허욕을 부리면 되는 일도 어려워질 운이다. 일이란 순서가 있고
　　　 때가 있는 법이니 자중하라. 해는 면하리라.

9월 : 관의 손재구설이 따를 운이요, 과욕으로 망신당할 운이다.

10월 : 어두운 터널을 지나 밝은 광야로 나오는 운이요, 봄비에 눈이
　　　　 녹고 초목에서 꽃이 피는 운이다. 그러나 진년생과 사년생은
　　　　 형제나 동료의 일로 정신적인 고통이 따를 운이다.

11월 : 친구나 동료와 새로운 일을 시작할 운이요, 주위의 도움으로
　　　　 뜻을 이룰 운이다.

12월 : 맑은 하늘에 먹구름이 덮히는 운으로 공덕이 무너진다. 자중
　　　　 하면서 활동을 삼가하면 해는 피하리라.

정월 : 다른 사람의 도움으로 자손이 출세할 운이요, 아들을 낳을 운 이다.

2월 : 자손이나 아랫사람의 일로 관에 갈 운이요, 자손의 근심이 생길 운이다.

3월 : 시작은 어렵고 힘들어도 희망이 있는 운이다. 만사를 순리대로 행하면 큰 해는 면하리라.

4월 : 가정에 경사가 생길 운으로 부부에게 경사가 생긴다. 숨겨두고 지낼 사람이 생길 운이요, 공직자는 영전할 운이다.

5월 : 부부에게 경사가 생기거나 재물에 횡재가 따를 운이다. 그렇지 않으면 혼자 아는 기술로 덕을 본다.

6월 : 다른 사람의 도움으로 뜻을 이룰 운이요, 관을 상대해서 출세 하고 덕을 볼 운이다.

7월 : 상가를 조심해라. 관재구설이나 마음의 상처를 입는다. 친구나 동료 때문에 말못할 일이 생기거나 구설수가 생긴다.

8월 : 하나를 얻고 하나를 잃을 운이다. 새로운 마음으로 새로운 일을 시작할 운으로 길하리라. 먼 길을 떠날 운이나 소득은 없다.

9월 : 십 년 가뭄에 단비가 내려 고목에서 꽃이 피는 운으로 만사가 순조롭다. 경년생과 무년생은 허욕으로 망신당할 운이다.

10월 : 새로운 일을 구상할 운이요, 좋은 친구나 동료를 만날 운으로 해는 없으리라.

11월 : 맑은 하늘에 먹구름이 덮히는 운이나 정도를 지키면 큰 해는 없으리라. 수성(水姓)을 조심해라. 손재수가 따른다.

12월 : 해외로 나갈 운이나 덕이 되지 않으니 조심하라. 그렇지 않으 면 이사할 운이다. 욕심을 부리지 마라. 형액이 두렵다.

정월 : 자손의 일로 마음이 번잡할 운이요, 형제의 우환이 있거나 가
　　　까운 사람을 잃을 운이다.

2월 : 모든 근심이 사라지거나 임신할 운이다. 을년생은 연하와 사랑
　　　에 빠지고, 신년생은 자손의 일로 심적인 충격을 받을 운이다.

3월 : 귀인의 도움으로 뜻을 이룰 운이다. 출세할 운이요, 관을 통하
　　　여 좋은 일이 생길 운이다.

4월 : 가정에 풍파가 따를 운이요, 부부간에 이별할 운이다. 재물에
　　　손해가 따르니 조심해라.

5월 : 집토끼를 두고 산토끼를 잡으려는 운이다. 집에 있으면 길하나
　　　밖으로 나가면 되는 일이 없으니 조심해라.

6월 : 믿은 사람에게 배신당하거나 형제나 동료의 일로 마음이 분주
　　　하고 번잡할 운이다.

7월 : 가정에 근심이 생길 운이다. 부모의 근심이 생길 운이요, 문서
　　　를 잃을 운이다. 학생은 학업이 중단될 운이다.

8월 : 밝은 태양이 솟아오르는 운이요, 십 년 가뭄에 단비가 내려 고
　　　목에서 새순이 돋는 운으로 길하리라.

9월 : 욕심을 부리지 마라. 만사가 뜻대로 되지 않을 운이다. 토성(土
　　　姓)을 조심해라.

10월 : 가까운 사람이나 주위 사람을 믿지 마라. 모함을 들을 운이요,
　　　　믿은 사람이 등을 돌리고 멀어질 운이다.

11월 : 과거에 집착하지 마라. 새로운 사람과 큰 일을 도모할 운이다.
　　　　오는 것이 큰 일이 될 운이다. 그러나 임년생은 허욕으로 구설
　　　　이 따를 운이다.

12월 : 상가를 조심해라. 슬하에 우환이나 근심이 생길 운이요, 형제
　　　　나 동료의 근심이 생길 운이다.

정월 : 형제의 근심이 생기거나 동료간에 어려움이 따를 운이다. 갑자기 친절한 사람을 경계하라.

2월 : 처음에는 어려우나 귀인의 도움으로 나중에는 편안해질 운이다. 상가를 조심해라. 따르던 사람이 멀어질 운이다.

3월 : 문서로 큰 일을 하거나 부모의 경사가 생길 운이다. 헛된 것이 득이 될 운으로 뜻밖의 재물을 얻는다.

4월 : 자손의 일로 관에 갈 운이요, 자손의 근심이 생길 운이다.

5월 : 집안이 화합할 운으로 날로 천금을 얻는다. 만사를 순조롭게 이룰 운이다. 그러나 여색을 가까이 하면 해롭다.

6월 : 새로운 일을 시작하고, 새로운 사람을 만날 운으로 길하다.

7월 : 먹구름이 흩어지고 달이 나타나는 운이다. 뜻밖의 성공으로 가정에 기쁨이 가득하고, 미혼자는 결혼할 운이다.

8월 : 하늘이 기이한 복을 주는 운으로 만사가 순조롭다. 가족이 늘어날 운이요, 금옥이 만당할 운으로 가산이 흥왕한다.

9월 : 부부의 근심이 생기거나 재물을 잃을 운이요, 부모의 근심이 생기거나 내것을 잃고도 말못할 일이 생길 운이다. 그렇지 않으면 부정한 문서를 잡으리라.

10월 : 부모의 우환이나 근심이 생길 운이요, 문서로 근심할 운이다. 카드나 인장 등을 조심해라. 역마운이 들어오니 이사나 여행할 운이다.

11월 : 춘광이 두 번 이르는 운이니 경사가 문 앞에 있다. 횡재하거나 관록이 따른다. 미리 치성하라. 혹 처액이 있을 수 있다.

12월 : 재운이 왕성한 운이다. 순조롭게 만사를 이룰 운이다. 그러나 계년생은 이성의 풍파가 따를 운이다.

圓空秘訣 6 5 2

정월 : 춘화일난하니 백화가 난만한 운이다. 부모의 경사가 생기거나 문서로 좋은 일이 생길 운이다. 자손의 경사가 생길 운이요, 자손이 관대를 찰 운이다.

2월 : 동쪽 하늘에서 태양이 떠오르는 운으로 귀인의 도움으로 반드시 성공한다. 마음이 어질고 말이 곧으니 하늘이 복을 주신다.

3월 : 상가를 조심해라. 부부의 근심이 생길 운이요, 재물이나 사업문제로 근심할 운이다.

4월 : 자손의 경사가 생길 운이요, 자손의 일로 타관으로 나갈 운이다.

5월 : 오곡에 풍년이 드는 운이요, 단비가 내려 고목에서 꽃이 피는 운으로 가정에 경사가 있으리라.

6월 : 돛단배가 순풍을 만나는 운이다. 문서나 부동산으로 횡재할 운이요, 다른 사람의 도움으로 뜻을 이룰 운이다.

7월 : 한 번 웃고 한 번 우는 운이다. 분수를 지키면 큰 해는 없다.

8월 : 상가를 조심해라. 문서를 잃을 운이요, 자손의 일로 방황할 운이다.

9월 : 부부간에 말못할 근심이 생길 운이요, 내것을 잃고도 말못할 운이다. 관재구설이 있으니 조심해라.

10월 : 가정에 우환이 따를 운이다. 윗사람의 근심이 생길 운이요, 문서를 잃을 운이다. 진년생은 건강을 잃을 운이니 조심해라.

11월 : 모래를 이러 금을 이루는 운으로 백 가지 지혜가 생긴다. 허욕을 버리고 분수를 지키면 복이 오리라.

12월 : 아랫사람의 근심이 생기거나 자손과 헤어질 운이다. 해외로 나갈 운이나 집에 있는 것만 못하다.

정월 : 자손의 일로 눈물을 흘릴 운이니 조상전에 치성을 드려라.

2월 : 근심을 떨쳐버리고 새로운 마음으로 자리를 잡는 운이다. 주위
　　　에 경사가 있으니 해는 없으리라.

3월 : 좋은 일로 내것을 줄 운이요, 새로운 인연을 만날 운이요, 미혼
　　　자는 애인이 생길 운이다. 그러나 직장인은 자리 이동이 있다.

4월 : 아랫사람의 경사가 생기거나 임신할 운이다. 뜻을 이루거나 사
　　　업을 시작할 운이다.

5월 : 천리에 순종하는 운으로 새로운 일이 생긴다. 화성(火姓)이 이
　　　롭다. 화신(火神)이 엿보고 있으니 화재를 조심해라.

6월 : 용이 여의주를 얻는 운이요, 가뭄에 단비가 내리는 운이다.

7월 : 힘없는 노룡이 하늘에 오르려는 운으로 진퇴양난이다. 질병이
　　　있으면 슬하에 액이 있다. 자동차를 주의하라.

8월 : 다른 사람의 시기와 질투가 따르니 분수를 지켜라. 자년생은 정
　　　신적인 고통이 따를 운이다.

9월 : 부부문제나 재물관계로 관에 갈 운이나 덕이 되지 않는 일이다.
　　　뜻을 성취하기 어려울 운으로 심신이 피곤하다.

10월 : 일신을 보전하려면 분수를 지켜라. 수성(水姓)을 멀리 하라.
　　　　집안이 불화하니 동서로 흩어질 운이요, 문서문제로 타관으로
　　　　가거나 이사할 운이다.

11월 : 슬하에 근심이 생기지 않으면 임신할 운이다. 허욕으로 불안
　　　　할 일이 생길 운이다.

12월 : 직장인은 직장에 근심이 생길 운이요, 학생은 진학이 어려울
　　　　운이니 경거망동하지 말고 자중하라. 해는 면하리라.

정월 : 아랫사람의 경사가 생길 운이다. 임신할 운이요, 가족이 늘어
　　　날 운이다. 형제나 동료의 일로 여행할 운이다.

2월 : 어두운 터널을 지나 밝은 광야로 나오는 운이요, 메마른 대지에
　　　단비가 내려 초목에서 새순이 돋는 운으로 길하다.

3월 : 다른 사람의 모함으로 부부간에 갈등이 생길 운이요, 사업에 어
　　　려움이 따를 운이다. 그러나 자중하면 해는 면하리라.

4월 : 가정에 경사가 생길 운이요, 아랫사람이나 자손의 일로 경사가
　　　생길 운이다.

5월 : 실물수가 있으니 문서를 조심해라. 뜻이 좌절되어 마음의 상처
　　　를 입을 운이니 허욕을 삼가하라.

6월 : 만사가 순조로울 운이요, 새로운 일을 구상할 운이다. 그러나
　　　허욕을 부리면 손재수가 따른다.

7월 : 상가를 조심해라. 마음상할 일이 생길 운이다. 뜻은 있으나 길
　　　이 없는 운으로 앞길이 불안하다. 묘년생은 정신적인 고통이 따
　　　를 수 운이니 조심해라.

8월 : 갑자기 친절한 사람을 경계하라. 믿는 도끼에 발등찍힐 운이다.
　　　공직자는 자리가 불안하니 허욕을 버려라.

9월 : 문서나 부동산으로 횡재하거나 부모의 경사가 생길 운이다. 자
　　　동차를 조심해라. 신병을 얻을 운이다.

10월 : 가정에 근심이 생길 운이요, 문서 사기를 당할 운이다.

11월 : 뜻을 말하지 못할 운이다. 허욕을 버려라. 덕은 없고 구설만
　　　듣는다.

12월 : 과욕으로 망신당할 운이나 분수를 지키면 길하리라. 먼 길을
　　　나서지 마라. 낙상수가 있다.

圓空秘訣 6 5 5

정월 : 형제나 동료의 일로 말못할 근심이 생길 운이요, 멀리 있는 형
　　　제나 동료의 소식을 들을 운이다.

2월 : 형제나 동료의 일로 관재구설이 따를 운이요, 주위에 방해자가
　　　많아 심신이 불안할 운이다.

3월 : 부부간에 이별할 운이요, 내것을 주고도 말못할 운이요, 내것을
　　　주고도 구설만 얻을 운이다.

4월 : 가정에 경사가 생길 운이다. 자손의 경사가 생길 운이요, 자손
　　　이 출세할 운이다.

5월 : 뜻을 이루거나 애인을 얻거나 결혼할 운이다.

6월 : 다른 사람의 도움으로 만사가 순조로울 운이다. 사업을 이룰 운
　　　이요, 좋은 인연을 만날 운이다.

7월 : 상가를 조심해라. 부부의 우환이 생기거나 재물에 손해가 따를
　　　운이다. 부모나 문서로 말못할 근심이 생길 운이다.

8월 : 타관으로 나갈 운이나 집에 있는 것만 못하리라. 그러나 순리대
　　　로 행하면 길하리라.

9월 : 어두운 터널을 지나 밝은 광야로 나오는 운으로 만사가 순조롭
　　　다. 그러나 갑년생은 몸을 상할 운이요, 무년생과 경년생은 이
　　　성으로 풍파가 따를 운이니 조심해라.

10월 : 부모의 경사가 생기거나 문서나 부동산으로 횡재할 운이다.
　　　　그러나 사업에 사기당할 운이 있으니 조심해라.

11월 : 만사가 불안할 운으로 서두르면 오히려 장애가 따른다.

12월 : 하나를 얻고 하나를 잃을 운으로 길흉이 반반이다. 부부에게
　　　　경사가 생기거나 뜻을 이룰 운이다. 그러나 가정에 우환이 생
　　　　길 수 있으니 조심해라.

정월 : 상가를 조심해라. 형제의 근심이 생기거나 동료로 인하여 손해
　　　를 본다.

2월 : 가정에 경사가 생길 운이다. 부모의 경사가 생기거나 문서를 잡
　　　을 운이요, 형제나 동료의 경사가 있으리라. 그러나 을년생은
　　　이성으로 풍파가 따를 운이니 주의하라.

3월 : 문서로 출세할 운이나 부정한 문서를 잡을 운이니 주의하라. 형
　　　제의 우환이나 형제간에 이별할 운이다.

4월 : 맑은 하늘에 먹구름이 끼는 운이요, 자신을 믿고 따르던 사람에
　　　게 배신당할 운이다.

5월 : 귀인의 도움으로 협조자가 생길 운이다. 그러나 남방으로 가지
　　　마라. 구설이 두렵다.

6월 : 하나를 얻고 하나를 잃을 운이다. 부부의 근심이 생길 운이요,
　　　학생은 학업을 바꿀 운이요. 직장인은 자리를 옮길 운이다.

7월 : 다른 사람의 모함으로 뜻을 이루기 어려울 운이다. 쇠로 인하여
　　　구설을 들을 운이니 조심해라.

8월 : 떠나간 사람이 친구가 되어 돌아오는 운이요, 어려운 고비에서
　　　협조자를 만날 운이다. 유년생은 연상과 사랑에 빠질 운이다.

9월 : 허욕을 부리다 패가망신할 운이다. 내것을 잃고도 말못하고 근
　　　심할 운이니 자중하라.

10월 : 봄비에 눈이 녹고 초목에서 꽃이 피는 운이다. 새로운 일로 분
　　　주할 운으로 길하리라.

11월 : 가정에 경사가 생길 운이다. 부모의 경사가 생길 운이요, 새로
　　　운 문서를 잡을 운이다.

12월 : 가까운 사람을 경계하라. 믿는 도끼에 발등찍힐 운이다. 윗사
　　　람의 근심이 생기거나 문서에 문제가 발생할 운이다.

정월 : 용이 여의주를 얻는 운이니 반드시 공명을 이룬다. 벼슬을 얻 거나 슬하에 경사가 생길 운이요, 임신할 운이다. 병년생은 허 영심이나 바람끼가 발동할 운이니 조심해라.

2월 : 자손의 우환이 생기거나 슬하에 근심이 생긴다. 자손의 일로 구 설이 따를 운이니 주의하라.

3월 : 뜻은 있으나 득이 적을 운이다. 때를 알아 행하면 해는 면한다.

4월 : 부부간이나 사업에 말못할 근심이 따를 운이니 조심해라. 술년 생은 정신적인 고통과 가정에 풍파가 따를 운이다.

5월 : 십 년 가뭄에 단비가 내려 초목에서 새순이 돋는 운이요, 용이 여의주를 얻어 희롱하는 운으로 길하리라.

6월 : 주위에 풍파가 많을 운이요, 발목을 잡고 구설을 일으키는 사람 이 많을 운이다.

7월 : 새로운 일을 시작할 운으로 해는 없다. 문서를 잡거나 부모의 경사가 생길 운이요, 문서문제로 타관으로 나갈 운이다.

8월 : 하늘의 도움으로 모든 고통이 사라지고 만사가 순조롭다.

9월 : 과욕을 버려라. 구설이 따를 운이요, 좋은 일에 장애가 따를 운 이다.

10월 : 오곡에 풍년이 드는 운이다. 형제나 동료와 이별할 운이나 좋 은 일이다. 형제나 동료와 해외로 나갈 운이 있다.

11월 : 멀리 떠난 사람에게서 기다리던 소식이 올 운이요, 주위의 도 움으로 뜻을 이룰 운이다.

12월 : 반드시 경사가 생길 운으로 재물이 왕성할 운이다. 금성(金 姓)을 만나면 의외로 재물이 생긴다.

圓空秘訣 6 6 2

정월 : 직장일로 마음이 상할 운이요, 재물로 형액을 당할 운이니 주
　　　의하라. 부정한 재물을 탐하지 마라. 구설수가 있다. 자손이나
　　　아랫사람의 일로 타관으로 나갈 운이다.

2월 : 자손의 근심이 생기거나 재물을 잃을 운이다. 그렇지 않으면 재
　　　물이나 사업문제로 타관으로 나가나 집에 있는 것만 못하다.

3월 : 춘원도리에 봉접이 모여드는 운이요, 고기가 봄물에서 노니는
　　　운이니 추진하는 일이 순조롭고 식록이 진지하다. 그러나 무년
　　　생과 기년생은 허영심이 발동할 운이니 조심해라.

4월 : 목마른 용이 물을 얻는 운이니 자수성가한다. 의욕을 잃을 운이
　　　요, 직장인은 자리를 잃을 운이요, 무년생은 정신적인 고통이
　　　나 문서로 풍파가 따를 운이다.

5월 : 봄비가 와도 초목이 싹을 내지 못할 운으로 만사가 뜻대로 되지
　　　않는다.

6월 : 때를 만난 국화가 꽃을 피우는 운으로 지모는 있으나 때를 기다
　　　려 행하라.

7월 : 귀인의 도움으로 뜻을 이루나 말못할 재물을 얻거나 부정한 인
　　　연을 만난다.

8월 : 방해자나 부정한 사람을 만날 운이다. 공직자는 자리가 불안하
　　　거나 관재구설이 따르니 조심해라.

9월 : 허욕을 버리면 흉한 가운데 길이 있다. 신상이 위태롭고 망신당
　　　할 운이니 매사에 조심해라.

10월 : 하늘은 높고 달이 밝은 운으로 길하리라.

11월 : 주위의 도움으로 큰 어려움을 면하거나 형제의 일로 말못할
　　　일이 생길 운이다.

12월 : 무겁고 힘든 짐을 모두 떨쳐버리고 홀가분해지는 운이다.

정월 : 자손의 일로 근심할 운이요, 자손이나 아랫사람이 멀리 떠날 운이다.

2월 : 봄비가 내려 초목에서 꽃이 피는 운이다. 가족이 늘어날 운이요, 임신할 운이다.

3월 : 뜻을 이룰 운이다. 직장인은 진급하거나 출세할 운으로 길하다.

4월 : 애인이 생기거나 새로운 인연을 만날 운이요, 부부에게 경사가 생기거나 사업을 이룰 운이다.

5월 : 때를 만나 활동하니 바르게 성공할 운이다. 도처에 춘풍이 부는 운이니 명리를 모두 얻는다. 본성이 충직하니 부귀를 겸전한다. 갑년생과 유년생은 허욕이나 사랑에 빠질 운이다.

6월 : 뜻대로 되지 않을 운으로 노력은 많이 하나 얻는 것이 없다.

7월 : 부모의 우환이 생길 운이요, 문서를 잃을 운이요, 학생은 학업이 중단될 운이다. 역마살이 들어오니 이사할 운도 있다.

8월 : 하늘은 맑고 달은 희니 바다와 하늘이 한 빛이다. 금성(金姓)의 도움으로 뜻을 이룬다. 관록을 얻거나 슬하에 영화가 있다. 자년생은 문서로 풍파가 따르거나 정신적인 고통이 따를 운이다.

9월 : 허황한 일이나 뜬재물을 탐하지 마라. 오히려 손재한다. 가정에 근심이 생기거나 혈육간에 이별수가 따를 운이다.

10월 : 가까운 사람이나 믿은 사람에게 배신당할 운이요, 형제나 동료와 이별할 운이다. 해외로 나갈 운이나 덕이 되지 않는다.

11월 : 귀인의 도움으로 반드시 재물이 왕성할 운이다. 추진하는 일이 많으니 분주할 운이다.

12월 : 어두운 터널을 지나 밝은 광야로 나오는 운으로 새로운 일이나 변화를 찾아 분주하다.

정월 : 자손이나 아랫사람이나 문서문제로 타관으로 나갈 운이다. 형제의 경사가 생기거나 가까운 동료와 헤어질 운이다.

2월 : 가정에 경사가 생길 운이다. 자손이 출세할 운이요, 자손의 경사가 생길 운이요, 임신할 운이다.

3월 : 어두운 밤길에서 길을 잃고 방황할 운으로 마음의 갈피를 잡지 못하고 방황하리라.

4월 : 가정에 경사가 생길 운이다. 재물을 횡재할 운이요, 미혼자는 애인이 생길 운이다. 사업문제로 타관으로 가거나 이사한다.

5월 : 좋은 일로 내것을 주고 말못할 운이다. 하나를 얻고 하나를 잃을 운이니 해는 없으리라.

6월 : 부모에게 영화가 생기거나 새로운 문서를 잡을 운이다. 좋은 친구를 얻거나 동료의 도움으로 가정이 편안하다.

7월 : 가정에 경사가 생길 운이다. 부모의 경사가 생기거나 문서를 잡을 운이요, 학생은 새로운 학업을 할 운이다. 을년생은 연상과 사랑에 빠질 운이다.

8월 : 상가를 조심해라. 부모나 윗사람의 근심이 생길 운이요, 문서로 구설을 들을 운이다.

9월 : 하늘에 먹구름이 끼는 운이니 분수를 지켜라.

10월 : 어두운 터널을 지나 밝은 광야로 나오는 운이요, 봄비를 만난 초목이 무성한 운으로 길하리라. 진년생은 동료나 형제의 일로 정신적인 고통이나 건강에 해를 입을 운이다.

11월 : 가정에 경사가 생길 운으로 자손의 경사가 생긴다. 아랫사람의 도움으로 어려움을 면할 운이다.

12월 : 호사다마라, 가정에 경사는 생기나 구설이 따를 운이니 조심하고, 가까운 사람과 멀어질 운이니 조심해라.

圓空秘訣 6 6 5

정월 : 형제의 경사가 생기거나 형제나 동료와 헤어질 운이다. 올바르
　　　지 못한 직장을 구하거나 관으로 말하기 어려운 일이 생긴다.

2월 : 자손의 근심이 생길 운이요, 자손의 일로 구설이 따를 운이요,
　　　자손과 이별할 운이다.

3월 : 뜻을 잃을 운이요, 직장인은 직장을 잃을 운으로 불안하리라.

4월 : 십 년 가뭄에 단비가 내려 고목에서 꽃이 피는 운이요, 용이 여
　　　의주를 얻어 재주를 부리는 운이다. 사업이나 부부의 일로 여행
　　　할 운이다.

5월 : 부부에게 경사가 생길 운이요, 미혼자는 애인이 생길 운이다.
　　　사업을 이룰 운으로 길하리라.

6월 : 다른 사람의 도움으로 뜻을 이룰 운이다. 직장을 얻을 운으로
　　　길하리라.

7월 : 새로운 문서를 잡을 운이요, 부모의 경사가 생길 운이다. 윗사
　　　람의 도움으로 뜻을 이룰 운이다.

8월 : 역마살이 들어오니 이사하거나 타관으로 나가나 이득은 없으리
　　　라. 허영을 버리고 분수를 지키면 큰 해는 없으리라.

9월 : 어두운 터널을 지나 밝은 광야로 나오는 운으로 만사를 뜻대로
　　　이룬다. 그러나 경년생은 허영심이 발동할 운이니 조심하라.

10월 : 하나를 얻고 하나를 잃을 운이다. 북방으로 가면 좋은 동료를
　　　　만나고, 수성(水姓)의 도움으로 심신이 편안할 운이다. 그러
　　　　나 진년생과 사년생은 형제나 동료의 일로 정신적인 풍파가
　　　　따를 운이니 조심해라.

11월 : 하는 일에 장애가 많은 운이니 주의하라. 심신은 고달프나 소
　　　　득이 적으니 심력만 허비할 운이다.

12월 : 해외로 가거나 동료와 분주하게 활동할 운으로 뜻을 이룬다.

정월 : 자손의 경사가 생기거나 아랫사람의 일로 좋은 소식을 들을 운이다. 형제의 우환이 생기거나 가정에 근심이 생길 운이요, 자손이나 아랫사람의 일로 타관으로 나갈 운이다.

2월 : 동료의 도움으로 어려움을 해결할 운이요, 좋은 친구를 얻을 운으로 길하다. 그러나 신년생은 아랫사람이나 자손의 문제로 정신적인 고통이 따를 운이요, 자손과 이별할 운이다.

3월 : 관에 갈 운이나 해로운 일은 아니다. 출세할 운이요, 뜻을 이룰 운이다.

4월 : 부부의 근심이 생길 운이요, 가까운 사람과 이별할 운이요, 사업에 풍파가 따를 운이다. 부부나 사업문제로 여행을 떠나거나 이사할 운이다.

5월 : 집토끼를 두고 산토끼를 잡으려는 운으로 득이 되지 않는다.

6월 : 먹구름이 걷히고 밝은 태양이 솟아오르는 운이요, 어두운 밤이 지나고 밝은 아침이 오는 운으로 길하리라.

7월 : 문서로 손재가 따를 운이니 카드나 인장 등을 조심해라. 부모의 근심이 생길 운이요, 자신의 뜻을 잃을 운이니 조심해라.

8월 : 오곡이 풍년을 만나는 운이니 심신이 편안하다. 달밝은 밤에 벗과 함께 동산에 올라 여흥을 즐기는 운으로 길하리라.

9월 : 상가를 조심해라. 형제의 근심이 생기거나 가까운 사람을 잃을 운이요, 아랫사람의 근심이 생기거나 자손과 멀어질 운이다.

10월 : 가까운 사람이나 동료에게 배신당할 운이다. 갑자기 친절한 사람을 경계하라.

11월 : 적이 친구가 되어 돌아오는 운으로 신중하게 대처하면 해가 되지 않는다. 임년생은 사치나 사랑에 빠질 운이다.

12월 : 무리하면 되는 일도 어려워지는 운이니 분수를 지켜라.

정월 : 부부의 근심이 생길 운이요, 내것만 주고 덕은 없을 운이요, 사업에 어려움이 따를 운이다.

2월 : 문서에 좋은 소식이 있거나 문서나 부동산으로 재물을 얻을 운이다. 부부가 화합하니 가정이 편안하고, 미혼자는 애인이 생길 운이다. 신년생은 부부나 사업으로 정신적인 풍파가 생긴다.

3월 : 부모의 경사가 생기거나 문서나 부동산으로 횡재할 운이요, 학생은 새로운 학문을 할 운이다. 무년생과 기년생은 연상과 사랑에 빠질 운이다.

4월 : 처음은 좋으나 구설수가 따르고, 문서나 재물로 손해볼 운이다.

5월 : 재물은 얻으나 부모의 근심이 생길 운이다. 욕심부리지 않고 본심으로 정진하면 길하리라.

6월 : 다른 사람의 도움으로 뜻을 이룰 운이다. 재물이나 부부문제로 말못할 일이 생길 운이다. 주색을 삼가하라. 손재수가 있다.

7월 : 재물로 한 번 잃고 한 번은 득을 볼 운이다. 형제간에 멀어질 운이요, 형제나 동료의 일로 관에 갈 운이나 덕이 되지 않는다.

8월 : 어려운 고비에서 뜻을 이룰 운이요, 단신으로 노력하여 성취할 운이다. 부모의 경사가 생길 운이다.

9월 : 가정에 경사가 생길 운이다. 문서로 횡재할 운이요, 부모의 경사가 생길 운이다.

10월 : 자손의 경사가 생기나 말하지 못하고 근심할 일이 생긴다. 무리하면 구설수가 따르니 조심해라.

11월 : 부부간에 말못할 일이 생기거나 재물로 말못할 답답할 일이 생긴다. 문서로 횡재할 운도 있다.

12월 : 부모의 일로 근심이 생기거나 재물에 손해가 따른다. 부부간에 갈등이 생길 운이나 인내하면 화가 변하여 덕이 되리라.

정월 : 부부간에 말못할 근심이 생길 운이니 언쟁을 조심해라. 사업에 어려운 일이 생길 운이다.

2월 : 가정에 우환이 생길 운이다. 관재구설이 따를 운이요, 자손의 일로 말못할 일이 생길 운이다.

3월 : 가정에 경사가 생길 운이다. 부모의 경사가 생길 운이요, 문서로 좋은 일이 생길 운으로 길하다.

4월 : 일이란 때가 있는 법이다. 무리하면 되던 일도 좌절될 수 있으니 자중하라.

5월 : 억지로 하는 일은 실패한다. 하는 일마다 구설이 생기고 손재수가 따른다. 가정에 풍파가 그칠 날이 없을 운이니 동자신을 다스려라. 갑년생은 허영심이 생길 운이니 조심해라.

6월 : 부모의 일이나 문서로 마음이 상할 운이다. 관재구설을 조심해라. 허욕을 부리면 가정불화가 발생한다.

7월 : 어두운 밤길에서 방향을 잃는 운으로 형제나 동료의 일로 관에 갈 운이다. 어려운 일이 있으니 미리 주의하라.

8월 : 믿은 사람이나 가까운 사람에게 배신당할 운이다.

9월 : 다른 사람의 도움으로 가정이 편안할 운이요, 자손의 경사가 생길 운이다. 재물을 얻을 운이요, 관료는 출세할 운이다.

10월 : 자손의 일로 놀랠 운이다. 고집을 부리지 마라. 관재구설이 두렵다. 많은 사람을 지도하니 영화가 있다. 진년생은 자손의 일로 우환이 생길 운이니 조심해라.

11월 : 작은 것으로 크게 이룰 운이다. 북쪽으로 가지 마라. 다툴 일이 생긴다. 물을 조심해라. 자손의 근심이 생긴다.

12월 : 직장인은 자리를 잃을 운이다. 원한을 사지 마라. 자손에게 위험한 일이 생긴다. 해외로 나가거나 우환을 얻을 운이다.

정월 : 새로운 사업이나 일을 구상할 운이나 무리하면 되는 일도 어려워지니 순리에 응하라. 사업이나 부부의 일로 여행할 운이다.

2월 : 미혼자는 결혼할 운이요, 부부간에 경사가 생길 운이요, 사업을 이룰 운으로 길하리라.

3월 : 좋은 일로 아끼는 재물을 내줄 운이나 덕이 되지 않는다. 욕심을 부리다 망신당할 운이니 조심해라.

4월 : 다른 사람의 방해로 친구나 동료 사이에서 망신당할 운이다. 부부간에 놀랠 일이 생기거나 손재가 따를 운이다. 화성(火姓)을 조심해라. 방해가 된다.

5월 : 재물에 역마가 들어오니 타관으로 나가나 얻는 것은 없다. 가까운 동료에게 오해받을 운이니 조심해라. 새로운 이성친구가 생길 운이다.

6월 : 문서로 관에 갈 운이다. 부모의 근심이 생기거나 윗사람의 근심이 생길 운이다.

7월 : 형제간에 이별할 운이요, 가까운 사람이나 믿은 사람에게 배신당할 운이다. 을년생은 바람끼가 발동할 운이다.

8월 : 어두운 터널을 지나 밝은 광야로 나오는 운이요, 어제의 적이 친구가 되어 돌아오는 운으로 길하리라.

9월 : 가을 달밤에 외기러기가 날아가는 운으로 부부간에 생사이별수가 있으니 텃신에게 치성드려라. 화가 변하여 복이 되리라.

10월 : 초목이 봄비를 만나는 운이다. 친구의 도움으로 뜻을 이룰 운이요, 사업을 이룰 운이다.

11월 : 자손의 경사가 생길 운이다. 가족이 늘어날 운이요, 임신할 운이다.

12월 : 부모의 근심이 생기거나 문서를 잃을 운이니 조심해라.

圓空秘訣 6 7 4

정월 : 새로운 사업을 시작할 운이요, 사업이나 직장에 변화가 생길
　　　운이다. 역마가 있으니 이사할 운도 있다.

2월 : 긴 가뭄에 단비가 내려 만물이 새순을 내는 운으로 만사가 순조
　　　롭고 길하리라.

3월 : 가정에 근심이 생길 운이다. 부모의 근심이 생길 운이요, 문서
　　　잃을 운으로 카드나 인장 등을 조심해라.

4월 : 어두운 터널을 지나 밝은 광야로 나오는 운이요, 용이 여의주를
　　　얻어 천금을 희롱하는 운이다.

5월 : 하나를 얻고 하나를 잃을 운이다. 분수를 지키면 해는 면한다.

6월 : 다른 사람의 질투로 근심이 생길 운이요, 만사가 마음과 같지
　　　않아 심란할 운이다.

7월 : 형제나 동료의 도움으로 어려움에서 벗어날 운으로 길하다. 형
　　　제의 경사가 있으나 표현하지 못할 운이다. 계년생은 동료나 친
　　　구 때문에 허영심이 발동하거나 이성의 풍파가 따를 운이다.

8월 : 상가를 조심해라. 가까운 사람을 잃을 운이요, 믿은 사람에게
　　　배신당할 운이다.

9월 : 부모와 이별하거나 마음을 잃고 의견을 무시당할 운이다.

10월 : 타관으로 나갈 운이요, 슬하의 즐거움이 있거나 가정에 경사
　　　가 생길 운으로 길하다. 진년생과 사년생은 자손의 일로 정신
　　　적인 고통이 따를 운이니 조심해라.

11월 : 귀인의 도움으로 뜻을 이룰 운이다. 그러나 자손의 근심이 생
　　　기거나 자손의 일로 구설수가 따른다.

12월 : 호사다마라, 하는 일마다 구설이 생기니 만사를 신중하게 대
　　　처하라. 서두르면 손해수가 있다.

292

정월 : 귀인의 도움으로 문서나 부동산으로 횡재할 운이다. 부부에게 경사가 생기거나 사업이나 재물에 좋은 일이 생길 운이다.

2월 : 관재가 침범할 운이니 무리한 욕심은 삼가라. 부부나 재물문 제로 관에 갈 운으로 불리하다.

3월 : 하나를 잃고 하나를 얻을 운이니 길흉이 반반이다. 부모의 우환 이 생기거나 문서로 풍파가 따를 운이니 주의하라.

4월 : 먹구름이 걷히고 밝은 태양이 나타나는 운이다. 어렵고 힘들었 던 일들이 모두 사라지고 새로운 희망이 생길 운이다.

5월 : 부모나 자손의 일로 관에 가거나 문서를 잡을 운이다. 적이 친 구가 되어 돌아오는 운으로 길하리라.

6월 : 또다른 부모의 인연이 생기거나 말못할 문서를 잡을 운이다. 무 리하면 손해가 따르니 분수를 지켜라.

7월 : 상가를 조심해라. 형제의 우환이 생기거나 믿은 사람에게 배신 당한다. 새로운 문서를 잡거나 이사할 운이다.

8월 : 뜻대로 되는 일이 없고, 주위 사람의 근심이 생길 운이다.

9월 : 어두운 터널을 지나 밝은 광야로 나오는 운으로 길하리라. 자손 의 경사가 생기거나 임신할 운이다. 경년생은 연상과 사랑에 빠 질 운이요, 부모와 이별할 운이니 조심해라.

10월 : 시작은 어려워도 결실은 있을 운이다. 서두르면 되는 일이 없 으니 서서히 도모하라. 물가를 조심해라. 구설이 생긴다. 진 · 사년생은 자손이나 아랫사람의 일로 고통을 겪을 운이다.

11월 : 가정에 근심이 생길 운이다. 부모의 우환이나 윗사람의 일로 신경쓸 일이 생길 운이요, 아랫사람의 근심이 생길 운이다.

12월 : 먼 길을 나서지 마라. 신병을 얻을까 두렵다. 하나를 얻고 하 나를 잃을 운으로 길흉이 반반이다.

圓空秘訣 6 7 6

정월 : 부부에게 경사가 생기거나 새로운 사업을 시작할 운이요, 재물
　　　을 얻을 운이다. 그러나 자손의 우환이 따를 운이니 조심해라.
　　　사업이나 이성문제로 먼 길을 떠날 운이다.

2월 : 만사가 뜻대로 이루어질 운이나 허욕을 부리면 손재수가 따른
　　　다. 미혼자는 애인이 생길 운이다.

3월 : 귀인의 도움으로 부모의 경사가 생기거나 새로운 문서로 횡재
　　　할 운이다.

4월 : 공든탑이 무너지는 운이다. 매사에 자신감을 잃을 운이니 조심
　　　해라. 액운을 면하려면 용궁전에 치성드려라.

5월 : 어둠 속에서 서서히 불빛이 나타나는 운이나 과욕을 삼가하라.

6월 : 부모의 경사가 생길 운이요, 새로운 학문을 할 운이요, 새로운
　　　인연을 만날 운으로 길하리라.

7월 : 주위 사람을 지나치게 믿지 마라. 허망한 일이 생긴다. 내것을
　　　주고도 구설들을 운이니 조심하는 것이 상책이다. 묘년생은 사
　　　업이나 부부문제로 정신적인 우환이 따를 운이니 조심해라.

8월 : 오곡에 풍년이 드는 운이다. 많은 사람의 도움으로 즐겁다.

9월 : 사업에 어려움이 있거나 부모의 우환이 있거나 신경쓸 일이 생
　　　길 운이다. 상가를 조심해라. 슬하에 근심이 생긴다.

10월 : 먹구름이 걷히고 밝은 태양이 나타나는 운이다. 만사가 순조
　　　로울 운이니 성실히 행하면 길하리라.

11월 : 다른 사람의 음해로 자손의 근심이 생기거나 아랫사람의 일로
　　　구설이 따른다. 임신한 사람은 유산을 조심해라. 임년생은 연
　　　하와 사랑에 빠질 운이다.

12월 : 가정에 근심이 생길 운이요, 재물로 근심이 생기거나 사업에
　　　어려움이 따를 운이다.

294

圓空秘訣 681

정월 : 부부의 근심이 생길 운이요, 내것을 주고도 덕을 보지 못할 운
　　　이요, 사업에 근심이 생길 운이다.

2월 : 형제의 경사가 생기거나 좋은 친구를 얻을 운이다. 바람끼를 조
　　　심해라. 사업문제로 마음이 산란해질 운이다.

3월 : 정원에 매화가 만발하고 집안에 향기가 가득할 운이다. 가정에
　　　경사가 생길 운이요, 형제의 경사가 생길 운이다.

4월 : 가까운 사람을 잃을 운으로 사람을 너무 믿지 마라. 옛것은 가
　　　고 새로운 것을 얻을 운이다.

5월 : 하나를 얻고 하나를 잃을 운이다. 새로운 일을 시작하나 얻는
　　　것은 없으리라.

6월 : 형제나 동료의 경사가 생길 운이다. 부부간에 생리사별하거나
　　　근심이 생길 운이니 욕심을 부리지 마라. 을년생과 계년생은 형
　　　제간에 이별할 운이요, 정년생은 바람끼가 발동할 운이다.

7월 : 새로운 일을 시작할 운이다. 부부의 인연이 생기거나 새로운 인
　　　연을 만날 운이요, 미혼자는 애인이 생길 운이다.

8월 : 다른 사람의 모함으로 자손의 근심이 생기거나 아랫사람의 일
　　　로 신경쓸 일이 생기고, 따르던 사람에게 배신당할 운이다.

9월 : 상가를 조심해라. 형제의 근심이 생기거나 재물에 손해가 따를
　　　운이다. 가까운 사람과 멀어질 운이니 조심해라.

10월 : 부부에게 경사가 생기거나 좋은 인연을 만날 운이요, 새로운
　　　　사업을 시작할 운으로 길하리라.

11월 : 어두운 밤이 가고 밝은 아침이 오는 운으로 만사가 순조롭다.
　　　　임년생은 바람끼가 발동할 운이고, 유년생은 사업이나 부부문
　　　　제로 정신적인 고통이 따를 운이니 주의하라.

12월 : 과욕을 부리면 손재수가 따르나 분수를 지키면 길하리라.

정월 : 뜻을 이루지 못할 운이다. 다른 사람의 모함을 조심해라. 문서
　　　로 형액을 당할 운이요, 부모의 근심을 살 운이다.

2월 : 부모의 일이나 문서문제로 타관으로 나갈 운이나 소득은 없으
　　　리라. 새로운 일을 구상할 운이다.

3월 : 큰 일을 생각할 운으로 만사가 순조롭다. 그러나 갑년생은 형제
　　　나 동료를 잃을 운이요, 무년생과 기년생은 허영심이나 사랑에
　　　빠질 운이다.

4월 : 부모의 경사가 생기거나 문서를 잡을 운이다. 허욕을 부리지 마
　　　라. 관재구설이 따른다. 술년생과 해년생은 부모나 문서나 학문
　　　으로 정신질환이 따를 운이니 조심해라.

5월 : 부모의 우환이 생기거나 혈육간에 이별할 운이요, 문서를 잃거
　　　나 문서로 구설이 따를 운이니 조심해라.

6월 : 타관으로 가지 마라. 집에 있으면 길하나 나가면 신병을 운이
　　　다. 공직자는 좋은 일이 생길 운이다.

7월 : 귀인의 도움으로 뜻을 이룰 운이다. 문서나 부동산으로 천금을
　　　희롱할 운으로 길하리라.

8월 : 십 년 가뭄에 단비가 내려 고목에서 꽃이 피는 운이요, 봄비에
　　　매화가 만발하여 봉접이 모여드는 운으로 길하리라.

9월 : 형제의 근심이 생길 운이요, 형제간에 이별할 운이요, 믿은 사
　　　람에게 배신당할 운이다.

10월 : 공직자는 자리를 잃을 운이요, 사업가는 뜻을 잃을 운이다. 내
　　　　것을 주고도 원망을 들을 운이니 조심해라.

11월 : 귀인의 도움으로 뜻을 이루고, 미혼자는 애인이 생길 운이다.

12월 : 다른 사람의 모함으로 자리가 불안할 운이다. 부모의 일이나
　　　　나 문서로 관에 갈 운이나 때를 기다려라.

정월 : 시작은 화려하나 결실을 보기 어려울 운이다. 분수를 지키면
　　　해는 면하리라.

2월 : 추운 겨울이 가고 따뜻한 봄이 오는 운으로 만사가 순조롭다.
　　　을년생과 신년생은 사랑에 빠질 운이다.

3월 : 믿고 따르는 사람이 생길 운이요, 형제의 경사가 있으나 말못할
　　　운이다.

4월 : 상가를 조심해라. 부모의 근심이 생길 운이요, 문서로 손재할
　　　운이요, 사기당할 운이다. 역마가 들어오니 이사할 운도 있다.

5월 : 부정한 문서를 잡을 운이요, 부정한 생각으로 풍파가 따를 운이
　　　요, 바르지 못한 학문을 할 운이다.

6월 : 귀인의 도움으로 뜻을 이룰 운이다. 자손의 경사가 생기거나 임
　　　신할 운으로 길하리라.

7월 : 맑은 하늘에 먹구름이 끼는 운으로 집안에 풍파가 따른다. 자손
　　　과 이별할 운이니 조심해라. 신년생은 아랫사람과 인연을 맺을
　　　운이요, 묘년생은 자손의 일로 정신적인 고통이 따를 운이다.

8월 : 광풍노도가 사라지고 밝은 아침을 맞는 운이다. 새로운 희망이
　　　있을 운이요, 임신할 운이다.

9월 : 뜻을 잃을 운으로 공직자는 자리를 잃는다. 액운을 면하려면 토
　　　지신에게 기도하라.

10월 : 밝히지 못할 재물을 얻을 운이요, 남모르는 친구나 애인이 생
　　　 길 운이나 해는 없으리라.

11월 : 부부에게 경사가 생길 운이요, 사업에 좋은 일이 생길 운이요,
　　　 미혼자는 애인이 생길 운으로 길하리라.

12월 : 관재구설이 따르거나 명예를 잃을 운이다. 자손이나 아랫사람
　　　 때문에 망신당할 운이니 조심해라.

정월 : 자손의 일로 타관으로 나갈 운으로 길하다. 이사할 운이요, 횡 재하거나 사업에 문제가 생길 운이다.

2월 : 용이 여의주를 얻는 운으로 길하리라.

3월 : 가정에 근심이 생길 운이다. 형제간에 이별할 운이요, 가까운 사람에게 배신당할 운이다. 진년생은 부부나 사업이나 직장문 제로 정신적인 고통이 따를 운이니 조심해라.

4월 : 부모의 경사가 생기거나 새로운 문서를 잡을 운이요, 학생은 새 로운 학문에 도전할 운이다.

5월 : 일이란 정해진 운과 때가 있는 법이니 욕심부리지 마라. 마음만 들뜨고 덕이 없을 운이다.

6월 : 밝히지 못할 친구가 생기거나 친구나 동료에게 음해를 당할 운 이다. 경거망동하지 말고 신중하게 처신하라.

7월 : 귀인의 도움으로 뜻을 이룰 운이다. 슬하에 좋은 일이 생길 운 으로 길하다. 을년생과 경년생은 연하와 사랑에 빠지고, 묘년생 은 자손이나 아랫사람 때문에 정신적인 고통이 따를 운이다.

8월 : 상가를 조심해라. 부부의 근심이 생기거나 재물에 손해가 따를 운이다. 타관으로 나가지 마라. 소득이 없다.

9월 : 갑자기 친절한 사람을 경계하라. 믿은 사람에게 배신당할 운이 요, 형제의 근심이 생길 운이다.

10월 : 어두운 터널을 지나 밝은 광야로 나오는 운이다. 만사가 순조 롭고 뜻을 이룰 운이다.

11월 : 부부에게 경사가 생길 운이요, 미혼자는 애인이 생길 운이다. 재물에 횡재할 운으로 대길하다.

12월 : 자신을 낮추고 경거망동하지 마라. 허욕으로 패가망신할 운이 다. 그러나 분수를 지키면 큰 해는 면하리라.

정월 : 애인이 생길 운이요, 사업을 이룰 운이다. 그렇지 않으면 부부
　　　에게 경사가 있으리라.

2월 : 관재가 침범할 운이요, 부부나 사업문제로 관에 갈 운이요, 직
　　　장인은 자리가 불안할 운이다.

3월 : 과욕을 버려라. 망신당할 운이다. 분수를 지키면 화는 면한다.

4월 : 새로운 학문이나 새로운 일을 구상할 운이요, 새로운 문서를 잡
　　　을 운으로 길하리라.

5월 : 부모의 경사가 생길 운이요, 윗사람의 도움으로 뜻을 이룰 운으
　　　로 편안하리라.

6월 : 주위에 많은 사람이 모여드는 운이요, 다른 사람의 도움으로 좋
　　　은 친구를 얻을 운이다.

7월 : 상가를 조심해라. 믿은 사람과 멀어지거나 형제의 우환이 생길
　　　운이다. 허욕을 부리지 마라. 구설수가 따른다.

8월 : 자손의 우환이 생기거나 아랫사람에게 어려움이 따를 운이다.
　　　해외로 나가거나 이사할 운이요, 신병이 따를 운이다.

9월 : 초목이 봄비를 만나는 운이요, 어두운 밤이 가고 밝은 아침이
　　　오는 운으로 길하다. 갑년생은 형제와 이별할 운이요, 경년생은
　　　허영심이나 바람끼가 발동할 운이다.

10월 : 가정에 경사가 생길 운이다. 부부에게 경사가 생길 운이요, 새
　　　　로운 직장을 구하거나 사업에 좋은 소식이 있을 운이다. 진ㆍ
　　　　사년생은 부부나 재물이나 사업문제로 고통이 따를 운이다.

11월 : 만사에 장애가 많이 따를 운이니 소득은 없으리라. 액운을 면
　　　　하려면 용왕전에 기도하라.

12월 : 몸은 분주하나 결실을 보기 어려울 운이다. 그러나 분수를 지
　　　　키면 길하리라.

圓空秘訣 686

정월 : 부부의 근심이 생기거나 사업에 문제가 생길 운이요, 새로운
　　　일을 구상할 운으로 윗사람의 도움을 받으면 길하리라.

2월 : 뜻을 이룰 운으로 길하다. 미혼자는 애인이 생길 운이요, 좋은
　　　인연을 만날 운이다.

3월 : 정원에 꽃이 만발하는 운이다. 가정에 경사가 생길 운이요, 형
　　　제가 출세할 운이다.

4월 : 부모의 근심이 생길 운이요, 문서로 사기당할 운이요, 학생은
　　　학업이 중단될 운이다. 역마운이 들어오니 이사할 운도 있다.

5월 : 내것을 주어도 기분좋은 일이 생길 운이요, 좋은 인연이나 배우
　　　자를 만날 운이요, 재물을 얻을 운이다.

6월 : 십 년 가뭄에 단비가 내려 초목에서 새순이 돋는 운으로 만사가
　　　길하다.

7월 : 다른 사람이 자손을 음해할 운이요, 아랫사람의 음해로 어려움
　　　에 처할 운이다.

8월 : 오곡에 풍년이 드는 운이다. 과거를 떨쳐버리고 새로운 일에 도
　　　전할 운이다.

9월 : 일이란 시기와 때가 있는 법이니 무리하지 말고 기다려라.

10월 : 부부나 사업문제로 마음이 복잡하고 산란할 운이다. 출세를
　　　위하여 관에 갈 운으로 길하리라.

11월 : 부부에게 경사가 생길 운이요, 사업에 좋은 소식이 있을 운이
　　　요, 미혼자는 마음에 드는 인연을 만날 운으로 길하다. 임년생
　　　은 바람끼가 발동할 운이다.

12월 : 봄비가 와도 초목이 싹을 내지 못할 운이다. 뜻을 나타내지 못
　　　하니 입산수도 하고 싶은 심정이리라.

정월 : 재물을 사기당할 운이요, 동료에게 배신당할 운이다. 그렇지 않으면 믿은 사람에게 손재수를 당한다.

2월 : 정신적으로 불안한 운으로 바른 마음이 필요하다.

3월 : 메마른 싹이 비를 만나는 운이다. 즐거움을 혼자 간직하리라.

4월 : 문서를 잃을 운이요, 부모의 근심이 생길 운이요, 학생은 학업이 중단될 운이요, 의지를 잃을 운이니 조심해라.

5월 : 맑은 하늘에 먹구름이 끼는 운이요, 따뜻한 봄날에 서리가 내리는 운으로 만사가 어렵고 힘들다.

6월 : 적이 친구가 되어 돌아오는 운이다. 친구나 동료와 새로운 일을 모색할 운으로 길하리라.

7월 : 가정에 경사가 생길 운으로 반드시 임신하고, 부부가 화순하니 집안에 즐거움이 가득하리라.

8월 : 부부간에 생리사별하거나 사업에 어려움이 따를 운이다. 손재수가 있으니 친구를 믿지 말고, 금성(金姓)을 조심해라.

9월 : 손재수가 분분하니 구설을 면하기 어렵다. 상가를 조심해라. 형제나 동료와 갈등이 생기고, 가까운 사람을 잃을 운이다.

10월 : 부부의 근심이 생기거나 사업에 어려움이 따를 운이요, 부정한 사람을 만나 새로운 일을 벌릴 운이다.

11월 : 돛단배가 순풍을 만나는 운으로 집안이 흥왕하고 편안하다. 작은 것을 구하다 큰 것을 얻는 운으로 대길하다. 임년생은 바람끼가 발동할 운이요, 유년생은 부부나 사업문제로 정신적인 고통이 따를 운이다.

12월 : 형제나 친구의 경사가 생길 운이요, 주위의 도움으로 새로운 일을 시작할 운으로 길하다. 을년생과 정년생과 계년생은 형제와 이별수가 있다.

圓空秘訣 7 1 2

정월 : 큰 뜻으로 새로운 일을 시작할 운이요, 명예를 얻거나 출세할
운이다. 갑년생과 병년생은 바람끼가 발동할 운이다.

2월 : 관재구설이 따르거나 망신당할 운이요, 혈육간에 근심이 생기
거나 이별수가 따를 운이니 조심해라.

3월 : 기지가 발동하니 이사하면 길하다. 배를 타지 말고, 목성(木姓)
을 조심해라. 반드시 화가 있다.

4월 : 귀인의 도움으로 뜻을 이룰 운이다. 남방으로 가면 길하다. 출
세하거나 명예를 얻으리라.

5월 : 하나를 얻고 하나를 잃을 운이다. 뜻을 말하지 못하고 답답할
운이다. 허욕을 버려라. 구설수가 따른다.

6월 : 만사가 순조롭게 뜻을 이룰 운이다. 토성(土姓)의 도움으로 가
정이 화목할 운이나 과욕을 부리면 구설수가 따른다.

7월 : 자손의 경사가 생길 운이요, 임신할 운으로 길하다.

8월 : 오곡에 풍년이 드는 운으로 가정이 화목하다. 만사가 순조로우
니 심신이 편안하고 즐겁다.

9월 : 형제나 동료의 도움으로 큰 일을 구상할 운이요, 주위의 도움으
로 뜻을 이룰 운으로 길하다.

10월 : 좋은 일로 내것을 내주는 운이다. 애인이 생기거나 남모르는
재물을 모을 운이다.

11월 : 출세나 뜻을 이루려고 타관으로 나갈 운이나 소득은 없다. 문
을 나서면 괴롭고 집에 있으면 길하리라.

12월 : 가까운 사람이나 믿은 사람이 멀어질 운이다. 허욕을 부리면
되는 일이 없고 구설이 생기니 조심해라. 을년생과 정년생과
계년생은 형제간에 이별할 운이요, 오년생은 동료나 형제의
일로 정신적인 고통이 따를 운이다.

圓空秘訣 7 1 3

정월 : 형제의 우환이 생기거나 가까운 사람의 일로 근심이 생길 운이다. 형제나 동료와 이별할 운이다.

2월 : 믿은 사람에게 배신당할 운이니 가까운 사람을 경계하라. 그렇지 않으면 가정에 우환이 따른다. 건강을 조심해라.

3월 : 공명이나 큰 재물을 얻을 운이다. 명령에 권위가 있으니 도처에 춘풍이로다. 갑년생과 경년생은 형제간에 이별할 운이다.

4월 : 부모의 경사가 생기거나 새로운 문서를 잡을 운이요, 학생은 새로운 학업을 할 운이다.

5월 : 과욕을 버리고 분수를 지키면서 순리에 응하면 복이 찾아들 운이다. 축년생은 형제나 동료의 일로 정신적인 어려움이 따른다.

6월 : 가정이 화평하니 복록이 오고, 동방에서 우연하게 재물을 얻을 운이다. 토성(土姓)의 도움으로 좋은 일이 있으리라.

7월 : 서방 사람은 재물이 불리하다. 금성(金姓)을 조심해라. 손재를 면하기 어렵다. 어려울 때 귀인의 도움을 받을 운이다.

8월 : 운수는 길하나 신상에 근심이 있다. 가까운 사람을 너무 믿으면 낭패를 본다. 자손이나 아랫사람의 일로 관에 갈 일이 생긴다.

9월 : 어렵고 힘든 일이 물러가고 새로운 희망이 솟는 운이다. 주위의 도움으로 만사가 순조롭다.

10월 : 미혼자는 애인이 생길 운이요, 기혼자는 바람끼가 발동할 운이다. 허욕을 부리면 망신당할 운이니 조심해라.

11월 : 동짓달과 섣달에는 반드시 경사가 생긴다. 해상(海商)을 만나면 우연히 큰 재물을 얻을 운이요, 성심으로 노력하면 길하다.

12월 : 소가 푸른 초원을 만나는 운으로 식록이 진지하고, 춘풍삼월에 방초가 아름다운 운으로 만사가 순조로우니 무엇을 더 바라겠는가.

정월 : 귀인의 도움으로 좋은 동료를 만날 운이다. 자손의 경사가 있
　　　으나 이별할 운이다.

2월 : 슬하에 경사가 생기지 않으면 구설수가 따를 운이다. 가정에 경
　　　사가 생길 운이다. 그러나 혈육간에 이별수도 있다.

3월 : 춘풍에 도화가 만발하여 봉접이 모여드는 운이다. 형제나 동료
　　　의 경사가 생길 운으로 길하리라.

4월 : 가정에 경사가 생길 운이다. 부모의 경사가 생길 운이요, 새로
　　　운 문서를 잡거나 새로운 생각으로 일을 도모할 운이다.

5월 : 다른 사람의 도움으로 뜻을 이룰 운으로 길하리라. 비밀이 있는
　　　문서를 잡을 운이다.

6월 : 상가를 조심해라. 형제의 근심이 생기거나 우환이 따를 운이다.
　　　가까운 사람을 경계하라. 사기당할 가능성이 있다.

7월 : 시작은 화려하나 결실이 없는 운으로 욕심을 부리면 실패한다.

8월 : 소가 푸른 초원을 만나는 운으로 식록이 무궁하다. 서쪽으로 가
　　　면 만사가 길하다. 신년생은 연하와 사랑을 나눌 운이요, 자년
　　　생은 자손이나 아랫사람 때문에 정신적인 고통이 따를 운이다.

9월 : 형제나 동료의 경사가 생길 운이다. 동료와 함께 뜻을 이룰 운
　　　이다. 갑년생과 경년생은 형제나 동료와 이별할 운이다.

10월 : 북쪽으로 가지 마라. 집안에 근심이 생긴다. 수성(水姓)을 조
　　　심해라. 허욕을 버리고 정도를 지키면 길하리라.

11월 : 자손의 경사가 생기거나 자손에게 좋은 친구가 생길 운이다.
　　　내것을 주고도 원망을 들을 운이니 조심해라.

12월 : 귀인의 도움으로 뜻을 이룰 운이다. 만사가 순조로우니 심신
　　　이 편안하다.

정월 : 부모나 문서로 근심하거나 형액이 따를 운이니 조심해라. 부부
　　　의 근심이 생기거나 재물에 손해가 따른다.

2월 : 상가를 조심해라. 부모의 우환이 생기거나 문서를 잃을 운이다.
　　　새로운 인연을 만나거나 애인이 생길 운이요, 사업으로 마음이
　　　분주할 운이다.

3월 : 친구나 동료의 일로 관에 갈 운으로 불리하니 신중해라.

4월 : 부모의 우환이 따를 운이요, 부모와 이별할 운이다. 그렇지 않
　　　으면 문서를 잃거나 손재수가 따른다. 술년생과 해년생은 문서
　　　나 부모의 일로 어려운 일이 생길 운이다.

5월 : 어두운 터널을 지나 밝은 광야로 나오는 운이다. 새로운 희망으
　　　로 새로운 일을 구상할 운으로 길하리라.

6월 : 상가를 조심해라. 믿은 사람이나 가까운 사람이 등을 돌릴 운이
　　　요, 형제의 우환이 따를 운이다.

7월 : 사업을 이룰 운이요, 재물을 얻을 운이다. 부모의 경사가 생기
　　　거나 부동산이나 문서로 횡재할 운이다.

8월 : 귀인의 도움으로 사업을 이룰 운이요, 말못할 재물을 얻을 운이
　　　다. 그렇지 않으면 부모나 문서로 내색하지 못할 일이 생긴다.

9월 : 가까운 사람을 잃을 운이다. 토성(土姓)을 조심해라.

10월 : 새로운 사업을 시작하거나 새로운 인연으로 마음이 산란하고
　　　　번잡할 운이다. 타관으로 나가거나 이사할 운이 있다.

11월 : 사업에 좋은 일이 생길 운이요, 바람끼가 발동할 운이요, 미혼
　　　　자는 인연을 만날 운이다. 임년생은 사치나 바람끼가 있고, 유
　　　　년생은 부부나 재물문제로 정신적인 어려움이 따를 운이다.

12월 : 문서나 부동산으로 횡재할 운이요, 문서로 관에 갈 운이다. 부
　　　　부간에 생리사별하거나 재물에 손해가 따르니 조심해라.

정월 : 출세하거나 명예를 얻을 운이다. 자손과 헤어질 운이나 좋은
　　　일이다. 갑년생과 병년생은 사치심이 발동하거나 연하와 사랑
　　　을 나눌 운이다.

2월 : 분수를 지키면 길하나 허욕을 부리면 망신당할 운이다. 자손의
　　　우환이 따를 운이니 조심해라.

3월 : 형제의 일로 마음이 번잡하고 산란할 운이요, 이별수가 있으니
　　　조심해라. 후회할 일이 생긴다. 모든 것을 잃고 타관으로 떠날
　　　운이다. 액운을 면하려면 토지신에게 기도하라.

4월 : 새로운 의욕으로 일을 시작할 운이요, 부모의 경사가 생길 운이
　　　다. 가정에 길조가 날아드니 좋은 일이 있으리라.

5월 : 월계관을 쓰는 운이다. 출세할 운이요, 문서로 횡재할 운이다.

6월 : 상가를 조심해라. 형제의 우환이나 동료의 근심이 생긴다. 큰
　　　일을 하려다 구설을 들을 운이니 신중하게 대처하라.

7월 : 새로운 일로 마음이 분주할 운이나 허욕을 버려라. 구설을 들을
　　　까 두렵다. 그렇지 않으면 이사할 운이다.

8월 : 가족이 늘어날 운이요, 임신할 운이요, 아랫사람이나 자손의 경
　　　사가 생길 운이다. 유년생은 바람끼가 발동할 운이고, 자년생은
　　　아랫사람이나 자손의 일로 정신적인 어려움이 따를 운이다.

9월 : 부동산이나 사업이 길한 운이다. 주위의 도움으로 길하리라.

10월 : 남의 것을 탐내나 내것만 잃고 덕이 되지 않을 운이다. 그러나
　　　분수를 지키면 큰 해는 면하리라.

11월 : 명예를 잃을 운이요, 공직자는 자리를 잃을 운이다. 그렇지 않
　　　으면 타관으로 나갈 일이 생기고, 자손의 근심이 생긴다.

12월 : 어두운 터널을 지나 밝은 광야로 나오는 운이다. 귀인의 도움
　　　으로 만사가 순조로울 운이요, 가정에 좋은 일이 생길 운이다.

정월 : 뜻이 성사되기 어려울 운이다. 갑년생은 연상과 사랑을 나눌 운이다.

2월 : 봄비가 와도 초목이 새순을 내지 못할 운으로 마음이 조급하다.

3월 : 상가를 조심해라. 형제의 근심이나 이별이 있을 운이요, 가까운 사람이나 믿은 사람이 등을 돌릴 운이다.

4월 : 길성이 비치니 반드시 성공할 운이요, 작은 것으로 큰 것을 바꾸는 운이니 반드시 재물이 성한다. 술년생과 해년생은 부모나 학문이나 정신적인 일로 우환이 따를 운이다.

5월 : 부모의 경사가 생기거나 출세할 운이다. 관을 상대로 큰 일을 도모할 운으로 길하다.

6월 : 부모나 문서문제로 타관으로 나갈 운이나 이익은 없다. 다투지 마라. 망신당할 운이다.

7월 : 출세나 욕망을 이루기 위해 타관으로 나갈 운이요, 부모의 경사가 생기거나 문서로 횡재할 운이다. 그러나 허망함이 있으니 과욕을 버려라.

8월 : 가족이 늘어날 운이요, 임신할 운이다. 자손이나 아랫사람의 경사가 생길 운으로 길하리라.

9월 : 다른 사람의 모함으로 정신적인 어려움이 따를 운이다. 갑자기 친절한 사람을 경계하라. 믿는 도끼에 발등찍힌다.

10월 : 직장을 얻을 운이요, 부부의 인연을 만날 운이요, 이성이나 사업문제로 타관으로 나가거나 이사할 운이다.

11월 : 좋은 일로 내것을 주고도 말썽을 들을 운이니 무리하지 마라. 경거망동하면 패가한다.

12월 : 뜻밖의 재물을 얻을 운이요, 부모나 문서로 마음이 산란하고 번잡할 운으로 가정에 경사가 있으리라.

정월 : 정월과 2월은 뜻을 이룰 운으로 만사가 형통하니 의기가 양양하다. 갑년생과 병년생은 사치심이나 바람끼가 발동할 운이요, 미년생은 마음을 잡지 못할 운이다.

2월 : 허욕을 부리다 망신당할 운이니 조심해라. 과욕을 부리지 않고 순리대로 행하면 출세하리라. 을년생은 이성문제가 따를 운이요, 신년생은 마음의 풍파가 따를 운이다.

3월 : 큰 뜻이 좌절될 운이다. 그렇지 않으면 역마살이 있으니 이사하거나 자리 변동이 있다.

4월 : 하나를 얻고 하나를 잃을 운이다. 변화를 찾지 마라. 하던 일도 되지 않는다. 자중하면서 때를 기다리면 복이 오리라.

5월 : 귀인의 도움을 받거나 새로운 욕망으로 마음이 번잡할 운이다. 부정한 길을 행하지 마라. 모함하는 사람이 있다.

6월 : 다른 사람의 모함으로 망신당할 운이요, 형제나 동료와 이별할 운이니 조심해라.

7월 : 지루한 여름 장마에 오곡이 녹는 운으로 가족간에 이별한다.

8월 : 뜻이 좌절될 운이니 심신이 허탈하고, 가을밤에 기러기가 혼자 날아가는 운이니 외롭고 쓸쓸하다.

9월 : 출세나 욕망 때문에 마음이 산란하고 불안할 운이다. 만사에 장애가 많으니 심력만 허비할 운이다.

10월 : 밝히지 못할 재물이나 사람을 얻을 운이다. 사업에 어두운 그림자가 있으니 조심해라.

11월 : 집에 있는 것이 길하다. 송사에 참여하지 마라. 이익은 없고 손해만 있다. 질병에 걸리거나 실물수가 따른다.

12월 : 시비를 조심해라. 구설이 침범한다. 출세에 장애가 있으니 조심해라. 허욕을 부리지 않고 성실히 행하면 길하리라.

圓空秘訣 7 2 3

정월 : 상가를 조심해라. 형제의 우환이 생기고, 믿은 사람이 멀어질
 운이다. 그렇지 않으면 동료나 친구 때문에 마음이 상한다.

2월 : 형제간에 이별하거나 믿은 사람이 배신할 운이다. 믿는 도끼에
 발등찍힐 운으로 친절한 사람을 조심해라.

3월 : 어두운 밤이 가고 밝은 아침이 오는 운으로 편안하리라.

4월 : 문서로 횡재할 운이요, 학생은 새로운 학업으로 좋은 결과 얻을
 운이요, 부모의 경사가 생길 운이다.

5월 : 다투지 마라. 재물로 마음을 상한다. 문서를 잃거나 사기를 당
 할 운이니 카드나 인장 등을 조심해라.

6월 : 초목이 봄비를 만나는 운이다. 친구와 의기투합하여 큰 일을 도
 모할 운이다.

7월 : 자손이 출세할 운이요, 아랫사람의 도움으로 큰 일을 할 운이
 다. 만사가 순조로우니 길하리라.

8월 : 정원의 난초가 향기를 발하는 운으로 재리가 있으니 사방에 이
 름을 떨친다. 그렇지 않으면 동료와 멀어진다.

9월 : 하늘이 기이한 복을 주는 운으로 식록이 진지하다. 과욕을 버려
 라. 손재할 운이다. 재수는 있으나 소득은 없다.

10월 : 상가를 조심해라. 가까운 사람을 잃을 운이요, 믿은 사람에게
 배신당할 운이니 조심해라. 모든 사람이 떠나니 허전하리라.

11월 : 새로운 친구를 얻을 운이요, 애인이 생길 운이요, 과거에 급제
 하여 관대를 찰 운으로 가정에 경사가 있으리라.

12월 : 바위 위에서 푸른솔이 묵묵히 자라는 운으로 운수가 형통하니
 진인을 만난다. 욕심을 버리고 정도를 행하면 길하리라. 을년
 생과 정년생과 계년생은 형제나 동료와 이별할 운이요, 축년
 생은 형제나 동료 때문에 정신적인 고통이 따를 운이다.

정월 : 관재구설을 조심해라. 시비가 중중하다. 관을 상대하는 일에
　　　손재수가 있으니 경거망동하지 마라.

2월 : 봄비가 내려 초목에서 새순이 돋는 운이다. 고통이 즐거움으로
　　　변할 운으로 만사가 순조로우니 길하리라.

3월 : 가정에 경사가 생길 운이요, 형제나 동료의 일로 좋은 소식이
　　　있을 운이다.

4월 : 새로운 문서를 잡을 운이요, 학생은 새로운 학문을 할 운이요,
　　　사업가는 새로운 사업을 구상할 운이다.

5월 : 다른 사람의 도움으로 뜻을 이룰 운이니 길하다.

6월 : 상가를 조심해라. 아랫사람의 근심이 생기거나 우환이 따를 운
　　　이다. 가까운 사람을 경계하라. 사기당할 운이다.

7월 : 하나를 얻고 하나를 잃을 운이다. 시작은 화려하나 결실을 맺기
　　　어려울 운으로 욕심을 부리면 실패할 수 있다.

8월 : 초목이 봄비를 만나는 운이요, 소가 풀밭을 만나는 운으로 식록
　　　이 무궁하다. 서쪽으로 나가면 만사가 순조롭고 길하리라.

9월 : 자손의 우환이나 근심이 생길 운이다. 혼자하는 것보다 동료와
　　　함께하는 일로 이득을 보리라. 갑년생은 형제간에 이별할 운이
　　　요, 무년생과 경년생은 바람끼가 발동할 운이요, 진년생과 사년
　　　생은 형제나 동료의 일로 정신적인 고통이 따를 운이다.

10월 : 북쪽으로 가지 말고 수성(水姓)을 조심해라. 그러나 허욕을
　　　 부리지 않고 정도를 지키면 길하리라.

11월 : 부부의 우환이나 근심이 생기고, 사업에 말못할 근심이 생길
　　　 운이다. 자년생은 자손의 일로 정신적인 어려움이 따른다.

12월 : 귀인의 도움으로 뜻을 이룰 운이다. 만사가 순조로우니 심신
　　　 이 편안하다.

정월 : 부모나 문서로 근심할 운이다. 그렇지 않으면 형액이 따른다. 부부의 근심이 생기거나 재물에 손해가 따를 운이다.

2월 : 다른 사람의 모함으로 뜻을 이루기 어려울 운이다.

3월 : 새로운 사업을 시작하거나 횡재할 운이요, 말못할 재물을 얻거나 사업상 말못할 근심이 생길 운이다.

4월 : 부모의 경사가 생기거나 문서를 잡을 운이다. 내것을 잃어도 기분좋은 일이 생기거나 애인이 생길 운이다. 술년생과 해년생은 부모나 문서로 정신적인 어려움이 따를 운이다.

5월 : 새로운 일을 구상할 운이요, 새로운 마음으로 새로운 일을 시작할 운으로 길하리라.

6월 : 부부간에 생리사별하거나 새로운 인연으로 마음이 산란할 운이요, 사업문제로 마음이 분주하고 번잡할 운이다.

7월 : 뜻을 이룰 운이요, 재물을 얻을 운이다. 자손의 경사가 생기거나 부동산이나 문서로 횡재할 운이다.

8월 : 귀인의 도움으로 사업을 이룰 운이요, 말못할 재물을 얻을 운이다. 그렇지 않으면 부모나 문서로 드러내지 못할 일이 생긴다.

9월 : 부부의 우환이 생기거나 재물에 손해가 따를 운이다. 부모의 일이나 문서로 망신당할 운이니 조심해라.

10월 : 새로운 사업을 시작하거나 새로운 인연으로 마음이 산란하고 번잡할 운이다. 타관으로 나가거나 이사할 운이다.

11월 : 부부에게 경사가 생길 운이요, 미혼자는 인연을 만날 운이요, 새로운 사업을 할 운으로 길하다. 임년생은 허영심이나 바람끼가 발동하고, 유년생은 부부나 사업문제로 고통이 따른다.

12월 : 문서나 부동산으로 횡재할 운이요, 문서문제로 관에 갈 운이다. 부부간에 생리사별하거나 재물에 손해가 따를 운이다.

정월 : 출세하거나 명예를 얻을 운이요, 자손의 경사가 있으나 자손과
　　　헤어질 운이다. 갑년생은 사랑에 빠질 운이다.

2월 : 십 년 가뭄에 단비가 내려 고목에서 새순이 돋는 운이다. 가정
　　　에 밝은 빛이 들어오는 운으로 길하리라.

3월 : 자손의 일로 마음이 산란할 운이다. 이별수가 있으니 조심해라.
　　　후회할 일이 생긴다. 모든 것을 잃고 타관으로 떠날 운이다.

4월 : 새로운 의욕으로 일을 시작할 운이요, 슬하에 경사가 생길 운이
　　　다. 가정에 길조가 날아드는 운으로 좋은 일이 있으리라.

5월 : 관을 상대할 운으로 좋은 일이 생긴다. 부모의 경사가 생기거나
　　　새로운 문서를 잡을 운으로 길하다.

6월 : 상가를 조심해라. 형제의 우환이 생기거나 동료의 근심이 생길
　　　운이다. 큰 일을 하려다 구설을 들을 운이니 신중하라.

7월 : 새로운 일을 하려고 마음이 분주할 운이나 허욕을 버려라. 구설
　　　을 들을까 두렵다. 그렇지 않으면 이사하거나 여행할 운이다.

8월 : 명예와 의욕을 잃을 운이다. 자동차를 조심해라. 신병을 얻을까
　　　두렵다. 신년생은 연하와 사랑에 빠질 운이요, 자년생은 자손이
　　　나 아랫사람 때문에 정신적인 고통이 따를 운이다.

9월 : 출세하지 않으면 신액이 따를 운이니 건강을 조심해라. 자손의
　　　근심이 생기거나 이별수가 따른다. 토지신을 달래드려라.

10월 : 다른 사람의 음해로 구설수가 따른다. 뜻을 이루기 어려울 운
　　　　이요, 가정에 우환이 생길 운이다.

11월 : 명예를 얻을 운이요, 공직자는 출세할 운이다. 부부의 인연이
　　　　생기거나 재물에 횡재가 따를 운이다.

12월 : 어두운 터널을 지나 밝은 광야로 나오는 운이다. 귀인의 도움
　　　　으로 만사가 순조로울 운이요, 가정에 경사가 생길 운이다.

정월 : 뜻을 성취하려고 마음이 산란할 운으로 재록이 풍만하니 만사
　　　를 순조롭게 이루리라. 그러나 형제나 동료를 잃을 운이다.

2월 : 길성의 도움으로 공명을 얻을 운이요, 귀인의 도움으로 뜻을 이
　　　룰 운으로 반드시 기쁜 일이 생기리라. 무년생과 기년생과 을년
　　　생은 바람끼가 발동할 운이니 조심해라.

3월 : 마음을 잃을 운이요, 공직자는 자리가 불안할 운이다. 그러나
　　　좋은 친구나 동료를 만나 재수가 형통하니 날로 천금을 얻는다.
　　　갑년생과 경년생은 형제와 이별수가 있다.

4월 : 성심으로 치성하고 움직이면 허물이 없을 운이다. 재물을 얻지
　　　못하면 오히려 화가 되는 운이다. 화성(火姓)을 조심해라.

5월 : 집을 지키면 길하나 멀리 나가면 불리하다. 동남은 불리하다.
　　　귀인을 만나면 임금의 은혜를 얻는 격이 되리라.

6월 : 모든 냇물이 바다로 흐르는 운으로 작은 것으로 큰 것을 이룬
　　　다. 뜻밖에 귀인의 도움을 받거나 한 때 곤고할 운이다.

7월 : 보고도 먹지 못할 운으로 좋은 일에 장애가 많다.

8월 : 여자를 멀리 하라. 구설을 면하기 어렵다. 관록을 얻거나 아들
　　　을 낳을 운이다. 금성(金姓)을 경계하라. 반드시 해롭다.

9월 : 꽃이 떨어지고 봄이 오지 않으니 봉접이 오지 않는 운이다. 구
　　　해도 얻지 못할 운이니 분수를 지키는 것이 상책이다.

10월 : 출세하지 않으면 관재구설이 따를 운이니 조심해라. 형제나
　　　　동료를 잃을 운이니 가까운 사람을 경계하라.

11월 : 다른 사람의 모함으로 뜻을 이루기 어려울 운이요, 관재구설
　　　　이 따를 운이다.

12월 : 매사에 조심해라. 신상이 위태롭다. 친한 사람을 경계해라. 은
　　　　혜가 원수된다. 토성(土姓)을 경계해라. 덕이 되지 않는다.

정월 : 화가 물러가고 복이 오는 운으로 형통하리라. 형제나 동료에게
　　　좋은 소식이 생길 운이다. 갑년생과 병년생은 사치나 이성에
　　　눈을 돌릴 운이다.

2월 : 욕심부리다 망신당할 운이나 분수를 지키면 길하리라. 가정에
　　　근심이 생길 운이다.

3월 : 과욕으로 타관으로 나가나 성사되지 않을 운이요, 이사할 운이
　　　다. 친구나 동료의 도움을 받으면 길하리라.

4월 : 귀인의 도움으로 뜻을 이룰 운이요, 명예를 얻을 운이다.

5월 : 봄가뭄에 단비가 내려 정원에 매화가 만발하는 운이다. 주위의
　　　도움으로 만사가 순조로울 운이다.

6월 : 소가 푸른 초원을 만나는 운이요, 꽃밭에 벌나비가 날아드는 운
　　　으로 식록이 무궁하고 어려움이 없으리라. 인년생은 허욕으로
　　　들뜰 운이니 조심해라.

7월 : 임신할 운이요, 자손의 경사가 생길 운이다.

8월 : 길은 적고 흉은 많을 운이다. 금성(金姓)을 경계하라. 횡액수가
　　　있으나 기도하면 면하리라.

9월 : 방해자가 따를 운이나 허욕을 버리고 정도를 지키면 길하리라.

10월 : 상가를 조심해라. 형제의 우환이 생기거나 이별수가 따를 운
　　　이다. 방해자가 있으니 구설을 면하기 어렵다. 분수 밖의 것을
　　　탐하지 마라. 해외로 나갈 운이다.

11월 : 옛것을 지키고 안정하라. 경거망동하면 실패한다. 처음에는
　　　잃으나 나중에 얻는 운이다.

12월 : 만사가 순조로울 운이다. 친한 사람을 경계해라. 은혜가 원수
　　　된다. 여색을 가까이 하면 반드시 손재하리라. 을년생과 정년
　　　생과 계년생은 형제와 이별할 운이다.

정월 : 좋은 재물을 얻기 위해 하나를 버릴 운이요, 옛것을 버리고 새
　　　것을 취할 운이다.

2월 : 신수가 대길하고 재수가 흥왕한 운이다. 꽃이 떨어져 열매를 맺
　　　는 운으로 반드시 아들을 낳고, 귀인이 항상 도와주니 재물이
　　　산처럼 쌓이리라.

3월 : 뜻밖에 성공하니 가도가 흥왕하다. 영귀하지 않으면 천금을 얻
　　　는다. 도가 높고 이름이 이로우니 사방에 이름을 떨친다. 갑년
　　　생과 경년생과 임년생은 형제간에 이별할 운이다.

4월 : 도처에 권리가 있을 운이요, 해외로 나갈 운이요, 이사할 운으
　　　로 길하다. 새로운 사업으로 분주할 운이다.

5월 : 허욕을 버리고 정도를 행하라. 그렇지 않으면 실물수가 따른다.
　　　가까운 사람이 등을 돌리고 멀어질 운이니 조심해라.

6월 : 운수가 형통하니 만사가 순조로울 운이다. 사업이나 재물문제
　　　로 관에 갈 운이요, 집안이 화목하니 소원을 이룰 운이다.

7월 : 말못할 재물이나 부정한 재물을 얻을 운이요, 바르지 못한 친구
　　　나 동료를 얻을 운이니 조심해라.

8월 : 부부의 근심이 생기거나 생리사별할 운이다. 그렇지 않으면 재
　　　물에 근심이 생길 운이다.

10월 : 백무양전에 백곡이 열매를 맺는 운이다. 입신양명하니 만사가
　　　　순조롭고, 가도가 왕성하니 명성이 현양하다. 그러나 진년생
　　　　과 사년생은 부부나 재물문제로 정신적인 풍파가 따른다.

11월 : 주색을 조심해라. 망신당할 운이다. 그렇지 않으면 부부의 우
　　　　환이 있거나 사업에 문제가 따른다. 관액도 있으니 조심해라.

12월 : 방해자가 따르니 조심해라. 가까운 사람을 잃을 운이다. 매사
　　　　에 무리하지 말고 때를 기다려라.

정월 : 귀인의 도움으로 좋은 동료를 만날 운이요, 자손과 이별할 운
　　　이나 좋은 일이다.

2월 : 슬하에 경사가 생기지 않으면 구설수가 따른다. 가정에 경사가
　　　생길 운이나 혈육간에 이별할 운이다.

3월 : 형제의 일로 마음이 산란하거나 주위 사람과 헤어질 운이다.

4월 : 자손이 출세하거나 자손에게 좋은 소식이 생길 운이다. 가까운
　　　사람과 멀어지거나 형제나 동료를 잃을 운이니 조심해라.

5월 : 자손을 모함하는 사람이 있으니 구설수가 생기거나 이별할 운
　　　이다. 동료와 큰 일을 도모할 운이다.

6월 : 상가를 조심해라. 아랫사람의 근심이나 우환이 따를 운이다. 가
　　　까운 사람을 경계하라. 사기당할 운이다

7월 : 시작은 화려하나 결실을 맺기 어려울 운이다. 욕심을 부리면 실
　　　패할 운이다. 자손의 일로 타관으로 나갈 운이다.

8월 : 초목이 봄비를 만나는 운이요, 소가 푸른 초원을 만나는 운으로
　　　길하다. 서쪽으로 나가면 만사가 길하리라. 자년생은 주위 사람
　　　으로 인하여 풍파가 따른다.

9월 : 형제의 우환이나 근심이 생길 운이다. 혼자하는 일보다 동료와
　　　함께 하는 일로 뜻을 이룬다. 갑년생과 경년생은 형제와 이별할
　　　운이고, 무년생과 경년생은 애인이 생기고, 진년생과 사년생은
　　　형제나 동료의 일로 정신적인 고통이 따를 운이다.

10월 : 북쪽으로 가지 마라. 집안에 근심이 생긴다. 수성(水姓)을 조
　　　심해라. 정도를 지키면 길하리라.

11월 : 자손의 경사가 생기거나 자손에게 좋은 친구가 생길 운이다.
　　　형제의 근심이 생기거나 이별할 운이다.

12월 : 귀인의 도움으로 뜻을 이룰 운이요, 만사가 순조로울 운이다.

정월 : 만사가 뜻은 있으나 실체가 없는 운으로 허황된 꿈만 꾸리라.
　　　무리하면 되는 일이 없으니 조심해라.

2월 : 음해자가 따를 운으로 만사가 활발하지 못하고 뜻대로 되는 일
　　　이 없을 운이다. 경거망동하면 패가한다.

3월 : 십 년 가뭄에 단비가 내리는 운으로 새로운 사업을 시작하거나
　　　횡재할 운이다.

4월 : 형제나 동료의 근심이 생길 운이다. 가까운 사람이나 믿은 사람
　　　이 등을 돌릴 운이니 조심해라. 형제나 동료와 여행할 운이다.

5월 : 허욕을 부리지 마라. 손재수가 따른다. 부모의 우환이 생기거나
　　　문서로 구설이 따를 운이다.

6월 : 적이 친구가 되는 운으로 주위의 도움으로 어려움이 사라지고
　　　만사가 길하리라. 정년생은 허영심이나 사랑에 빠질 운이요, 인
　　　년생은 형제나 동료의 일로 정신적인 고통이 따를 운이다.

7월 : 뜻을 이룰 운이요, 재물을 얻을 운이다. 자손의 경사가 생기거
　　　나 부동산이나 문서로 횡재할 운이다.

8월 : 귀인의 도움으로 사업을 이룰 운이요, 말못할 재물을 얻을 운이
　　　다. 그렇지 않으면 부모나 문서로 내색하지 못할 일이 생긴다.

9월 : 형제의 우환이 생기거나 재물에 손해가 따를 운이다. 형제나 동
　　　료의 일로 망신당할 운이니 조심해라.

10월 : 새로운 사업을 시작하거나 새로운 인연으로 마음이 산란할 운
　　　　이다. 타관으로 나가거나 이사할 운이다.

11월 : 부부의 우환이 생기거나 이별할 운이요, 문서를 잃을 운이다.
　　　　유년생은 부부나 사업문제로 정신적인 풍파가 따를 운이다.

12월 : 문서나 부동산으로 횡재할 운이요, 문서로 관에 갈 운이다. 부
　　　　부간에 생리사별하거나 재물에 손해가 따르니 조심해라.

정월 : 출세하거나 명예를 얻을 운이요, 자손의 경사가 있으나 자손과 헤어질 운이다. 미년생은 형제나 동료로 인하여 정신질환이 따를 운이니 조심해라.

2월 : 분수를 지키면 길하나 경거망동하면 망신당할 운이다. 자손의 우환이 따를 운이니 조심해라.

3월 : 형제의 일로 마음이 산란할 운으로 이별수가 있으니 조심해라. 모든 것을 잃고 타관으로 떠날 운이다. 토지신에게 기도하라.

4월 : 새로운 의욕으로 일을 시작할 운이요, 슬하에 경사가 생길 운이다. 가정에 길조가 날아드는 운이니 좋은 일이 있으리라.

5월 : 가정에 경사가 생길 운으로 자손이 관대를 찰 운이요, 출세할 운이다.

6월 : 형제와 동료를 잃을 운이다. 큰 일을 하려다 구설을 들을 운이니 신중하게 처신하라.

7월 : 새로운 일로 마음이 분주할 운이나 허욕을 버려라. 구설을 들을까 두렵다. 그렇지 않으면 이사할 운이다.

8월 : 오곡에 풍년이 드는 운이다. 신년생은 연하와 정에 나눈다.

9월 : 출세하지 않으면 신액이 따를 운이니 건강을 조심하고, 자손의 근심이 생기거나 이별수가 생기니 조심해라.

10월 : 음해자가 따르니 뜻을 이루기 어려울 운이요, 가정에 우환이 생길 운이다. 부부나 재물문제로 여행하거나 이사할 운이다.

11월 : 명예를 잃을 운이요, 공직자는 자리를 잃을 운이다. 그렇지 않으면 타관으로 나갈 운이요, 자손의 근심이 생길 운이다.

12월 : 어두운 터널을 지나 밝은 광야로 나오는 운으로 귀인의 도움으로 만사가 순조로울 운이요, 가정에 좋은 일이 생길 운이다.

정월 : 형제의 우환이 생기거나 친구를 잃을 운이요, 믿은 사람이나 가까운 사람이 등을 돌릴 운이니 조심해라. 이사를 하거나 여행할 운이다.

2월 : 입이 있어도 말을 할 수 없는 운이요, 뜻이 있어도 활동하기 어려운 운이다.

3월 : 비가 때를 맞추어 내리니 초목이 무성하리라. 부부에게 경사가 생기거나 사업이나 부동산으로 횡재할 운이다.

4월 : 가정에 근심이 생기거나 자손의 우환이 생길 운이다. 자손과 이별하거나 아랫사람에게 배신당할 운이다.

5월 : 신의 도움으로 관록이 따를 운이요, 만사가 순조로울 운이다.

6월 : 어두운 밤이 지나고 밝은 아침이 오는 운이다. 새로운 일을 시작하거나 애인이 생길 운이다. 을년생과 계년생은 부부간에 이별하고, 정년생은 바람끼가 발동하고, 인년생은 부부나 재물로 정신적인 어려움이 생길 운이다.

7월 : 부부의 근심이 생기거나 재물을 잃을 운이요, 내것을 잃고 마음이 상할 운이다.

8월 : 뜻을 펴기 어려울 운이니 무리하지 마라.

9월 : 착한 것을 갖고 악한 것을 피하는 운으로 항상 복록이 따른다.

10월 : 관재구설이 침범하는 운이다. 관으로 인하여 어려운 일이 생길 운이요, 문서로 손해보거나 실물수가 따를 운이다.

11월 : 은인이 서로 돕는 운이다. 모사는 사람에게 있으니 늦게 성취하면 얻는다. 몸이 꽃 사이에 있으니 나비가 향기를 탐하는 것과 같다. 임년생은 연상과 사랑을 나눌 운이다.

12월 : 하나를 얻고 하나를 잃을 운이다. 단비가 때를 아니 백곡에 풍년이 들 운이요, 믿은 사람에게 배신당할 운이니 조심해라.

정월 : 귀인의 도움을 받을 운으로 신수가 대길하니 재록이 왕성하고, 새로운 친구를 얻을 운이다. 갑년생과 병년생은 음욕이 발동하고, 미년생은 형제나 동료의 일로 정신적인 어려움이 따른다.

2월 : 경거망동하면 해롭다. 동료나 친구에게 망신당할 운이요, 을·신년생은 음욕이 발동하고, 신년생은 심적인 어려움이 따른다.

3월 : 도둑을 조심해라. 횡액이 두렵다. 가까운 사람에게 배신당할 운으로 세상사 허전하여 입산수도하고 싶은 심정이리라.

4월 : 시작은 좋으나 뒤에는 어려울 운이다. 액을 막아라. 허욕을 버려라. 잃는 것이 많다. 자손의 일로 타관으로 나갈 운이다.

5월 : 맑은 하늘 아래 금옥이 만당할 운이요, 일신이 고명하게 되니 영화가 빈빈할 운이다. 남방으로 가면 큰 재물을 얻으리라.

6월 : 액을 막아라. 질병이 두렵다. 만사를 이루기 어려우니 심신이 불안하고, 모함하는 사람이 있으니 뜻을 이루기 어렵다.

7월 : 다투지 마라. 타관객지에서 전전긍긍할 운이다. 동료와 타관으로 나가 큰 일을 도모할 운이다.

8월 : 형제의 우환이 생기거나 동료에게 배신당할 운이다. 작은 재물을 얻어도 구설이 따를 운이다. 가까운 사람을 경계하라.

9월 : 좋은 일이 생기나 말못할 운이다. 남들이 모르는 친구나 애인이나 재물을 얻을 운이다.

10월 : 용이 여의주를 얻는 운으로 만사가 순조롭다. 친구로 인하여 손재구설이 따른다. 남의 말을 믿지 마라.

11월 : 상가를 조심해라. 형제의 우환이나 동료의 근심이 생기거나 가까운 친구를 잃을 운이다. 남의 것을 탐하지 마라.

12월 : 어두운 밤에 등불을 잃는 운으로 노력을 해도 얻는 것이 없다. 그러나 늦게 좋은 운이 오니 재물복이 있으리라.

정월 : 청산으로 돌아가는 길손이 길을 잃고 방황하는 운이다. 부모와
      이별하지 않으면 문서를 잡거나 부모의 경사가 생길 운이다.

2월 : 새로운 사업을 시작하거나 재물을 얻을 운이다. 부모나 문서로
      말못할 일이 생길 운이요, 미혼자는 애인이 생길 운이다.

3월 : 과욕을 버려라. 망신당할 운이다. 이성이나 재물로 구설이 따를
      운이요, 새로운 인연을 만나거나 사업을 이룰 운이다. 갑년생은
      부부간에 이별할 운이다.

4월 : 자손의 경사가 생길 운이다. 자손이 출세할 운이요, 임신할 운
      이요, 자손이나 아랫사람의 일로 여행하거나 이사할 운이다.

5월 : 부모의 근심이 생길 운이다. 문서로 어려움이 있거나 사기를 당
      할 운이니 보증이나 인장 등을 조심해라.

6월 : 말못할 재물이나 사람을 만날 운이다. 바른 길이 아니면 가지
      마라. 구설을 들을까 염려된다.

7월 : 용이 여의주를 얻는 운이다. 뜻을 이룰 운이요, 출세할 운이다.

8월 : 복이 재앙이 되는 운이나 자중하면 큰 해는 면하리라.

9월 : 부모의 경사가 생기거나 윗사람의 일로 좋은 소식이 생길 운이
      다. 새로운 일로 마음이 번잡하고 산란할 운이다.

10월 : 가정에 경사가 생길 운이다. 부모의 일로 좋은 소식이 있고,
       새로운 문서를 잡고, 학생은 새로운 학문을 할 운으로 길하다.
       진년생과 사년생은 부모나 문서로 정신적인 어려움이 따른다.

11월 : 주위의 도움으로 심신이 편안할 운이다. 모든 일을 윗사람과
       상의하면 해는 없으리라.

12월 : 행실을 닦고 집을 정재하면 화가 굴러 복이 되리라. 내것을 잃
       고도 말못할 일이 생길 운이다.

정월 : 부정한 재물이나 말못할 재물을 얻을 운이다. 허욕을 부리지
　　　마라. 관재구설이 따를 운이다.

2월 : 과거급제할 운이요, 하나를 잃고 하나를 얻는 운이니 손해될 일
　　　은 아니다. 내것을 주어도 좋은 일이 생길 운이요, 미혼자는 애
　　　인이 생길 운이다.

3월 : 직장일로 마음이 불안하거나 다른 사람에게 자리를 내줄 운이
　　　다. 처음은 어려워도 나중에는 길하리라.

4월 : 자손의 경사가 생길 운이요, 출세할 운이다. 아랫사람의 도움으
　　　로 큰 일을 도모할 운이다.

5월 : 춘풍에 봄눈이 녹고 만물이 소생할 운이다. 만사가 활발하고 서
　　　로를 위하며 즐거우리라.

6월 : 좋은 일로 내것을 내주고, 남모르는 사람이나 재물을 얻는다.

7월 : 새로운 일로 마음이 분주할 운이요, 부부간에 이별하거나 재물
　　　에 어려움이 따를 운이다.

8월 : 어두운 밤이 가고 밝은 아침이 오는 운이이요, 십 년 가뭄에 단
　　　비가 내려 고목에서 꽃이 피는 운으로 좋은 인연을 만나리라.
　　　자년생은 허욕이나 정신적인 일로 풍파가 따르니 조심해라.

9월 : 미혼자는 애인이 생길 운이요, 사업가는 새로운 사업을 구상할
　　　운으로 대길하다. 무년생과 경년생은 사랑이 빠질 운이다.

10월 : 내것을 잃고 마음이 상하거나 부모나 문서로 근심이 생길 운
　　　　이다. 재물에 근심이 생기거나 가까운 사람과 헤어질 운이다.
　　　　부모나 문서문제로 타관으로 나갈 운이다.

11월 : 뜻을 이루려고 분주할 운이나 허욕을 부리면 손재가 따른다.

12월 : 재운이 좋을 운이요, 뜻을 이룰 운이다. 다른 사람의 도움으로
　　　　심신이 편안하고, 부부가 화합하니 가정이 편안하리라.

정월 : 형제의 일로 말못할 일이 생기거나 망신당할 운이요, 자손의
　　　일로 속상할 일이 생긴다. 부모의 우환이 생길 운이다.

2월 : 정원에 꽃이 만발해도 봉접이 오지 않는 운으로 만사가 허전하
　　　고 외롭다.

3월 : 부부에게 경사가 생기거나 재물에 좋은 소식이 있을 운이요, 귀
　　　인의 도움으로 뜻을 이룰 운으로 길하리라.

4월 : 아랫사람의 경사가 생기거나 임신할 운이요, 문서를 잡을 운이
　　　다. 술년생과 해년생은 자손이나 아랫사람의 일로 정신적인 어
　　　려움이 따를 운이다.

5월 : 정도를 지키면 손재는 없으리라. 자손의 일로 구설수가 따르거
　　　나 놀랠 운이니 조심해라.

6월 : 큰 일을 이루려고 동료와 협조하는 운이나 결실을 보기 어려울
　　　운이다. 그러나 욕심을 부리지 않고 자중하면 해는 면하리라.

7월 : 눈앞에 길이 있으나 보지 못할 운이다. 매사에 경거망동하지 않
　　　고 신중하게 대처하면 해는 없으리라.

8월 : 고통이 사라지고 밝은 아침이 오는 운으로 길하다.

9월 : 상가를 조심해라. 가까운 사람에게 근심이 생길 운이요, 부부간
　　　에 이별하거나 재물에 손해가 따를 운이다.

10월 : 새로운 일로 마음이 산란할 운이다. 여행하거나 이사할 운으
　　　　로 길하리라.

11월 : 새로운 문서를 잡을 운이요, 부모의 경사가 생길 운이요, 새로
　　　　운 마음으로 시작할 운이다. 유년생은 부모나 문서나 학업문
　　　　제로 정신적인 어려움이 따를 운이다.

12월 : 말못할 재물을 얻거나 인연을 만날 운이요, 부정한 재물이나
　　　　직장을 얻을 운이다.

정월 : 형제의 경사가 생기거나 좋은 새 친구를 얻을 운이요, 출세나
  뜻을 위해 분주할 운이다. 갑년생과 병년생은 사랑에 빠지고,
  미년생은 형제나 동료의 일로 정신적인 어려움이 따를 운이다.

2월 : 분수를 지키면 길하나 그렇지 않으면 형제나 동료의 일로 구설
  이 따를 운이다.

3월 : 형제나 동료의 일로 타관으로 나갈 운이나 심력만 허비한다. 뜻
  이 좌절될 운이니 분수를 지켜라.

4월 : 출세하거나 명예를 얻을 운이요, 취업하거나 관대를 찰 운이다.
  떠나간 사람이 다시 돌아와 도와주는 운이니 길하다.

5월 : 뒤에서 음해하는 사람을 조심해라. 구설수가 두렵다. 바르지 못
  한 친구나 동료로 인하여 말못할 일이 생기니 조심해라.

6월 : 시작은 화려하나 결실을 보기 어려울 운이다. 가까운 사람을 조
  심하고, 토성(土姓)을 경계하라. 덕이 되지 않는다.

7월 : 어두운 밤이 가고 밝은 아침이 오는 운으로 새로운 희망이 있
  다. 무리하지 않고 꾸준히 노력하면 길하다. 이사할 운이다.

8월 : 많은 사람이 등을 돌릴 운이니 가까운 사람을 경계하라. 허욕을
  버려라. 무리하면 되는 일이 없다. 자년생은 허욕으로 정신적인
  풍파가 따를 운이니 조심해라.

9월 : 새로운 동료나 친구를 얻거나 관재구설이 따를 운이다. 만사가
  뜻대로 되지 않을 운이니 심신이 허탈하다.

10월 : 모함으로 가까운 사람들을 잃을 운이다. 명예를 잃을 운이요,
  공직자는 자리를 잃을 운이다. 부모나 문서로 여행할 운이다.

11월 : 상가를 조심해라. 형제의 우환이나 동료의 근심이 생길 운이
  다. 하나를 잃고 하나를 얻을 운으로 길흉이 반반이다.

12월 : 밝은 광명이 찾아올 운으로 만사가 순조롭고 편안하다.

정월 : 형제나 동료의 일로 근심할 운이요, 가까운 사람이나 믿은 사람이 등을 돌리고 멀어질 운이니 조심해라.

2월 : 봄비가 와도 초목에서 새순이 돋지 못하는 운이다. 매사에 신중하라. 경거망동하면 패가한다.

3월 : 말을 조심해라. 망녕된 말로 해로움을 당한다. 이성이나 문서로 말못할 일이 생기거나 부정한 문서를 잡을 운이니 조심해라.

4월 : 관재구설이 따를 운이요, 풍파가 따를 운이다. 관을 상대하는 일이 성사되지 않을 운이다.

5월 : 시작은 어려우나 결실은 맺을 운으로 인내하면 대길하리라.

6월 : 미혼자는 애인이 생길 운이요, 사업가는 사업을 이룰 운이다. 부동산으로 횡재할 운이다.

7월 : 귀인의 도움으로 뜻을 이룰 운이요, 가정이 화목할 운이다.

8월 : 주색을 멀리 하라. 재물이 불리하다. 만사를 빨리 도모하라. 사업이나 부부문제로 관에 갈 운이다.

9월 : 상가를 조심해라. 부부의 우환이 생기거나 재물을 잃을 운이다. 내것을 잃고도 말못할 일이 생길 운이다.

10월 : 부모의 근심이 생기거나 문서로 손재할 운이다. 이사하거나 사업문제로 타관으로 나갈 운이다.

11월 : 근고한 덕으로 예상 외로 성공할 운이요, 큰 일을 도모할 운으로 분수를 지키면 길하리라. 유년생은 부부나 사업문제로 정신적인 어려움이 따를 운이다.

12월 : 재앙이 사라지고 복이 오는 운으로 집안이 화목하다. 하나를 얻고 하나를 잃을 운이요, 부부의 근심이 생길 운이니 조심해라. 을년생과 정년생과 계년생은 부부간에 이별할 운이니 조심해라.

정월 : 친구나 동료와 말못할 일이 생기나 신중하면 해는 면한다.

2월 : 어두운 터널을 지나 밝은 광야로 나오는 운이요, 친구나 동료나
형제의 경사가 생길 운이다.

3월 : 가정에 근심이 생길 운이요, 자녀의 근심이 생길 운이다. 호사
다마라, 좋은 일에 방해가 따를 운으로 구설수를 조심해라.

4월 : 봄이 돌아와 초목에서 새순이 돋는 운이다. 부모나 문서로 타관
으로 나갈 운이요, 자손의 경사가 생기거나 임신할 운이다.

5월 : 뜻밖에 공명을 얻을 운이다. 그러나 부모의 우환이 생기거나 문
서를 잃을 운이다. 갑년생은 연하와 사랑에 빠질 운이다.

6월 : 헛된 가운데 실속이 있는 운으로 재록이 홍왕하다. 귀인의 도움
으로 반드시 성공할 운이나 아랫사람의 근심도 따를 운이다.

7월 : 다른 사람의 모함이 따를 운이다. 문서로 망신당하거나 부정한
문서를 얻을 운이요, 아랫사람의 근심이 따를 운이다. 역마가
들어오니 이사할 운이다.

8월 : 집에 있으면 길하나 타관으로 나가면 구설수가 따른다. 자손의
경사가 생기거나 좋은 소식을 들을 운이다.

9월 : 허리에 황금을 차는 운이니 명예와 권위가 있고, 물고기가 벽해
에서 노는 운이니 의기가 양양하다.

10월 : 친구와 누각에 올라 즐기는 운으로 만사가 순조롭고, 달밝은
밤에 꽃이 만발한 운으로 수복이 면면하다. 그러나 진년생과
사년생은 부모나 문서로 풍파가 따를 운이니 조심해라.

11월 : 하루 아침 광풍에 낙화가 분분한 운으로 슬하에 근심이 생긴
다. 친한 사람을 경계하라. 실패할 운이다. 액을 막아라.

12월 : 먹구름이 달빛을 가리는 운으로 만사가 성사되지 않는다. 자
중하면서 때를 기다려라.

圓空秘訣 7 5 3

정월 : 가정에 근심이 생길 운이다. 형제간에 이별할 운이요, 가까운
　　　 사람이나 믿은 사람에게 배신당할 운이다.

2월 : 원수가 친구가 되는 운으로 겸허하게 받아들이면 덕이 되리라.

3월 : 출세하기 위하여 심신이 분주하나 이루지 못할 운이니 무리하
　　　 지 마라. 아랫사람의 근심이 생길 운이다.

4월 : 동산에 꽃이 만발하여 봉접이 향기를 탐하는 운으로 만사를 이
　　　 룬다. 남방으로 가면 재물을 얻으리라.

5월 : 자손의 경사가 생길 운이다. 임신할 운이요, 자손이 출세할 운
　　　 이요, 아랫사람의 덕으로 큰 일을 할 운으로 대길하다. 갑년생
　　　 은 연하나 아랫사람과 사랑에 빠질 운이요, 축년생은 자손이나
　　　 아랫사람의 일로 정신적인 고통이 따를 운이다.

6월 : 이끼는 것을 내줄 운으로 마음에 드는 친구나 애인이 생긴다.

7월 : 새로운 일을 모색할 운이나 과욕은 버려라. 분수를 지키면 손재
　　　 수를 면하리라. 이사운도 있다.

8월 : 어두운 터널을 지나 밝은 광야로 나오는 운으로 만사에 희망이
　　　 있으니 성실하게 행하면 길하리라. 신년생은 허욕이나 사치심
　　　 이 발동할 운이다.

9월 : 시운이 길하니 만사가 순조롭고, 귀인의 도움으로 자손의 경사
　　　 가 생길 운이다. 그러나 무리하면 마음상할 운이니 조심해라.

10월 : 가정에 우환이 따를 운이다. 부모에게 우환이 생길 운이요, 문
　　　　 서를 잃거나 정신적인 어려움이 따를 운이다.

11월 : 자손의 경사가 생기거나 임신할 운이다. 뜻을 이루고 명예를
　　　　 얻을 운으로 길하리라.

12월 : 좋은 인연을 만나거나 결혼할 운이다. 사업이 길한 운으로 해
　　　　 는 없으리라.

정월 : 경거망동하지 마라. 허욕을 부리면 구설이 따르나 분수를 지키
　　　면 길하리라.

2월 : 새로운 일을 도모할 운이나 손재수가 있으니 조심해라. 내것을
　　　을 잃어도 좋은 일이 생기거나 큰 일에 방해자가 따를 운이다.

3월 : 뜻대로 되지 않을 운이다. 부부의 근심이 생기거나 사업에 어려
　　　움이 따를 운이다.

4월 : 출세하거나 명예를 얻을 운이다. 그러나 부부간에 생리사별하
　　　거나 재물에 손해가 따를 운이니 조심해라.

5월 : 다른 사람의 모함으로 뜻을 이루기 어려울 운이다. 가정에 경사
　　　가 생기거나 애인이 생길 운이다. 좋은 인연을 만나리라.

6월 : 허욕을 버려라. 관재구설이 따를 운이다. 내것을 잃고도 말못할
　　　일이 생기거나 부정한 재물을 얻을 운이다.

7월 : 새로운 일로 분주할 운이나 결실을 맺기 어렵다.

8월 : 어두운 밤이 가고 밝은 아침이 오는 운이요, 오곡이 풍년을 만
　　　나는 운이요, 매화가 봄비를 만나 만발하는 운으로 만사가 길하
　　　리라. 자년생은 정신적인 어려움이 따를 운이니 조심해라.

9월 : 하나를 얻고 하나를 잃을 운으로 시작은 화려하나 결실을 보기
　　　어렵다. 애인이나 좋은 인연을 만날 운이나 갑년생은 부부간에
　　　이별할 운이다.

10월 : 허욕은 버려라. 되는 일이 없다. 가정의 우환이 생기거나 사업
　　　에 손재가 따를 운이다. 물가를 조심해라.

11월 : 관으로 출세하거나 명예를 얻을 운이다. 그러나 부부의 우환
　　　이 생기거나 이별할 운이 있으니 조심해라.

12월 : 다른 사람의 도움으로 뜻을 이룰 운이다. 재물을 얻거나 애인
　　　이 생기거나 결혼할 운이다.

정월 : 형제의 일로 말못할 일이 생기거나 망신당할 운이다. 그렇지 않으면 동료의 일로 마음이 상할 운이다. 형제나 동료의 일로 여행할 운이요, 이사할 운이다.

2월 : 가까운 사람이나 믿은 사람과 멀어질 운으로 쓸쓸하리라.

3월 : 자손의 경사가 생기거나 슬하에 좋은 소식이 있다. 귀인의 도움으로 뜻을 이룰 운으로 길하리라.

4월 : 아랫사람의 경사가 생기거나 임신할 운이요, 아랫사람의 도움으로 좋은 일이 생길 운이다.

5월 : 허욕을 부리지 않으면 손재는 없으리라. 자손의 일로 구설이 따르거나 놀랠 일이 생길 운이니 조심해라.

6월 : 부부의 풍파가 따를 운이니 경거망동하지 마라. 패가망신할 일이 생긴다. 그러나 미혼자는 결혼할 운이다.

7월 : 뜻을 표현하지 못할 운이요, 다른 사람의 음해로 어려움에 처할 운이다.

8월 : 출세할 운으로 관을 상대로 하는 일이 대길하다.

9월 : 부부간에 이별할 운이요, 사업이나 재물에 손해가 따를 운이다. 직장인은 자리를 잃을 운이니 조심해라.

10월 : 새로운 일로 마음이 산란할 운이다. 여행하거나 이사할 운으로 길하리라.

11월 : 부모의 경사가 생길 운이요, 새로운 문서를 잡을 운이요, 윗사람의 도움으로 큰 일을 이룰 운이다. 유년생은 문서나 학업이나 부모문제로 정신질환이 따를 운이요, 임년생은 연상과 사랑을 나눌 운이다.

12월 : 자손이나 아랫사람의 일로 관에 갈 운이요, 부모의 우환이 생기거나 문서로 근심할 일이 생길 운이니 조심해라.

정월 : 형제의 경사가 생기거나 좋은 새 친구를 얻을 운이다. 뜻을 이
　　　루려고 분주하나 욕심을 부리면 관재구설이 따르니 조심해라.
　　　갑년생과 병년생은 바람끼가 발동할 운이니 조심해라.

2월 : 춘풍에 눈이 녹고 만물이 소생하는 운이다. 형제나 동료의 경사
　　　가 생길 운으로 길하리라.

3월 : 좋은 일로 내것을 내줄 운이요, 새로운 사업을 구상할 운이나
　　　어려움이 따를 운이니 조심해라.

4월 : 출세하거나 명예를 얻을 운이요, 취업하거나 관대를 찰 운이다.
　　　떠나간 사람들이 돌아와 도와줄 운으로 길하리라.

5월 : 가정에 경사가 생길 운이다. 임신하거나 자손이 출세할 운이다.

6월 : 시작은 화려하나 결실을 보기 어려울 운이다. 가까운 사람과 토
　　　성(土姓)을 경계하라. 덕이 되지 않는다.

7월 : 어두운 밤이 가고 밝은 아침이 오는 운으로 새로운 희망이 있
　　　다. 무리하지 않고 꾸준히 노력하면 끝내는 길하리라. 역마살이
　　　있으니 이사할 운도 있다.

8월 : 밤동산에 풍년이 드는 운이요, 달밝은 밤에 벗과 함께 즐길 운
　　　이다. 그러나 자년생은 정신적인 어려움에 처할 운이다.

9월 : 새로운 동료나 친구를 얻으나 관재구설이 따를 운이다. 만사가
　　　뜻대로 되지 않을 운이니 심신이 허탈하리라.

10월 : 다른 사람의 모함으로 가까운 사람을 잃을 운이다. 명예를 잃
　　　　을 운이요, 공직자는 자리를 잃을 운이다.

11월 : 상가를 조심해라. 형제의 우환이나 동료의 근심이 생길 운이
　　　　다. 하나를 얻고 하나를 잃을 운으로 길흉이 반반이다.

12월 : 모처럼 밝은 광명이 찾아오는 운으로 만사가 순조롭고 편안하
　　　　다. 가정이 화목하니 주위의 부러움을 받으리라.

정월 : 가정에 경사가 생길 운이다. 부모의 경사가 생길 운이요, 문서
　　　로 횡재할 운으로 대길하리라. 갑년생과 병년생은 연상과 사랑
　　　에 빠질 운이다.

2월 : 어두운 밤길에서 밝은 달빛을 만나는 운으로 길하리라.

3월 : 자손의 근심이 생길 운이요, 자손과 이별할 운이요, 아랫사람의
　　　배신으로 어려움에 처할 운이다.

4월 : 어두운 밤이 가고 밝은 아침이 오는 운으로 길하다. 술년생과
　　　해년생은 형제나 동료로 인하여 정신적인 어려움이 따른다.

5월 : 형제의 출세가 따를 운이요, 형제나 동료와 큰 일을 도모할 운
　　　이다. 주위의 도움으로 만사가 순조로우리라.

6월 : 일이 뜻과 같지 않아 번민할 운이요, 복성이 비치니 위태로운
　　　가운데 편안할 운이다. 처음에는 잃으나 나중에는 얻는 운으로
　　　반드시 횡재한다.

7월 : 새로운 인연을 찾아 방황할 운이요, 새로운 사업이나 재물로 말
　　　못할 고민이 생길 운이다. 이사하거나 사업문제로 여행한다.

8월 : 오곡에 풍년이 드는 운으로 친구와 누각에 올라 여흥을 즐길 운
　　　이다. 부부나 또다른 인연으로 좋은 소식이 있을 운이다.

9월 : 다른 사람이 자손을 음해하는 운으로 가정에 근심이 생긴다. 임
　　　신한 사람은 유산할 염려가 있으니 조심해라.

10월 : 도둑을 조심해라. 실물수가 있다. 역마살이 있으니 타관으로
　　　　나가거나 이사할 운으로 길하리라.

11월 : 몸이 길 위에 있는 운이니 노고가 따른다. 친구가 불리하니 손
　　　　재를 조심해라. 시운이 따르지 않으니 불리한 운이다.

12월 : 만사가 뜻대로 이루어질 운으로 편안하다. 먹구름이 걷히고
　　　　밝은 아침이 오는 운으로 길하리라.

정월 : 자손의 근심이 생기거나 아랫사람 때문에 구설이 따를 운이다.
　　　다른 사람의 모함으로 동료의 구설이 있거나 형액이 따른다.

2월 : 부모의 우환이 있거나 문서로 손재하고, 학업이 중단될 운이다.

3월 : 귀한 문서를 잡은 운으로 소망이 순조롭다. 타관으로 나가거나
　　　이사할 운이요, 갑년생은 자손이나 아랫사람과 이별할 운이요,
　　　무년생과 기년생은 연하와 사랑에 빠질 운이다.

4월 : 동원의 홍도가 떨어져 열매를 맺을 운으로 만사가 형통하거나
　　　가족이 늘어날 운이다. 술년생과 해년생은 형제나 동료의 일로
　　　정신적인 풍파가 따를 운이다.

5월 : 신수에 흠은 없으나 노고가 많을 운이요, 처음에는 흉하나 나중
　　　에는 길할 운이다. 자손의 근심이 생길 운이다.

6월 : 재성이 있으니 도처에서 재물이 따를 운이요, 재혼할 운이다.
　　　신운이 대통하니 명리가 같지 않다.

7월 : 재록이 모두 있으니 금옥이 만당하다. 처음에는 어려우나 나중
　　　에는 형통할 운으로 반드시 재물을 얻는다. 신병이 따르거나 슬
　　　하에 액이 따른다.

8월 : 부부의 우환이 생길 운이요, 재물로 사기당할 운이니 카드, 인
　　　장, 보증 등을 조심해라. 내것을 주고도 구설들을 운이다.

9월 : 자손이 떠날 운으로 근심이 생긴다. 믿은 사람이나 아랫사람에
　　　게 배신당할 운이다.

10월 : 태평한 운으로 귀인을 만나면 관록이 따른다. 타관으로 나가
　　　　거나 이사할 운이다.

11월 : 동료의 우환이 생기거나 문서를 잃을 운이다. 과거에 급제하
　　　　거나 아들을 낳을 운이다. 허욕을 부리면 오히려 손재한다.

12월 : 흉한 중에 길한 운이다. 재물이 생기거나 슬하에 경사가 있다.

정월 : 음해자가 따를 운으로 마음을 잃는다. 문서를 잃거나 부모와
　　　이별할 운이다.

2월 : 봄비가 내려 매화가 만발하는 운이요, 귀인의 도움으로 뜻을 이
　　　룰 운이니 길하리라.

3월 : 노력은 많이 하나 댓가가 없을 운이다. 부부간에 생리사별하거
　　　나 사업에 근심이 생길 운이다.

4월 : 재물과 권리가 많이 따를 운으로 우러름을 받는다. 남방으로 가
　　　면 반드시 큰 재물을 얻고, 화성(火姓)의 도움으로 길하다. 술
　　　년생과 해년생은 부부나 재물문제로 정신적인 고통이 따른다.

5월 : 가운이 왕성한 운으로 즐거움이 많다. 평소에 덕을 쌓으니 반드
　　　시 경사가 있고, 성품이 유정하니 귀인의 도움을 받으리라.

6월 : 하나를 얻고 하나를 잃을 운이다. 자손의 근심이 생길 운이니
　　　무리하지 말고 순리에 응하라.

7월 : 녹이 중하고 이름이 높으니 만인의 우러름을 받을 운이다. 서방
　　　에 귀인이 있다. 애인이 생기거나 결혼할 운이다.

8월 : 부부의 경사가 생기거나 사업을 이룰 운이다. 남의 것을 탐하지
　　　마라. 분수를 지키면 손재는 면한다. 신년생은 바람끼가 발동할
　　　운이니 조심해라.

9월 : 자손의 일로 관에 갈 운이요, 자손이 출세할 운이다.

10월 : 범의 꼬리를 밟는 격이니 신상이 위태롭다. 산신께 기도하라.
　　　　액이 사라지고 복이 되리라. 이사하거나 여행할 운이다.

11월 : 가까운 사람을 경계하라. 손재가 심하다. 만사에 서두르지 않
　　　　고 때를 기다리면 손재는 면하리라.

12월 : 하룻밤 광풍에 낙화가 만발할 운이다. 부정한 재물을 얻거나
　　　　재물을 얻어도 말못할 일이 생긴다.

정월 : 관재구설이 침범할 운으로 만사가 불안하다. 허욕을 부리면 패가할 수 있으니 순리를 지켜라.

2월 : 새로운 사업을 시작할 운이다. 그러나 허욕을 부리면 손재가 따른다. 문서에 경사가 생기지 않으면 근심이 생긴다.

3월 : 임신할 운이요, 자손의 경사가 생길 운으로 길하리라.

4월 : 사업을 뜻대로 이루고, 애인이 생기고, 출세할 운이다.

5월 : 주위의 도움으로 심신이 편안할 운이다. 친구나 동료와 좋은 일이나 말못할 일이 생길 운이다.

6월 : 어두운 밤에 등불을 잃는 운으로 만사를 이루기 어렵다.

7월 : 새로운 도약으로 심신이 분주할 운이나 부부간에 근심이 생기거나 멀어질 운이다.

8월 : 부부의 인연을 만나거나 재물로 횡재할 운이다. 작은 것을 버리고 큰 것을 얻으니 경사가 배가 되리라. 유년생은 사치나 바람끼가 발동하고, 자년생은 부부나 재물로 정신적인 어려움이 따를 운이다.

9월 : 만사가 불안한 운이니 분수를 지켜라. 갑년생은 자손과 이별하고, 경년생과 무년생은 연하나 아랫사람과 사랑에 빠질 운이다.

10월 : 내것을 잃고 구설을 들을 운이다. 가정에 풍파가 따를 운이나 허욕을 버리고 신중하게 처신하면 큰 해는 면하리라.

11월 : 새로운 재물을 얻거나 사업을 시작할 운이다. 무리하지 않고 분수를 지키면 길하리라.

12월 : 귀인의 도움으로 뜻을 이룰 운이요, 가족이 화합하니 만사가 길하다.

정월 : 가정에 우환이 따를 운이다. 부모의 근심이 생기거나 문서로
　　　손재가 따를 운이다. 카드나 인장 등을 조심해라.

2월 : 상가를 조심해라. 형제나 동료와 멀어지거나 타관으로 나갈 운
　　　이나 덕이 없다. 출세나 명예로 분주할 운이다.

3월 : 새로운 동료나 친구를 얻을 운이다. 귀인의 도움으로 뜻을 이룰
　　　운으로 길하리라.

4월 : 공직자는 자리를 잃을 운이나 분수를 지키면 큰 해는 없으리라.
　　　형제나 동료와 상의하면 길하리라. 술년생과 해년생은 형제나
　　　동료의 일로 정신적인 고통이 따를 운이니 조심해라.

5월 : 어두운 터널을 지나 밝은 광야로 나오는 운이다. 적이 친구가
　　　되는 운이니 편안하다.

6월 : 좋은 일로 자손과 이별할 운이다. 자손이 출세할 운이요, 임신
　　　할 운이다.

7월 : 귀인의 도움으로 부부의 인연이 생기거나 재물로 횡재한다.

8월 : 가을 외기러기가 짝을 만나 즐기는 운이요, 사업이나 재물에 좋
　　　은 소식이 있을 운으로 만사가 순조롭다.

9월 : 허욕을 부리다 구설을 들을 운이나 분수를 지키면 길하리라. 관
　　　재구설이 따를 운이니 조심해라.

10월 : 새로운 일로 마음이 분주할 운이요, 동료와 해외로 나갈 운으
　　　 로 길하다.

11월 : 믿은 사람에게 배신당할 운이니 가까운 사람을 경계하라. 임
　　　 년생은 사치나 바람끼가 발동할 운이요, 유년생은 정신적인
　　　 고통이 따를 운이니 조심해라.

12월 : 형제의 우환이 생기지 않으면 경사가 생길 운이다. 뜻이 이루
　　　 어지지 않을 운으로 심신이 허탈하다.

圓空秘訣 7 6 6

정월 : 부모의 경사가 생기거나 문서를 잡을 운이요, 사업을 이룰 운
　　　으로 길하리라. 갑년생과 병년생은 연상과 사랑을 나눌 운이
　　　요, 미년생은 부모나 문서로 정신적인 풍파가 따를 운이다.

2월 : 새로운 일을 모사할 운으로 무리하면 손재수가 있으니 조심해
　　　라. 부모나 문서로 망신당할 운이니 조심해라.

3월 : 임신한 사람은 유산을 조심해라. 믿은 사람이나 아랫사람에게
　　　배신당할 운으로 마음이 상할 일이 생긴다.

4월 : 뜻을 이룰 운으로 만사가 순조롭다. 사업을 이루거나 횡재할 운
　　　이다.

5월 : 모함이 따르니 조심해라. 부부의 근심이 생기거나 손재가 따를
　　　운이다. 말못할 재물을 얻거나 문서로 근심할 운이다.

6월 : 먹구름이 끼는 운으로 가정에 풍파가 따른다. 자손과 이별수가
　　　있으니 조심해라.

7월 : 새로운 일로 마음이 번잡할 운이다. 허욕을 버려라. 구설수만
　　　생긴다. 그렇지 않으면 타관으로 나갈 운이요, 이사할 운이다.

8월 : 미혼자는 애인이 생길 운이요, 좋은 일로 내것을 내줄 운으로
　　　해는 없다. 자년생은 부부나 재물로 정신적인 어려움이 생긴다.

9월 : 부부의 근심이 생기거나 재물에 손해가 따를 운이다. 부모나 문
　　　서로 관에 갈 운이다.

10월 : 다른 사람의 음해로 문서로 근심하거나 부모의 근심이 생길
　　　운이다. 이사하거나 여행할 운이다.

11월 : 물가를 조심해라. 가정에 우환이 따를 운이다. 수성(水姓)을
　　　경계하고, 주색을 조심해라. 덕이 되지 않는다.

12월 : 귀인의 도움으로 재물을 얻거나 좋은 인연을 만날 운이요, 문
　　　서나 부동산으로 횡재할 운이다.

정월 : 상가를 조심해라. 가정에 우환이 따를 운이요, 동료나 친구를
　　　잃을 운이요, 마음이 분주할 운이다. 역마살이 들어오니 이사
　　　하거나 여행할 운이다.

2월 : 겨울이 지나고 봄이 오는 운이다. 가정에 경사가 생길 운이요,
　　　뜻을 이룰 운이다. 그러나 신년생은 정신적인 고통이 따른다.

3월 : 의욕을 잃을 운이요, 직장인은 자리를 잃을 운이나 좋은 친구를
　　　얻을 운이다. 갑년생은 형제간에 이별하거나 동료에게 배신당
　　　할 운이다.

4월 : 새로운 일을 시작할 운이요, 새로운 학문을 할 운이요, 새로운
　　　문서를 잡을 운이다.

5월 : 하나를 얻고 하나를 잃을 운이다. 출세하거나 뜻을 이룰 운이나
　　　가까운 사람을 경계하라. 구설수가 따른다.

6월 : 멀리 날아간 새들이 다시 날아드는 운이다. 귀인의 도움으로 뜻
　　　을 이룰 운으로 길하리라.

7월 : 자손의 일로 관에 갈 운이요, 자손에게 풍파가 따를 운이다.

8월 : 새로운 직장을 구하거나 새로운 일을 시작할 운이나 장애가 따
　　　르니 조심해라. 만사가 어려울 운이다.

9월 : 외기러기가 짝을 만나는 운으로 좋은 친구를 만나 큰 일을 도모
　　　할 운이니 길하리라.

10월 : 부부에게 경사가 생길 운이요, 부정한 사람을 사귈 운이다. 무
　　　　리하면 구설을 면하기 어려우니 조심해라.

11월 : 부정한 재물을 얻거나 부정한 사업을 할 운이니 조심해라.

12월 : 상가를 조심해라. 관재가 따를 운이요, 자신의 의지를 잃을 운
　　　　이다. 믿은 사람을 경계하라. 음해하는 사람이 생긴다.

정월 : 가정에 경사가 생길 운이다. 부모의 경사가 생기거나 문서로
　　　 천금을 희롱할 운이요, 부부에게 경사가 생길 운이다.

2월 : 부모나 문서로 말못할 일이 생기거나 부정한 문서를 잡을 운이
　　　 다. 다른 사람의 음해로 가정에 근심이 생길 운이다.

3월 : 상가를 조심해라. 부모의 우환이 생기거나 문서를 잃을 운이다.
　　　 재물을 얻으나 망신당할 운이니 이성을 경계해라.

4월 : 부모나 문서로 마음이 산란하고, 해외로 나갈 운으로 길하다.

5월 : 부모의 경사가 생길 운이요, 문서로 횡재할 운으로 길하리라.
　　　 축년생은 부모나 문서나 학문문제로 정신질환이 따를 운이다.

6월 : 형제나 동료로 인하여 말못할 근심이 생길 운이다. 갑자기 친절
　　　 한 사람을 경계하라.

7월 : 허욕을 부리지 마라. 망신당할 운이다. 그렇지 않으면 사업문제
　　　 로 신경쓸 일이 생긴다. 윗사람의 근심이 생길 운이다.

8월 : 상가를 조심해라. 부부의 근심이 생기거나 재물에 손해가 따를
　　　 운이다. 타관으로 나갈 운이나 덕은 없고, 문서로 마음이 복잡
　　　 할 운으로 길하리라.

9월 : 형제나 동료의 일로 관에 갈 운으로 구설수가 따르니 조심해라.
　　　 관을 상대로 하는 일에 손해가 있으니 조심해라.

10월 : 재물에 횡재수가 따를 운이요, 좋은 친구나 인연을 만날 운이
　　　　요, 가족이 늘어날 운이다. 진년생과 사년생은 부부나 재물문
　　　　제로 정신질환이 따를 운이니 조심해라.

11월 : 부부의 근심이 생기거나 사업문제로 망신당할 운이니 허욕을
　　　　부리지 마라. 분수를 알고 정도를 지키면 길하리라.

12월 : 가정에 우환이 생길 운이다. 부모의 우환이 있거나 새로운 일
　　　　을 시작할 운이다. 객지로 가지 마라. 집에 있는 것만 못하다.

圓空秘訣 773

정월 : 자손의 일로 타관으로 나갈 운이요, 출세나 뜻을 이루려고 마음이 번잡할 운이다.

2월 : 십 년 가뭄에 단비가 내려 고목에서 새순이 돋는 운이나 신년생은 정신질환이 따를 운이니 조심해라.

3월 : 형제의 경사가 생길 운이요, 친구나 동료의 경사가 생길 운으로 해는 없다.

4월 : 하나를 얻고 하나를 잃을 운으로 분수를 지키면 해는 면한다.

5월 : 마음은 있으나 뜻을 이루기 어려울 운이다. 말못할 문서를 잡을 운으로 무리하면 근심이 생긴다.

6월 : 관으로 풍파가 따를 운이다. 형제나 동료 때문에 마음이 상할 운이니 조심해라.

7월 : 임신한 사람은 유산을 조심해라. 자손과 이별할 운이다. 을년생과 경년생은 연하와 사랑에 빠질 운이요, 묘년생은 자손이나 아랫사람 때문에 정신적인 어려움이 따를 운이다.

8월 : 근심이 경사로 변하는 운이니 과거에 집착하지 마라. 임신할 운이요, 자손의 경사가 생길 운이다.

9월 : 형제나 동료의 일로 타관으로 나갈 운이나 소득은 없다. 뜻이 좌절될 운이나 분수를 지키면 길하리라.

10월 : 출세하거나 뜻을 이룰 운으로 만사가 순조롭다.

11월 : 모함이 따르니 조심해라. 자손이나 사업문제로 말못할 일이 생긴다. 부정한 생각을 할 운이나 정도를 지키면 길하리라.

12월 : 하나를 얻고 하나를 잃을 운으로 길흉이 반반이다. 구설을 들을 운이요, 직장인은 자리를 잃을 운이다.

圓空秘訣 774

정월 : 귀인의 도움으로 좋은 동료를 만날 운이다. 자손의 경사가 있
　　　으나 헤어질 운이다.

2월 : 슬하에 경사가 생기지 않으면 구설이 따를 운이다. 가정에 경사
　　　가 생길 운이나 혈육간에 이별수도 있다.

3월 : 정원에 매화가 만발하여 봉접이 모여드는 운이다. 형제나 동료
　　　의 일로 좋은 소식이 있을 운이다.

4월 : 부모의 경사가 생기거나 새로운 문서를 잡을 운이다. 윗사람의
　　　도움으로 큰 일을 할 운으로 길하다.

5월 : 봄비에 눈이 녹는 운으로 길하리라.

6월 : 상가를 조심해라. 형제의 근심이 생기거나 동료의 구설이 따를
　　　운이다. 가까운 사람과 멀어질 운이니 조심해라.

7월 : 시작은 화려하나 결실을 맺기 어려울 운이요, 하나를 얻고 하나
　　　를 잃을 운이다. 욕심을 부리면 실패할 운이니 조심해라. 자손
　　　의 일로 타관으로 나가거나 이사할 운이다.

8월 : 소가 푸른 초원을 만나는 운으로 식록이 무궁하다. 서쪽으로 가
　　　면 길하다. 자년생은 자손이나 아랫사람 때문에 정신적인 풍파
　　　가 따르고, 신년생은 연하나 아랫사람과 사랑에 빠질 운이다.

9월 : 자손의 우환이나 근심이 생길 운이다. 혼자서 하는 일보다 동료
　　　와 함께 하는 일로 뜻을 이룬다.

10월 : 북쪽으로 가지 마라. 집안에 근심이 생긴다. 수성(水姓)을 경
　　　계하라. 허욕을 부리지 않고 정도를 지키면 길하리라.

11월 : 부부의 근심이 생길 운이요, 사업에 어려움이 따를 운이다. 갑
　　　년생은 형제와 이별하거나 친구를 잃을 운이요, 진년생과 사
　　　년생은 형제나 동료 때문에 정신적인 어려움이 따를 운이다.

12월 : 귀인의 도움으로 뜻을 이룰 운으로 만사가 순조롭다.

圓空秘訣 7 7 5

정월 : 부모나 문서로 근심이 생기거나 형액이 따를 운이니 조심해라.
      부부의 근심이 생기거나 재물에 손해가 따른다.

2월 : 상가를 조심해라. 부모의 우환이 생기거나 문서를 잃을 운이다.
      새로운 인연이나 애인이 생기거나 사업으로 분주하리라.

3월 : 관을 상대로 하는 일에 장애가 따라 뜻을 이루기 어려울 운이
      다. 형제나 동료의 일로 관에 갈 운이나 덕은 없다.

4월 : 문서로 손재할 운이요, 마음을 억압당할 운이요, 학생은 학업이
      중단될 운이다. 술년생과 해년생은 부모나 문서나 학업문제로
      정신질환이 따를 운이니 조심해라.

5월 : 허욕을 부리면 손재가 따르니 조심해라. 부모의 우환이나 문서
      로 구설이 따를 운이다.

6월 : 좋은 일로 내것을 내줄 운이다. 새로운 애인이나 친구를 얻을
      운으로 길하리라.

7월 : 사업을 이룰 운이요, 재물을 얻을 운이다. 자손의 일로 말못할
      어려움이 따를 운이다.

8월 : 귀인의 도움으로 사업을 이룰 운이요, 말못할 재물을 얻을 운이
      다. 그렇지 않으면 부모나 문서로 말못할 일이 생긴다.

9월 : 믿는 도끼에 발등찍히는 운이요, 믿은 사람이나 가까운 사람에
      게 배신당할 운이다.

10월 : 새로운 사업이나 새로운 인연으로 마음이 산란할 운이다. 타
       관으로 나가거나 이사할 운이다.

11월 : 재물에 횡재가 따를 운이요, 미혼자는 애인이 생길 운으로 길
       하다. 유년생은 부부나 재물로 정신적인 어려움이 따른다.

12월 : 형제나 동료의 경사가 생길 운이요, 밝히지 못할 사람을 사귈
       운이다. 무리하지 않고 순리대로 행하면 길하리라.

정월 : 출세하거나 명예를 얻을 운이다. 자손의 경사가 있으나 자손과 헤어질 운이다. 미년생은 마음을 잃고 방황할 운이다.

2월 : 분수를 지키면 길하나 경거망동하면 망신당할 운이요, 자손의 우환이 따를 운이니 조심해라.

3월 : 형제의 일로 마음이 산란할 운으로 이별수가 있으니 조심해라. 후회할 일이 생긴다. 모든 것을 잃고 타관으로 나갈 운이다.

4월 : 가정에 길조가 날아드는 운이다. 새로운 의욕으로 일을 시작할 운이요, 부모의 경사도 생길 운으로 좋은 일이 있으리라.

5월 : 자손이 출세할 운이요, 임신할 운이다. 문서를 잡거나 횡재할 운이다.

6월 : 상가를 조심해라. 형제의 우환이 생기거나 동료의 근심이 생긴다. 가까운 사람과 멀어질 운이니 조심해라.

7월 : 새로운 일로 마음이 분주할 운이다. 허욕을 버려라. 구설수가 있다. 그렇지 않으면 이사할 운이다.

8월 : 명예를 잃고 의욕까지 잃을 운이나 분수를 지키면 길하리라. 자동차를 조심해라. 신병을 얻을까 두렵다. 자년생은 자손이나 아랫사람 때문에 정신적인 어려움이 따를 운이다.

9월 : 출세하지 않으면 신액이 따를 운이니 조심해라. 자손의 근심이 생기거나 이별수가 따른다.

10월 : 다른 사람의 음해로 구설을 들을 운이다. 뜻을 이루기 어려울 운이요, 가정에 우환이 따를 운이다.

11월 : 명예를 잃을 운이요, 공직자는 자리를 잃을 운이다. 그렇지 않으면 타관으로 나가거나 자손의 근심이 생긴다.

12월 : 어두운 터널을 지나 밝은 광야로 나오는 운이다. 귀인의 도움으로 만사가 순조롭고 가정에 좋은 일이 생긴다.

정월 : 뜻은 있으나 성사되기 어려운 운이니 과욕을 부리지 마라.

2월 : 부부간에 말하지 못하고 신경쓸 일이 생길 운이요, 사업이나 재물로 말못할 근심이 생길 운이다.

3월 : 부모의 경사가 생길 운이요, 문서로 횡재할 운이다. 학생은 새로운 학문에 도전할 운으로 길하리라.

4월 : 관재구설이 침범할 운으로 풍파가 따른다. 관을 상대로 하는 일에 손재가 많을 운이요, 이사하거나 여행할 운이다.

5월 : 뜻은 있으나 결실을 보기 어려울 운이다. 그러나 무리하지 않고 분수를 지키면 해는 면하리라.

6월 : 부모의 경사가 생길 운으로 가정이 화목하리라. 북쪽을 가지 마라. 자손의 근심이 생긴다. 을년생과 계년생은 문서를 잃거나 부모와 이별할 운이요, 정년생은 연상과 사랑에 빠질 운이다.

7월 : 형제나 동료로 인하여 말못할 근심이 생길 운이요, 가까운 사람이나 믿은 사람과 멀어질 운이다.

8월 : 하나를 얻고 하나를 잃을 운이다. 갑자기 친절한 사람과 금성(金姓)을 조심해라. 구설수가 따른다.

9월 : 부동산이나 문서로 손재가 따를 운이요, 윗사람의 근심이 생길 운이다. 북쪽으로 가지 마라. 수마로 해를 입으리라.

10월 : 말못하고 혼자 즐길 일이 생길 운이다. 구설을 들을 운이요, 미혼자는 인연을 만날 운이다. 숨어서 도와주는 사람이 있다.

11월 : 임신한 사람은 유산을 조심해라. 자손과 이별수가 있다. 유년생은 자손이나 아랫사람 때문에 정신적인 어려움이 따를 운이요, 임년생은 연하와 문제가 생길 운이니 조심해라.

12월 : 부모의 경사가 생길 운이요, 문서에 좋은 일이 생길 운이요, 새로운 일을 구상할 운으로 길하리라.

정월 : 혼자만 알고 즐길 일이 생길 운이요, 내것을 주어도 좋은 운으로 해는 없다. 새로운 사업을 구상할 운이나 덕이 되지 않는다.

2월 : 부부의 근심이 생길 운이요, 사업에 어려움이 따를 운이다.

3월 : 문서로 손해볼 운이니 신중하게 처신하라. 부모의 근심이 생길 운이요, 뜻이 좌절될 운이다. 갑년생은 부모와 이별할 운이요, 무년생과 기년생은 연상과 사랑에 빠질 운이다.

4월 : 직장을 잃을 운이다. 다투지 마라. 구설이 분분하다. 해롭게 하는 사람이 많으니 편한 날이 없을 운이다. 술년생과 해년생은 정신질환이 따를 운이니 조심해라.

5월 : 관재에 망신살까지 들어오니 구설이 요란할 운이다. 뜻대로 되는 일이 없으니 입산수도하고 싶은 생각이 간절하리라.

6월 : 시작은 어려우나 결과는 좋을 운이다. 모함이 따르니 항상 조심해라. 부모의 경사가 생길 운이다.

7월 : 갇혔던 새가 하늘을 나는 운이다. 관의 도움과 어려 사람의 도움으로 어려움이 사라지고 편안하리라.

8월 : 형제나 동료의 일로 관에 갈 운이요, 관을 상대하는 일에 손재가 따를 운이요, 구설수가 따르니 조심해라.

9월 : 문서로 혈육간에 다툴 운이요, 과욕을 부리면 망신당할 운이다. 화성(火姓)을 조심해라.

10월 : 자손이 출세하고, 아들을 낳을 운이다. 아랫사람의 일로 경사가 생기고, 자손이나 아랫사람의 일로 여행하거나 이사한다.

11월 : 재물을 얻을 운이요, 직장인은 출세할 운이요, 미혼자는 애인이 생길 운이다.

12월 : 다른 사람의 도움으로 새로운 문서를 잡거나 문서로 횡재할 운이다. 부모의 경사가 생길 운이다.

圓空秘訣 7 8 3

정월 : 재물이나 이성으로 마음이 들뜰 운이요, 형제간에 우애가 상할 운이요, 동료나 친구와 여행할 운이다.

2월 : 재물을 얻을 운이요, 미혼자는 결혼할 운이다. 주색을 삼가하라. 여자로 패가한다.

3월 : 친구의 도움으로 뜻을 이룰 운이나 부모와 이별수가 있거나 문서로 손재한다. 을년생은 바람끼가 발동하고, 신년생은 부모나 재물로 정신적인 어려움이 따를 운이다.

4월 : 마음을 표현하지 못할 운이요, 내것을 잃고 마음이 상할 운이요, 사업문제로 여행하거나 이사할 운이다.

5월 : 먼 길을 떠날 운이나 얻는 것은 없다. 남들이 모르는 새로운 기술을 얻거나 사업을 구상할 운이다.

6월 : 밝히지 못할 재물이 생길 운으로 즐거우리라. 동료나 형제의 도움으로 뜻을 이룰 운이다.

7월 : 형제나 동료를 잃을 운이요, 가까운 사람이나 믿은 사람이 등을 돌릴 운이다. 을년생과 경년생은 사랑에 빠질 운이요, 묘년생은 형제나 동료 때문에 정신적인 충격을 받을 운이다.

8월 : 적이 친구가 되는 운으로 새로운 희망이 솟는다.

9월 : 새로운 문서를 잡거나 부모의 경사가 생길 운이요, 윗사람의 도움으로 큰 일을 시작할 운이다.

10월 : 소가 푸른 초원을 만나는 운으로 식록이 무궁하리라. 사업을 이루거나 재물로 횡재할 운이다.

11월 : 자손의 경사가 생길 운이요, 출세할 운이다. 임신하거나 아들을 낳을 운이다.

12월 : 부부의 근심이 생기거나 재물에 손해가 따를 운이요, 허욕을 부리면 망신당할 운이나 분수를 지키면 큰 해는 없으리라.

圓空秘訣 7 8 4

정월 : 부부의 근심이나 생리사별이 따를 운이요, 사업에 풍파가 따를 운이요, 구설이 따를 운이다.

2월 : 허욕을 버려라. 가까운 사람과 멀어질 운이다. 움직이면 손해이니 가만히 있는 것이 상책이다.

3월 : 부모의 경사가 생기거나 문서로 좋은 일이 생길 운이다. 윗사람의 도움으로 새로운 일을 시작할 운이다.

4월 : 시작은 어려우나 결과는 좋을 운이다. 부모의 우환이 생기거나 부모와 이별할 운이니 조심해라.

5월 : 결실을 맺을 운이요, 주위의 도움으로 뜻을 이룰 운이다.

6월 : 문서를 잃을 운이다. 조용히 있는 것이 상책이다.

7월 : 형제간에 이별하거나 가까운 사람을 잃을 운이요, 불안한 일이 생길 운이니 각별히 조심하라.

8월 : 어두운 밤이 가고 밝은 아침이 오는 운이나 허욕을 부리지 말고 분수를 지켜라. 자년생은 마음을 잃을 운이다.

9월 : 부모의 경사가 생기거나 문서를 잡을 운이나 형제나 동료를 잃을 운이니 조심해라. 갑년생은 부모와 이별할 운이요, 무년생과 경년생은 연상과 사랑에 빠질 운이요, 진년생과 사년생은 부모나 문서로 정신적인 어려움이 따를 운이다.

10월 : 어두운 밤에 불빛을 잃는 운으로 만사가 뜻대로 이루어지지 않는다.

11월 : 집에 있으면 손해요, 나가면 좋은 인연을 만나리라. 가정에 우환이 따를 운이요, 혈육간에 이별할 운이다.

12월 : 만사가 순조롭게 이루어질 운이다. 그러나 무리하지 마라. 좋은 일에 장애가 따를 운이다. 성실하게 행하면 길하리라.

정월 : 좋은 일로 내것을 내줄 운이요, 혼자만 알고 즐길 일이 생길 운이다. 새로운 일을 구상할 운이나 덕이 되지 않는다.

2월 : 의지가 약해질 운이요, 공직자는 자리를 옮길 운이요, 자손의 일로 근심이 생길 운이다.

3월 : 태양이 떠오르는 운으로 뜻을 이룬다. 귀인이 자손을 도와주니 길하리라.

4월 : 자손의 경사가 있으나 이별수도 있다. 만사가 순조롭게 뜻을 이룰 운이요, 명예를 얻을 운이다. 술년생과 해년생은 마음을 잃고 방황할 운이다.

5월 : 정원에 매화가 만발하여 집안에 향기가 가득한 운이요, 만사가 순조로우니 심신이 편안할 운이다.

6월 : 자손의 우환이 생기거나 이별수가 생길 운이다. 후회할 일이 있으니 조심해라. 여행하거나 이사운이 있으나 마음만 상한다.

7월 : 가까운 사람이나 믿은 사람을 경계하라. 갑자기 친절한 사람이 피해를 줄 운이니 조심해라.

8월 : 가정에 경사가 생길 운이요, 형제의 경사나 출세가 따를 운으로 길하다. 주위에 동료들이 많이 모여드는 운으로 해는 없다.

9월 : 상가를 조심해라. 부모에게 우환이 생기거나 문서에 액이 따른다. 과욕을 부리다 망신당할 운이니 분수를 지켜라.

10월 : 새로운 일로 타관으로 나갈 운이요, 아랫사람의 일로 마음이 산란할 운이다.

11월 : 시작은 화려하나 결실을 보기 어렵다. 유년생은 자손이나 아랫사람 때문에 정신질환이 따를 운이니 조심해라.

12월 : 슬하에 우환이 생기거나 이별할 운이다. 후회할 일이 생기니 조심해라. 실업자는 작으나마 일자리를 얻을 운이다.

정월 : 부부에게 경사가 생기거나 재물을 얻을 운이요, 혈육간에 이별
　　　하거나 가까운 동료를 잃을 운이요, 좋은 친구를 얻을 운이다.
　　　갑년생과 병년생은 바람끼가 발동할 운이니 조심해라.

2월 : 새것을 탐하지 마라. 얻는 것 보다 잃는 것이 많다. 부부의 근심
　　　이 생기거나 재물에 손해가 따를 운이다.

3월 : 주위의 모든 사람들과 멀어질 운으로 입산수도하고 싶으리라.

4월 : 동료나 친구의 도움으로 뜻을 이룰 운이다. 부부에게 경사가 생
　　　기거나 재물을 얻을 운이요, 미혼자는 애인이 생길 운이다.

5월 : 가정에 경사가 생길 운이다. 횡재할 운이요, 공직자는 출세할
　　　운으로 길하리라.

6월 : 가정에 우환이 생길 운이다. 부모의 근심이 생기거나 이별할 운
　　　이요, 문서를 잃을 운이다.

7월 : 좋은 친구나 배우자를 만날 운이다. 그렇지 않으면 사업문제로
　　　타관으로 나간다. 역마가 있으니 여행하거나 이사할 운이다.

8월 : 오곡에 풍년이 드는 운이다. 주위에 친구나 동료들이 많이 모여
　　　드는 운으로 길하다. 자년생은 형제나 동료 때문에 정신적인 고
　　　통이 따를 운이니 조심해라.

9월 : 밝히지 못할 문서나 재물을 얻을 운이요, 부모의 일로 말못할
　　　근심이 생길 운이다.

10월 : 부정한 재물이 생기거나 허욕으로 망신당할 운이다. 다른 이
　　　성을 탐하지 마라. 구설이 분분할 운이다.

11월 : 자손의 근심이 생기거나 아랫사람 때문에 손재가 따를 운이
　　　다. 그렇지 않으면 여행할 운이나 얻는 것이 없다.

12월 : 새로운 사업을 시작하거나 새로운 애인이나 친구를 얻을 운이
　　　다. 귀인의 도움을 받을 운으로 길하리라.

圓空秘訣 8 1 1

정월 : 새로운 친구를 사귀지 마라. 구설이 생긴다. 동료나 형제와 해
　　　어질 운이다. 액운을 면하려면 산신전에 기도하라.

2월 : 재물을 얻으려고 마음이 산란할 운이다. 시비를 조심해라. 송사
　　　구설이 따른다. 다른 일에 손대지 마라. 손재할 운이다.

3월 : 황룡이 물을 얻는 운으로 뜻밖에 공명을 얻는다. 그러나 재물을
　　　얻으려다 친구간에 우애가 상할까 염려된다.

4월 : 부모나 문서문제로 관에 갈 운이요, 윗사람의 일로 구설을 들을
　　　운이니 조심해라.

5월 : 일에 두서가 없으니 뜻을 이루기 어렵다. 호사다마라, 좋은 일
　　　에 장애가 따른다. 욕심을 버려라. 문서에 손재수가 있다.

6월 : 7년 대한으로 초목이 자라지 못하는 운이다. 수귀가 엿보니 배
　　　를 타지 마라. 재물을 잃고 구설수가 따른다.

7월 : 도처에 권리가 있으니 추진하는 일이 많다. 그렇지 않으면 허송
　　　세월한다. 서방 사람을 가까이 하지 마라. 손재수가 따른다.

8월 : 자손의 일로 말못할 일이 있거나 아랫사람 때문에 손재가 있다.

9월 : 초목이 가을을 만나는 운이다. 시비구설을 조심해라.

10월 : 여자를 경계하라. 반드시 재화가 있다. 가까운 사람을 잃거나
　　　 배신당할 운이요, 형제나 동료와 여행하거나 이사할 운이다.

11월 : 우물의 고기가 바다로 나가는 운으로 의기가 활발하다. 길신
　　　 의 도움으로 만사가 길하다. 유년생은 부부나 재물로 정신적
　　　 인 어려움이 따를 운이다. 토성(土姓)을 경계하라.

12월 : 부부간에 근심이 생기거나 헤어질 운이요, 가정에 우환이 따
　　　 를 운이다. 마음이 산란하니 뜻밖에 액을 당한다. 그러나 흉한
　　　 가운데 길함이 있으니 번민하지 마라. 을년생과 정년생과 계
　　　 년생은 형제간에 이별할 운이다.

圓空秘訣 8 1 2

정월 : 신수가 태평한 운으로 도처에 재물이 있다. 갑년생과 병년생은 허욕이나 바람끼가 발동하고, 미년생은 심적인 고통이 따른다.

2월 : 관에 망신살이 있으니 뜻이 좌절된다. 형제간에 이별하거나 집 안에 우환이 생기고, 주위 사람 때문에 신병을 얻을 운이다.

3월 : 많은 도움을 받을 운이니 만사가 순조롭다. 반드시 성공할 운이 다. 중심이 단단하니 무슨 일을 못하겠는가.

4월 : 하늘과 땅의 도움으로 만사가 순조롭다. 뜻밖의 횡재로 부러움 을 받을 운이다. 그러나 수성(水姓)은 경계하라.

5월 : 삼춘이 지난 운으로 꽃을 찾는 게 무익하다. 신액이 두렵다.

6월 : 의지가 없으니 일을 이루기 어렵고, 길인이 해롭게 할 운이니 좋은 일에 장애가 많고, 가운이 불리하니 질병이 따른다.

7월 : 횡재하지 않으면 반드시 아들을 낳는다. 가까운 사람을 경계하 라. 배신당할 운이다. 여행하거나 이사할 운이다.

8월 : 다른 사람의 도움으로 자손이 출세할 운이요, 직장인은 영전할 운이다.

9월 : 먼 길을 나서지 마라. 손재가 두렵다. 나가면 해로우니 집에 있 는 것이 상책이다. 가까운 사람과 멀어질 운이니 조심해라.

10월 : 동서로 분주하나 얻고 잃는 것이 반반이다. 요귀가 암동하니 질병이 떠나지 않는다. 여색을 조심해라. 음사에 불리하다. 사 업이나 이성문제로 여행하거나 이사할 운이다.

11월 : 역마가 있으니 타관으로 나가나 손재만 있다. 집에 있으면 구 설이요, 나가면 손재가 따른다. 수성(水姓)을 조심해라.

12월 : 분수를 지키면 이로울 운이요, 집안이 화평하고 자손이 영귀 할 운이다. 큰 재물은 어려우나 작은 재물은 얻으리라. 을년생 과 정년생과 계년생은 형제간에 이별할 운이다.

350

圓空秘訣 8 1 3

정월 : 상가를 조심해라. 형제의 우환이 생길 운이요, 믿은 사람이 멀어질 운이다. 그렇지 않으면 형제나 친구 때문에 마음이 상할 운이다. 여행할 운도 있다.

2월 : 상가를 조심해라. 마음을 잃을 운이요, 만사가 불안할 운이다.

3월 : 동방으로 가면 많은 재물을 얻으나 구설을 조심해라. 갑년생은 형제간에 이별할 운이다.

4월 : 가정에 경사가 생길 운이다. 부모로 인하여 좋은 소식이 있거나 새로운 문서를 잡을 운이요, 학생은 새로운 학업을 할 운이다.

5월 : 업을 바꾸지 말고 항상 조심해라. 주색을 가까이 하지 마라.

6월 : 지모가 겸전하니 반드시 성공하고, 재물과 권리가 있으니 어진 소리가 이웃을 통한다. 때를 알고 움직이면 만사가 이롭다.

7월 : 자손의 경사가 생길 운이요, 임신할 운이다. 아랫사람의 도움으로 큰 일을 해결할 운이다.

8월 : 가정이 불안할 운이다. 자손과 이별할 운이요, 자손의 풍파가 따를 운이요, 가까운 사람에게 배신당할 운이다.

9월 : 귀인의 도움으로 재복이 들어올 운이다. 과욕을 부리면 오히려 손재한다. 일이 순조로우니 재물이 산과 같이 쌓이리라.

10월 : 좋은 일로 내것을 내줄 운이요, 혼자 즐길 운이다. 새로운 사업을 구상할 운이나 덕이 되지 않는다.

11월 : 새로운 친구나 애인이 생길 운이다. 가정에 경사가 생길 운이요, 과거급제하여 관대를 찰 운이다.

12월 : 귀인의 도움으로 뜻을 이룰 운이다. 녹이 중하고 이름이 높으니 일신이 영귀하리라. 을년생과 정년생과 계년생은 형제간에 이별할 운이요, 오년생은 형제나 친구 때문에 정신적인 고통이 따를 운이다.

圓空秘訣 814

정월 : 부모의 경사가 생기거나 문서를 잡을 운이요, 형제의 우환이나
　　　동료의 근심이 생길 운이다.

2월 : 다른 사람의 모함으로 윗사람으로 근심이 생기거나 문서로 오
　　　해를 받을 운이다. 동료나 형제의 일로 신경쓸 운이다.

3월 : 상가를 조심해라. 형제의 우환이 생기거나 문서를 잃을 운이다.
　　　그렇지 않으면 동료에게 해를 입는다.

4월 : 귀인의 도움으로 뜻을 이룰 운이다. 부모의 경사가 생기거나 문
　　　서에 좋은 일이 생길 운이다.

5월 : 하나를 얻고 하나를 잃을 운이다. 윗사람과 상의하여 처리하면
　　　길하리라. 갑년생은 연상과 사랑을 나눌 운이다.

6월 : 어두운 밤이 지나고 밝은 아침이 오는 운이다. 주위의 도움으로
　　　만사가 순조로울 운이다.

7월 : 믿은 사람이 등을 돌릴 운이요, 가까운 사람과 헤어질 운이니
　　　허망하리라.

8월 : 출세하거나 관에 갈 운이다. 주위의 도움으로 만사가 순조롭고,
　　　가정에 경사가 생길 운이다.

9월 : 오곡에 풍년이 드는 운으로 친구와 누각에 올라 여흥을 즐길 운
　　　이다. 형제의 경사가 생길 운으로 길하리라.

10월 : 과욕을 부리면 오히려 손재가 따른다. 물가를 조심하고, 수성
　　　　(水姓)을 경계하라.

11월 : 부모의 경사가 생기지 않으면 오히려 근심이 생길 운이다. 그
　　　　렇지 않으면 동료와 새로운 일을 시작할 운으로 길하리라.

12월 : 옛것은 가고 새로운 것을 얻을 운으로 길하다. 그러나 을년생
　　　　과 정년생과 계년생은 형제간에 이별할 운이요, 오년생은 형
　　　　제나 동료 때문에 정신질환이 따를 운이니 조심해라.

圓空秘訣 8 1 5

정월 : 형제나 동료의 일로 관에 갈 운이요, 주위 사람 때문에 손재수
　　　가 따를 운이니 조심해라.

2월 : 자동차를 조심해라. 자손의 근심이 생긴다. 그렇지 않으면 자손
　　　과 헤어질 운이다. 부정한 재물이나 말못할 재물을 얻는다.

3월 : 가정에 우환이 따를 운이다. 형제간에 이별할 운이요, 가까운
　　　사람이나 믿은 사람에게 배신당할 운이다.

4월 : 부모의 경사가 생기거나 문서를 잡을 운이다. 윗사람의 도움으
　　　로 큰 일을 도모할 운으로 길하다. 부모나 문서문제로 타관으로
　　　나가거나 이사할 운이다.

5월 : 용이 여의주를 얻어 조화를 부리는 운으로 만사가 순조롭다.

6월 : 어두운 터널을 지나 밝은 광야로 나오는 운으로 길하다.

7월 : 말못할 재물을 얻거나 부정한 재물로 망신당할 운이다. 서방에
　　　가지 마라. 구설수만 있다.

8월 : 여행하거나 이사할 운이나 얻는 것은 없고 잃는 것이 많다. 그
　　　렇지 않으면 내것을 주고도 마음이 상할 운이다.

9월 : 새로운 사업을 시작하거나 애인이 생길 운이요, 미혼자는 결혼
　　　할 운이다. 자손의 일로 타관으로 나갈 운이다. 진년생과 사년
　　　생은 형제나 친구 때문에 정신적인 어려움을 겪을 운이다.

10월 : 봄비에 초목이 무성하여 새들이 모여드는 운이다. 만사가 뜻
　　　　대로 이루어지니 심신이 편안하다.

11월 : 자손에게 좋은 일이 있으나 말못할 운이다. 부부의 근심이 생
　　　　기거나 사업에 어려운 일이 생길 운이다.

12월 : 집에 있으면 길하나 나가면 손재수가 따를 운이다. 사업으로
　　　　분주할 운이나 소득은 없다. 그러나 정도를 지키면 길하리라

圓空秘訣 816

정월 : 자손의 경사가 있으나 자손과 헤어질 운이다. 출세하거나 명예
　　　를 얻을 운이다.

2월 : 자손의 우환이 생기거나 자손으로 인하여 구설을 들을 운이다.
　　　허욕을 부리다 망신당할 운이니 분수를 지켜라.

3월 : 하나를 얻고 하나를 잃을 운이다. 형제와 이별할 운이요, 가까
　　　운 사람에게 배신당할 운이다.

4월 : 비밀이 있는 문서를 잡을 운이요, 문서로 말못할 근심이 생길
　　　운이요, 부모의 근심이 생길 운이다.

5월 : 문서로 횡재할 운이요, 새로운 문서를 잡을 운이요, 부모의 경
　　　사가 생길 운이다.

6월 : 가정에 근심이 생길 운이다. 형제간에 이별할 운이요, 믿은 사
　　　람에게 배신당할 운이다. 을·계년생은 마음을 잃을 운이다.

7월 : 다투지 마라. 관재구설이 따를 운이다. 임신한 사람은 유산을
　　　조심해라. 그렇지 않으면 슬하에 경사가 생긴다.

8월 : 뜻대로 되지 않을 운이다. 명예를 잃을 운이나 슬하에 좋은 소
　　　식도 생길 운이다. 자년생은 자손이나 아랫사람 때문에 정신적
　　　인 풍파가 따를 운이니 조심해라.

9월 : 가정에 우환이 따를 운이나 정도를 행하면 길하다.

10월 : 재물에 횡재가 따를 운이요, 새로운 사업을 시작할 운으로 길
　　　하다. 미혼자는 결혼할 운이다.

11월 : 뜻을 이루지 못할 운이다. 공직자는 자리를 옮기거나 구설이
　　　따를 운이다. 자손의 일로 마음이 분주할 운이다.

12월 : 십 년 가뭄에 단비가 내려 고목에서 싹이 돋는 운이다. 만사가
　　　순조롭게 성사되고 주위의 부러움을 받으리라.

정월 : 만사가 뜻대로 되지 않을 운이니 허욕을 부리지 마라.

2월 : 상가를 조심해라. 가정에 우환이 생기거나 윗사람의 근심이 생
    긴다. 관의 망신살이 있으니 구설수를 조심해라.

3월 : 십 년 고생 끝에 영화를 보는 운이다. 일신이 영귀하니 재록이
    흥왕하고, 황은을 받으니 반드시 관록이 따른다.

4월 : 뜬구름을 탐하지 마라. 작은 것을 구하려다 큰 것을 잃는다. 티
    끌모아 태산이 되니 재물이 풍족하다.

5월 : 집에 있어도 불리한 운이니 집을 나서 어디로 행하겠는가. 다른
    사람을 가까이 하지 마라. 손해를 면하기 어렵다. 운수가 불리
    하니 일이 더디다.

6월 : 주위의 도움으로 뜻을 이룰 운이요, 형제나 동료의 경사가 생길
    운이다.

7월 : 출세나 욕망을 이루려고 타관으로 나갈 운이요, 임신할 운이다.

8월 : 다른 사람의 도움으로 자손에게 좋은 일이 생길 운이요, 아랫사
    람의 도움으로 큰 일을 할 운이다.

9월 : 운수가 형통하니 집안이 편안하리라. 가족이 늘어날 운이요, 좋
    은 친구를 얻을 운이다.

10월 : 가정에 근심이 생길 운이다. 부부의 근심이 생기거나 재물에
    어려움이 따를 운이니 조심해라.

11월 : 만사가 성사되지 않을 운이다. 물가를 조심하고, 수성(水姓)을
    경계해라. 덕이 없다. 임년생은 애인이 생길 운이요, 유년생은
    부부나 재물이나 사업문제로 정신적인 어려움을 겪을 운이다.

12월 : 뜻밖의 재물을 얻을 운이다. 을년생과 정년생과 계년생은 형
    제간에 이별할 운이요, 오년생은 형제나 동료 때문에 정신질
    환이 따를 운이다.

정월 : 상하가 화합할 운으로 편안하리라. 재물을 얻거나 일신이 영귀
       하리라. 운수가 대길하니 만사가 순조롭다.

2월 : 성심으로 일을 추진하면 반드시 성사한다. 작은 것을 구하다 크
       게 얻는 운이니 반드시 형통한다. 그러나 과욕을 부리지 마라.

3월 : 형제간에 이별할 운이요, 시기와 질투가 따르니 불안할 운이다.

4월 : 하나를 얻고 하나를 잃을 운이다. 새로운 변화를 찾지 마라. 하
       던 일도 되지 않는다. 자중하면서 때를 기다리면 복이 오리라.

5월 : 눈 속에서 새순이 돋는 운이니 신령의 도움으로 복록이 왕성하
       리라. 새로운 욕망으로 마음이 분주할 운이다.

6월 : 다른 사람의 모함으로 망신당할 운이니 조심해라. 부정한 욕망
       을 갖지 마라. 관재를 면하기 어렵다.

7월 : 이름이 크고 왕성하니 도처에 재물이 있다. 직장이나 취업문제
       로 타관으로 나가거나 이사할 운이다.

8월 : 자손의 경사가 생길 운이요, 임신할 운이다. 자손의 일로 말못
       할 일이 생길 운이다.

9월 : 출세나 욕망 때문에 마음이 산란하고 불안한 운이다. 만사에 장
       애가 따라 심력만 허비한다.

10월 : 혼자 즐길 일이 생길 운이요, 내것을 잃어도 손해될 일이 없을
        운으로 길하리라.

11월 : 직장을 잃거나 혈육간에 이별할 운이다. 비록 재물은 흥왕하
        나 추진하는 일이 성사되지 않을 운이다.

12월 : 시비를 조심해라. 구설이 따른다. 출세에 장애가 있으니 조심
        해라. 을년생과 정년생과 계년생은 형제간에 이별할 운이요,
        오년생은 형제나 동료의 일로 정신적인 고통이 따를 운이다.

圓空秘訣 8 2 3

정월 : 상가를 조심해라. 형제의 우환이 생길 운이요, 믿은 사람이 멀어질 운이요, 형제나 동료 때문에 마음이 상할 운이다.

2월 : 송림이 무성하니 백조가 깃드는 운이다. 귀인의 도움으로 이로움이 있고, 재곡이 풍족하니 집안이 태평하다.

3월 : 곡우에 비가 비비하니 꽃이 피는 운이다. 운수가 형통하고 집안이 태평하니 만사를 순조롭게 이룬다. 무년생과 기년생은 허욕이나 바람끼가 발동할 운이다.

4월 : 밝히지 못할 형제나 동료를 얻거나 친구나 동료의 일로 말못할 일이 생길 운이다. 다투지 마라. 구설수가 있다.

5월 : 물건으로 다툴 운으로 소득이 없다. 시비하지 마라. 송사가 따른다. 그렇지 않으면 질병이 두렵다.

6월 : 모처럼 친구와 의기투합하여 큰 일을 도모할 운이다. 봄비가 내려 초목이 무성하니 새들이 찾는 운으로 길하리라.

7월 : 자손이 관대를 찰 운이요, 임신하거나 아들을 낳을 운이다.

8월 : 자손과 이별할 운이요, 자손에게 음해가 따라 마음의 상처를 입을 운이다.

9월 : 적이 친구가 되는 운이다. 주위에 많은 사람이 모여드는 운으로 해는 없다.

10월 : 좋은 일로 내것을 내줄 운이요, 말못할 사람을 만날 운이다.

11월 : 새로운 친구나 애인이 생길 운이다. 과거에 급제하여 관대를 찰 운으로 가정에 경사가 있으리라.

12월 : 어두운 밤이 지나고 밝은 태양이 솟아오르는 운이다. 귀인의 도움으로 뜻을 이룰 운이다. 욕심을 부리지 않고 정도를 행하면 길하리라. 오년생은 형제나 동료의 일로 정신적인 어려움이 따를 운이다.

정월 : 부모의 경사가 생기거나 문서를 잡을 운이요, 형제의 우환이나
　　　동료의 근심이 생길 운이다.

2월 : 다른 사람의 모함으로 윗사람의 근심이 생기거나 문서로 오해
　　　받을 운이다. 동료나 형제의 일로 신경쓸 운이다.

3월 : 자손의 근심이 생길 운이요, 자손이나 아랫사람의 일로 말못할
　　　근심이 생길 운이다.

4월 : 관재구설이 따를 운이요, 문서로 손재할 운이요, 부모와 이별할
　　　운이다.

5월 : 하나를 얻고 하나를 잃을 운으로 윗사람과 상의하면 길하다. 축
　　　년생은 부모나 문서나 학업으로 정신질환이 따를 운이다.

6월 : 형제나 동료의 경사로 마음이 분주할 운이다. 등을 돌린 사람이
　　　친구가 되는 운으로 길하리라.

7월 : 가까운 사람과 헤어질 운으로 만사가 허망하다. 불전에 기도하
　　　라. 자손의 일로 먼 길을 가거나 이사할 운이다.

8월 : 출세하지 않으면 관에 갈 운이다. 주위의 도움으로 만사가 순조
　　　로울 운이요, 가정에 경사가 생길 운이다.

9월 : 동료나 친구와 관을 상대로 일을 할 운이나 덕이 없다. 출세할
　　　운이다.

10월 : 과욕을 부리면 손재가 따르니 분수를 지켜라. 물가를 조심하
　　　　고, 수성(水姓)을 경계해라.

11월 : 뜻은 있으나 결실을 맺기 어려울 운이니 과욕을 부리지 마라.
　　　　내것을 주고 구설을 들을 운이다.

12월 : 옛것은 가고 새로운 것을 얻는 운으로 길하다. 을년생과 정년
　　　　생과 계년생은 형제나 동료와 이별할 운이요, 오년생은 형제
　　　　나 동료로 인하여 정신적인 고통이 따를 운이다.

圓空秘訣 8 2 5

정월 : 자손의 경사가 생기거나 임신할 운이다. 아랫사람의 일로 타관
　　　으로 나갈 운이다.

2월 : 자동차를 조심해라. 자손의 근심이 생기거나 자손과 헤어질 운
　　　이다. 부정한 재물이나 말못할 재물을 얻을 운이다.

3월 : 형제간에 이별할 운이요, 가까운 사람이나 믿은 사람에게 배신
　　　당할 운이다.,

4월 : 새로운 문서를 잡을 운이요, 부모의 경사가 생기거나 윗사람의
　　　일로 좋은 소식이 있을 운이요, 역마살이 들어오니 이사하거나
　　　여행할 운이다.

5월 : 어두운 밤길에서 밝은 등불을 만나는 운으로 길하리라.

6월 : 소가 푸른 초원을 만나는 운으로 식록이 무궁하리라. 친구와 동
　　　료의 도움으로 뜻을 이룰 운이다.

8월 : 여행하거나 이사할 운으로 얻는 것보다 잃는 것이 많다. 그렇지
　　　않으면 내것을 주고도 마음이 상할 운이다.

9월 : 가정에 우환이 따를 운으로 자손의 근심이 생긴다. 임신한 사람
　　　은 유산을 조심해라. 경년생은 허영심이 발동할 운이요, 진년생
　　　과 사년생은 형제나 동료로 정신적인 고통이 따를 운이다.

10월 : 부부에게 경사가 생길 운이요, 미혼자는 애인이 생길 운이다.
　　　 사업에 길한 운이요, 재물에 횡재가 따를 운이다. 진년생은 부
　　　 부나 사업이나 재물로 정신적인 고통이 따르니 조심해라.

11월 : 자손에게 좋은 일이 있으나 말못할 운이다. 부부의 근심이 생
　　　 기거나 사업에 어려움이 따를 운이다.

12월 : 상가를 조심해라. 형제나 동료와 멀어질 운이다. 집에 있으면
　　　 길하나 밖으로 나가면 손재수가 따를 운이다.

周易 토정비결 | 359

정월 : 자손의 경사가 있으나 헤어질 운이다. 출세하거나 명예를 얻을
    운이다. 갑년생과 병년생은 연하와 사랑에 빠질 운이다.

2월 : 자손의 우환이 생기거나 자손의 일로 구설을 들을 운이다. 허욕
    을 부리다 망신당할 운이니 분수를 지켜라.

3월 : 상가를 조심해라. 형제나 동료와 구설수가 있거나 이별할 운이
    다. 가까운 사람이나 믿은 사람에게 배신당할 운이다.

4월 : 비밀이 있는 문서를 잡을 운이요, 부모의 일로 말못할 근심이
    따를 운이요, 문서를 잃을 운이다.

5월 : 관을 상대로 새로운 문서를 잡을 운이요, 학생은 새로운 학업을
    할 운으로 대길하리라.

6월 : 형제의 근심이 생기거나 동료의 일로 마음이 상할 운이다. 허욕
    을 부리다 망신당할 운이니 분수를 지켜라.

7월 : 다투지 마라. 관재구설이 따를 운이다. 임신한 사람은 유산될
    염려가 있으니 조심해라.

8월 : 가정에 경사가 생길 운이다. 가족이 늘어날 운이요, 임신할 운
    이요, 아들을 낳을 운이다. 자년생은 자손이나 아랫사람 때문에
    정신질환이 따를 운이다.

9월 : 가정에 우환이 따를 운이나 정도를 지키면 길하리라.

10월 : 다른 사람의 음해로 명예를 잃거나 손재가 따를 운이요, 자손
    의 우환이 생기거나 혈육간에 이별할 운이다.

11월 : 뜻을 이루지 못할 운이요, 공직자는 자리를 옮기거나 구설이
    따를 운이다. 자손의 일로 마음이 분주할 운이다.

12월 : 십 년 가뭄에 단비가 내려 고목에서 새순이 돋는 운이다. 만사
    가 순조로우니 주위의 우러름을 받으리라.

정월 : 처음에는 길하나 나중에는 흉한 운이다. 자손의 일로 마음이 분주할 운이다.

2월 : 자손의 경사가 생기거나 임신할 운이다. 큰 뜻을 품고 새로운 일을 도모할 운이다. 을년생은 연하나 아랫사람과 정에 빠진다.

3월 : 남산 위의 홍도가 홀로 춘광을 띠는 운으로 뜻을 이루고 만인의 부러움을 받는다. 무·기년생은 허영심이 발동할 운이요, 술·해년생은 자손이나 아랫사람 때문에 정신적인 고통이 따른다.

4월 : 미혼자는 애인이 생길 운이요, 내것을 주고 구설을 들을 운이다. 허욕으로 풍파가 따를 운이니 자중해라.

5월 : 부부나 재물문제로 마음이 분주하나 뜻이 좌절될 운이니 자중해라. 무리하면 손재수가 따른다.

6월 : 자손의 경사가 있으나 말못할 운이다. 이름이 높고 권리가 많으니 만인이 우러러 본다. 일이 성사될 운으로 큰 재물을 얻는다.

7월 : 7년 대한에 단비를 만나는 운으로 길하나 작은 근심이 생길 운이다. 금성(金姓)의 도움으로 길하리라.

8월 : 먹구름이 사라지고 밝은 태양이 나타나는 운이다. 그러나 남의 것을 탐하지 마라. 손재수가 따른다.

9월 : 하늘을 날던 새가 방향을 잃는 운이다. 신고함을 한탄하지 마라. 결국에는 길운이 오리라.

10월 : 귀인의 도움으로 태평할 운이다. 자손의 경사가 생기거나 임신할 운이다. 그러나 실물수가 있으니 조심해라.

11월 : 봄꽃이 아름답게 피는 운으로 가산이 흥왕하고 가족이 늘어난다. 귀인의 도움으로 마음의 여유가 생길 운이다.

12월 : 노력은 많이 하나 소득은 미미할 운이다. 신수에는 흠이 없으나 간혹 구설이 따른다. 토성(土姓)을 경계하라.

圓空秘訣 8 3 2

정월 : 동원의 홍도가 때를 만나 꽃이 피는 운이다. 새로 결혼하지 않
　　　으면 아들을 낳을 운이다. 자손의 경사가 생길 운이다.

2월 : 친한 사람을 경계하라. 배은망덕하리라. 인정을 생각하지 않으
　　　면 범사가 순조롭고, 경거망동하면 실패하리라.

3월 : 신령의 도움으로 재백이 진지할 운이다. 뜻밖의 재물을 얻으니
　　　부명(富名)을 기약한다. 타관으로 나가거나 이사할 운이다.

4월 : 재물은 왕성하나 슬하에 근심이 있을 운이다. 칠성전에 기도하
　　　라. 명리가 모두 흥왕할 운으로 부귀를 겸전한다.

5월 : 일에 장애가 많으니 만사를 이루기 어렵다. 부부의 근심이 생기
　　　거나 사업에 어려움이 따를 운이다.

6월 : 자손이나 아랫사람 때문에 망신당할 운이요, 직장을 옮기거나
　　　새로운 사업을 시작할 운이다. 정도를 지키면 길하리라.

7월 : 새로운 문서를 잡을 운이요, 문서로 횡재할 운이다. 새로운 학
　　　문을 할 운이요, 부모의 경사가 생길 운이다.

8월 : 달밝은 가을 밤에 신선이 된 기분이리라. 윗사람의 도움으로 큰
　　　일을 도모할 운으로 길하다. 문서나 부모의 일로 타관으로 나가
　　　거나 이사할 운이다.

9월 : 오곡에 풍년이 드는 운으로 길하다.

10월 : 좋은 일로 내것을 내줄 운이다. 과욕을 부리면 사업이나 재물
　　　에 손재가 따르니 조심해라.

11월 : 명예를 얻거나 출세할 운이다. 그렇지 않으면 새로운 일을 시
　　　작할 운이다. 자손의 일로 타관으로 나가나 소득은 없으리라.

12월 : 가운이 대길한 운이니 화기가 만당하고, 시운이 길하니 기쁜
　　　일이 중중하다. 갑년생과 병년생은 아랫사람이나 연하와 사랑
　　　에 빠질 운이다.

정월 : 가을초목이 서리를 만나는 운이니 경거망동하면 불리하다. 가
　　　정에 근심이 생기거나 손재할 운이다.

2월 : 귀인의 도움으로 수복이 면면할 운이다. 관록을 얻지 않으면 반
　　　드시 귀자를 낳는다.

3월 : 땅을 파서 금을 얻는 운이니 큰 이익이 있고, 일신이 평안하니
　　　무엇을 더 바라겠는가.

4월 : 가정에 경사가 생길 운이다. 부부에게 경사가 생기거나 부동산
　　　으로 횡재할 운이다. 사업이 길하다. 부부의 일이나 사업문제로
　　　여행할 운이요, 역마살이 들어오니 이사할 운이다.

5월 : 쟁론하지 마라. 구설이 침범한다. 길을 나서지 마라. 놀랠 일이
　　　생긴다. 화성(火姓)을 조심해라. 손재가 따른다.

6월 : 마음을 표현하지 못할 운이요, 뜻을 이루기 어려울 운이다.

7월 : 관을 상대로 하는 일에 좋은 일이 생길 운이다. 새로운 문서를
　　　잡을 운이요, 부모의 경사가 생길 운이다.

8월 : 추진하는 일이 불리할 운이다. 상가를 조심해라. 형제의 우환이
　　　생기거나 가까운 사람에게 근심이 생긴다.

9월 : 만사에 손재가 많이 따를 운으로 앉아서 쉬는 것이 상책이다.
　　　적막한 여창에서 공연히 탄식할 운이다.

10월 : 겉으로는 부자인 것 같으나 속으로는 가난하니 기쁜 가운데
　　　 근심이 있다. 남의 말을 믿지 마라. 반드시 손재가 있다. 시작
　　　 은 좋으나 결실을 보지 못할 운이다.

11월 : 청룡이 물을 얻는 운으로 반드시 경사가 있다. 귀인을 만나면
　　　 공명을 얻으리라. 서두르지 마라. 늦는 것이 길하다.

12월 : 내것을 잃고도 말못할 운이다. 분수를 지키면 길하나 경거망
　　　 동하면 해가 있으리라.

정월 : 자손의 일이나 아랫사람의 일로 타관으로 나갈 운이다. 그렇지
　　　 않으면 이사할 운이다.

2월 : 상가를 조심해라. 자손의 우환이 생기거나 이별할 운이다. 문서
　　　 를 잃을 운이니 카드, 인장, 보증 등을 조심해라.

3월 : 문서나 부동산으로 횡재하거나 부모의 경사가 생길 운이다. 형
　　　 제를 돕다가 구설을 들을 운이니 조심해라.

4월 : 부부의 일로 관에 갈 운이요, 사업이나 재물에 손해가 있을 운
　　　 이다. 무리하면 되는 일이 없으니 조심해라.

5월 : 사업에 풍파가 따를 운이요, 새로운 일이나 인연으로 내것을 내
　　　 줄 운이나 덕이 되는 않는다. 갑년생은 바람끼가 발동할 운이
　　　 요, 축년생은 부부나 사업이나 재물로 정신질환이 따를 운이다.

6월 : 새로운 일로 문서를 희롱할 운이다. 어두운 터널을 지나 밝은
　　　 광야로 나오는 운으로 만사가 순조롭다.

7월 : 다른 사람의 음해로 동료나 친구에게 망신당할 운이다. 그러나
　　　 가정에 경사도 생길 운이다.

8월 : 믿은 사람이 등을 돌리거나 가까운 사람을 잃을 운이니 조심해
　　　 라. 문서로 손해볼 운이니 허욕을 부리지 마라.

9월 : 가정의 근심이 생기거나 이사할 운이다. 시작은 화려하나 결실
　　　 을 보기 어려울 운이니 과욕을 버려라.

10월 : 가을 국화가 서리를 맞아 향기를 잃는 운이다. 가까운 사람이
　　　 나 믿은 사람이 등을 돌리고 멀어질 운이니 조심해라.

11월 : 다른 사람의 모함으로 망신당하거나 사기당할 운이다. 수성
　　　 (水姓)을 조심해라. 덕이 되지 않는다.

12월 : 근심이 사라지고 밝은 희망이 솟아나는 운이다. 뜻을 이룰 운
　　　 으로 만사가 순조롭다.

정월 : 자손의 일이나 아랫사람의 일로 타관으로 나갈 운이다. 형제의
　　　경사가 생기거나 가까운 동료와 헤어질 운이다.

2월 : 자손에게 관재가 따를 운이다. 임신한 사람은 유산을 조심해라.

3월 : 봄비가 내려도 초목에서 싹이 나지 않는 운으로 심신이 고달프
　　　리라.

4월 : 미혼자는 애인이 생길 운이요, 사업가는 천금을 희롱할 운이다.

5월 : 혼자 즐길 일이 생길 운이다. 부부에게 경사가 생길 운이요, 사
　　　업에 길함이 있을 운이다.

6월 : 부모의 영화가 있거나 새로운 문서를 잡을 운이다. 좋은 친구가
　　　생기거나 동료의 도움으로 가정이 편안하리라.

7월 : 부모나 윗사람의 근심이 생기거나 구설이 따를 운이다. 그렇지
　　　않으면 문서로 어려움에 처한다. 문서나 부모의 일로 타관으로
　　　나갈 운이요, 이사할 운이다.

8월 : 상가를 조심해라. 형제나 동료와 멀어질 운이다. 부모의 우환이
　　　생기거나 문서로 구설을 들을 운이다.

9월 : 시작은 어려워도 결과는 좋을 운이다. 하나를 얻고 하나를 잃을
　　　운으로 길흉이 반반이다.

10월 : 어두운 터널을 지나 밝은 광야로 나오는 운이요, 봄비에 초목
　　　　이 무성하니 새들이 날아드는 운으로 길하다. 진년생과 사년
　　　　생은 형제나 동료의 일로 정신질환이 따를 운이다.

11월 : 부모나 문서로 말못할 일이 생기거나 부정한 문서를 얻을 운
　　　　이니 사기 등을 조심해라. 가까운 사람을 잃을 운이다.

12월 : 호사다마라, 가정에 경사가 있으나 구설수가 따르고, 가까운
　　　　사람과 멀어질 운이니 조심해라.

圓空秘訣 8 3 6

정월 : 자손의 경사가 생기거나 임신할 운이요, 아랫사람의 도움으로
　　　큰 일을 할 운이다. 갑년생과 병년생은 연하나 아랫사람과 사
　　　랑에 빠질 운이요, 미년생은 자손이나 아랫사람 때문에 정신적
　　　인 고통이 따를 운이다.

2월 : 어두운 밤이 가고 밝은 아침이 오는 운이다. 모든 고통이 사라
　　　지고 새로운 희망이 있으리라.

3월 : 부모와 이별하거나 문서를 잃을 운이다. 카드, 인장, 보증 등을
　　　조심해라. 자손의 일로 타관으로 나갈 운이나 얻는 것이 없다.

4월 : 부부나 사업이나 재물문제로 말하지 못하고 혼자 근심할 일이
　　　생길 운이다.

5월 : 미혼자는 애인이 생길 운이요, 사업가는 사업이 길할 운이다.
　　　관으로 좋은 일이 생기리라.

6월 : 허욕을 부리다 망신당할 운이나 분수를 지키면 큰 해는 없으리
　　　라. 만사가 되는 일이 없으니 조심해라.

7월 : 부모의 일이나 문서로 마음이 분주할 운이요, 자손이 출세하거
　　　나 뜻을 이룰 운이다.

8월 : 오곡에 풍년이 드는 운으로 만사가 순조로울 운이다.

9월 : 가을 국화가 향기가 진동하니 벌나비가 모여드는 운이요, 닭밝
　　　은 가을밤에 친구와 여흥을 즐길 운으로 길하다.

10월 : 부모의 일로 말못할 일이 생기거나 문서로 어려운 일이 생길
　　　　운이다. 무리하지 않고 분수를 지키면 해는 면하리라.

11월 : 상가를 조심해라. 슬하에 우환이 생기거나 자손과 멀어질 운
　　　　이다. 부모나 문서로 마음이 분주할 운이다.

12월 : 십 년 가뭄에 단비가 내려 고목에서 싹이 돋는 운으로 만사가
　　　　순조롭고 가정이 길하리라.

정월 : 뜻은 있으나 결실을 맺기 어려울 운으로 심력만 허비한다.

2월 : 혼자 근심하거나 말하기 어려운 어려움에 처할 운이다. 마음이 위축될 운이니 조심해라.

3월 : 가정에 경사가 생길 운이요, 형제가 출세할 운이다.

4월 : 부모의 우환이 생기거나 문서로 근심할 운이다. 학생은 학업이 중단될 운이니 조심해라.

5월 : 새로운 사업을 시작할 운이다. 미혼자는 애인이 생기거나 결혼할 운이다.

6월 : 원수가 친구가 되는 운으로 길하다. 그러나 정년생은 이성에 풍파가 따를 운이다.

7월 : 자손의 경사가 있을 운이다. 자손의 일로 새로운 일을 시작할 운이요, 임신할 운이다.

8월 : 좋은 일로 자손과 멀어질 운으로 길하리라.

9월 : 믿은 사람이나 가까운 사람에게 배신당할 운이요, 형제나 동료의 일로 근심할 운이니 조심해라.

10월 : 미혼자는 애인이 생기거나 결혼할 운이다. 새로운 재물을 얻으려고 마음이 분주할 운이요, 부정한 재물을 얻을 운이다.

11월 : 때가 좋으니 천금이 들어오는 운이요, 만사가 순조로우니 심신이 화락한 운이다. 관록을 얻거나 슬하에 경사가 생길 운이다. 그러나 유년생은 부부나 재물이나 사업문제로 정신적인 어려움이 따를 운이요, 임년생은 바람끼가 발동할 운이다.

12월 : 부부간에 이별하거나 우환이 생길 운이다. 재물로 근심할 운이요, 가까운 사람과 멀어질 운이니 조심해라.

정월 : 마른 나무가 봄을 만나는 운으로 출세하거나 명예를 얻는다.
동방으로 가면 길하리라. 갑년생과 병년생은 바람끼가 발동할
운이요, 미년생은 정신질환이 따를 운이다.

2월 : 도처에 재물이 있으니 복록이 왕성할 운이다. 신년생은 마음의
상처가 따를 운이니 조심해라.

3월 : 큰 뜻이 좌절될 운이요, 역마살이 있으니 이사하거나 자리 변동
이 따를 운이다.

4월 : 새로운 변화를 찾지 마라. 자중하고 때를 기다리면 복이 온다.

5월 : 귀인의 도움을 받거나 새로운 욕망으로 마음이 번잡할 운이다.
부정한 길은 행하지 마라. 모함이 따른다.

6월 : 처음에는 잃으나 나중에는 얻을 운이다. 금성(金姓)을 조심해
라. 반드시 손해가 있다. 욕심을 부리면 관재가 따를 운이다.

7월 : 자손의 일로 관에 갈 운이요, 자손과 이별할 운이다. 자손의 구
설수가 따르니 조심해라.

8월 : 근심이 사라지고 희망이 나타나는 운이다. 임신하거나 아들을
얻을 운이다.

9월 : 출세나 욕망으로 마음이 불안할 운이다. 호사다마라, 좋은 일에
장애가 많이 따라 심력만 허비한다.

10월 : 아내의 근심이 따를 운이니 여자를 멀리 하라. 기쁨이 흩어지
고 근심이 생길 운이다.

11월 : 달 속의 계수나무에 봉접이 날아드는 운이다. 결혼하거나 아
들을 낳을 운이다. 재수는 평길하나 혹 구설이 있을 운이다.

12월 : 재물과 곡식이 따를 운이니 즐거우리라. 많은 사람의 도움으
로 기쁜 일이 중중하고, 술과 안주가 있으니 집안에 벗이 가득
하도다.

정월 : 형제의 우환이 생기거나 가까운 친구를 잃을 운이다. 새로운
　　　인연을 얻으려다 옛 친구를 잃을 운이다. 이성을 경계해라.

2월 : 분수를 지키면 범사를 이룰 운이다. 남방으로 가면 귀인의 도움
　　　을 받으리라. 새로운 재물을 얻기 위해 마음이 번잡할 운이다.

3월 : 재물에 욕심을 부리다 망신당할 운이요, 경솔하게 행하면 가정
　　　에 풍파가 따를 운이다. 술년생과 해년생은 부부나 사업이나 재
　　　물문제로 정신질환이 따를 운이니 조심해라.

4월 : 새로운 사업을 구상할 운이요, 부부의 인연을 만날 운이요, 재
　　　물에 횡재가 따를 운이다.

5월 : 부모의 경사가 생길 운이요, 새로운 문서를 잡을 운이다.

6월 : 소가 푸른 초원을 만나는 운이다. 외방으로 가면 재물을 얻으리
　　　라. 재록이 모두 일어나는 운으로 길하다.

7월 : 임신할 운이요, 자손의 경사가 생길 운이다. 아랫사람의 도움으
　　　로 큰 일이 성사될 운이다.

8월 : 허욕을 탐하지 마라. 손재가 따른다. 액을 막아라. 질병이 두렵
　　　다. 자손의 우환이 생기거나 아랫사람 때문에 근심이 생긴다.

9월 : 꽃이 떨어져 열매를 맺는 운이다. 재물을 얻거나 자손에게 영화
　　　가 있다. 이미 길한 운수가 돌아오니 자수성가 한다.

10월 : 새로운 사업을 시작하거나 애인이 생길 운이다. 재운이 형통
　　　　하니 반드시 큰 재물을 얻으리라. 진년생과 사년생은 형제나
　　　　동료의 일로 정신적인 고통이 따를 운이니 조심해라.

11월 : 여자를 조심해라. 구설수가 따른다. 사업에 신경쓸 일이 생기
　　　　나 성심으로 노력하면 성공하리라.

12월 : 분수 밖을 탐하지 마라. 불리하다. 목성(木姓)을 조심해라. 손
　　　　재가 많다. 분수를 지키면 길하나 경거망동하면 불리하다.

정월 : 부모의 경사가 생기거나 문서를 잡을 운이다. 새로운 일을 구
　　　상하는 운으로 길하리라.

2월 : 분수를 지키면 무난하나 허욕을 부리면 실패할 운이다.

3월 : 다른 사람의 모함으로 근심이 생길 운이요, 가까운 사람을 잃을
　　　운이다.

4월 : 문서나 부모의 근심이 생길 운이다. 뜻은 있으나 성사되기 어려
　　　울 운이다.

5월 : 하나를 얻고 하나를 잃을 운이다. 윗사람과 상의하면 길하리라.
　　　축년생은 부모나 문서문제로 정신적인 고통이 따를 운이다.

6월 : 형제나 동료의 경사가 생길 운이다. 새로운 친구를 얻을 운이
　　　요, 큰 일을 도모할 운이다.

7월 : 자손의 근심이 생길 운이다. 임신한 사람은 유산을 주의하라.
　　　아랫사람의 근심이 생길 운이다.

8월 : 출세하거나 관에 갈 운이다. 주위의 도움으로 만사가 순조롭다.
　　　가정에 경사가 생길 운이다.

9월 : 오곡에 풍년이 드는 운이요, 달밝은 가을밤에 친구와 동산에 올
　　　라 여흥을 즐길 운으로 길하리라.

10월 : 부부의 근심이 생기거나 재물에 손해가 따를 운이다. 사기를
　　　당할 운이니 조심해라.

11월 : 내것을 주어도 기분좋은 일이 생길 운이요, 혼자만 알고 즐길
　　　일이 생길 운이다. 무리하면 구설이 따르니 조심해라.

12월 : 친구나 동료와 큰 일을 구상할 운이요, 주위에 좋은 친구들이
　　　모여들 운으로 길하다. 을년생과 정년생과 계년생은 형제와
　　　이별할 운이요, 오년생은 형제나 동료 때문에 정신질환이 따
　　　를 운이다.

圓空秘訣 8 4 5

정월 : 자손의 경사가 생기거나 임신할 운이다. 아랫사람의 일로 타관
　　　으로 나갈 운이다.

2월 : 자손의 근심이 생길 운이요, 자손의 일로 구설이 따를 운이요,
　　　자손의 일로 관에 갈 운이니 주의해라.

3월 : 형제나 동료와 이별할 운이요, 믿은 사람이나 가까운 사람이 등
　　　을 돌리고 멀어질 운이니 조심해라.

4월 : 가정에 경사가 생길 운이다. 새로운 문서를 잡을 운이요, 윗사
　　　람의 도움으로 큰 일을 도모할 운으로 길하리라.

5월 : 꽃이 떨어져 열매를 맺는 운으로 결실을 맺고, 새로운 학문을
　　　접할 운으로 길하리라.

6월 : 소가 푸른 초원을 만나는 운으로 식록이 무궁하다.

7월 : 말못할 재물을 얻거나 부정한 재물로 망신당할 운이다. 서방을
　　　조심해라. 구설수만 있다. 여행하거나 이사할 운이다.

8월 : 여행하거나 이사할 운이다. 잃는 것은 많고 얻는 것은 없는 운
　　　이요, 내것을 주고도 마음이 상할 운이다.

9월 : 새로운 사업을 시작하거나 애인이 생길 운이요, 미혼자는 결혼
　　　할 운이다. 자손의 일로 타관으로 나갈 운이다. 갑년생은 형제
　　　간에 이별할 운이요, 진년생과 사년생은 형제나 친구로 인하여
　　　정신적인 고통이 따를 운이니 조심해라.

10월 : 만사가 뜻대로 이루어지는 운으로 심신이 화락하다.

11월 : 내것을 주고도 구설이 따를 운이요, 부부의 근심이 생길 운이
　　　　요, 재물에 근심이 생길 운이다.

12월 : 허욕을 부리지 않고 정도를 지키면 길하다. 집에 있으면 길하
　　　　나 밖으로 나가면 손재가 따른다. 사업으로 분주할 운이나 소
　　　　득은 없다.

圓空秘訣 8 4 6

정월 : 자손의 경사가 있으나 자손과 헤어질 운으로 출세하거나 명예를 얻을 운이다. 갑년생과 병년생은 이성에 풍파가 따를 운이요, 미년생은 정신적으로 불안한 일이 생길 운이다.

2월 : 십 년 가뭄에 단비가 내려 고목에서 새순이 돋는 운이다. 가정에 경사가 생길 운으로 길하리라.

3월 : 형제나 동료의 근심이 생기거나 헤어질 운이다. 자동차를 조심해라. 신액이 두렵다. 여행하거나 관재구설이 따를 운이다.

4월 : 문서로 말못할 일이 생길 운이요, 부모의 일로 말못할 근심이 생길 운이다. 무리하면 손해가 따르니 조심해라.

5월 : 어두운 터널을 지나 밝은 광야로 나오는 운이다. 문서로 횡재하거나 새로운 일을 구상할 운으로 길하리라.

6월 : 믿은 사람에게 발등찍힐 운이다. 가까운 사람이나 갑자기 친절한 사람에게 배신당할 운이니 조심해라.

7월 : 다투지 마라. 관재구설이 따를 운이다. 임신한 사람은 유산할 염려가 있으니 조심해라.

8월 : 뜻대로 되지 않을 운으로 명예를 잃으나 슬하에 좋은 소식도 생긴다. 신년생은 연하나 아랫사람과 사랑에 빠질 운이요, 유년생은 자손이나 아랫사람의 일로 정신적인 고통이 따를 운이다.

9월 : 가정에 우환이 따를 운이니 무리하지 말고 정도를 지켜라.

10월 : 다른 사람의 음해로 명예를 잃거나 손재가 따를 운이다. 부부의 우환이 생기거나 혈육간에 이별할 운이다.

11월 : 뜻을 이루지 못할 운이다. 공직자는 자리를 옮기거나 구설이 따를 운이다.

12월 : 형제나 동료의 일로 관에 갈 운으로 구설수가 따르니 무리하지 마라. 관을 상대로 하는 일로 손해볼 수 운이니 조심해라.

圓空秘訣 8 5 1

정월 : 동서로 분주하나 성사되는 일이 없을 운이다. 집에 있으면 심
란하고 나가면 마음이 상할 운이다.

2월 : 형제나 동료의 근심이 생길 운이다. 가까운 사람이나 믿은 사람
이 떠날 운이다.

3월 : 점점 길운이 돌아오는 운으로 부귀를 누린다. 처음에는 흉하나
나중에는 길한 운으로 위태로운 가운데 편안함을 얻으리라.

4월 : 신수가 태평하고 재수가 흥왕한 운으로 날로 재물을 더하리라.

5월 : 질병이 끊이지 않으니 집안이 불안하다. 자손의 근심이 생기거
나 자손과 이별할 운이다.

6월 : 부부에게 경사가 생길 운이요, 미혼자는 좋은 인연을 만날 운이
다. 만사가 순조로우니 길하리라.

7월 : 사업을 성취하거나 새로운 인연을 만날 운이요, 좋은 친구를 얻
을 운이다.

8월 : 다른 사람의 도움으로 윗사람의 어려움을 해결할 운이요, 새로
운 재물을 얻을 운으로 해는 없다.

9월 : 날아가는 새가 날개가 상하는 운이다. 재물에 손해가 따르거나
형액이 따를 운이다. 과욕을 버리고 정도를 지켜라.

10월 : 하나를 얻고 하나를 잃을 운이다. 주색을 조심하고, 수성(水
姓)을 경계해라.

11월 : 부모의 근심이 생기거나 문서로 어려움이 따를 운이요, 마음
을 억압당할 운이다. 임년생은 연상과 사랑에 빠질 운이요, 유
년생은 부모나 문서로 정신질환이 따를 운이다.

12월 : 새로운 사업을 시작할 운이요, 새로운 인연을 만날 운으로 만
사가 순조롭다. 을년생과 정년생과 계년생은 부부간에 이별하
거나 사업에 실패할 운이다.

정월 : 운수가 형통하고 일신이 편안한 운이요, 형제의 경사가 생기거
　　　나 출세할 운이다.

2월 : 멀리 있는 형제를 만날 운이요, 등을 돌린 사람이 친구가 되어
　　　돌아오는 운이다.

3월 : 부부간에 생리사별하거나 근심이 생길 운이다. 직장인은 자리
　　　를 잃을 운이요, 재물에 손해가 따를 운이다.

4월 : 자손의 경사가 생기거나 임신할 운이다. 문서로 타관이나 해외
　　　로 나갈 운으로 남방으로 가면 길하다.

5월 : 어두운 밤에 밝은 등불을 만나는 운이요, 소가 푸른 초원을 만
　　　나는 운이다. 그러나 축년생은 자손이나 아랫사람 때문에 정신
　　　적인 고통이 따를 운이니 조심해라.

6월 : 남모르는 재물을 얻을 운이요, 남모르는 사람을 사귈 운이요,
　　　부부의 근심이 생길 운이다.

7월 : 다른 사람의 모함으로 문서를 잃거나 망신당할 운이다.

8월 : 동산에 청송을 옮겨심는 운이요, 굶주린 사람이 풍년을 만나는
　　　운이다. 그러나 부정한 꾀하면 해를 입으리라.

9월 : 만사가 뜻대로 순조로울 운이니 길하리라.

10월 : 먹구름이 걷히고 밝은 태양이 나타나는 운으로 운수가 대통하
　　　 하다. 진년생과 사년생은 부모나 문서나 학업문제로 정신적인
　　　 고통이 따를 운이다.

11월 : 새로운 사업을 구상할 운이요, 좋은 부부인연을 만날 운이요,
　　　 재물에 횡재할 운으로 대길하다.

12월 : 자손의 우환이 생기거나 자손과 이별할 운이다. 북쪽으로 가
　　　 지 마라. 손재가 따른다.

정월 : 가까운 사람이나 믿은 사람이 등을 돌리고 멀어질 운이요, 형
　　　제의 근심이 생기거나 이별할 운이다.
2월 : 자손의 일로 말못할 일이 생기거나 자손을 모함하는 사람이 생
　　　길 운이다. 관이 주관하는 일에 참여하지 마라. 불리하다. 이 달
　　　의 운수는 흉은 있고 길함은 없다.
3월 : 좋은 일로 내것을 내줄 운이요, 혼자만 알고 지내는 사람을 사
　　　귈 운이다. 무리하면 구설수가 따르니 조심해라.
4월 : 자손의 경사가 생기거나 임신할 운이다. 출세하거나 큰 일을 시
　　　작할 운이다.
5월 : 부정한 생각을 가질 운이요, 부정한 일로 말못할 일이 생길 운
　　　이다. 허욕을 버리고 분수를 지키면 길하다. 갑년생은 연하와
　　　인연이 생길 운이요, 축년생은 자손이나 아랫사람 때문에 정신
　　　질환이 따를 운이니 조심해라.
6월 : 만사가 뜻대로 되지 않을 운으로 가정에 우환이 끊이지 않는다.
7월 : 시작은 화려하나 결실을 보기 어려울 운이다. 서쪽은 불리하니
　　　가지 마라. 얻는 것은 없고 잃는 것은 많으리라.
8월 : 어두운 밤길에서 불빛을 만나는 운으로 만사가 길하고 가정이
　　　화락하다. 자년생은 정신적인 고통이 따를 운이다.
9월 : 귀인의 도움으로 자손의 경사가 생길 운이다. 그러나 공직자는
　　　자리를 지키기 어려우니 신중하게 대처하라.
10월 : 허욕을 부리면 하던 일도 어렵게 되니 분수를 지켜라.
11월 : 새로운 일로 마음이 분주하고 산란할 운으로 세상일이 뜬구름
　　　과 같으리라. 다투지 마라. 구설이 분분하다.
12월 : 부부의 우환이 생기거나 사업이나 재물에 손해가 따를 운이
　　　다. 부부간에 생리사별할 운이니 조심해라.

정월 : 형제의 경사가 생길 운으로 출세할 운이다. 멀리 떠난 형제가
돌아오는 운으로 길하리라.

2월 : 혈육간에 이별할 운으로 자손과 헤어진다. 상가를 조심해라.

3월 : 부부의 우환이 생기거나 재물에 근심이 생길 운이다. 내것을 잃
고도 말못할 일이 생길 운이니 조심해라.

4월 : 귀인의 도움으로 가정이 화목하다. 남쪽으로 가면 귀인을 만나
고, 화성(火姓)의 도움으로 길하리라.

5월 : 어두운 밤이 가고 밝은 아침이 오는 운으로 만사가 순조롭다.

6월 : 부부나 사업문제로 심란할 운이다. 새로운 일에 도전할 운으로
해는 없다.

7월 : 뜻은 있으나 결실을 보기 어려울 운이니 허욕을 부리지 마라.
여행하거나 이사할 운이다.

8월 : 자신을 낮추고 자중하라. 자신의 뜻을 말하지 못할 운이니 답답
하다. 그러나 무리하지 않으면 해는 면하리라.

9월 : 다른 사람의 도움을 받을 운이다. 재물에는 경사가 있으나 내것
을 잃을 운이다. 새로운 친구를 얻을 운이다.

10월 : 상가를 조심해라. 부모의 근심이 생길 운이다. 문서를 잃을 운
이니 카드나 인장, 보증 등을 조심해라.

11월 : 분수를 지키면서 꾸준히 노력해라. 경거망동하면 손재수가 따
른다. 가까운 사람을 경계해라. 손재수를 면하기 어렵다.

12월 : 미혼자는 애인이 생길 운이요, 직장인은 영전할 운이요, 사업
가는 사업에 횡재수가 있다. 을년생과 정년생과 계년생은 부
부간에 생리사별할 운이요, 오년생은 부부나 재물문제로 정신
적인 고통이 따를 운이다.

圓空秘訣 8 5 5

정월 : 형제의 근심이 생기거나 가까운 사람과 멀어질 운이다. 뜻을 이루려고 타관으로 나가거나 이사할 운이다.

2월 : 명예를 잃거나 관으로 놀랠 일이 생길 운이요, 공직자는 자리를 잃을 운이다. 형제의 일로 관에 갈 운이다.

3월 : 허욕을 부리다 망신당할 운이다. 부부의 근심이 생길 운으로 심하면 생리사별이 따르기도 한다.

4월 : 자손이 출세할 운이요, 임신할 운이요, 득남할 운이다.

5월 : 십 년 가뭄에 단비가 내려 초목에서 싹이 돋는 운이다.

6월 : 어두운 밤이 가고 밝은 아침이 오는 운으로 가정이 편안하다. 토지나 문서로 횡재할 운이요, 공직자는 영전할 운으로 길하다.

7월 : 새로운 일을 시작할 운이다. 다른 사람의 모함으로 문서를 잃거나 구설을 들을 운이요, 부정한 재물을 얻을 운이다.

8월 : 부모의 근심이 생기거나 문서로 손재가 따를 운이다. 해외나 타관으로 나갈 운이나 고생만 하고 얻는 것이 없다.

9월 : 공직자는 자리를 잃거나 손재할 운으로 윗사람과 상의하면 면하리라. 수성(水姓)의 도움으로 문서로 덕을 보리라. 무년생과 경년생은 바람끼가 발동할 운이요, 진년생과 사년생은 부부나 사업이나 재물로 정신적인 어려움이 따른다.

10월 : 뜻을 이룰 운이다. 미혼자는 애인이 생길 운이다. 과욕을 부리지 마라. 구설이 따를 운이다.

11월 : 이성을 경계해라. 망신당할 운이다. 그렇지 않으면 부모의 근심이 생긴다. 음해가 따르니 관재를 조심해라. 진년생과 사년생은 부모나 문서나 학업 등으로 정신적인 고통이 따른다.

12월 : 해외로 나가거나 망신당할 운이요, 가까운 사람에게 배신당할 운이다. 문서를 조심해라. 관재구설이 따르니 다투지 마라.

정월 : 형제의 경사가 생기거나 좋은 새 친구를 얻을 운이요, 출세나
　　　뜻을 이루려고 분주할 운이다. 갑 · 병년생은 바람끼가 있고,
　　　미년생은 형제나 동료나 친구 때문에 심적인 어려움을 겪는다.

2월 : 형제나 동료의 경사가 생길 운이요, 멀리 떠난 형제가 돌아오는
　　　운으로 길하리라.

3월 : 좋은 일로 내것을 내줄 운이요, 사업에 욕심을 부리다 어려움을
　　　겪을 운이다.

4월 : 자손이 출세하거나 명예를 얻을 운이요, 취업을 하거나 관대를
　　　찰 운이다. 떠나간 사람이 돌아와 도와주는 운으로 길하리라.

5월 : 십 년 가뭄에 단비가 내려 초목에서 새순이 돋는 운으로 만사가
　　　순조롭고 길하다.

6월 : 시작은 화려하나 결실은 보기 어려울 운이다. 가까운 사람을 경
　　　계하라. 망신당할 운이다. 토성(土姓)은 덕이 되지 않는다.

7월 : 어두운 밤이 가고 밝은 아침이 오는 운으로 새로운 희망이 있
　　　다. 무리하지 않고 꾸준히 노력하면 끝내는 길하리라.

8월 : 가까운 사람을 경계하라. 많은 사람이 등을 돌리고 배신할 운이
　　　다. 허욕을 부리면 되는 일이 없다. 자년생은 형제나 동료의 일
　　　로 정신적인 고통이 따를 운이다.

9월 : 새로운 동료나 친구를 얻거나 관재구설이 따를 운이다. 만사가
　　　뜻대로 되지 않을 운이니 허탈하리라.

10월 : 다른 사람의 모함으로 가까운 사람을 잃을 운이다. 명예를 잃
　　　 을 운이요, 공직자는 자리를 잃을 운이다.

11월 : 상가를 조심해라. 형제의 우환이 생기거나 동료의 근심이 생
　　　 길 운이다. 하나를 잃고 하나를 얻으니 갈흉이 반반이다

12월 : 밝은 광명이 찾아오는 운으로 만사가 순조롭고 편안하다.

정월 : 용이 여의주를 얻는 운이다. 벼슬을 얻거나 슬하에 경사가 생
     길 운이다. 갑년생과 병년생은 연하와 사랑에 빠질 운이요, 미
     년생은 자손이나 아랫사람의 일로 정신적인 어려움이 따른다.

2월 : 자손의 일로 분주할 운이다. 자손의 우환이 생기거나 슬하에 근
     심이 생길 운이다.

3월 : 삼월동풍에 기쁜 일이 중중할 운으로 뜻을 이룬다.

4월 : 동방에는 재물이 있고, 남방에는 길함이 있다. 경사가 생기거나
     반드시 횡재한다. 미혼자는 애인이 생길 운이다. 술년생과 해년
     생은 부부나 재물이나 이성문제로 정신적인 고통이 따른다.

5월 : 부부에게 경사가 생기거나 좋은 인연을 만날 운이다. 재물로 횡
     재할 운이요, 공직자는 영전할 운이다.

6월 : 시운이 불리하니 마음만 상할 운이다. 사방으로 분주해도 소득
     은 없을 운이다.

7월 : 대길한 운으로 뜻밖의 재물을 얻는다. 재록은 풍만하나 작은 근
     심이 따른다. 슬하에 근심이 있으나 이사하면 대길하리라.

8월 : 부모의 경사가 생길 운이요, 문서에 좋은 소식이 생길 운이요,
     자신의 능력을 인정받을 운이다.

9월 : 노력은 많이 하나 소득은 없을 운이다. 일이 순조롭지 못하니
     한탄하리라. 욕심을 부리지 마라. 송사가 따를 운이다.

10월 : 오곡에 풍년이 드는 운으로 심신이 편안하다. 원수가 친구가
      되는 운으로 대길하리라.

11월 : 상가를 조심해라. 형제나 동료의 근심이 생긴다. 가까운 사람
      이나 믿은 사람이 멀어질 운이다.

12월 : 시기와 질투가 따르니 마음이 불안하다. 무리하지 않고 순리
      를 따르면 해는 면하리라.

정월 : 자손의 일로 마음이 상할 운이다. 부정한 재물을 탐하지 마라.

2월 : 어두운 밤길에서 등불을 잃는 운으로 쓸쓸하리라. 만사에 서두르지 말고 순리를 지켜라.

3월 : 춘원의 도리에 봉접이 날아와 즐거워하는 운이요, 고기가 봄물 만나는 운으로 뜻이 순조롭고 식록이 진지하다. 그러나 갑년생과 술년생과 해년생은 마음을 잃을 운이니 조심해라.

4월 : 목마른 용이 물을 얻은 운으로 자수성가한다. 뜻을 잃을 운이요, 직장인은 자리를 옮길 운이다. 술년생과 해년생은 부부나 사업이나 직장문제로 정신적인 고통이 따를 운이다.

5월 : 산에서 고기를 구하는 운이니 반드시 허황하리라. 풍파가 없으면 처궁이 불리하다. 허욕을 부리다 망신당할 운이니 조심해라.

6월 : 부부의 우환이 생기거나 사업으로 여행하거나 이사할 운이다. 친한 사람을 경계하라. 손재가 따르고 명예도 손상된다.

7월 : 말못할 문서를 얻거나 부정한 인연을 만날 운이니 조심해라. 뜻을 말하지 못하고 답답할 운이다.

8월 : 방해자나 부정한 사람을 만날 운이다. 공직자는 자리가 불안하거나 관재구설이 따를 운이니 조심해라.

9월 : 허황한 가운데 길함이 있으니 사지에서 살아날 운이다. 허욕이 발동할 운으로 불길하다. 여색을 가까이 하면 반드시 불리하다.

10월 : 타향으로 나갈 운으로 위험한 일이 따른다. 앞길이 험악하니 액을 막아라. 외방인을 조심하고, 여자의 말에 대항하지 마라.

11월 : 사업에 실패할 운이요, 형제간에 생리사별할 운이다. 믿은 사람이 등을 돌리고 멀어질 운이니 조심해라.

12월 : 점점 길운이 점점 돌아오니 근심이 사라지고 기쁨이 생긴다. 길성의 도움으로 가정에 경사가 생기리라.

정월 : 용이 여의주를 얻는 운이다. 재물과 권리가 많으니 만인의 우러름을 받는다.

2월 : 부정한 재물과 남의 여자를 조심해라. 길함이 흉으로 변한다.

3월 : 부부의 우환이 생기거나 사업에 어려움이 따를 운이다. 부모의 근심이 생기거나 문서를 잃을 운이니 조심해라.

4월 : 귀인의 도움으로 반드시 기쁜 일이 생길 운이다. 그러나 남방은 불리하니 출행하지 마라.

5월 : 만사가 순조로울 운이다. 귀인을 만나면 관록을 얻는다. 갑년생은 바람끼가 있고, 축년생은 직장이나 사업이나 부부문제로 정신적인 고통이 따를 운이다.

6월 : 뜻대로 되는 일이 없을 운이니 허탈하리라.

7월 : 부모의 일로 놀래거나 문서로 손재할 운이다.

8월 : 동원에 도화가 만발하여 봉접이 날아드는 운으로 만사가 순조롭다. 관록을 얻거나 슬하에 영화가 있다. 신년생은 연상과 사랑을 나눌 운이요, 자년생은 부모나 문서나 학업문제로 정신질환이 따를 운이다.

9월 : 헛된 재물을 탐하지 마라. 손재할 운이다. 허황한 일을 행하지 마라. 가정에 근심이 생기거나 혈육간에 이별이 따른다.

10월 : 하나를 얻고 하나를 잃을 운이다. 과욕을 버려라. 얻는 것 보다 잃는 것이 많을 운이다. 그러나 분수를 지키면 길하리라.

11월 : 운수가 흥왕하니 복록이 따르고, 가도가 창성하니 집안이 화평하다. 재수는 대길하나 간혹 구설이 따르기도 한다.

12월 : 다른 사람의 음해로 가정에 흉한 일이 생길 운이다. 그러나 허욕을 부리지 않고 순리대로 행하면 길하리라.

정월 : 자손이나 아랫사람의 일로 타관으로 나가거나 이사할 운이다.

2월 : 처음에는 어려우나 나중에는 영화가 있는 운이다.

3월 : 다른 사람의 모함으로 뜻을 펴기 어려울 운이요, 형제나 동료에게 좋은 일을 하다 구설을 들을 운이니 조심해라.

4월 : 부부의 근심이 생길 운으로 심하면 이별할 수도 있다. 재물에 손재가 따를 운이니 무리하지 마라.

5월 : 정원에 꽃이 만발해도 새들이 오지 않는 운으로 만사가 불안하니 무리하지 마라. 갑년생은 바람끼가 발동할 운이요, 축년생은 정신적인 고통이 따를 운이니 조심해라.

6월 : 어두운 터널을 지나 밝은 광야로 나오는 운으로 만사가 순조롭다. 새로운 일로 문서를 희롱할 운이다.

7월 : 다른 사람의 음해로 동료나 친구에게 망신당할 운이다. 허욕을 부리면 패가할 운이니 조심해라.

8월 : 말못할 문서를 잡을 운이요, 부모의 일로 말못할 근심이 생길 운이요, 새로운 학업을 할 운이다.

9월 : 가정에 경사가 생길 운이다. 뜻을 이룰 운이요, 직장인은 승진할 운으로 길하리라.

10월 : 봄가뭄에 단비가 내려 정원의 매화가 만발하는 운이요, 소가 푸른 초원을 만나는 운으로 식록이 무궁하고 길하리라.

11월 : 다른 사람의 모함으로 망신당하거나 사기당할 운이다. 수성(水姓)을 조심해라. 덕이 되지 않는다.

12월 : 분수를 지켜라. 무리하면 손재수가 따른다. 사람을 믿지 않고 정도를 지키면 큰 해는 면한다. 을년생과 정년생과 계년생은 마음을 잃을 운이요, 오년생은 정신적인 우환이 따를 운이다.

정월 : 자손의 일로 말못할 일이 생길 운이요, 아랫사람의 근심이 생길 운이다.

2월 : 관재구설이 따를 운이요, 자손이나 아랫사람의 일로 관에 갈 운이니 조심해라.

3월 : 만사가 어려울 운이니 허욕을 버리고 분수를 지켜라.

4월 : 부부에게 경사가 생길 운이요, 사업이나 재물에 좋은 소식이 있을 운이요, 직장인은 영전할 운이다.

5월 : 하늘과 귀인의 도움으로 뜻을 이룰 운이다.

6월 : 부모의 영화가 따르거나 새로운 문서를 잡을 운이다. 좋은 친구를 얻거나 동료의 도움을 받을 운으로 가정이 편안하다.

7월 : 문서로 좋은 소식이 있거나 새로운 학업이나 자신의 의사를 인정받을 운이다. 부모의 경사가 생길 운이다.

8월 : 상가를 조심해라. 형제나 동료를 잃을 운이다. 부모의 우환이 생기거나 문서로 구설을 들을 운이다.

9월 : 시작은 어려워도 결과는 좋을 운이다. 하나를 얻고 하나를 잃을 운으로 길흉이 반반이다.

10월 : 어두운 터널을 지나 밝은 광야로 나오는 운이요, 초목이 봄비를 만나 무성하니 새들이 날아드는 운으로 길하다. 그러나 진년생과 사년생은 형제나 친구 때문에 정신적인 피해를 입을 운이다.

11월 : 형제나 동료의 일로 말못할 일이 생기거나 부정한 친구를 얻을 운이다. 사기 등을 조심해라.

12월 : 호사다마라. 가정에 경사가 생기나 구설수가 따를 운이요, 가까운 사람과 멀어질 운이니 조심해라.

정월 : 자손의 근심이 생기거나 유산될 운이요, 자신을 믿고 따르던
　　　 사람이 멀어질 운이다. 갑년생과 병년생은 연하와 사랑에 빠질
　　　 운이요, 미년생은 자손이나 아랫사람 때문에 마음의 상처를 받
　　　 을 운이니 조심해라.

2월 : 어두운 터널을 지나 밝은 광야로 나오는 운이다. 가정에 경사가
　　　 생길 운이요, 가족이 늘어날 운이다.

3월 : 마음은 크고 뜻은 있으나 결실을 보기 어려울 운이다. 무리하지
　　　 마라. 구설이 따른다.

4월 : 부부의 일로 말못할 근심이 생길 운이요, 밝히지 못할 친구를
　　　 얻을 운이다. 무리하면 구설수가 따르니 조심해라.

5월 : 가정에 경사가 생길 운이다. 재물에 횡재수가 따를 운이요, 미
　　　 혼자는 애인이 생길 운으로 길하리라.

6월 : 허욕을 부리다 망신당할 운이나 분수를 지키면 큰 해는 없으리
　　　 라. 만사가 되는 일이 없을 운이니 조심해라.

7월 : 부모의 일이나 문서로 마음이 분주할 운이요, 학생은 학업이 중
　　　 단 될 운이다.

8월 : 용이 여의주를 얻는 운으로 만사를 뜻대로 이루리라. 신년생은
　　　 연상과 염문이 따를 운이요, 자년생은 부모나 학업이나 문서문
　　　 제로 정신질환이 따를 운이니 조심해라.

9월 : 비밀스런 일을 할 운이요, 뜻을 표현하지 못하고 지낼 운이다.

10월 : 형제나 동료의 근심이 생길 운이요, 가까운 사람이나 믿은 사
　　　　람이 등을 돌릴 운으로 허전하리라.

11월 : 다른 사람의 모함으로 가까운 사람과 우애가 상할 운이다.

12월 : 관재구설이 따를 운이니 허욕을 버려라. 형액이 두렵다. 그러
　　　　나 자중하면 해는 면하리라.

정월 : 부부의 근심이 생길 운이요, 사업이나 재물에 어려움이 따를
　　　운이요, 직장인은 자리가 불안할 운이다.

2월 : 새로운 일을 시작하나 뜻대로 되지 않을 운이요, 내것을 주고도
　　　구설을 들을 운이다.

3월 : 부모의 경사가 생기거나 문서를 잡을 운이요, 학생은 새로운 학
　　　업을 할 운으로 길하다. 을년생은 염문이 따를 운이요, 신년생
　　　은 정신적인 고통이 따를 운이니 조심해라.

4월 : 만사가 어려울 운으로 노력은 많으나 댓가를 얻기 어렵다. 갑년
　　　생은 부모와 이별하고, 무년생과 기년생은 연상과 정에 빠진다.

5월 : 재물은 얻으나 부모의 근심이 생길 운이다. 그러나 욕심을 버리
　　　고 정도를 행하면 길하리라.

6월 : 다른 사람의 도움으로 뜻을 이룰 운이다. 재물이나 부부문제로
　　　말못할 일이 생길 운이다. 주색을 삼가하라. 손재수가 따른다.

7월 : 재물을 한 번은 잃고 한 번은 얻는다. 부부간에 멀어질 운이요,
　　　문서나 부모의 일로 말못할 일이 생길 운이니 조심해라.

8월 : 형제의 근심이 생기거나 믿은 사람에게 손재를 당할 운이다. 가
　　　까운 사람이나 갑자기 친절한 사람을 경계하라. 덕이 없다.

9월 : 문서로 다툴 일이 생기거나 부모의 근심이 생길 운이요, 사업에
　　　실패수가 있다. 토지신에게 기도하라. 소득이 있으리라.

10월 : 임신하거나 아들을 낳을 운이다. 자손의 경사가 생길 운이요,
　　　아랫사람의 도움으로 큰 일을 도모할 운으로 길하리라.

11월 : 귀인의 도움으로 가정에 경사가 생길 운이요, 문서로 횡재할
　　　운이다.

12월 : 부모의 근심이 생기거나 문서에 손재가 따를 운이다. 카드나
　　　인장이나 보증 등을 조심해라.

圓空秘訣 8 7 2

정월 : 공직자는 출세할 운이요, 사업가는 사업을 이룰 운이다. 부부
　　　에게 경사가 생기거나 임신할 운이다.

2월 : 가정에 경사가 생길 운이요, 출세할 운이요, 사업에 좋은 일이
　　　생길 운이다.

3월 : 부모와 생리사별할 운이요, 문서를 잃거나 학업이 중단될 운이
　　　요, 마음을 잃고 방황할 운이다.

4월 : 큰 일을 새로 도모하기 위해 여행하거나 이사할 운이다.

5월 : 먹구름이 걷히고 밝은 태양이 나타나는 운으로 큰 뜻을 펼친다.
　　　그러나 축년생은 마음을 잃고 방황할 운이니 조심해라.

6월 : 비밀이 있는 문서를 잡을 운이요, 혼자만 아는 새로운 기술을
　　　얻을 운이다. 부모의 일로 말못할 근심이 생길 운이다.

7월 : 처음에는 답답하나 점점 좋아지는 운이다. 형제의 일로 망신당
　　　할 운이나 마음을 너그럽게 쓰면 화가 복으로 변하리라.

8월 : 가까운 사람과 멀어질 운이요, 다른 사람의 음해로 마음의 상처
　　　를 받을 운이다.

9월 : 귀인의 도움으로 가정이 편안하리라. 재물을 얻을 운이요, 관료
　　　는 출세할 운이다.

10월 : 자손의 일로 놀랠 운이다. 고집을 부리지 마라. 관재구설이 따
　　　른다. 많은 사람을 지도하는 운으로 영화가 있다. 진년생과 사
　　　년생은 자손이나 아랫사람의 일로 정신적인 고통이 따른다.

11월 : 작은 것으로 큰 것을 이룰 운이다. 북방으로 가지 말고, 물가
　　　를 조심해라. 다툴 일이 생기고, 자손의 근심이 생긴다.

12월 : 직장인은 자리를 잃을 운이다. 원한을 사지 마라. 자손에게 위
　　　험한 일이 생긴다.

圓空秘訣 8 7 3

정월 : 욕심을 부리지 않고 겸허하게 살면 해가 복으로 변하리라.

2월 : 가까운 사람을 경계하라. 크게 손재한다. 서쪽을 조심해라. 큰 다툼이 벌어진다. 부부에게 경사가 생기거나 재물을 얻을 운도 있다. 을년생은 사랑에 빠지고, 신년생은 부부나 재물이나 직장 문제로 정신적인 어려움을 겪을 운이다.

3월 : 만사에 구설이 따르고 손재수가 따를 운이다.

4월 : 다른 사람의 음해로 마음을 잃고 방황할 운이다.

5월 : 재물에 역마가 있으니 타관으로 나가나 얻는 것이 없다. 가까운 동료에게 오해받을 운이다.

6월 : 혼자 아는 재물을 얻을 운이다. 가까운 사람이 질투할 운이니 다투지 마라.

7월 : 먹구름이 사라지고 밝은 태양이 떠오르는 운으로 가정에 경사가 생긴다. 높은 벼슬에 오를 운이요, 재물을 얻을 운으로 가정이 화목하리라. 그러나 을년생과 경년생은 바람끼가 발동할 운이요, 묘년생은 형제나 동료의 일로 불안할 운이다.

8월 : 재물에 손해가 따르거나 가까운 사람을 잃을 운이요, 형제나 동료의 근심이 생길 운이다.

9월 : 달밤에 기러기가 혼자 날아가는 운으로 쓸쓸하리라. 부부간에 생리사별할 운이다. 텃신에게 기도하라. 길하리라.

10월 : 초목이 봄비를 만나 무성하니 새들이 날아드는 운이다. 친구의 도움으로 뜻을 이룰 운이요, 사업을 이룰 운이다.

11월 : 바람끼가 발동할 운으로 가정에 풍파가 따를까 두렵다. 주색을 가까이 하지 마라. 구설이 따른다.

12월 : 크게 손재할 운이나 형제나 친구의 도움으로 해결된다. 부모의 근심이 생길 운이다.

정월 : 출세하거나 명예를 얻을 운이다. 부부에게 경사가 생기거나 재
    물에 좋은 일이 생길 운이다.

2월 : 다른 사람의 모함으로 뜻을 이루기 어렵거나 부정한 생각을 할
    운이다. 그러나 정도를 지키면 해는 면하리라.

3월 : 뜻이 좌절될 운이요, 공직자는 자리를 잃을 운이니 허욕을 부리
    지 말고 정도를 지켜라.

4월 : 새로운 일로 분주할 운이다. 귀인의 도움으로 편안하리라.

5월 : 먹구름이 걷히고 밝은 태양이 나타나는 운으로 모든 근심이 사
    라지고 희망이 생긴다. 길하리라.

6월 : 시작은 화려하나 결실을 보기 어려울 운이다. 의욕을 잃을 운이
    니 무리하지 않고 성실히 행하면 길하리라.

7월 : 부모의 경사가 생길 운이요, 새로운 문서를 잡을 운이요, 학생
    은 새로운 학업을 할 운이다. 자신을 알아주는 사람을 만날 운
    이요, 여행하거나 이사할 운이다.

8월 : 문서로 관에 갈 운으로 길하리라. 만사가 순조롭게 뜻을 이룰
    운이다.

9월 : 가정에 경사가 생길 운이요, 공직자는 출세할 운으로 길하다.

10월 : 가까운 사람과 멀어질 운이니 허망하리라. 가을밤에 기러기
    가 혼자 날아가는 운이니 쓸쓸하기 그지없다.

11월 : 하나를 얻으려다 열을 잃을 운이다. 분수를 지켜라. 무리하면
    되는 일이 없다.

12월 : 뜬구름을 잡으려는 운이다. 그러나 허욕을 버리고 성실하게
    살면 큰 해는 없으리라. 을년생과 정년생과 계년생은 부모와
    생리사별할 운이요, 오년생은 부모나 문서로 정신적인 고통이
    따를 운이다.

정월 : 부부나 직장이나 사업문제로 말못할 근심이 생길 운이다.

2월 : 부부간에 이별할 운이요, 부부나 재물이나 사업문제로 관에 갈
　　　 운이니 조심해라.

3월 : 가정에 우환이 따를 운이다. 부모에게 우환이 생길 운이요, 문
　　　 서를 잃을 운이요, 학생은 학업이 중단될 운이다.

4월 : 다른 사람의 모함으로 형제나 동료에게 망신당할 운이다. 해외
　　　 로 나가거나 자손과 멀어질 운이다.

5월 : 어두운 밤에 등불을 잃는 운으로 만사가 불안하다. 뜻이 성취되
　　　 지 않을 운이나 분수를 지키면 큰 해는 없으리라.

6월 : 고생 끝에 낙이 오는 운이다. 형제나 동료와 새로운 일을 구상
　　　 할 운으로 주위의 도움으로 길하리라.

7월 : 형제의 근심이 생기거나 동료의 일로 망신당할 운이다. 가까운
　　　 사람이나 갑자기 친절한 사람을 경계하라.

8월 : 어두운 밤길에서 방향을 잃고 방황할 운으로 만사가 불안하다.
　　　 무리하지 말고 자중하라.

9월 : 부모의 경사가 생기거나 문서에 좋은 일이 생길 운이요, 윗사람
　　　 의 도움으로 큰 일을 도모할 운이다.

10월 : 자손의 경사가 생기거나 임신할 운이요, 아랫사람에게 좋은
　　　　 소식을 들을 운으로 가정이 편안하다.

11월 : 귀인의 도움으로 뜻을 이룰 운이다. 그러나 허욕을 부리지 마
　　　　 라. 가정에 근심할 일이 생길 운이다.

12월 : 분수 밖의 것을 탐하지 마라. 얻는 것 보다 잃는 것이 많다. 을
　　　　 년생과 정년생과 계년생은 부모와 생리사별할 운이요, 오년생
　　　　 은 부모나 문서나 학업문제로 정신질환이 따를 운이다.

정월 : 부부의 우환이 생기거나 이별할 운이요, 사업에 근심이 생길
　　　운이요, 새로운 일을 시작할 운이다. 자동차 사고를 조심해라.
　　　갑년생과 병년생은 바람끼가 발동할 운이요, 미년생은 부부나
　　　재물문제로 정신질환이 따를 운이다.

2월 : 부부에게 경사가 생길 운이요, 미혼자는 애인이 생길 운이요,
　　　사업가는 사업을 이룰 운이요, 직장인은 영전할 운이다.

3월 : 부모의 우환이 따를 운이요, 문서를 잃을 운이다.

4월 : 뜻을 드러내지 못하고 답답할 운이요, 의지를 잃을 운이다.

5월 : 먹구름이 걷히고 밝은 태양이 나타나는 운으로 만사가 순조롭
　　　다. 그러나 말못할 재물을 얻을 운이니 허욕을 부리지 마라.

6월 : 상가를 조심해라. 부모의 우환이 생기거나 가까운 사람을 잃을
　　　운이요, 문서를 잃거나 학업이 중단될 운이다.

7월 : 어두운 터널을 지나 밝은 광야로 나오는 운이요, 고생 끝에 낙
　　　이 오는 운으로 가정에 경사가 생긴다.

8월 : 부부간에 생리사별하거나 사업을 잃을 운이니 무리하지 마라.
　　　새것을 찾지 마라. 구설수만 따른다. 자년생은 형제나 동료의
　　　일로 정신적인 어려움이 따를 운이다.

9월 : 형제의 우환이 생기거나 가까운 사람의 일로 근심이 생길 운이
　　　다. 미혼자는 애인이 생기거나 결혼할 운이다.

10월 : 말못할 재물이나 부정한 재물을 얻을 운이니 허욕을 부리지
　　　　말고 정도를 지켜라.

11월 : 내것을 잃고 말못할 운이요, 자손의 근심이 생기거나 사업에
　　　　어려움이 따를 운이다.

12월 : 새로운 사업을 구상하거나 재물에 횡재수가 따를 운이요, 부
　　　　부에게 경사가 생길 운으로 길하리라.

圓空秘訣 8 8 1

정월 : 손재수가 따를 운이니 허욕을 부리지 말고 분수를 지켜라.

2월 : 마음을 표현하지 못하고 지낼 운이요, 음해자가 따를 운이다.

3월 : 가정에 경사가 생길 운이다. 형제의 일로 좋은 소식이 있을 운
이요, 친구나 형제의 도움으로 큰 일을 할 운이다.

4월 : 부모의 우환이 생기거나 이별할 운이요, 문서를 잃거나 학업이
중단될 운이다.

5월 : 새로운 사업을 시작할 운이다. 미혼자는 애인이 생길 운이요,
결혼할 운이다.

6월 : 근심이 사라지고 새로운 희망이 솟는 운이다. 주위에 좋은 친구
를 두고 편안하게 지낼 운으로 길하리라. 을년생과 계년생은 형
제와 이별할 운이요, 인년생은 형제나 동료 때문에 정신적인 고
통이 따를 운이다.

7월 : 상하가 화순하니 가정에 기쁨이 가득하리라. 그러나 부부의 우
환이 따를 운이니 조심해라.

8월 : 마음은 크나 뜻이 약하니 성사되지 않는다. 서방과 금성(金姓)
을 조심해라. 이익이 없다.

9월 : 신수는 길하나 손재할 운이다. 그렇지 않으면 가정이 불안하다.
다투지 마라. 구설이 따를까 두렵다.

10월 : 재물이 따를 운이나 처음에는 손해를 보고 나중에 길하리라.
부정한 재물을 얻을 운이요, 혼자 즐길 일이 생기리라.

11월 : 운세가 좋으니 천금이 저절로 들어오는 운이다. 관록을 얻거
나 슬하에 경사가 생길 운이다. 유년생은 부부나 사업이나 직
장문제로 정신적인 어려움을 겪을 운이다.

12월 : 푸른산 속에서 뭇새가 즐거워하는 운이다. 그러나 부모의 근
심이나 문서를 조심해라. 가까운 사람과 멀어질 운도 있다.

정월 : 자손의 근심이 생기거나 아랫사람의 일로 망신당할 운이다. 형
　　　액살이 있으니 조심해라.

2월 : 봄이 와도 초목에서 싹이 나지 않 운으로 만사가 불안하다.

3월 : 형제나 동료의 근심이 생길 운이다. 가까운 사람이나 믿은 사람
　　　이 멀어질 운이다. 무년생과 기년생은 허영심이 발동할 운이요,
　　　술년생과 해년생은 형제나 동료의 일로 마음이 상할 운이다.

4월 : 문서로 말못할 일이 생기거나 부정한 문서를 잡을 운이다. 사기
　　　를 당하거나 마음을 잃을 우려가 있으니 조심해라. 술년생과 해
　　　년생은 부모나 문서나 학업문제로 정신적인 고통이 따른다.

5월 : 가까운 사람 때문에 망신당할 운이요, 공직자는 자리가 불안한
　　　운이니 허욕을 부리지 말고 분수를 지켜라.

6월 : 시작은 어려우나 결과는 좋을 운이다. 먼 길을 나서지 마라. 손
　　　재가 따를 운이다.

7월 : 귀인의 도움으로 뜻을 이룬다. 문서를 잡거나 횡재할 운이다.

8월 : 봄가뭄에 단비가 내리니 풍년을 기약하는 운이요, 소가 푸른 초
　　　원을 만나는 운으로 식록이 무궁하다. 주위의 도움으로 심신이
　　　편안할 운이다.

9월 : 어두운 밤길에 등불을 만나는 운으로 만사가 순조롭다. 그러나
　　　부모에게 우환이 생기고, 마음이 분주할 일도 생긴다.

10월 : 의욕을 잃을 운이요, 공직자는 자리를 잃을 운이다. 역마가 있
　　　　으니 여행하거나 이사할 운도 있다.

11월 : 부모의 우환이 생기거나 부모와 이별할 운이요, 문서를 잃을
　　　　운이다. 카드, 인장, 보증 등을 조심해라.

12월 : 다른 사람의 모함으로 관재구설이 따를 운이다. 그러나 무리
　　　　하지 않고 정도를 지키면 길하리라.

정월 : 새로운 일을 시작할 운이다. 주위의 도움으로 편안하리라.

2월 : 가정에 경사가 생길 운이요, 출세할 운이다. 뜻을 이룰 운으로 길하리라.

3월 : 장애가 많이 따를 운이니 과욕을 부리지 마라. 성심으로 행하면 길하리라. 신년생은 마음의 고통이 따를 운이다.

4월 : 부모의 근심이 생길 운이요, 문서에 어려움이 따를 운이다. 사기를 당할 운이니 조심해라.

5월 : 어두운 밤에 등불을 잃는 운이니 만사가 불안하다. 무리하지 말고 자중하라.

6월 : 귀인의 도움으로 뜻을 이룰 운이다. 형제의 경사가 생기거나 마음에 드는 친구를 얻을 운이다.

7월 : 허욕을 버려라. 명예를 잃을 운이다. 아랫사람에게 좋은 소식이 생기거나 슬하에 경사가 생길 운이다. 을년생과 경년생은 연하나 아랫사람과 사랑을 나눌 운이요, 묘년생은 정신적인 어려움이 따를 운이다.

8월 : 시작은 좋으나 장애가 따르니 뜻을 이루기 어려울 운이다. 무리하지 마라. 순리대로 행하면 큰 해는 없으리라.

9월 : 뜻을 잃을 운이요, 공직자는 자리를 잃을 운으로 허무하리라. 액운을 면하려면 토지신에게 기도하라.

10월 : 부부에게 경사가 생기거나 재물에 좋은 소식이 있을 운이다. 북쪽이 길하고, 수성(水姓)의 도움으로 만사가 순조로우리라.

11월 : 관을 상대로 하는 일에 횡재가 따를 운이다. 또다른 인연을 만날 운이요, 미혼자는 애인이 생길 운이다.

12월 : 관재구설이 따르거나 명예를 잃을 운이다. 형제나 동료에게 망신당할 운이니 무리하지 마라.

정월 : 부모의 경사가 생기거나 문서를 잡을 운이다. 그러나 형제의
　　　우환이나 동료의 근심이 생길 운이다.

2월 : 다른 사람의 모함으로 윗사람의 근심이 생기거나 문서로 오해
　　　받을 일이 생길 운이요, 동료나 형제의 일로 신경쓸 운이다.

3월 : 상가를 조심해라. 부모의 우환이 생기거나 문서를 잃을 운이다.
　　　좋은 친구나 동료를 얻지 않으면 동료에게 해를 받는다.

4월 : 귀인의 도움으로 뜻을 이룰 운이다. 부모의 경사가 생기거나 문
　　　서에 좋은 일이 생길 운이다.

5월 : 하나를 얻고 하나를 잃을 운이다. 윗사람과 상의하면 길하리라.
　　　축년생은 부모나 문서나 학업문제로 정신질환이 따를 운이요,
　　　축년생은 형제나 동료 때문에 마음이 상할 운이다.

6월 : 형제나 동료의 경사로 분주할 운이다. 부모의 근심이 생기거나
　　　문서에 근심이 생길 운이다.

7월 : 믿은 사람이 등을 돌리고 배신할 운이요, 가까운 사람과 헤어질
　　　운으로 만사가 허망하리라. 액운을 면하려면 불전에 기도하라.

8월 : 출세하거나 관에 갈 운이다. 주위 사람들의 도움으로 만사가 순
　　　조롭고, 가정에 경사도 생긴다.

9월 : 다른 사람의 모함으로 구설이 따를 운이요, 바르지 못한 동료
　　　를 만날 운이니 조심해라.

10월 : 과욕을 부리지 마라. 손재가 따른다. 물가를 조심해라. 근심할
　　　　일이 생긴다. 수성(水姓)을 경계하라. 해를 입힐 뿐이다.

11월 : 부모의 경사가 생기지 않으면 근심할 일이 생긴다. 그렇지 않
　　　　으면 동료와 새로운 일을 시작할 운으로 길하리라.

12월 : 옛것은 가고 새로운 것을 얻는 운으로 길하리라.

정월 : 자손의 경사가 생기거나 임신할 운이다. 아랫사람의 일로 타관
　　　으로 나갈 운이다.

2월 : 자동차를 조심해라. 자손의 근심이 생긴다. 그렇지 않으면 자손
　　　과 헤어질 운이다.

3월 : 형제가 출세할 운이다. 다른 재물이나 여자를 조심해라. 망신당
　　　할 운이다.

4월 : 부모를 모함하는 사람이 있으니 조심해라. 새로운 사업으로 해
　　　외나 타관으로 나갈 운이다.

5월 : 상가를 조심해라. 아랫사람에게 근심이 생긴다. 부부간에 생리
　　　사별하거나 재물에 손해가 따를 운이니 조심해라.

6월 : 어두운 터널을 지나 밝은 광야로 나오는 운이요, 소가 푸른 초
　　　원을 만나는 운으로 식록이 무궁하고 길하리라.

7월 : 말못할 재물을 얻거나 부정한 재물로 망신당할 운이니 조심해
　　　라. 서방에 가지 마라. 구설만 있으리라.

8월 : 여행하거나 이사할 운이나 얻는 것은 없고 잃는 것만 많으리라.
　　　그렇지 않으면 내것을 주고도 마음이 상할 일이 생길 운이다.

9월 : 새로운 사업을 시작하거나 애인이 생길 운이요, 미혼자는 결혼
　　　할 운이다. 자손의 일로 타관으로 나갈 운이다.

10월 : 초목이 봄비를 만나 무성한 운으로 만사가 뜻대로 이루어지니
　　　 심신이 화락하다. 그러나 진년생과 사년생은 바람끼가 발동할
　　　 운이니 조심해라. 구설수가 따른다.

11월 : 자손에게 좋은 일이 있으나 말못할 운이다. 부부의 근심이 생
　　　 기거나 사업에 어려운 일이 생길 운이다.

12월 : 집에 있으면 길하나 밖으로 나가면 손재가 따를 운이다. 그러
　　　 나 허욕을 부리지 않고 정도를 지키면 길하리라.

정월 : 좋은 일로 자손과 헤어질 운이다. 출세하거나 명예를 얻을 운이다. 갑년생과 병년생은 이성으로 마음이 상할 운이다.

2월 : 자손의 우환이 생기거나 자손으로 인하여 구설수가 따를 운이다. 허욕을 부리면 망신당할 운이니 분수를 지켜라.

3월 : 형제의 근심이 생기거나 형제와 헤어질 운이다. 자동차를 조심해라. 신액이 두렵다. 여행하거나 관재구설이 따를 운이다.

4월 : 출세하거나 부모의 경사가 생길 운이다. 새로운 일을 시작할 운으로 길하리라.

5월 : 음해자가 따를 운이요, 부모와 헤어질 운이요, 뜻을 말하지 못할 운이다.

6월 : 형제나 동료의 근심이 생기거나 아랫사람 때문에 마음이 상할 운이다. 허욕을 부리면 망신당할 운이니 분수를 지켜라.

7월 : 다투지 마라. 관재구설이 따른다. 임신한 사람은 유산될 염려가 있다. 그렇지 않으면 슬하에 경사가 생긴다.

8월 : 뜻대로 되지 않을 운이요, 명예를 잃을 운이니 조심해라. 그러나 슬하에 좋은 소식이 생길 운도 있다. 신년생은 연하와 사랑에 빠질 운이요, 자년생은 자손이나 아랫사람 때문에 정신적인 어려움을 겪을 운이다.

9월 : 가정에 우환이 따를 운이나 정도를 지키면 길하리라. .

10월 : 다른 사람의 음해로 명예를 잃거나 손재할 운이다. 자손의 우환이 생기거나 혈육간에 이별할 운이다.

11월 : 뜻을 이루지 못할 운이요, 공직자는 자리를 옮기거나 구설이 따를 운이다. 자손의 일로 마음이 분주할 운이다.

12월 : 십 년 가뭄에 단비가 내려 고목에서 싹이 돋는 운이다. 만사가 순조로우니 주위의 부러움을 받으리라.

음파메세지(氣) 성명학

신비한 동양철학 51

새로운 시대에 맞는 새로운 성명학

지금까지의 모든 성명학은 모순의 극치를 이루고 있다. 이제 새로운 시대에 맞는 음파메세지(氣) 성명학이 탄생했으니 차근차근 읽어보고 복을 계속 부르는 이름을 지어 사랑하는 자녀가 행복하고 아름다운 삶을 살아갈 수 있도록 하는데 도움이 되었으면 한다.

· 청암 박재현 저

사주정법

신비한 동양철학 49

독학과 강의용 겸용의 책

이 책은 사주추명학을 연구하고자 하는 분들에게 심오한 주역의 이해를 돕고자 하는 의도에서 시작되었다. 음양오행의 상생상극에서부터 육친법과 신살법을 기초로 하여 격국과 용신 그리고 유년판단법을 활용하여 운명판단에 첩경이 될 수 있도록 했고, 추리응용과 운명감정의 실례를 하나 하나 들어가면서 독학과 강의용 겸용으로 엮었다.

· 원각 김구현 저

찾기 쉬운 명당

신비한 동양철학 44

풍수지리의 모든 것!

이 책은 가능하면 쉽게 풀려고 노력했고, 실전에 도움이 되도록 했다. 특히 풍수지리에서 방향측정에 필수인 패철(佩鐵)사용과 나경(羅經) 9층을 각 층별로 간추려 설명했다. 그리고 이 책에 수록된 도설, 즉 오성도, 명산도, 명당 형세도 내거수 명당도, 지각(枝脚)형세도, 용의 과협출맥도, 사대혈형(穴形) 와겸유돌(窩鉗乳突)형세도 등은 국립중앙도서관에 소장된 문헌자료인 만산도단, 만산영도, 이석당 은민산도의 원본을 참조했다.

· 호산 윤재우 저

명리입문

신비한 동양철학 41

명리학의 필독서!

이 책은 자연의 기후변화에 의한 운명법 외에 명리학도들이 궁금해 했던 인생의 제반사들에 대해서도 상세하게 기술했다. 따라서 초보자부터 심도있게 공부한 사람들까지 세심히 읽고 숙독해야 하는 책이다. 특히 격국이나 용신뿐 아니라 십신에 대한 자세한 설명, 조후용신에 대한 보충설명, 인간의 제반사에 대해서는 독보적인 해설이 들어 있다. 초보자들에게는 더할 수 없이 훌륭한 길잡이가 될 것이다.

· 동하 정지호 편역

사주대성

신비한 동양철학 33

초보에서 완성까지

이 책은 과거 현재 미래를 모두 알 수 있는 비결을 실었다. 그러나 모두 터득한다는 것은 어려울 것이다.역학은 수천 년간 동방의 석학들에 의해 갈고 닦은 철학이요 학문이며, 정신문화로서 영과학적인 상수문화로서 자랑할만한 위대한 학문이다.

· 도관 박흥식 저

해몽정본

신비한 동양철학 36

꿈의 모든 것 !

막상 꿈해몽을 하려고 하면 내가 꾼 꿈을 어디다 대입시켜야 할지 모를 경우가 많았을 것이다. 그러나 이 책은 찾기 쉽고, 명료하며, 최대한으로 많은 갖가지 예를 들었으니 꿈해몽을 하는데 어려움이 없을 것이다.

· 청암 박재현 저

기문둔갑옥경

신비한 동양철학 32

가장 권위있고 우수한 학문 !

우리나라의 기문역사는 장구하지만 상세한 문헌은 전무한 상태라 이 책을 발간하기로 했다. 기문둔갑은 천문지리는 물론 인사명리 등 제반사에 관한 길흉을 판단함에 있어서 가장 우수한 학문이며 병법과 법술방면으로도 특징과 장점이 있다. 초학자는 포국편을 열심히 익혀 설국을 자유자재로 할 수 있도록 하고 개인의 이익보다는 보국안민에 일조하기 바란다.

・도관 박흥식 저

정본・관상과 손금

신비한 동양철학 42

바로 알고 사람을 사귑시다

이 책은 관상과 손금은 인생을 행복으로 이끌기 위해 있다는 관점에서 다루었다. 그야말로 관상과 손금의 혁명이라고 할 수 있을 것이다. 여러분도 관상과 손금을 통한 예지력으로 인생의 참주인이 되기 바란다. 용기를 불어넣어 주고 행복을 찾게 하는 것이 참다운 관상과 손금술이다. 이 책으로 미래의 좋은 예지력을 한번쯤 발휘해 보기 바란다. 이 책이 일상사에 고민하는 분들에게 해결방법을 제시해 줄 것이다.

・지창룡 감수

조화원약 평주

신비한 동양철학 35

명리학의 정통교본!

이 책은 자평진전, 난강망, 명리정종, 적천수 등과 함께 명리학의 교본에 해당하는 것으로 중국 청나라 때 나온 난강망이라는 책을 서낙오 선생께서 설명을 붙인 것이다. 기존의 많은 책들이 격국과 용신으로 감정하는 것과는 달리 십간십이지와 음양오행을 각각 자연의 이치와 춘하추동의 사계절의 흐름에 대입하여 인간의 길흉화복을 알 수 있게 했다.

· 동하 정지호 편역

龍의 穴 · 풍수지리 실기 100선

신비한 동양철학 30

실전에서 실감나게 적용하는 풍수지리의 길잡이!

이 책은 풍수지리 문헌인 조선조 고무엽(古務葉) 태구승(泰九升) 부집필(父輯筆)로 된 만두산법(巒頭山法), 채성우의 명산론(明山論), 금랑경(錦囊經) 등을 알기 쉬운 주제로 간추려 풍수지리의 길잡이가 되고자 했다. 그리고 인간의 뿌리와 한 사람의 고유한 이름의 중요성을 풍수지리와 연관하여 살펴보아야 하기 때문에 씨족의 시조와 본관, 작명론(作名論)을 같이 편집했다.

· 호산 윤재우 저

동양철학전문출판 삼한

천직·사주팔자로 찾은 나의 직업

신비한 동양철학 34

역경없이 탄탄하게 성공할 수 있는 방법!

잘 되겠지 하는 막연한 생각으로 의욕만 갖고 도전하는 것과 나에게 맞는 직종은 무엇이고 때는 언제인가를 알고 도전하는 것은 근본적으로 다르고, 결과 또한 다르다. 더구나 요즈음은 I.M.F.시대라 하여 모든 사람들이 정신까지 위축되어 생기를 잃어가고 있다. 이런 때 의욕만으로 팔자에도 없는 사업을 시작했다고 하자, 결과는 불을 보듯 뻔하다. 그러므로 이런 때일수록 침착과 냉정을 찾아 내 그릇부터 알고, 생활에 대처하는 지혜로움을 발휘해야 한다.

· 백우 김봉준 저

통변술해법

신비한 동양철학 ㉑

가닥가닥 풀어내는 역학의 비법!

이 책은 역학에 대해 다 알면서도 밖으로 표출되지 않아 어려움을 겪는 사람들을 위한 실습서다. 특히 틀에 박힌 교과서적인 역술의 고정관념에서 벗어나, 한차원 높게 공부할 수 있도록 원리통달을 설명하는데 중점을 두었다. 실명감정과 이론강의라는 두 단락으로 나누어 역학의 진리를 설명했기 때문에 누구나 쉽게 이해할 수 있다. 역학계의 대가 김봉준 선생의 역서 「알기쉬운 해설·말하는 역학」의 후편이다.

· 백우 김봉준 저

주역육효 해설방법上·下

신비한 동양철학 38

한 번만 읽으면 주역을 활용할 수 있는 책!

이 책은 주역을 해설한 것으로, 될 수 있는 한 여러 가지 사설을 덧붙이지 않고 주역을 공부하고 활용하는데 필요한 요건만을 기록했다. 따라서 주역의 근원이나 하도낙서, 음양오행에 대해서도 많은 설명을 자제했다. 다만 누구나 이 책을 한 번 읽어서 주역을 이해하고 활용할 수 있도록 하는데 중점을 두었다.

· 원공선사 저

사주명리학의 핵심

신비한 동양철학 ⑲

맥을 잡아야 모든 것이 보인다!

이 책은 잡다한 설명을 배제하고 명리학자들에게 도움이 될 비법만을 모아 엮었기 때문에 초심자가 이해하기에는 다소 어려운 부분도 있겠지만 기초를 튼튼히 한 다음 정독한다면 충분히 이해할 것이다. 신살만 늘어놓으며 감정하는 사이비가 되지말기를 바란다.

· 도관 박흥식 저

동양철학전문출판 삼한

이렇게 하면 좋은 운이 온다

신비한 동양철학 ㉗

한 가정에 한 권씩 놓아두고 볼만한 책!

좋은 운을 부르는 방법은 방위 · 색상 · 수리 · 년운 · 월운 · 날짜 · 시간 · 궁합 · 이름 · 직업 · 물건 · 보석 · 맛 · 과일 · 기운 · 마을 · 가축 · 성격 등을 정확하게 파악하여 자신에게 길한 것은 취하고 흉한 것은 피하면 된다. 간혹 예외인 경우가 있지만 극소수에 불과하고 대부분은 적중하기 때문에 좋은 효과를 본다. 이 책의 저자는 신학대학을 졸업하고 역학계에 입문했다는 특별한 이력을 갖고 있기 때문에 더 많은 화제가 되고 있다.

· 역산 김찬동 저

말하는 역학

신비한 동양철학 ⑪

신수를 묻는 사람 앞에서 말문이 술술 열린다!

이 책은 그토록 어렵다는 사주통변술을 이해하기 쉽고 흥미롭게 고담과 덕담을 곁들여 사실적인 인물을 궁금해 하는 사람에게 생동감있게 통변하고 있다. 길흉작용을 어떻게 표현하느냐에 따라 상담자의 정곡을 찔러 핵심을 끄집어내고 여기에 대한 정답을 내려주는 것이 통변술이다. 역학계의 대가 김봉준 선생의 역작이다.

· 백우 김봉준 저

술술 읽다보면 통달하는 사주학

신비한 동양철학 ㉗

술술 읽다보면 나도 어느새 도사 !

당신은 당신 마음대로 모든 일이 이루어지던가. 지금까지 누구의 명령을 받지 않고 내 맘대로 살아왔다고, 운명 따위는 믿지도 않고 매달리지 않는다고, 이렇게 말하는 사람들이 많다. 그러나 그것은 우주법칙을 모르기 때문에 하는 소리다.

· 조철현 저

참역학은 이렇게 쉬운 것이다

신비한 동양철학 ㉔

음양오행의 이론으로 이루어진 참역학서 !

수학공식이 아무리 어렵다고 해도 1, 2, 3, 4, 5, 6, 7, 8, 9, 0의 10개의 숫자로 이루어졌듯이, 사주도 음양과 목, 화, 토, 금, 수의 오행으로 이루어졌을 뿐이다. 그러니 용신과 격국이라는 무거운 짐을 벗어버리고 음양오행의 법칙과 진리만 정확하게 파악하면 된다. 사주는 단지 음양오행의 변화일 뿐이고, 용신과 격국은 사주를 감정하는 한가지 방법에 지나지 않는다.

· 청암 박재현 저

나의 천운 운세찾기

신비한 동양철학 ⑫

놀랍다는 몽골정통 토정비결 !

이 책은 역학계의 대가 김봉준 선생이 놀랍다는 몽공토
정비결을 연구 · 분석하여 우리의 인습 및 체질에 맞게
엮은 것이다. 운의 흐름을 알리고자 호운과 쇠운을 강
조했으며, 현재의 나를 조명해보고 판단할 수 있도록
했다. 모쪼록 생활서나 안내서로 활용하기 바란다.

· 백우 김봉준 저

쉽게푼 역학

신비한 동양철학 ❷

쉽게 배워서 적용할 수 있는 생활역학서 !

이 책에서는 좀더 많은 사람들이 역학의 근본인 우주
의 오묘한 진리와 법칙을 깨달아 보다 나은 삶을 영위
하는데 도움이 될 수 있도록 가장 쉬운 언어와 가장 쉬
운 방법으로 풀이했다. 역학계의 대가 김봉준 선생의
역작이다.

· 백우 김봉준 저

역산성명학

신비한 동양철학 ㉕

이름은 제2의 자신이다 !

이름에는 각각 고유의 뜻과 기운이 있어서 그 기운이 성격을 만들고 그 성격이 운명을 만든다. 나쁜 이름은 부르면 부를수록 불행을 부르고 좋은 이름은 부르면 부를수록 행복을 부른다. 만일 이름이 거지 같다면 아무리 운세를 잘 만나도 밥을 좀더 많이 얻어 먹을 수 있을 뿐이다. 이 책의 저자는 신학대학을 졸업하고 역학계에 입문했다는 특별한 이력을 갖고 있기 때문에 더 많은 화제가 되고 있다.

· 역산 김찬동 저

작명해명

신비한 동양철학 ㉖

누구나 쉽게 배워서 활용할 수 있는 체계적인 작명법 !

일반적인 성명학으로는 알 수 없는 한자이름, 한글이름, 영문이름, 예명, 회사명, 상호, 상품명 등의 작명방법을 여러 사례를 들어 체계적으로 분석하여 누구나 쉽게 배워서 활용할 수 있도록 서술했다.

· 도관 박홍식 저

동양철학전문출판 삼한

관상오행

신비한 동양철학 ⑳

한국인의 특성에 맞는 관상법 !

좋은 관상인 것 같으나 실제로는 나쁘거나 좋은 관상
이 아닌데도 잘 사는 사람이 왕왕있어 관상법 연구에
흥미를 잃는 경우가 있다. 이것은 중국의 관상법만을
익히고, 우리의 독특한 환경적인 특징을 소홀히 다루었
기 때문이다. 이에 우리 한국인에게 알맞는 관상법을
연구하여 누구나 관상을 쉽게 알아보고 해석할 수 있
도록 자세하게 풀어놓았다.

· 송파 정상기 저

물상활용비법

신비한 동양철학 31

물상을 활용하여 오행의 흐름을 파악한다 !

이 책은 물상을 통하여 오행의 흐름을 파악하고, 운명
을 감정하는 방법을 연구한 책이다. 추명학의 해법을
연구하고 운명을 추리하여 오행에서 분류되는 물질의
운명 줄거리를 물상의 기물로 나들이 하는 활용법을
주제로 했다. 팔자풀이 및 운명해설에 관한 명리감정법
의 체계를 세우는데 목적을 두고 초점을 맞추었다.

· 해주 이학성 저

운세십진법 · 本大路

신비한 동양철학 ❶

운명을 알고 대처하는 것은 현대인의 지혜다!

타고난 운명은 분명히 있다. 그러니 자신의 운명을 알고 대처한다면 비록 운명을 바꿀 수는 없지만 충분히 향상시킬 수 있다. 이것이 사주학을 알아야 하는 이유다. 이 책에서는 자신이 타고난 숙명과 앞으로 펼쳐질 운명행로를 찾을 수 있도록 운명의 기초를 초연하게 설명하고 있다.

· 백우 김봉준 저

국운 · 나라의 운세

신비한 동양철학 ㉒

역으로 풀어본 우리나라의 운명과 방향!

아무리 서구사상의 파고가 높다하기로 오천년을 한결같이 가꾸며 살아온 백두의 혼이 와르르 무너지는 지경에 왔어도 누구하나 입을 열어 말하는 사람이 없으니 답답하다. IMF라는 특수한 상황에서 불확실한 내일에 대한 해답을 이 책은 명쾌하게 제시하고 있다.

· 백우 김봉준

명인재

••••••••••••••••••••••••••
신비한 동양철학 43

신기한 사주판단 비법 !

살(殺)의 활용방법을 완벽하게 제시하는 책!

이 책은 오행보다는 주로 살을 이용하는 비법이다. 시중에 나온 책들을 보면 살에 대해 설명은 많이 하면서도 실제 응용에서는 무시하고 있다. 이것은 살을 알면서도 응용할 줄 모르기 때문이다. 그러나 이 책에서는 살의 활용방법을 완전히 터득해, 어떤 살과 어떤 살이 합하면 어떻게 작용하는지를 자세하게 설명하고 있다.

· 원공선사 지음

사주학의 방정식

••••••••••••••••••••••••••
신비한 동양철학 18

가장 간편하고 실질적인 역서 !

이 책은 종전의 어려웠던 사주풀이의 응용과 한문을 쉬운 방법으로 터득할 수 있게 하는데 목적을 두었고, 역학의 내용이 어떤 것이며 무엇이 어디에 속하는지를 알고자 하는데 있다.

· 김용오 저

주역 토정비결

신비한 동양철학 40

토정비결의 놀라운 비결 !

지금 시중에 나와 있는 토정비결에 대한 책들을 보면 옛날부터 내려오는 완전한 비결이 아니라 반쪽의 책이다. 그러나 반쪽이라고 말하는 사람이 없다. 그것은 주역의 원리를 모르기 때문이다. 따라서 늦은 감이 없지 않으나 앞으로의 수많은 세월을 생각하면서 완전한 해설본을 내놓기로 한 것이다.

· 원공선사 저

내가 보고 내가 바꾸는 DIY사주

신비한 동양철학 40

내가 보고 내가 바꾸는 사주비결 !

이 책은 기존의 책들과는 달리 한 사람의 사주를 체계적으로 도표화시켜 한 눈에 파악할 수 있고, DIY라는 책 제목에서 말하듯이 개운하는 방법을 제시하고 있다. 초심자는 물론 전문가도 자신의 이론을 새롭게 재조명해 볼 수 있는 케이스 스터디 북이다.

· 석오 전 광 지음

남사고의 마지막 예언

신비한 동양철학 29

이 책으로 격암유록에 대한 논란이 끝나기 바란다

감히 이 책을 21세기의 성경이라고 말한다. 〈격암유록〉
은 섭리가 우리민족에게 준 위대한 복음서이며, 선물이
며, 꿈이며, 인류의 희망이다. 이 책에서는 〈격암유록〉
이 전하고자 하는 바를 주제별로 정리하여 문답식으로
풀어갔다. 이 책으로 〈격암유록〉에 대한 논란은 끝나기
바란다.

· 석정 박순용 저

진짜부적 가짜부적

신비한 동양철학 7

부적의 실체와 정확한 제작방법

인쇄부적에서 가짜부적에 이르기까지 많게는 몇백만원
에 팔리고 있다는 보도를 종종 듣는다. 그러나 부적은
정확한 제작방법에 따라 자신의 용도에 맞게 스스로
만들어 사용하면 훨씬 더 좋은 효과를 얻을 수 있다.
이 책은 중국에서 정통부적을 연구한 국내유일의 동양
오술학자가 밝힌 부적의 실체와 정확한 제작방법을 소
개하고 있다.

· 오상익 저

신의 얼굴

신비한 동양철학 20

사람을 볼 줄 아는 안목과 지혜

오늘과 내일을 예측할 수 없을만큼 복잡하게 펼쳐지는 현실에서 살아남기 위해서는 사람을 볼줄 아는 안목과 지혜가 필요하다. 시중에 관상학에 대한 책들이 많이 나와있지만 너무 형이상학적이라 전문가도 이해하기 어렵다. 이 책에서는 누구라도 쉽게 보고 이해할 수 있도록 핵심만을 파악해서 설명했다.

• 백우 김봉준 저

사주학의 활용법

신비한 동양철학 17

가장 실질적인 역학서

우리가 생소한 지방을 여행할 때 제대로 된 지도가 있다면 편리하고 큰 도움이 되듯이 역학이란 이와같은 인생의 길잡이다. 예측불허의 인생을 살아가는데 올바른 안내자나 그 무엇이 있다면 그 이상 마음 든든하고 큰 재산은 없을 것이다.

• 학선 류래웅 저

수명비결

신비한 동양철학 14

주민등록번호 13자로 숙명의 정체를 밝힌다

우리는 지금 무수히 많은 숫자의 거미줄에 매달려 허우적거리며 살아가고 있다. 1분 ·1초가 생사를 가름하고, 1등 ·2등이 인생을 좌우하며, 1급 ·2급이 신분을 구분하는 세상이다. 이 책은 수명리학으로 13자의 주민등록번호로 명예, 재산, 건강, 수명, 애정, 자녀운 등을 미리 읽어본다.

· 장충한 저

운명으로 본 나의 질병과 건강상태

신비한 동양철학 9

타고난 건강상태와 질병에 대한 대비책

이 책은 국내 유일의 동양오술학자가 사주학과 더불어 정통명리학의 양대산맥을 이루는 자미두수 이론으로 임상실험을 거쳐 작성한 표준자료다. 따라서 명리학을 응용한 최초의 완벽한 의학서로 질병을 예방하고 치료하는데 활용한다면 최고의 의사가 될 것이다. 또한 예방의학적인 차원에서 건강을 유지하는데 훌륭한 지침서로 현대의학의 새로운 장을 여는 계기가 될 것이다.

· 오상익 저

오행상극설과 진화론

신비한 동양철학 5

인간과 인생을 떠난 천리란 있을 수 없다

과학이 현대를 설정하여 설명하고 있으나 원리는 동양 철학에도 있기에 그 양면을 밝히고자 노력했다. 우주에서 일어나는 모든 일을 과학으로 설명될 수는 없다. 비과학적이라고 하기보다는 과학이 따라오지 못한다고 설명하는 것이 더 솔직하고 옳은 표현일 것이다. 특히 과학분야에 종사하는 신의사가 저술했다는데 더 큰 화제가 되고 있다.

· 김태진 저

만세력(신국판·사륙판·포켓판)

신비한 동양철학 45

찾기 쉬운 만세력

이 책은 완벽한 만세력으로 만세력 보는 방법을 자세하게 설명했다. 그리고 역학에 대한 기본적인 내용과 결혼하기 좋은 나이·좋은 날·좋은 시간, 아들·딸 태아감별법, 이사하기 좋은 날·좋은 방향 등을 부록으로 실었다.

· 백우 김봉준 저

■ **원공선사** (속명 이용완)

저서 『주역육효의 해설방법』
　　 『周易 토정비결』
　　 『모든 질병에서 해방을』
　　 『명인재』 등이 있다.

연락처　019-305-9138
　　　　　011-258-9138

원토정비결

1판 1쇄 발행일　|　2003년 3월 16일

발행처　|　삼한출판사
발행인　|　김충호
지은이　|　원공선사

등록일　|　1975년 10월 18일
등록번호　|　제13-47호

서울·동대문구 신설동 103-6호
아세아빌딩 201호
대표전화 (02) 2231-4460
팩시밀리 (02) 2231-4461

값 24,000원
ISBN 89-7460-088-9　03180